"博学而笃志，切问而近思。"

（《论语》）

博晓古今，可立一家之说；
学贯中西，或成经国之才。

复旦博学·复旦博学·复旦博学·复旦博学·复旦博学·复旦博学

张斌，1920年1月21日生，湖南长沙人。1943年毕业于国立师范学院。长期任教于上海师范大学，曾任上海师范大学中文系主任、语言研究所所长等职。现为上海师范大学语言研究所名誉所长、博士生导师、博士后联系导师，并兼任上海市语文学会顾问、上海市语委顾问、全国高等师范学校现代汉语教学研究会名誉会长、《中国语文》编委、《修辞学习》杂志顾问等。

张斌先生是国内外著名的语法学家，从事现代汉语语法研究近60年，成果丰硕。20世纪50年代，以参加词类问题讨论而闻名。张斌先生（笔名文炼）曾和胡裕树（笔名胡附）长期合作，在《中国语文》等杂志上发表了大量论文，出版了《现代汉语语法探索》、《汉语语法研究》、《中学语法教学》、《处所、时间和方位》等著作，在词类问题、语法分析方法、三个平面理论等方面为汉语语法研究作出了重大贡献，在海内外产生了广泛的影响。20世纪90年代以后，张斌先生在《中国语文》等杂志上发表一系列论文，主要探讨语法结构的功能解释，开拓了结合人工智能的自然语言理解来研究汉语语法的新领域，并出版了《汉语语法学》、《汉语语法修辞常识》、《现代汉语虚词词典》、《歧义问题》、《语句的表达和理解》、《现代汉语虚词研究》丛书（主编）等著作。

张斌先生不仅是语法研究大师，而且具有丰富的现代汉语教学经验与现代汉语教材的编写经验，是全国文科统编教材《现代汉语》（胡裕树主编）主要编写者和修订人，主编了全国广播电视大学教材《现代汉语》和《简明现代汉语》，主编了全国自学考试教材《现代汉语》，主编了上海市普通高等学校"九五"重点建设教材《语法分析与语法教学》丛书，还主编了《现代汉语精解》等教学用书。并因此获得上海市哲学社会科学优秀成果一等奖、上海市教学成果一等奖等奖励。

普通高等教育"十五"国家级规划教材
《新编现代汉语》学习用书

Series of Linguistics
复旦博学·语言学系列

现代汉语
教学参考与训练

主　编　张　斌

副主编　齐沪扬　张谊生　陈昌来

编写者 （按姓氏音序排列）

陈昌来　胡范铸　齐沪扬

尤敦明　张　斌　张谊生

复旦大学出版社
www.fudanpress.com.cn

内容提要

　　本书是普通高等教育"十五"国家级规划教材《新编现代汉语》的配套用书，也是全国广播电视大学教材《现代汉语》与全国高等教育自学考试教材《现代汉语》的参考读本。主要内容分为四个部分：（一）主编张斌教授谈关于"现代汉语"的学习问题；（二）《新编现代汉语》教材思考题参考答案；（三）"现代汉语"综合训练（含多种类型"现代汉语"考试的标准题型）；（四）"现代汉语"教学参考资料及有关文献。全书内容设计科学、合理，针对性强，具有较高的实用价值。

目　录

第一部分　谈谈"现代汉语"的学习

张　斌

一、了解掌握知识和参加实践的关系

语言是交际的工具。掌握任何工具都必须培养熟练的技能,掌握语言这个工具当然也是这样。语言的技能是什么呢？是听、读、说、写。听和读是了解别人的意思,说和写是表达自己的意思。听和说是用口语作为交际的工具,说和写是用书面语作为交际的工具。无论是用口语作为交际的工具还是用书面语进行交际,要达到熟练掌握的程度,必须经过反复实践。这种实践通常是在日常生活中不知不觉地积累经验,才逐渐形成熟练的技能。打个比方吧,西洋人吃中餐,用不惯筷子,多练练也就行了。从来没有听说谁给他们讲授什么筷子使用法。然而这不能证明掌握技能不需要知识。要培养复杂一些的技能,除了依靠实践之外,还必须学习一些有关的知识。比如学习开汽车,光靠实践不行,得了解汽车的构造,要懂得汽车发动的原理,当然还须学会交通规则。又比如学写毛笔字,除了经常练习之外,也还要懂得一些有关的知识,比如如何起笔、收笔,如何注重字的结构,如何安排行款间架,等等。掌握语言这个工具,是只需从生活实践中学习呢,还是在反复实践的同时,要懂得一些有关的知识呢？对这个问题有不同的看法。

有人认为学习语言只需通过语言实践,在日常生活中学习就行了,用不着去学习语言知识。持这种看法的人可以举出很多例子来证明他们的观点。比如,举出许多著名作家都没有学过现代汉语知识,可是他们被认为是语言大师。他们举出这些例子无非要证明:熟练地掌握语言不必懂得语言规律。可是我们要说的是:不掌握语言规律而能熟练地运用语言,这是不可能的。为什么呢？

让我们先说个例子。《庄子》这部书里有篇文章讲到一位宰牛的厨师，他的刀用了十九年，解剖了几千头牛，可是那把刀仍旧十分锋利。当时的梁惠王对他的熟练技能十分赞赏。那位厨师自己加以解释。他说："我之所以游刃有余，是因为弄清楚了牛的骨骼结构，掌握了规律。"两千多年前的厨师当然没有读过动物解剖学，然而他懂得解剖的道理，掌握了这方面的知识。解剖学从哪儿来？从许多人的解剖实践中得来。我们能根据这位厨师的事例来说明解剖学无用吗？如果有人认为不掌握解剖规律可以顺利地解剖动物，这显然是误解。同样，不掌握语言规律而能有效地运用语言，这也是误解。

当然，规律的掌握，有的是自觉的，有的是不自觉的。作家掌握语言规律大都是不自觉的。就是说，他们在创作实践中，不断尝试，不断碰钉子，而后懂得什么是对的，什么是错的，什么是效果好的，什么是效果差的。然而科学的发展，总是从不自觉地掌握规律到自觉地掌握规律。举个例子吧。写旧格律诗，如律诗、绝句，要注重平仄、对仗、用韵，这些都涉及声调的问题。上古时代本来没有平、上、去、入这四声的名称，但是在先秦时代的作品当中，诗歌用韵已经注重平声和非平声的差别了。到了齐梁时代，沈约把不自觉的规律加以整理，著了一部《四声谱》，从此以后，诗人都自觉地注重声调的安排，旧格律诗于是才能形成。"熟读唐诗三百首，不会写诗也会吟。"这是提倡不自觉地掌握规律。比较起来，自觉地掌握规律和不自觉地掌握规律情况很不相同。无论是在准确性方面，还是在速度方面，前者胜于后者。当然，并不能因此忽视实践。认为有了知识就可以培养技能，这是不正确的。不言而喻，把游泳知识背得滚瓜烂熟，一下水还是要往下沉。所以，学习现代汉语知识，不但要理解，而且要运用。只有经常运用所学的知识，才能加深理解。

常常听到一些学过现代汉语这门学科的人说，学到的知识用不着；或者说，学了不知道怎么用。其实，"用不着"是一个笼统的说法，仔细分析起来，有种种不同情况。如果语言知识是真正的科学知识，应该都是有用的。不过"有用"与"见效"是不同的概念。譬如药品，有的马上可以见效，有的须经过较长时间才能见效，有的须与别的药配合使用方能见效。语言知识也是如此。不能认为所有的知识都须立竿见影。自然，很多汉语知识是可以学了就用的。例如学会了拼音就可以从词典中找到生字的读法，学会了区别同义词的方法就可以在写作中注意选择适当的词。又如许多人认为"二"和

"两"是相同的,于是写出了"二个单位"、"二种现象"之类。有一份广播稿上写着:"我们厂的二位同志提出了二项合理化建议。"电台的播音员却须把"二"改成"两"才能念出。写稿的人如果懂得一点现代汉语的知识,就不会把该用"两"的地方写成"二"了。这就是立竿见影,关键是在把"知"和"用"紧密地联系起来,不能认为知识是用来回答考试的,而不是解决实际的问题的。

有人认为话说得对与不对,句子写得通与不通,只要凭自己的语感就行了。假如动起笔来处处要考虑用词是不是恰当,造句是不是合乎规范,修辞是不是达到鲜明生动的要求,文思一打乱,文章也写不出来了。我们掌握语言规律主要是准备用在遇到疑难的时候。打个比方吧,每个人平常是用不着量体温的,没有人成天把体温计含在嘴里。但是遇到身体不舒服的时候,必须使用体温计,这时就不能凭感觉了。许多语言知识所起的作用正如同体温计一样,不必时时刻刻都拿在手里,但是应该相信,在必要时是不可少的。就说修改文章吧,自己把文章念上了一两遍,凭语感觉得哪些地方不顺口,认真修改还得有一定的知识和能力的修养。

知识转化成技能还须经过经验的积累。比如语气词"啊",由于受到前面一个音节末尾音素的影响,有时读 ya,有时读 na,有时读 wa,等等,这当中有规律可循。掌握了规律,还必须培养技能。比如见到"来啊"的"啊"就读成"呀",见到"好啊"的"啊"就读成"哇",见到"难啊"的"啊"就读成"哪"。总之,要多练习。

学以致用,这是要牢记的。也应该知道,知识和实践之间的关系有种种不同的情况。拿医药作比,有些药一吃就可以见效,如退热药。有些药须经过一定的时间,让人吸收消化才能奏效。有些药须与相关的药物配合使用才能发挥作用,如此等等。语言知识也是这样。一些简单的规律,例如"二"和"两"的区别,"呢"和"吗"的使用,学会了就可以运用。有些规律即使掌握了,还须经过练习,才能应用。例如方言的纠正。

二、培养学习兴趣，遵循认知的原则

关于学习,孔子曾经有精辟的论述:"知之者不如好之者,好之者不如乐之者。""知"就是"懂得";"好"就是"喜爱";"乐"就是"耽乐",指的是对事物乐此不疲。譬如下棋,懂得如何落子布局,这是"知";喜爱与人对弈,这是"好";不断钻研棋道,这是"乐"。要做到好与乐,必须培养兴趣。学习没有兴趣,效果如何,这是不言而喻的。兴趣从哪里来?学习兴趣是在实践中产生的。例如下围棋,如果不参与对弈就不会产生兴趣。在实践中使兴趣不断发展又与克服困难,不断获得新的成绩密切相关。所谓参与,对现代汉语的学习来说,就是要联系听读说写的实际。所谓克服困难,就是要解决语言运用中的实际问题。这些问题可以归纳为两个方面,一是同异的问题,一是正误的问题。总之,要养成注意语言表达中的细微差别的习惯。举例说吧:

① a. 我早来了。
　 b. 我来早了。
② a. 他们三位来了。
　 b. 他们来了三位。
③ a. 他二十多岁才结了婚。
　 b. 才二十多岁他结了婚。
④ a. 你为什么不参加会议?
　 b. 为什么你不参加会议?
⑤ a. 你知道他是什么地方的人吗?
　 b. 你知道他是什么地方的人呢?

例①当中的"早来了"和"来早了"结构不一样,两句话的含义也不同。a 句是一般的叙述,b 句带有歉意。例②a 句中的"他们"就是"三位","他们三位"是同位短语。b 句中的"三位"包含在"他们"之中,"他们"不等于"三位"。例③a 句含有结婚太迟的意思,而 b 句的意思却是结婚太早。例④a 句的重点在询问"不参加会议"的理由,b 句的重点在"你",意思是别人能参加会议,你为什么不参加。例⑤a 句只要求回答知道或不知道,b 句要求回答"什么地方",比方回答"他是北京人"、"他是上海人",等等。

这里举的例子是句子结构方面的,异同问题当然不限于这方面。对错问题与异同问题是相关的。比如上边的例句,该使用 a 句时却使用了 b 句,就成为对错问题了。

养成别同异,明正误的习惯只是学习语言的初步,在这一基础上要能对语言现象加以解释,并总结出规律,这就需要语言知识的帮助了。例如上边的例⑤,a 句与 b 句的差别在于一句用"吗",一句用"呢"。"吗"用于是非问,要求对方作肯定或否定的回答,也就是对整个命题的肯定或否定。"呢"用于特指问,要求对方针对疑问点(如"什么地方")回答。又如例③,"才"后边接表示数量的词语,表示少、短、早、轻等等。"才二十多岁"表示很年轻。"才"前边用上表示数量的词语大都表示多、长、迟、重等等。诸如此类说明,不仅仅解释个别句子,而是概括许多类似的情况。

正误问题有两种,一种是前边提到的该用 a 句而用了 b 句,虽然两句的结构都是对的,但用在具体场合,却不可混同。另一种正误问题如下边的例子:

① *a. 他考虑的很多、很远。
　 *b. 他所考虑的很多、很远。
② 　a. 他刚从外地回来。
　 *b. 刚他从外地回来。

例①a 句中"的"连接补语,通常写作"得"。b 句"所考虑的"是名词性短语,能与"很多"搭配,跟"很远"搭配不上。例②中"刚"这个单音词不能用于句首,可改为"刚刚"。

学习现代汉语要遵循认知的原则,主要有两项:一是遵照由感性到理性,再由理性到实践的过程进行学习;二是把记忆和理解作为扩大知识面的双边。

学习本民族语言,当然不会缺乏感性认识,例如我们常常会凭语感去判断句子的正误。关键是善于集中大多数人的语感,并能加以分析,重视其中方言以及不同层次和背景的人的语言的特点,再把有代表性的感性认识加以集中,提高到理性认识。例如形容词常用来表示事物的性状,有时前边加"很",有时重叠,都表示某种程度的加深。人们常说"井水很深",不说"井水深深"。有部电影叫《庭院深深》,如果改成"庭院很深",凭语感都认为不相宜。如果许多人都这么认识,就值得收集更多的资料加以比较。例如集中一些重叠式的形容词的用法:

雷声隆隆　　　　果实累累
大腹便便　　　　相貌堂堂
黄沙滚滚　　　　江水滔滔
血迹斑斑　　　　细雨濛濛

这些重叠式的形容词含义各不相同,但是都表示某种感觉,或者是看到的,或者是听见的,等等。由此可见,重叠式的形容词宜于描述某种感受,而形容词前边加上"很"表示的是一种理性的判断。井水深不深,只能凭理性判断,而无法凭直感下结论,所以能说"井水很深",而不能说"井水深深"。"庭院"是可以看到的,所以宜说"庭院深深"。

扩大知识面,不但要依赖理解,而且要依赖记忆。理解和记忆好比平面的长和宽,都影响面积的大小。我们反对死记硬背,但提倡在理解的基础上加强记忆。记忆对积累知识、增进智能是十分重要的。一个记不住常用单词的人,无法进行阅读和写作。在现代汉语的学习中,一方面要积极思考问题,避免简单地人云亦云,另一方面应该认定记忆的内容,防止前学后忘。例如不同类别的词各有特点,如果不能牢记,在语法分析时就会遇到困难,心理学把记忆分为无意识记忆和有意识记忆。毫无疑问,学习上的记忆属于后者。大凡有意识的记忆都须有明确的学习目的。这里讲的学习目的不是指大的远的学习目的,而是指一门学科中的每一个单元的学习目的。了解了学习目的,更便于增强记忆,学习是循序渐进的,记忆的内容也是逐步扩大加深的。

此外,还有两个有关的问题值得注意。

第一,要区别一般规律和特殊现象。例如数词"两"只表基数,不表序数。这是一般规律。"两点钟"表示的是时间的顺序,不同于"两个钟头",这是特殊现象。又如"石"音 shí,但用于计量单位,音 dàn,这是例外,例外也属特殊情况。

第二,要承认古今用法的区别与联系。这就是说,古汉语某些现象仍遗留在现代汉语之中。例如有些语言单位在古汉语中是词,可以单说。在现代汉语中已经不能单说了,它们只作为构词成分出现在复合词之中。如"虎"、"车"、"衣"在古汉语中都是词,现代汉语用"老虎"、"车子"、"衣服"来代替了。可是,在一些固定短语中,它们仍旧是词,如"虎踞龙盘"、"闭门造车"、"衣食住行"。至于"一车大米"中的"车"已经不是名词,而是量词了。

三、几个值得注意的问题

1. 名与实的问题

任何学科都有一套术语。术语的名称不能充分地反映所指内容,这是科学术语普遍存在的现象。银河不是河,熊猫不是猫,这些都是人们熟知的。所以,理解语言学术语,也不能望文生义。比如,动词不一定表示动作行为,而表示动作行为的词(如"举止"、"战争"、"地震")可以不属于动词。又如人称代词不能理解为指人的代词,例如"它"属人称代词,是用来指称人以外的事物的。疑问代词也不能理解为专用于表疑问,它还有别的用法。主语不一定是主动者,宾语也不一定是被动者。关联词语并不是一种词类,它其实是句子中的一种成分,可以由连词、副词等充当。

值得注意的是,不同的语言著作,所用术语往往不尽相同,这就有种种情况。

名同而实异　例如实词与虚词相对,由于区分的标准不同,有些论著把副词归入实词,有的归入虚词。又如结构,有的论著指的是语言单位之间的关系,如句子结构,短语结构,等等。有的论著指的是小于句子的一种语言单位,即词与词的组合,相当于短语。如介词结构、的字结构。

名异而实同　在语法中尤为常见,举一些这方面的例子:

短语　又称词组,王力曾称之为仂语。介词短语或称为介宾短语。介词短语和的字短语,早些年一些语法书称之为介词结构、的字结构。

兼语式　又名兼语句、递系式,吕叔湘曾称之为递谓式。

连贯复句　又称为承接复句或顺承复句。

层次分析法　又称为直接成分分析法或二分法。

独立成分　又名插说,也称为插入语,吕叔湘曾称之为游离成分。

对待术语,最重要的是了解它的内涵。不同的论著使用不同的术语,无法强求统一。阅读不同的论著,只须弄清楚在特定的范围之内的术语的含义就行了,切不可张冠李戴,混淆不同系统中术语的内容。

2. 分类的基础和标准的问题

在语法分类问题上要区别基础和标准。比如四季划分,基础是天体运行和气候的变化,但是中西方采用的标准曾经不同。我国古代以立春、立夏、立秋、立冬为换季的界限,而欧美一些国家以春分、夏至、秋分、冬至为四季的开始。正因为基础相同,所以在日常生活中讲到四季,大家都能理解。可是在科学上,不能用基础代替标准。例如许多印欧语言的名词有"性"的语法范畴,它的基础是生物的性别,可是在语法上另有标准。

在汉语里,划分词一直是个难题。问题的关键在缺乏划分的标准。词的基础在口语,划分的标准是书面语的分词连写。拿一个语言片段给一些人划分词,大体一致,因为有口语的基础,却不免有各行其是的情况。因为没有正词规则(即分词连写的标准)可循。

词类的基础是意义,划分的标准是功能。说意义与词类无关,不能令人信服,因为人们一看到"桌子"、"咖啡"等等就知道是名词。这正如"落叶知秋",不必翻阅日历。但不能认为凭意义就可以划分词类,否则就无法说明"战争"是名词,而"打仗"是动词;"举动"是名词,而"举办"是动词了。

通常把句子分为陈述、疑问、祈使、感叹四类,又认为分类的标准是目的或用途。在语句的运用之中,我们常发现用疑问句表示祈使,或用陈述句表示感叹,等等。其实,句子的用途只是句类区分的基础,划分句类的标准是语气。正因为如此,同一语气(如疑问)的句子可以有不同用途。

3. 语句的结构分析与语句表达的事实的关系的问题

先看例句:

① 河里有鱼。

② 鱼在锅里。

③ 我请他吃饭。

④ 人们喜欢他老实。

例①中的"河里"是主语还是状语,向来有不同的说法。不同的语法学系统可以有不同的分析,只要系统内部不自相矛盾。但是不同的分析并不意味着反映了不同的语言事实。无论把"河里"当作主语还是当作状语,必须认为这里的"河里"是有定的,而例①中的"鱼"是无定的。例②当中的"鱼"却是有定的,即说话人心目中的鱼。结构分析是手段,目的在说明语言反映的事实。

例③属兼语式。从结构上讲,"他"是"请"的宾语,同时又是"吃饭"的主语。如果认为吃饭的只有他,而没有我,那就是笑话了。产生这种笑话的原因是把结构分析与事实分析混为一谈。两者有密切关系,但结构成分与客观角色并不是一一对应的。例④也是一个有争议的句子,有人认为是兼语式,即认为"他"是"喜欢"的宾语,同时是"老实"的主语。有人认为是主谓短语(他老实)充当"喜欢"的宾语。其实,在一个语法系统内,只要把类似的结构作同样的分析,而且能说明这种结构所表达的语言实际,这就行了。例④表达的事实是:由于他老实,所以人们喜欢他。

4. 语言的各部门之间的关系

语言是一个系统,它包括一些子系统,如语音系统、词汇系统、语法系统。文字也另成系统。所谓系统,包括两层含义,一是包含许多单位,二是单位与单位之间的联系有规律可循。

学习语言是一部分一部分依次学习的,可是语言的运用却是综合的。所以,学习时应该注重各部分之间的联系。例如:

　　① 他们都知道了。

　　② 他们什么都知道了。

　　③ 他们都知道什么?

要准确理解例①的意思,必须知道句子的重读所在。如果重读"都",意思是"他们全知道"。如果重读"他们",意思是"连他们也知道"。例②增加了"什么",没有歧义,只有上述第二种解释。例③把"什么"的位置移于句末,又产生了新的歧义。一种理解为疑问,"什么"表示疑问点,要求对方回答。另一种理解为反诘,"什么"是虚指,不表疑问。究竟如何理解,要依据全句的语调才能决定。这样看来,句子的语音、词义和语法是互相关联的。再举几个例子说明词义与句法的关系。

　　④ 经济繁荣→繁荣经济(＝ 使经济繁荣)

　　⑤ 党群关系密切→密切党群关系(＝ 使党群关系密切)

　　⑥ 事情繁杂→繁杂事情(＝ 繁杂的事情)

　　⑦ 关系密切→密切关系(＝ 密切的关系)

上边的例子都是改变语序的,但情况并不相同。例④和例⑤改变语序,由主谓结构变成述宾结构,而且含有使动意味。例⑥和例⑦改变语序之后,由主谓结构变成了偏正结构。关键在于词义。这里有规律可循。"经济"和"党群关系"是关于人事的,而"事情"和"关系"的词义中不含有"人事"的因素,这就是它们的区别。此外如"方便职工"、"丰富生活"、"缓和情绪"、"活跃气氛"、"坚定意志"、"整齐队伍",宾语都含有人事因素,使动词都由形容词变来。也就是说,这些词兼属形容词和动词。

第二部分 《新编现代汉语》教材思考题参考答案

一、"绪论"部分思考题参考答案

1. 符号包括能指与所指。同样的物质形式可以作为不同事物的能指，同样的事物可以用不同的物质形式作为所指。请举例说明。

能指相同而所指不同的，例如同音词。又如书面形式 O，可以表示"氧"，也可以表示"零"。所指相同而能指不同的，例如同义词。又如 0.4 和 $\frac{4}{10}$。

2. 语言符号的能指与所指之间的联系不是必然的，带有任意性。为什么这种联系既经确定之后不能随意改变？

语言符号是使用者互相约定的，目的在于进行交际，所以不能随意改变。

3. 语言符号是声音与意义的结合。在书面用语（书写的语言）中，除了语言符号之外，还有非语言符号，请举例说明。

例如标点符号，它表达一定的意义，但没有语音形式。

4. 有人认为英语、法语、德语等语言的文字是表音文字，汉字是表意文字。你如何理解表音与表意的区别？

文字记录语言，语言包括声音和意义，所以，没有哪种文字专记录语音或专记录语义的。英语等拼音文字与汉字的区别只在记录语言的方式不同，不能认为英文是表音的，汉字是表意的。

5. 有人认为词与词的搭配关系，即哪些词能跟哪些词组合，不能跟哪些词组合，也是一种形态，即所谓广义形态，例如数量短语与名词的结合。看来，形态包括：构形形态（严格意义的形态）、构词形态、用虚词表示的外部形态、广义形态。你认为现代汉语有哪几种形态，请举例说明。

汉语缺乏严格意义的形态,但有构词形态,如"担—担子"、"胖—胖子"、"盖—盖儿"、"活—活儿"、"看—看头"、"甜—甜头"。虚词如"了"、"着"、"过"表示时态,"把"、"被"表示施受关系。广义形态如数量短语与名词的组合。

6. 语言的口头表达形式与书面表达形式并不是完全可以对应的。有些口语不出现在书面语中,有些书面用语不宜用口语表达。你能举例说明吗?

口语中一些啰唆重复的语句,夹杂在句中的"这个"、"那个"等等个人习惯语词,在书面语中都不会出现。文艺作品出现这类语言,仍属口语。书面语中有些词语,口语中是不出现的,如"您们",又如名词前边的长修饰语。

7. 拿文言和现代汉语相比较,有一类词完全改变了,那就是语气词。为什么会出现这种情况?请加以解释。

主要是因为古今语音演变。古代没有录音,通常是从方言中找证据,因为有些方言还保留了古音。例如古代的语气词"也"与今天的"呀"有关。普通话的"爷爷",有些方言念作 yā·ya,e 变成 a,"也"就变成"呀"。

8. 现代的戏曲(如京剧、昆曲)中保留了一些近代汉语的词语,你能举例说明吗?

如把"买酒"说成"沽酒",把费用说成"花消",把"收拾"说成"打点",把"周全"说成"宛转",把"大便"说成"出恭"。又常用"者"作为语气词,如"迎敌去者"。

9. 人们为了使用语言的方便,常常把一些较长的词语加以简缩,于是一些印欧系语言出现了许多缩写,而汉语划出了许多简称。为什么采取的方法不一样?

简缩的目的是使长的短语简化成短的形式,简缩的要求是简缩形式能暗示原形。印欧语使用拼音文字,用每个词的第一个字母作为整个短语的代表,能合乎要求。汉字是方块字,用汉字本身作为代表,也符合简缩的要求。

10. 有人说,拼音文字十分简单,只须二十几个字母就能记录口语。汉语就须几千个汉字才能把说的话写下来。这样比较合理吗?为什么?

这种比较不恰当。与拼音文字的字母相比的应该是笔画。比较起来,笔画比字母更简单。字母是没有意义的(除非构成了词),汉字基本上代表语素,它是有意义的,这是字母与汉字的基本差别。笔画也是没有意义的,除非它构成汉字,如"一"。

二、"语音"部分思考题参考答案

第一节

1. 自然界有各色各样的声音,语音也是一种声音,它与其他声音有什么异同?

语音虽然与自然界各种声音相同,也是一种声音,但它与其他各种声音的区别在于它是人类发音器官发出来的具有一定意义的声音。

2. 结合具体的语音,分别说明音高、音强、音长和音色四种要素。

音高 汉语音节有高低升降声调的变化。以普通话的四种声调为例,"山河美丽"四个音节"山 shān"是阴平调,它的调值自始至终都是高而平,没有音高变化;"河 hé"是阳平调,它的调值有中升的变化,发音开始音高是中度,然后再往上升到高度,是中升调型;"美 měi"是上声调,它的调值有降升的变化,开始发音时音高是半低度,先降低到最低度,然后又往上升到半高度,是带有曲折的降升调型;"丽 lì"是去声调,它的调值有明显的高降变化,起音时音高在最高度,然后下降到最低度,是高降调型。这种高低升降就决定于语音的音高变化。

音强 普通话语音中辅音声母有送气音与不送气音的区别,送气音发音时呼出的气流用力大,声音强;不送气音发音时呼出的气流用力小,声音弱,它们的声音不相同,所构成的音节表示的意义也不一样,如:bāo 包和 pāo 抛的区别就在于它们的声母不相同,"b"是不送气音,"p"是送气音,两者发音时音强不一样。

音长 普通话语音里有轻声词与非轻声词,轻声词是声调的音变,发音时声音轻短,与原声调不同,如:地方 dìfāng 和地方 dìfang,同一个"方"读轻声后音长比原声调阴平调要短得多。这两个"地方"读轻声与否所表示的意义不相同。

音色 发音时由于发音部位、发音方法或者是口腔形状的种种变化,所发出的声音性质不一样,如 b、p、m 发音部位虽然相同,但是发音方法不一样,人们的听感很容易分辨出它们的音色各不相同,又如 a 和 i 都是舌面元音,但是发音时口腔形状大小舌位高低都有明显区别,所以形成两个音色完全不同的声音。

3. 熟悉人类的发音器官,并说出各部分的名称以及对发音的作用。

人类的发音器官共分三个部分,肺和气管是发音时气流的动力器官;声带是发音时振动气流的主要器官;口腔和鼻腔是发音时气流的共鸣器官。口腔部分与发音有关的有舌头、上腭(硬腭与软腭)、上下门齿。由于舌头在口腔里的活动以及和其他部位的接触,使气流受到节制或阻碍可以发出各种不同的声音。

4. 学习和研究一种语音与了解语音的社会性质有什么关系?

语言是一种社会现象。一个民族、一个社会的人们使用这种语言进行交际。语音的物理性质和生理性质都是相同的,但一个民族、一个社会的语音有它们各自的系统、各自的结构规律和它们特有的变化规律,这个社会的人员熟悉、承认这些规律,并能运用它们彼此进行交际。但不属于这个民族或社会集团的人们对这种语音却不能应用自如,这说明语音是有它的社会性质的,我们学习和研究一种语音必须了解语音的这种社会性质。如学习普通话语音时,我们知道声母中舌尖中音 n 和 l,它们的发音方法不同,n 是鼻音,l 是边音,用这两个声母构成的音节即使韵母和声调完全相同,它们所表示的意义也各不相同,不能互相替代,如"男女 nánnǚ"和"褴褛 lánlǚ"。但是在有些方言区,如南京人对 n 和 l 两个声母发音是不分的,而且听感上也同样不能分辨,在他们的语音系统中 n 和 l 只是一个声音。研究这种语音必须了解和承认这种社会性质。

5. 学习《汉语拼音方案》,学习音节是学习普通话语音的一种捷径。这句话怎样理解?

《汉语拼音方案》的声母、韵母和声调就是普通话的语音系统,它简单地使用 26 个国际通用的拉丁字母根据普通话语音的结构规律分列出了声母表、韵母表,还采用一些简单的符号全面描写了普通话的语音系统及书写规律。它是学习普通话语音的一套正音工具,易于掌握。

一般来说,汉语中一个汉字就是一个音节。音节由声母和韵母按照结构规律构成。普通话音节只有 400 个左右(经常使用的仅四分之一),加上声调变化也只有 1 000 多个。但常用汉字有 3 500 个左右,要学习掌握需花一定的时间和精力,如果从学习音节着手,只要学会 400 个音节和四种声调及其变化规律,就可以学会所有汉字的读音,所以说学习音节是学习普通话语音的一条捷径。

第二节

1. 辅音和声母有密切的关系,为什么不能把这两个概念简化成一个概念呢?

辅音是语音学分析音素得出的概念,声母是我国音韵学传统分析一个字的读音得出的概念。这两者的发音特点是完全相同的,但不能因此而简化成一个概念,因为在构成音节的作用上两者略有区别,凡音节中作为声母的都由辅音充当,但辅音的作用不一定都是声母,它也可以作为韵母的韵尾。如普通话语音共有 22 个辅音,其中 21 个可以作为声母(其中的 n 也可作为韵尾),另有一个 ng 只能作为韵尾,如:eng、ing、ang 等,它不能充当音节的声母。这两个概念包含的音素不相同,辅音是 22 个,声母只有21 个。

2. 普通话语音中 22 个辅音是怎样形成 22 个不同音色的?

形成辅音的发音取决于气流在共鸣腔内受阻的部位(发音部位)和受阻、除阻的方式(发音方法)。普通话语音 22 个辅音共有七种不同的发音部位:b、p、m 是双唇阻,f 是唇齿阻,d、t、n、l 是舌尖中阻,g、k、ng、h 是舌根阻,j、q、x 是舌面阻,zh、ch、sh、r 是舌尖后阻,z、c、s 是舌尖前阻。相同的发音部位又因不同的发音方法而改变音色,如:b、p、d、t、g、k 是塞音,j、q、zh、ch、z、c 是塞擦音,f、h、x、sh、r、s 是擦音,m、n、ng 是鼻音,l 是边音。发音部位和发音方法都相同的辅音又有送气音和不送气音的区别,如 b、p、d、t、g、k 三对辅音中前一个是不送气音,后一个是送气音;j、q、zh、ch、z、c 三对中前一个是不送气音,后一个是送气音。而 sh 和 r 也属发音部位发音方法相同的,但 sh 是声带不振动的清音,r 是声带振动的浊音。所以 22 个辅音有22 个不同的音色。

3.《汉语拼音方案》声母表的排列形式与它们的发音有没有关系? 如果只用字母表而不采用声母表好吗?

声母表整齐地把 21 个声母按发音部位和发音方法排列在一起,便于学习和掌握。如每一横行的发音部位相同,其中第一行 b、p、m 是双唇音,f 是唇齿音,发音部位也相近,第二行 d、t、n、l 是舌尖中音,第三行 g、k、h 是舌根音,第四行 j、q、x 是舌面音,第五行 zh、ch、sh、r 是舌尖后音,最后一行 z、c、s 是舌尖前音。竖行中左上角三行的 b、p、d、t、g、k 是塞音;左下角三行的 j、q、zh、ch、z、c 是塞擦音;这两角范围内又可分左、右两行各 6 个声母,如果在中间画一条虚线便可把送气音和不送气音各自分开。竖行中间 m、n 是鼻音,它右边一竖行(包括 r)是擦音(sh 和 r 的清浊区分也可用虚线划分开),最右上角的 l 是唯一的边音。

如果只用字母表而没有声母表对学习声母很不方便,原因是:①字母表是按国际惯用的拉丁字母次序排列的,没有汉语语音传统排列次序的特色;②字母表中每个字母所表示的不只是声母(辅音音素),也有部分可作为单韵母(元音音素),两者混合在一个表中不利于学习;③声母中有 zh、ch、sh 是采用双字母表示,在字母表中无法显示。

第三节

1. 元音和韵母这两个概念能不能通用?

元音是语音学中分析音素得出的概念,韵母是我国音韵学传统分析一个字的读音得出的概念。在汉语中元音可以充当一个音素的单韵母,但韵母中有许多是由两个或三个元音音素结合而成的,也有一个或两个元音音素与一个鼻辅音结合成的韵母。韵母的范围比元音大得多,普通话语音有 10 个元音音素,但韵母有 39 个,所以这两个概念不能通用。

2. 元音发音时气流在口腔里是怎样受到调节的?七个舌面元音的发音条件是怎样形成的?

元音分舌面元音与舌尖元音两种。舌面元音发音时舌面与硬腭起调节气流的作用,由舌位的高低、口形的大小和唇形的圆或不圆决定。舌尖元音发音时由舌尖的活动调节气流,由舌尖的前后与唇形的圆或不圆决定。

七个舌面元音发音条件的形成略。

3. 复合元音由两个或三个单元音组成,为什么它们的读音不会误听为是连续发两个单元音或是三个单元音?

复合元音不论是两个元音还是三个元音的结合,它们的发音实际上是从一个元音音素的舌位向后面的元音音素滑动,这个过程中由于舌位的连续改变(一般是由低到高或由高到低,如果三个元音则中间还有高低变化),会产生一连串的声音变化,这种声音变化形成一个新的声音,它是一种结合成固定的声音,听感上类似一个语音单位。如发 ai,并不是 a+i 的声音,而是结合成一个新的声音"哀 ai",发 ia 也不是 i+a,而是结合成新的声音"鸦 ya"。这种结合在一起的元音发音的响度不一样。

4. 前后鼻音韵母是方言区人学习普通话语音的难点之一,怎样掌握它们的发音？有没有切实可行的办法克服这一难点？

　　这两类韵母主要的区别是它们的鼻辅音韵尾发音不相同,所谓的前鼻音韵母的韵尾是 n,它的发音部位是舌尖中阻,发这类韵母时前面的舌面元音和舌尖中阻的鼻音 n 结合成一个连接在一起的声音,当气流振动声带呼出时,舌尖紧紧抵住上齿龈,然后软腭下垂挡住气流,使它改从鼻腔呼出。后鼻音韵母的韵尾是 ng,它的发音部位是舌根阻,发这类韵母时,前面的舌面元音和舌根阻的 ng 结合成一个连接在一起的声音,当气流振动声带呼出时,舌根紧紧抵住软腭,同时软腭下垂挡住气流,使它改从鼻腔呼出。要发准这两类韵母关键在于掌握好韵尾 n 和 ng 不同的发音部位。另外,可以利用普通话语音内部结构规律来区分部分 n、ng 韵尾的字。凡声母是 d、t、n、l 的字,它们的韵母不会是 en 而应该是 eng(其中"嫩"nèn 是语音发展中形成的例外字);凡声母 d、t、n 的字,它们的韵母不会是 in 而应该是 ing(其中"您"nín 是常用口语的一个例外字)。其他有效办法是利用形声字同声旁字类推,因为声旁相同的字,它们的韵尾也相同,例外字只有少数。

第四节

　　1. 声调是汉语一个音节里不可缺少的部分。这句话怎样理解?

　　汉语一个音节有声母、韵母和声调。同样的声母、韵母构成的音节如果它们的声调不相同,这些音节所表示的意义就不一样。如:

　　　　保卫 bǎowèi——包围 bāowéi,　工人 gōngrén——供认 gòngrèn。

　　2. 古四声与普通话四声有什么关系?它们之间的演变规律有哪些明显的特点?

　　普通话四声是从古四声演变发展而来的。演变规律最明显的是古调类中的入声已经消失,它们中的次浊声母字(m、n、l、r 声母字)都归入普通话的去声,仅有少数几个口语常用字已变为阴平字;而全浊声母的入声字多数归入普通话的阳平。至于清声母字分别归入普通话阴平、阳平、上声、去声四声字,但为数不多。演变规律另一个明显的是古代的上声中全浊声母字都归入普通话去声,所以普通话的上声字比古代上声字要少而去声字却比古代多。

　　3. 普通话语音中读轻声的字很多,能否把轻声另立一调类?

　　轻声是说话时语流中的声调变化,这些音节在发音时音长和音强起了主要变化,失去了原有的调值,变成又轻又短比较模糊的调子。普通话语音四种声调的音节都可以因音变而失去原有的调型,而几乎所有的轻声音节都有它原有的阴、阳、上、去调值,它并不是四声以外的又一种调类,而且同一个音节在阴、阳、上、去后面变读轻声后,音高并不相同,它没有固定的调值,不能另立一调类。

第五节

1. 汉语一个音节与一个方块字是不是相同?

一般来说,汉语中一个音节就是一个方块字。但普通话语音里的儿化韵,如"花儿"huār 是一个音节,却有两个方块字,这是特殊现象。

2. 普通话语音音节结构的主要特点是什么?

汉语一个音节有声母、韵母和声调三个组成部分。①一个音节不可缺少声调和韵母中的韵腹,韵腹一定是元音音素。②一个音节可以由一个元音音素单独组成,最多可以有四个音素。③辅音音素在音节里位置固定,一是在音节开头部分作声母,二是在音节末尾充当韵尾(鼻韵母的韵尾),辅音不能两个相连。④一个音节的韵母除韵腹必须是元音音素外,韵头也是元音音素,有 i、u、ü 三个,韵尾有 i、o、u 三个是元音,另有 n、ng 两个是辅音。

3. 中古语音全浊声母字在演变过程中有"平声送气,仄声不送气"的规律,这与普通话声调有什么关系?

以古全浊声母塞音、塞擦音字为例,普通话送气声母字是阳平调,不送气声母字是去声调。

```
         ┌ [p]b  病 bìng  仄声          ┌ [t]d  道 dào  仄声
[b] ─────┤                      [d] ────┤
         └ [p']p 平 píng  平声          └ [t']t 逃 táo  平声

         ┌ [tɕ]j 技 jì    仄声          ┌ [ts]z 字 zì   仄声
[dz]─────┤                      [dz]────┤
         └ [tɕ']q 奇 qí   平声          └ [ts']c 慈 cí  平声
```

4. 齐齿呼、合口呼、撮口呼三类韵母的零声母音节使用 y 和 w 有些什么作用? 如果是开口呼韵母的零声母音节又该采用什么方法替代类似 y、w 的作用?

齐、合、撮三类韵母的零声母音节书写时使用 y 或 w 在按词连写时有分隔音节界限的作用,如:

"大衣"dayi,不同于"带"dai;

"礼物"liwu,不同于"流"liu;

"言语"yanyu,不同于"哑女"yanü。

如果是开口呼韵母的零声母字就采用隔音符号","来替代 y、w 分隔音节,如:

"上腭"shang'e,不是"山歌"shange;

"档案"dang'an,不是"单干"dangan。

5. 为什么《汉语拼音方案》能将 e、u 兼作两个元音音素,将 i 兼作三个元音音素,它们在使用时会不会混淆?

e 可以兼两个元音音素 e 和 ê,e 是后半高不圆唇元音,ê 是前半低不圆唇元音。ê 单独成音节只有语气词或叹词"诶"或"欸",使用率不高而且也可以发成 ei,所以书写时加上"^"符号既可以与 e 区别又不会产生麻烦。ê 主要是与元音 i 或 ü 结合成复合元音 ie 和 üe,由于 e 只用于单元音韵母,不可能出现在 i、ü 后面,所以 ie 和 üe 中的 ê 书写时可以不必加上"^"符号。u 可以兼两个元音音素 u 和 ü,u 是后高圆唇元音,ü 是前高圆唇元音。它们在音节里不会产生混淆,原因是:

(1)单独成音节时,u 写成 wu,如吴 wú;ü 写成 yu,省略两点,如鱼 yú。

(2)和声母构成音节时,ü 主要拼 j、q、x;u 不拼 j、q、x;ü 可以写成 u,省略两点不会误读成 u,如"居"jū,"缺"quē,"宣"xuān。

(3)和声母 n、l 构成音节时,u 和 ü 都可以和 n、l 构成音节;书写时 ü 不省略两点,如努 nǔ,鲁 lǔ,女 nǔ,吕 lǔ。

(4)i 可以兼作舌面元音 i、舌尖前元音-i[ɿ]、舌尖后元音-i[ʅ]三个元音音素。

(5)单独书写时,i(舌面元音)、-i(舌尖元音,前加短横表示它不能独立成音节,前面必须有一个声母 z、c、s 或 zh、ch、sh、r);i 独立成音节时写成 yi,如衣 yī;-i 不能独立成音节。

(6)音节的书写:①i 不拼 z、c、s 或 zh、ch、sh、r。②-i[ɿ]只拼 z、c、s,如资 zī、此 cǐ、私 sī。③-i[ʅ]只拼 zh、ch、sh、r,如知 zhī、迟 chí、诗 shī、日 rì。

第六节

1. 如果不掌握轻声词会不会影响交际?

有一部分词读轻声或非轻声,它们的词义或词性不相同,不区分有造成

歧义的可能,所以不掌握轻声词有影响交际的可能。如:

> 兄弟　xiōngdì　指的是哥哥和弟弟两个人
>
> 　　　xiōngdi　只指弟弟一个人
>
> 地道　dìdào　指挖在地下面的坑道
>
> 　　　dìdao　指真正的事物
>
> 花费　huāfèi　作动词
>
> 　　　huāfei　作名词

2. 语气词"啊"、"呀"、"哇"、"哪"没有意义的区别,写作时任意选用可以吗?

"呀"、"哇"、"哪"是"啊"音变以后产生的读音不同的词,它们的音变与前面那个音节最后一个音素的读音有关系。如:

> a、o、e、ê(ie)、i、ü 后面的"啊"音变为"呀"ya
>
> u、o(ao)后面的"啊"音变为"哇"wa
>
> n 后面的"啊"音变为"哪"na

这些读音的变化是音素与音素之间自然的连读音变,写作时不能任意选用,否则会影响读音,但一律写作"啊"是可以的,朗读时可自然读出音变。

3. 有人认为儿化韵是北京土话。为什么方言区人学习普通话还有必要学习"儿化韵"?

北京土话中儿化韵是比较多,规范的普通话中有些儿化韵可以不必选用。但是儿化韵不是单纯的语音现象,它和词汇、语法、修辞都有关系,这部分儿化韵的词语不能看作是北京土话,不是可有可无,我们学习普通话需要学习、掌握它们。如:

(1) 有无儿化韵词义不同。区别词义:

> 头(指脑袋)　头儿(指领头的人,或指事情的开端——刚起头儿)
>
> 一块(量词,一块手表)　一块儿(一同)

(2) 有无儿化韵词性不同。确定名词词性:

> 画(动词)　画儿(名词)
>
> 尖(形容词)　尖儿(名词:刀尖儿)
>
> 个别动词有儿化,如:玩儿

(3) 有表示细小、可爱的修辞作用:

> 小鸡儿、小孩儿、细丝儿、鲜花儿

4. 怎样读好儿化韵音节?

读儿化韵音节最重要的是要在发这个音节主要元音的同时卷舌,不能等元音发完后再卷舌,这样会发成两个音节。要发准儿化韵,不同的韵母有不同的要求,它们的一般规律是:

(1) 韵母最后一个元音开口度大的可以发音时同时卷舌;

(2) 韵母带 i、n 韵尾的丢掉韵尾,发前面主要元音时同时卷舌;

(3) 韵母开口度小的,如 i、ü,在它们后面加上元音[ə],发[ə]的同时卷舌;

(4) 舌尖元音韵母要改成元音[ə],再同时卷舌;

(5) 舌根鼻音韵尾的韵母要丢掉韵尾 ng,然后把元音鼻化。

第七节

1. 什么是音位？为什么要归纳语音的音位系统？

音位是一种语言里能够区别意义的最小语音单位。我们说话时往往是一连串语流同时发出,这中间出现的声音中的音素和它们高低升降的变化要比我们知道的音素和声调多得多,而这些声音及高低的变化极为细微,人们听感上不容易区别和觉察,而且它们不改变词义也不会影响交际。我们学习和研究语音不需要那么多复杂的声音,所以有必要把实际语言里众多复杂的音素或声调按条件许可归纳成若干能区别意义的最小语音单位——音位。这样便于学习和研究一种语音系统。

2. 普通话语音有 32 个音素,在归纳音位时音素音位也是 32 个,是否可以说音素就是音位？

普通话语音的音素和音素音位虽然都是 32 个,但不能因此而说音素就是音位,因为一个音素音位可以有音位变体,这些音位变体都各有一个音素,如元音音位[A]就有[a]、[ɑ]、[æ]三个变体,一个[A]音位实际有四个音素,说明在实际语言里包括的音素多于 32 个。音素不等于音位,它们是两个概念。

3.《汉语拼音方案》实际使用的只有 25 个拉丁字母,它用什么方法来描写普通话语音的音素的？

《汉语拼音方案》25 个字母中 y 和 w 不算音素,实际上只有 23 个字母。它在条件允许下采用几种办法增补了所缺的 9 个音素:

用字母 i 兼职-i[ɿ]、-i[ʅ],增补两个音素;

字母 e、u 采用符号成 ê、ü,增补两个音素;

采用双字母：zh、ch、sh、ng、er，增补 5 个音素。

4. 归纳一种语言的音位有些什么条件？

归纳音位必须要使用这种语言的社会地区的人们的认可，要他们听感上没有区别。有些音位的归纳还必须有特定的环境，如［A］音位不能出现在高元音 i 前面，但可以出现在 i 的后面或者单独出现以及在部分辅音后面。

第八节

1. 为什么要制订异读词读音规范？

异读词是指同一个词在作为普通话标准音的北京语音中有几种不同的读音，如："比较"一词有人读 bǐjiǎo，也有人读 bǐjiào；"暂时"有人读zànshí，有人读 zǎnshí。这些意义相同却有异读的现象造成方言区人学习普通话的困难，不利于推广、普及普通话，使国家通用语规范统一，因此必须把社会上流传的不统一的读音加以整理，制订出规范的统一的读音。

2. 异读词与多音字有什么区别？掌握多音字的读音对提高普通话水平有什么作用？

异读词指的是同一个词表意相同，但有不同的读音。如"教室"有jiàoshǐ，jiàoshì 的异读。多音字指的是字形相同，表意不同，读音也不一样的一部分汉字。如："曲"同一个字形，读 qū 意义是"弯曲"、"曲折"；读 qǔ意义是"曲调"、"歌曲"。由于多音字不同的读音所表示的意义有区别，所以使用时必须掌握它们的读音标准以免造成歧义影响交际。

三、"文字"部分思考题参考答案

第一节

1. 从文字跟所记录的语言的关系，即从文字的体制来看，世界上的文字可以分为几个基本的类型，你认为汉字是属于何种类型的文字？为什么？

由于记录语言的方式和采用的形体不同，就会形成不同的文字体制。人类的文字发展到现在，尽管种类很多，但从文字体制上看，主要可以分为三大类：音素文字、音节文字、语素文字。从文字的体制，即文字跟语言的关系来看，汉字是语素文字。因为一个汉字的字形不仅记录汉语言中的一个音节，而且还表示了字义，如汉字"手"不仅读出来是一个音节"shǒu"，而且"手"这个字还表示了语言中的意义："人体上肢前端能拿东西的部分"。因此，汉字所记录的不只是汉语结构系统中的语音单位，而且还是一个有意义的构词单位。可见，汉字记录的是汉语中最小的音义结合的单位——语素。所以，我们认为汉字属于语素文字。当然，汉字也记录了少量的非语素的音节，如"玻璃"、"蜻蜓"、"蜘蛛"等词语中的"玻"、"璃"、"蜻"、"蜓"、"蜘"、"蛛"等字，这些字只有读音，代表一个音节，不独立表义。但它们在"玻璃"、"蜻蜓"、"蜘蛛"等多音节语素或词中，虽然不表达意义，却有区别意义的作用，像"蝴蝶"、"骆驼"等语素中的"蝴"、"骆"等更是典型的别义语素。另外，这些记录具有区别意义价值的语素的汉字，在汉字总量中是很少的，不反映汉字的本质。

2. 汉字具有哪些明显的特点？

由于汉字在本质上不同于音素文字和音节文字，是语素文字，因而汉字有如下一些特点：

（1）从书写形式上看，汉字是平面型方块体文字

从字体构造上看，汉字是由笔画组成的，而笔画在构字时不是一个笔画接一个笔画呈线性展开的，而是在一个二维平面里按照一定的顺序和结构多向展开的，一个汉字的各种笔画总是分布在一个方块里，如"翼"字，由17画组成，但17个笔画（包括重复的）有秩序地分布在一个平面型的方框里。可见，从书写形式上看，汉字是平面型方块体文字。这是汉字从外观上或视觉上所体现出的最明显的特点。

（2）汉字的形音义之间原本存在一定的理据

汉字中有相当大一部分字的构造原来是有一定理据的，因此，有的字从它的字形可以联想到字义，如"人"、"口"、"山"、"火"、"手"、"上"、"田"、"刀"、"月"、"一"、"二"，有的字可从它的组成成分猜测出大致的含义，如"林"、"森"、"看"、"刃"、"泪"，有的字从它们的组成成分上可以大致推想出字义类属，如"江"、"河"、"湖"、"海"跟"水"有关，"松"、"柏"、"杉"、"桐"等跟"树木"有关，"铁"、"铜"、"锡"、"铅"等跟"金属"有关。汉字尤其是古代汉字的形音义之间原本存在的一定的联系，不过，在现代汉字中这种理据已经逐步减弱。

（3）从汉字所记录的语音单位来看，汉字记录的语音单位是汉语的

音节

汉字记录汉语是用整个字形跟语音相联系的,一个汉字代表一个音节(包括声调)。汉字虽然记录的语音单位是音节,但跟音节文字不同。

(4)从汉字记录汉语的方式上看,汉字记录汉语不实行分词连写

用音素文字记录语言实行分词连写。汉字记录汉语是一个字接着一个字,字与字之间留有空隙,如"我们的学校",词与词之间在书面语中没有分界,因而汉字记录汉语没有分词连写的规则。

(5)从汉字自身来看,汉字数量多,字形结构复杂

汉字记录的是汉语中的语素,汉语语素的数量很多,因而汉字的数量也非常多,从3 000多年前甲骨文发展到现在,汉字的总数有五六万以上,即使是现代常用汉字和通用汉字也在3 000到7 000个之间。要使如此多的汉字在形体上有所分别,汉字的构造单位和构造方式必然是多种多样的,这样就形成了汉字在内部结构和外在形体上的一个明显特点:结构复杂多变。

(6)从汉字跟时间和空间的关系来看,汉字具有一定的超时空性

汉字具有一定的超时空性。就时间来说,虽然古今汉语语音系统发生了很大的变化,但由于汉字字形本身大体上是稳定的,所代表的字义变化也不大,所以上古或中古的文献,对有一定文化水平的人来说,也能看懂或大体看懂。从这方面来看,汉字的这一特点对于继承和传播中国古代文化遗产是有利的。

就空间方面来看,由于汉字不跟语音密切联系,同一个汉字在不同的方言区就可能有不同的读音,但不同方言区的人对同一个汉字的字义理解却是相同的;有些方言之间语音差别很大,以致难以进行口头交流,可是把要说的话用汉字写下来就基本能互相理解了。可见,汉字在一定程度上具有了超方言的特性。

第二节

1. 汉字如果从甲骨文算起有了3 000多年的历史,经历了许多变化,其中字体的演变最为明显。你认为汉字的字体演变可以分为几种类型,各流行于什么时代? 汉字字体的这种演变的总趋势是什么? 是什么原因制约着汉字字体演变的?

从甲骨文算起,汉字的形体演变了3 000多年,汉字字体从甲骨文、金文经篆书、隶书到楷书,经过了几种重大的变革。一般来说,某个朝代或某

几个朝代流行某种字体,如殷商时代通行的是甲骨文,西周通行金文,战国时的秦国流行大篆,小篆是秦王朝的标准字体,也使用隶书,从秦王朝到两汉、三国主要使用隶书,魏晋以来一直通行楷书,隶书的草写体是章草,楷书的草写体是今草,处于今草和楷书之间的是行书。这种对应关系可用下图直观表示:

甲骨文→金文→篆书(大篆→小篆)→隶书(章草)→楷书(今草/行书)

殷　商→西周→战国时秦国→秦朝→秦汉三国→魏晋以后

汉字演变的过程是汉字字形字体逐步符号化、简化、规范化和稳定化的过程。就符号化来看,汉字从古代汉字的带有图画性的较多象形的文字经篆书、隶书到楷书逐步变成不象形的符号化的书写符号。就简化来看,符号化的过程也就是简化的过程,主要反映在同字异形的减少,字的写法和结构趋减上。就规范化来看,小篆是汉字规范化的一个转折点,"隶变"之后汉字字形结构基本确定,楷书形成之后,字形进一步规范。就稳定性来看,小篆使汉字的笔画数和偏旁分布、书写形式固定下来,异体字减少;隶变之后形成新的笔形系统,字形成为扁方形;楷书之后汉字字形基本稳定,方块形体和结构基本定型。1000多年来楷书一直是汉字的标准字体。

字体变化的内因是书写者对汉字的简易需求和美观要求的结果。随着汉字应用场合的扩大和识写人数的增加,汉字作为记录汉语的工具,它的工具性越来越增强,人们越来越追求书写的快捷简便,从而逐步引起字体向简化的方向发展。同时,美观的需求,又使得笔画和偏旁的分布趋于合理,从而引起字体结构的变化。从外因上看,字体的演变跟书写工具、书写方式方法和书写材料的变化密切相关。甲骨文是用坚硬的工具刻在硬质的龟甲和兽骨上,必然线条细瘦,方折居多,大小不一;金文是浇铸的,因而可以浑厚整齐,多肥笔;有了毛笔和具有弹性的布帛和纸张,才可能有篆书的圆转、弧形的笔画,有隶书的波磔,有楷书的各种笔画;有了印刷术,楷书才能更加方方正正,流传千年。

2. 汉字经过了几千年的不断发展,古今汉字有许多差异,但这些差异改变了汉字自身的性质没有呢? 为什么? 请你预测一下汉字在未来社会中的发展趋势。

汉字自产生以来,几千年来一直为汉民族服务。汉字的发展走着一条独立发展的道路,汉字的演变也只是在其体系内部进行局部的变革,汉字的整体体制没有发生根本性的变化,因而汉字没有像埃及的圣书字和美索不达米亚的楔形字那样很早就消失,为其他体制的文字所代替。因而,我们认为几千年来汉字的性质从本质上看并没有改变。这其中的原因固然很多,但根本的一条是汉字能够适应汉语的需要,适应社会的发展。目前虽然进入信息社会、知识经济时代,汉字依然很好地为汉民族服务。汉字编码技术及汉字信息处理技术的发展和完善,使得汉字很好地适应了信息社会和知识经济时代的要求。我们有理由相信,以汉字为载体的汉语必然在未来的网络世界及其他媒体中发挥更大的作用,古老的汉字也必将焕发出更加美丽的青春。

第三节

1. 形声字的出现使得汉字有了表音成分,形声字的音符代表了该字的读音,那么形声字的音符是否等于音素文字的字母和音节文字的音节符号呢?为什么?

形声字的大量出现说明汉字字形有了表音化的趋势。不过,形声字的音符自身并不是音位或音素符号,也不等于音节文字中的音节符号。因为音符还是利用了原来的象形字、指事字、会意字、形声字。所以形声字音符的出现只说明汉字有了表音趋势和表音符号,并没有从根本上改变汉字的性质。

2. "六书"是传统汉字学分析汉字构造所总结出的六种办法,这"六书"还能不能用来分析现代汉字呢?现代汉字在造字法上有哪些变化?如何看待简化字中的"乂"(如"区"、"风")和"又"(如"鸡"、"圣"、"邓"、"发"、"观")等既不是意符也不是音符的部件在现代汉字中的作用?为什么说现代汉字更适合采用构字笔画部件分析法?

现代汉字大多数是从古代汉字传承而来的,因而"六书"也适合分析现代汉字中的大部分汉字,只不过经过隶变和楷化之后许多象形字和指事字已经不能明显看出其原有的造字方式,一些会意字的偏旁也发生了变化,一些形声字的意符不能准确表示义类,音符不能准确表音。同时现代汉字的造字法跟古代相比也有些变化,如现代的一些新字的产生一般不再使用象形、指事的方法,新造的会意字虽然也有一些,但不如用形声的方法多。

另外,一些简化字采用了草书楷化的方法,使得原有的字形构造发生变化,如:长—长、专—专、书—书、为—为。

新造字中,有些字的造字法跟传统的六书不一致,如"甭、嫑"采用的是切音合形合义的造字法,"甭"(béng)从字音上看是"不"和"用"的切音,字义是"不用",字形是"不"和"用"的合形;"嫑"(fēn)字音是"勿"和"曾"的切音,字义是"不曾",字形也是"勿"和"曾"的合形。再如化学上有机化合物用字"巯"和"羰",从造字上看也较为特殊,"巯"(qiú)字音是"氢"和"硫"的切音,字义是"有机化合物中含硫和氢的基",字形则从"氢"和"硫"中各取一半构成;"羰"(tāng)字音是"碳"和"氧"的切音,字义是"有机化合物中含碳和氧的基",字形则从"氧"和"碳"中各取一半。这种造字法可以叫做省形的切音合形合义造字法。再如"乒"、"兵"是近音字"兵"通过减少笔画而形成的,"甭"通过其反义字"有"减少笔画形成的,这些字的造字法可以叫省形造字法或变形造字法。

新生字或新造字在现代汉字中的总数不多,但它们是汉字大家族中的新兴成员,其新出现的造字法也反映出汉字造字法的新发展。

在简化字中还使用了一些不表意也不表音的符号,如"区"、"凤"、"赵"等字中的"乂","难"、"鸡"、"凤"、"邓"、"圣"、"发"、"仅"、"戏"、"麦"、"聂"、"欢"、"叹"、"汉"、"权"、"劝"等字中的"又",它们既不是意符,也不是音符,只是一种同语音和字义都没有联系的构字记号,这种记号有区别和显示字义的作用。

由于汉字字形的演变,分析现代汉字的构造不能再完全采用"六书"分析法。由于现代汉字符号性越来越强,分析字形可以采用构字笔画部件分析法:从整字中分析出部件,从部件中分析出笔画;也就是说,现代汉字是由笔画构成的,笔画组成部件,部件再构成整字。分析现代汉字,尤其要采用部件分析法,因为部件是分析汉字时的非常重要的概念,多数汉字都是由两个或两个以上的部件按照一定结构规则构成的,汉字数量虽然很多,但部件的数量却是有限的,只几百种,因而对构成汉字的部件进行科学合理的分析有助于汉字的教学和识读,一个部件组成的汉字可分析到笔画,多部件组成的汉字则需要首先进行部件的分析;汉字部件的分析也有利于汉字的信息处理,汉字的编码往往以部件为基础。

3. 举例说明部件切分的原则。

部件分析的关键是对部件的切分,汉字部件的切分应该有一个统一的原则,这个原则应能使每一个人对任何汉字的切分结果都是一致的。考虑到汉字的结构,应该遵循从形切分的原则,即把一个汉字从字形上分解为若干个组成部分,如"和"可以切分为"禾"和"口"两个部件,"对"可以切分为"又"和"寸"两个部件,"部"可以切分为"立"、"口"、"阝"三个部件,"解"可以切分为"⺈"、"用"、"刀"、"牛"四个部件,"赣"则可以切分为"立"、"日"、"十"、"夂"、"工"、"贝"六个部件。

"和"和"对"只有两个部件,只有一种切分。但,"部"、"解"、"赣"都有两种以上的部件,就可能有不同的切分,如"部"可以切分为"立"、"口"、"阝",也可以切分为"音"和"阝";"解"既可以切分为"⺈"、"用"、"刀"、"牛",也可以切分为"角"和"䍶",也可以切分为"⺈"、"用"、"䍶",还可以切分为"角"和"刀"、"牛"。所以,为了正确和有效地分析汉字部件,对多部件汉字就得再用"成字"和"组配"两条具体规则来规定切分出的结果。

"成字"是指切分下来的最小部件还能成字,如"部"的"立"、"口","解"的"用"、"刀"、"牛","赣"的"立"、"日"、"十"、"工"、"贝"。"组配"是指切分出的部件虽不能成字,但具有组配成其他字的功能,如"阝"、"⺈"、"夂"等部件。"成字"和"组配"这两条具体规则的共同点是具有"生成作用",即能作为其他字的构成部件。用这两条具体规则来衡量,"部"切分出"音"是不符合成字规则的,"解"切分出"䍶"也是不符合成字规则的。

4. 部件、偏旁、部首三者既有联系,又有区别,请举例说明它们之间的关系。

传统上对汉字字形的分析采用的是偏旁分析法,即用偏旁来分析合体字的构成。偏旁跟部件一样,都是介于笔画和整字之间的构字单位,两者有一致的地方,如"男"的"田"和"力"既是偏旁,也是部件,再如"休"、"江"、"件"、"村"等字的两个部分既是偏旁,也是部件。但两者并不完全相等。偏旁是对会意字、形声字中表义或表音成分的分析,而部件是对现代汉字内部结构系统分析的结果,部件可以表义、表音,也可以不表义,不表音,如"绣"从偏旁来看,只有"纟"和"秀"两个偏旁,而从部件分析来看,则有"纟"、"禾"、"乃"三个部件,"禾"和"乃"作为部件,在"绣"字中,既不表义,也不表音,只是构字的单位。再如"磨"从偏旁来看,只有"麻"和"石"两个偏旁,而从部件来看,则有"广"、"木"、"木"、"厂"、"口"五个部件,作为部件的"广"、"木"、"木"、"厂"、"口"在"磨"字中既不是意符,也不是音符。部件可大可小,是有级别的,而偏旁是固定的。

在汉字分析中还经常使用"部首"这一概念。部首是具有字形归类作用的偏旁，是专为汉字分类检索而设立的部目，即字书、字典（包括部分词典）中各部的首字，如字典中可以把从"山"的字编为一部，"山"就是该部的部首。字典中大部分部首都是由汉字中有表义作用的偏旁充当的，如"日"、"木"、"土"、"力"、"子"、"女"、"大"、"目"、"瓜"、"鸟"、"皮"、"虫"、"鱼"、"米"、"车"、"鼻"、"革"以及"纟"、"亻"、"夂"、"扌"、"艹"、"忄"、"灬"等都是具有表义作用的部首。不过，部首不同于部件。有些部首还可以再分为几个部件，如"鼻"、"革"、"黑"、"鼠"、"音"、"鹿"、"鬼"等都是《新华字典》中的部首，也都可以再分出两个或两个以上基础部件。有些独体字不能再分析出更小的部件，但可以以起笔笔形的笔画作为部首，如"丁"、"三"、"于"、"上"、"下"、"丈"、"丰"、"万"、"才"、"千"、"夫"、"天"等独体字都以"一"（横）作为部首，"也"、"中"、"凸"、"凹"、"且"等独体字以"丨"（竖）作为部首，"入"、"九"、"乃"、"川"、"升"、"我"、"乒"、"乓"等独体字以"丿"（撇）作为部首。可见，部首既可以是意符，也可以是某些笔画，实际上在《新华字典》中"问"、"闷"、"闻"等字是以音符"门"作为部首的。

总之，部件、偏旁、部首三者虽有联系，但都不完全一致。

第四节

1. 简述现代汉字形音义之间的关系。

掌握一个汉字就是掌握该字的字形、字音、字义，做到会认、会读、会写、会用。汉字的字形、字音、字义都是十分复杂的，而且汉字的字形、字音、字义之间的关系也是相当复杂的。汉字的字形、字音、字义及其相互关系可以总结如下：

（1）一个字形只有一种读音、一个意义，这是单音单义字。这种字数量不多，多是不常用字，主要是一些专用字或较冷僻的字，如"氮"、"氘"、"氦"、"氖"、"氩"、"氡"、"瓯"、"叨"、"匿"、"蔫"、"遁"、"颗"等即是单音单义字。

（2）一个字形不止一种读音，不止一个意义，这是多音多义字。如"和"字，在《新华字典》中有五种读音，有多种意义；再如"差"、"单"、"轧"、"都"、"斗"、"塞"、"打"、"量"等都是多音多义字。这种多音多义字也是一种同形字。

（3）一种字形不止一种读音，却表示一种意义，这就是异读字。如"呆"有人读"dāi"，有人读"ái"（现在经整理统一读"dāi"）；再如"薄"有"báo"和

"bó"两种读音,"血"有"xiě"和"xuè"两种读音,"剥"有"bāo"和"bō"两种读音,这属于文白异读现象。

(4) 两种或两种以上的字形只有一种读音,表示一种意义,这就是异体字。异体字也叫异形字、多形字,不同字形之间没有音义的差别。如"窗"有"牕"、"窓"、"窻"三种异体字,再如"瓶"和"缾"、"群"和"羣"也是异体字。异体字是汉字整理规范的对象,经整理,"窗"、"瓶"、"群"被确立为正体,"牕"、"窓"、"窻"、"缾"、"羣"等被淘汰。

(5) 一种音义用不同的字形来表达,但不同字形只有笔画多少的差别,这是繁简字。如"陈"和"陳",后者是繁体,前者是简体;再如"汉"和"漢"、"学"和"學"、"龟"和"龜"等也都是简体和繁体的不同。现代汉字中繁体被淘汰。

(6) 一种字形,一种读音,表示不同意义,这是同音字。如"拐骗"的"拐"和"拐弯"的"拐"、"奇怪"的"怪"和"怪罪"的"怪"、"羊毛"的"毛"和"一毛钱"的"毛"等都是同音字。这种同音字是同形字的一种。

同音字还可以指字形、字义不同,而字音相同的一组字,如"成"、"乘"、"盛"、"城"、"程"、"呈"、"诚"、"澄"、"丞"、"橙"、"承"、"枨"、"裎"、"铖"、"埕"、"醒"、"塍"等字都读"chéng"。这种同音字也叫同音异形字。

(7) 一种字形,一种读音,多个字义,这是多义字。如"花"在《新华字典》中列有七种意义,"会"在《新华字典》中列有九种意义,"交"在《新华字典》中列有7种意义。多义字的意义指的是字的义项不止一个。

(8) 字形、字音不同,而字义相同或相近,这是同义字。如用眼睛看这个动作,可以用"看"、"见"、"瞧"、"瞅"、"睇"、"眛"、"睹"、"睥"、"睨"、"睽"、"瞰"、"窥"、"瞠"、"瞻"、"瞩"、"览"、"观"、"视"、"瞄"、"眺"、"望"、"阅"、"顾"等字记录,这些动作之间有细微差别,用不同的字来记录,就构成了同义字。

汉字形音义之间的对应关系是复杂的,反映出汉字记录汉语在字形跟音义上的矛盾。形音义之间的这种不对应和矛盾,正是我们学习和认读、使用汉字的困难所在。

2. 请举例说明形声字意符和音符的作用和局限性,并谈谈在现代汉字教学中应该如何利用意符和音符的作用。

形声字的意符和音符本来是为了显示字的义类,标示字的读音的,但随着汉字形体的演变、语音系统的变化、客观事物的发展、方言的分歧,在现代汉字中形声字的意符和音符有了很大的局限性。

形声字的意符是形声字的表义部分,它的作用主要是提示该汉字所记录的语素的意义类属。一般来说,凡是意符相同的形声字,在字义上或多或少的都与意符所标示的事物或动作行为、性质状态有关,即同意符的形声字属于同一个意义范畴。如以"艹"为意符的字,一般都跟花草等植物有关,如"花"、"草"、"芳"、"芍"、"药"、"苇"、"芜"、"芫"、"芸"、"芽"、"苋"、"芹"、"芦"、"苜"、"蓿"、"苗"、"苞"、"茅"、"英"、"茧"、"荆"等。再如以"衤"为意符的字一般跟衣物有关,如"补"、"衬"、"衫"、"衩"、"袆"、"衲"、"袄"、"衾"、"襟"、"衿"等。而跟"衤"形近的意符"礻",其构成的形声字的字义类属完全两样,如"礼"、"祝"、"祈"、"祷"、"裸"、"禅"、"福"、"禄"等。"袆"和"袆"音符一样,意符有别;"裸"和"裸"也是音符相同,意符有别。再如形似字"盲"和"肓"、"眈"和"肬"、"脸"和"睑"、"瞠"和"膛"、"睹"和"赌"等,也是音符相同,意符有别。可见,意符还有帮助辨别形似字的作用,这样就有利于汉字的教学。

意符的另一个作用是帮助区别同音字。当一些形声字读音完全相同,所用音符也相同时,意符就成了区别这些同音的形声字的主要手段,如读音都为"kàng"、以"亢"为音符的字,如何区分呢?加单立人意符的是"伉",加提手旁意符的是"抗",加火字旁意符的是"炕",加金字旁意符的是"钪"。这样,这些同音字就区别开来了。

由于形声字意符的表义作用和区别同音字的功能,因而在进行识字和词语教学中,应当尽可能地利用意符的表义作用,如利用意符来区别形似字和同音字,利用意符的类推作用来推导字义、字形。如教学中辨析"剔"、"踢"、"惕"、"褟"等字的字形、意义和用法,就可以充分利用意符的表义功能,"从骨头上把肉刮下来"要用刀,因而是"剔"字;"抬起腿用脚撞击"要用脚,因而是"踢"字;"小心谨慎"要用"心",因而是"惕";"婴儿的衣服"是衣物,所以是"褟"字。

不过,意符的表义功能不是绝对的。在现代汉字中相当一部分汉字的意符已经不能有效地起到表义作用了。意符不能有效表义实际上包含几个层面。一是意符本身表义是空泛、笼统、粗疏的。从意符本身的性质来看,意符所表示的意义只是一类事物或动作行为、性质状态的共性,它不是也不可能表示某个类别中的各个具体事物或动作行为、性质状态的个性。如客观世界中有许多种类的树木,而都用一个意符"木"来表示,有各种各样的花草植物,也都用一个意符"艹",这样形声字意符本身就难以具体显示出客观世界中千差万别的、种类繁多的花草树木。再如,人的内心世界是丰富、细腻的,而意符竖心旁或心字底也无法反映出人类的各种各样的具体的心理活动来。

其次,由于词义的演变和假借的广泛运用,由于客观事物本身的变化,现代汉字中相当多的形声字的意符已经看不出所表示的意义范畴了。如"治理"、"修理"、"管理"、"理由"的"理"以"玉"为意符,"理"的本义是治玉,而随着词义的演变,现代汉语中的"理"已经和"玉"没有什么直接的关系了;"机器"、"机械"、"飞机"、"机车"、"机床"、"机电"、"机场"等词语中的"机"字全以"木"为意符,而在现代社会中,这些事物跟"木"的关系已经不大了。这些字意符表义失效是由于客观事物本身变化了,而意符本身没有随之变化。再如"碗"、"镜"、"瓶"、"钟"、"箱"、"笔"、"箭"等字的意符都因为客观事物的变化而变得失效。再如"轻率"的"轻"以"车"为意符,"笃厚"的"笃"以"竹"为意符,"诓骗"的"骗"以"马"为意符,"骄傲"的"骄"以"马"为意符,现在都不容易理解了。

再次,限于造字之初人们的认识水平,某些形声字的意符选择本身就不够科学,以致意符表义不确切。如以"犭"为意符的字,在现代汉字中许多都不属于犬类。《新华字典》所收以"犭"为意符的字约 100 个(包括繁体),而多数字都不属于犬类,而且相当一些字,连动物也不表示。像"鲸"以"鱼"为意符,"思"、"想"以"心"为意符都是不科学的。

由于意符选择的不科学,有时不同类属的字会使用同一个意符,如"蛾"属于昆虫,以"虫"为意符,而"彩虹"的"虹"不属于昆虫类,也以"虫"为意符。反过来,也有不同意符表示一个意义类属或同一个意义的,如"猿"和"猨"是同一种动物,却用不同意符,"猸"和"蝟"也是同一种动物,也用了不同的意符。"猨"和"蝟"都是兽类,不是昆虫,用"虫"做意符本身也不好理解。还如"说"、"讲"和"喊"、"叫"都是用口腔发音,却用了不同的意符。

可见,形声字的意符表义确有笼统、粗疏甚至不准确、不科学的缺点。不过,总的来看,现代汉字中形声字的表义功能还是很明显的。如有人对3 755 个常用字进行统计,"扌"旁的字共有 184 个,以意义是否跟"手"有关作为标准,不能有效表义的字只有"挝"、"捌"等有限几个。在对《新华字典》中"氵"、"心"、"亻"、"犬"四部所收的形声字表义度的分析中,人们发现,以"氵"为意符的字有 383 个,意义跟"水"有关的字有 301 个,占 78%;"心"部字 60 个,意义跟"心"有关的字有 42 个,占 70%;"亻"部字 218 个,意义跟"人"有关的字是 100 个,占 46％;"犬"部字有 4 个,只一个字跟"犬"有关,占 25％。可见,只要谨慎细心,形声字的意符还是可以用来帮助人们掌握形声字的字义的。

音符是形声字的表音部分,作用在于表示字的读音。如"粮"的读音跟音符"良"的读音相同,"菜"的读音跟音符"来"的读音一致。既然形声字的音符跟形声字的读音有这样的关系,人们就可以利用音符来提高识读汉字的效率。如认识了"丁"(dīng),就可以读出一批以"丁"(dīng)为音符,跟"丁"(dīng)读音相同的字,如"仃"、"叮"、"盯"、"钉"、"玎"、"酊"、"靪"、"町"、"疔"、"靮"等,也大致可以读出几个以"丁"(dīng)为音符,跟"丁"(dīng)读音相近的字,如"顶"、"订"、"饤"等。相当一批音符具有准确表音的功能,如"皇"、"希"、"代"、"段"、"奂"、"阑"、"历"、"厉"、"廉"、"农"、"容"、"式"等音符都能较准确地表示字音。进行汉字教学时,就可以充分利用音符的表音功能和类推规律来学习和掌握汉字。

其次,音符可以被用来区别形似字,如"狼"和"狠",字形相近,区别在于使用不同的音符"良"和"艮";再如"抢"和"抡"、"沦"和"沧"、"伦"和"伧"的差别,只在音符的不同。

再次,音符还可以用来区别同类字。所谓同类字是指以同一意符构成的同一义类的字,同类字在汉字系统中十分普遍,有些意符可以统率数十个甚至几百个汉字,这些同类字,意符相同,区别在音符,这样就要利用音符来加以区别。如"芳"、"芋"、"芍"、"芝"、"芙"、"芜"、"苇"、"芸"、"芽"、"花"、"芥"、"苹"、"苞"、"茎"、"苔"、"茅"、"英"、"筒"、"莼"、"葆"、"葫"……等字意符都是"艹",构成数量较多的一组同类字,但由于音符的提示作用,使这些字跟汉语中念某个音节的语素联系起来,音符使得字义变得清晰明确了,使同类字区别开来。

再次,音符还有类推字音,纠正方音的作用。汉语方言复杂,许多方言的字音跟普通话差别较大,普通话中的一些声母、韵母在许多方言中常常混淆,如许多方言中,z、c、s 跟 zh、ch、sh 不分,n 和 l 不分,in 和 ing 不分,等等。学习普通话时,可以利用形声字音符的表音特点,来类推一系列的普通话发音,从而取得较好的效果,如以"因"为音符的字一般读前鼻音"in",如"茵"、"姻"、"洇"、"氤"、"裀"、"骃"、"铟"等,而以"婴"为音符的字一般读后鼻音"ing",如"樱"、"缨"、"撄"、"嘤"、"瑛"、"鹦"、"瘿"、"嫈"等。再如"枝"、"肢"、"忮"、"吱"、"翅"等字以"支"作为音符,一般读卷舌音(zh、ch、sh),而以"子"为音符的字一般读平舌音,如"字、籽、孜、仔"等。以"奴"为音符的"怒"、"努"、"弩"、"胬"、"孥"、"驽"等字一般读鼻音(n),以"卢"为音符的"颅"、"垆"、"泸"、"栌"、"轳"、"胪"、"鸬"、"舻"等字一般读边音(l)。可见,依靠音符的类推规律,可以帮助区别、识记字音。

　　不过,音符的类推规律不是绝对的,同一个音符在不同的字中可能有读音差别甚至差别很大。如"经"、"径"、"颈"、"茎"、"痉"、"到"、"泾"、"迳"、"弪"、"胫"、"轻"、"氢"等同音符的字都读后鼻音,而"劲"字却有前鼻音和后鼻音两种读音。再如"听"是后鼻音,而"芹"则是前鼻音。"寺"是平舌音,而以"寺"音符的"诗"、"侍"、"恃"、"峙"却读卷舌音。"浪"、"狼"、"琅"、"莨"、"稂"、"锒"、"粮"、"踉"等字以"良"为音符,读边音,而"娘"、"酿"也以"良"为音符却读鼻音。可见,利用音符进行类推一定要细心、谨慎。

　　由于古今汉语语音系统的变化,使得形声字音符的表音功能有了很大的局限。这种局限性主要表现为音符的读音跟形声字的读音不一样,音符的表音准确率不高。像以"占"为音符的字,有的跟"占"(zhàn,zhān)读音相同,如"站"、"战"和"沾"、"毡"、"粘",有的则读音不同,如"店"、"掂"、"惦"、"坫"、"点"、"玷"、"阽"、"贴"、"帖"、"拈"、"钻"、"砧"、"苫"等。以"也"为音符的"地"、"池"、"他"、"她"、"施"、"拖"等字,全都跟"也"读音不同。

　　形声字音符表音不准确,主要是由于语音系统演变,古今读音不尽相同造成的。作为语言系统的语音是处在不断变化中的,而作为记录汉语的书写符号的汉字的读音自定型以后却变化不大。文字(音符字)读音的相对稳定性跟语音系统的相对多变性的矛盾,就造成了形声字的音符不能准确表示字音(文字所记录的语素读音)。

　　其次,有些形声字在造字之初,选择音符时就不严格,在没有同音字的情况下,往往选择读音相近的字来代替。这也是造成音符读音不准确的一个重要原因。

　　形声字的音符表音功能,据有人对《新华字典》的统计,有效率约在40%。可见,形声字的有效表音率是不高的。这就要求我们在利用音符识读汉字时,不能过于相信音符,一定要谨慎、细心,一遇字音有疑惑的字,就要查字典、词典或请教他人。

　　形声字的意符和音符都有表义或表音的功能,但又都有相当大的局限。不过,当意符和音符结合到一块儿时,它们所提供的信息量就会大大增加。这使汉字在表义兼表音的文字系统内找到了一种合适的方式,这种表示语素的合理性,或许就是汉字得以长期存在的一个原因。

第五节

1. 汉字的整理在过去取得了哪些成果?你是如何看待这些成果的?汉字能不能不断地简化?你是如何看待汉字拼音化问题的?

汉字的整理主要指汉字的简化,包括减少笔画和精简字数,还包括汉字标准字形的确立。汉字的整理自汉字产生起就开始了,历史上也有过几次大规模的汉字整理,更大规模的汉字整理发生在 20 世纪 50 年代以后,即以汉字简化、异体字淘汰、标准字形的确立等为标志的汉字改革运动。

简化汉字是 20 世纪后半期汉字改革的主要内容之一。1964 年中国文字改革委员会在《汉字简化方案》的基础上编辑出版了《简化字总表》。实际得出简化字共 2 236 个。1986 年国家语言文字工作委员会重新发表《简化字总表》时,又对个别字作了调整,总字数为 2 235 个。由于采用了"约定俗成,稳步前进"的方针,简化汉字取得了明显的效果。首先是减少了汉字笔画数目。再次是减少了通用汉字的字数,部分字的音符更加准确一些。由于简化字减少了笔画,便于书写和认读,因而自推行以来受到广泛欢迎。

异体字由于音同义同形不同,一字多形,增加了学习和使用的负担,妨碍了汉字规范化。为了减少异体字,1955 年文化部和中国文字改革委员会联合公布了《第一批异体字整理表》,根据"从俗从简"的原则,实际淘汰了异体字 1 027 个。《第一批异体字整理表》的发布和实施,有效地减少了汉字字数,给学习和使用汉字带来了方便,受到了广泛的欢迎。

由于印刷体字体之间存在一定的差异,给汉字学习、应用以及打字、排字等带来诸多不便。为了规范、统一通用汉字印刷体的字形,1964 年文化部公布了《印刷通用汉字字形表》,共收印刷通用汉字 6 196 个,按照"从简从俗"、"便于学习和使用"的原则,给每一个通用汉字规定了笔画数、结构和书写笔顺。这就消除了印刷用汉字字形上的分歧,同时,这些标准也是手写体的标准,这就大大提高了汉字字形的规范化程度,确立了通用汉字的字形标准。

1955 年到 1964 年间,经国务院批准,35 个县级以上地名的生僻字被改为常用字,这实际上也起到了减少汉字笔画的效果。

1977 年中国文字改革委员会和国家标准计量局联合发出了《关于部分计量单位名称统一用字的通知》,对部分计量单位名称用字作了统一规定。

这也在一定范围内对汉字使用起到规范作用。

《简化字总表》、《印刷通用汉字字形表》、《第一批异体字整理表》等文献确定了现代汉语用字的标准,使汉字进入了现代汉字的时代,这些成果对促进现代汉字的规范化、标准化、现代化起到了积极的作用。

由于文字在一定历史时期要保持相对的稳定性,也由于汉字自身的发展规律和使用限制,我们认为汉字不能不断地简化下去,现阶段对汉字的研究应主要集中在现代汉字的标准化上,以使汉字更好地适应信息时代的需求。至于汉字拼音化问题,我们认为还不是现阶段要讨论的问题。

2. 在目前的情况下,为什么要加强现代汉字的标准化工作? 怎样才能作好现代汉字的标准化?

现代汉字是记录现代汉语的书写符号系统,汉字在现代社会的交际、交往中起着十分重要的作用。为使汉字更好地发挥其交际职能,更准确无误地传递信息,更有效地为全社会服务,书写使用汉字就必须有一个统一的标准,必须注重汉字的标准化和规范化。尤其是随着信息时代的到来,社会对汉字提出了更多更高的要求,其中最重要的一项要求就是实现现代汉字的标准化。现代汉字的标准化可为我国的语文教育、对外交流、出版印刷、新闻通讯、各种文字机器、汉字的计算机信息处理等,提供用字的标准和规范。

要做到现代汉字标准化就是要对现代汉语书面语用字进行全面的、系统的、科学的整理,做到"字有定量、字有定形、字有定音、字有定序",即定量、定形、定音、定序,简称"四定"。

第六节

1. 在现代社会中,汉字的应用领域有了哪些变化? 现代汉字还能否适应现代社会对书写符号的需求?

现代汉字的应用领域和应用方式较过去有了很大的变化。汉字的传统应用领域是人与人之间(人际交际),如书写、阅读、书法、篆刻、字模、排版、印刷等,而现代汉字的应用领域,不仅人与人之间的交际领域扩大了,如打字、传真等领域,而且还增加了人与计算机交际的新领域(人机交际)。所谓人机应用就是利用电子计算机对汉字进行各种类型的信息处理,让计算机接受和理解汉字。汉字应用于计算机是汉字应用领域的扩大,也是汉字应用的一场革命。汉字应用于计算机就是指汉字的信息处理。

随着汉字研究和应用的不断深入和发展,随着现代汉字信息处理技术的进步和不断实践,我们有理由相信现代汉字完全能适应现代社会对书写符号的各种不同的需求。

　　2. 当前,汉字编码的方案有许多种,造成了人力、物力的大量浪费,你是如何看待这种现象的? 你认为评价一种汉字编码方案优劣的标准是什么?

　　汉字信息处理的关键技术是汉字编码。汉字编码就是把汉字变成可以输入计算机的代码,即汉字输入码的设计和编制。经过计算机科学家和语言文字学家的艰苦努力,汉字编码的技术已经基本解决,并且汉字编码的方案先后提出了几百种之多。但这诸多方案中,编制成软件形式可以上机应用的只有几十种,而真正被用户采用的,技术性能较优秀的还不过10种。可见,过去那种无序状态下的汉字编码研究造成了人力、物力的大量浪费。不过,这在汉字编码研究的创始阶段是难以避免的。

　　目前汉字编码的基本问题是汉字编码的标准化,即优化问题。汉字编码方案优选的基本要求是易学、易记、易用。具体说是:①基本符号少,较容易实现盲打;②规则简单易记,操作方便易学;③一字一码,重码尽可能的少;④输入处理效率高,设备经济实用。目前,应该由专门的或权威机构,对众多的设计方案进行优选,取众家之长,设计出最佳方案,并做好推广使用工作。

四、"词汇"部分思考题参考答案

第一节

　　1. 确定汉语语素的基本方法是什么? 具体操作时应该注意哪些问题?

　　确定汉语语素的基本方法主要是替代法。所谓替代法,也就是对某个语言片段的各个成分进行同类替换。比如:蜡烛、香烛、火烛、花烛;蜡烛、蜡人、蜡纸、蜡笔。经过替换,可以发现,蜡、烛这两个语言单位都可以在不改变基本语义的情况下,分别同其他相关的语素组合,所以可以确定:这两个语言单位都是语素。在使用替代法时,要注意以下两点:首先,一个双音节的或多音节的语言片段,在替换时必须是两个或多个成分同时都可以分别被替换,否则这种替换法是不符合要求的。比如"蜘蛛"和"蝴蝶"的"蛛"和

"蝶"可以组成"喜蛛"、"粉蝶",但"蜘"和"蝴"不能替换,所以"蜘蛛"、"蝴蝶"还是一个语素。其次,在替换时,必须保持结构单位意义的基本一致。替代后的语素义同原来语言片段的语义要有一定的联系。比如"马虎"就不能替换,因为"马虎"中的"马"和"虎"同"马车"、"老虎"中的"马"和"虎"在意义上并没有什么联系。

2. 汉字和单音节语素之间一共存在着哪些关系类型?

大致有八种情况:第一种情况是形、音、义全同关系。一个音节只能写成一个汉字,表示一种意义或一组相关的意义。比如"拽"、"走"等。第二种情况是音同义同形异,也就是异体字。这实际上是一个语素的两种或多种不同的写法。比如"鹅"、"鵞"和"鵝"。第三种情况是同形同音关系。它们不但义不同,而且各个意义之间基本上没有什么联系。比如"开会"的"会"和"体会"的"会"。第四种情况是义同形同音不同,可以称之为异读。异读是纯粹就读音而言的,是同形同义多音。比如"厚薄 bó,这张纸真薄 báo"。第五种情况就是多音多义。语音是语言的物质外壳,既然音义都不同,即使形体相同,还应该算两个语素。类似的情况如"折 zhé"和"折 shé"。第六种情况就是同义语素。与同义词不同,只要是意思相同,不管字形和读音,也不管是否可以单用,就是同义语素。比如笨、蠢、傻、愚、呆、憨、痴等都是同义语素。第七种情况是同音字,异形同音字。比如"是"、"市"和"试"等。第八种情况是全异关系,指两个语素在形、音、义三个方面全无关系。比如"走"和"美"。

3. 可以从哪几个角度对汉语的语素进行分类,怎样分类?

大致可以从六个不同的角度对汉语的语素进行分类。(1)从语素的音节构成看,可以分成三类:单音节语素、双音节语素和多音节语素。其中单音节语素是汉语语素的基本形式。(2)从语素本身的构词能力看,也可以分为三类:自由语素、不自由语素、半自由语素。(3)从语素组合成词所处的位置看,可以分为两种:定位语素和不定位语素。组合成词时位置可前可后不固定的,称为不定位语素,组合成词时位置前、后固定的,称为前定位语素和后定位语素。(4)从语素本身的功能类型看,可以分为两个大类:实素和虚素。实素又可分出七个小类:名、动、形是开放的类,副、代、数、量是封闭的类。(5)从语素组合成词的替换能力看,可以分为两类:可替换语素和不可替换语素。不可替换语素搭配对象单一,又叫剩余语素。(6)从语素在单词中所起的作用看,可以将语素分为表义语素和别义语素。别义语素在单词中不表示明确具体的意义,但有别义作用。对语素分类时必须注意语言单位的时间特征、语体因素和具体用途,应该以现代一般的口语为鉴定和分类的标准。

4. 词和语素有哪些差别?

答:语素是语言中最小的音义结合体,是能够区别意义的最小的语言单位。词是最小的能够独立运用的语言单位。对于这两级语言单位的差别,可以从三个角度加以观察:首先,从语音形式看,语素读音不如词稳定。比如"给"作为语素,既可以读成 jǐ,也可以读成 gěi,但一旦构成词以后,其读音是固定而单一的。比如:给(jǐ)予、供给(jǐ)、给(gěi)以。其次,从语义看,语素的意义不如词明确、融合。譬如有相当一部分词的意义不是语素义的简单相加,有的语素义缺损了。比如:干净、质量;有的转化了,如:千金、傀儡;有的融合了,如:眼红(羡慕而妒忌)、眼热(羡慕而希望得到)。再次,从句法功能看,语素的功能不如词稳定,比如"物"、"色"都是名素,构成的单词却是动词。而且,两者的内部关系也不同,语素和语素构成的词不能扩展,而词和词构成的短语可以扩展。比如"生姜"和"生肉",前者不能说成"生的姜",后者可以说成"生的肉",就因为前者是词,后者是短语。

5. 什么是汉语中的"音节语素化"? 应该怎样看待这一现象?

所谓音节语素化,主要就是指一些本来不表义的音节变成了表义的语素。比较常见的是音译外来人名、地名的首音语素化。这些音译名称本来是一个双音节或多音节的语素,但人们在使用时为了表达简洁的需要常常将其拆开,用第一个音节代替整个语素。比如"英格兰"本来是指英国的一部分,后来转指整个英国,所以现在可以用一个"英"字代替整个英格兰或英国。再如"戈尔巴乔夫"是音译人名前苏联领导人,本来是不可分割的一个姓,但在报上有时可以看到这样的标题"戈氏面临新的挑战",这都是音节语素化现象。而且,这种音节语素化还不仅仅限于地名、人名等专名,普通名词中也有。比如"bus"、"taxi",香港将其译为"巴士"、"的士",是两个音译外来语素。转借到内地后,"巴"、"的"逐渐语素化了,出现了"大巴"、"中巴"、"面的"、"打的"这样的用法。对于这种现象,我们应该从语言发展角度来看待,既要了解和利用,又不能随意类推,尤为重要的是,应该根据汉语表达的实际需要,积极稳妥地对语言实际使用过程中出现的自发的音节语素化加以规范。

第二节

1. 请指出前缀和后缀与词头和词尾的区别。

合成词都是由词根加词根、词根加词缀或词缀加词根，以及重叠某个词根组成的。词根是词的词汇意义的主要承担者，词根的位置是自由的；加在词根上表示附加义的是词缀，词缀的位置是固定的，不是在前就是在后，少数也可以居中。就现代汉语看，严格意义上的词缀并不是很多，但类似于词缀的定位语素则呈大量增多的趋势。有的书上把汉语的前缀称之为词头，比如"老虎"的"老"，把后缀称之为"词尾"，比如"凳子"的"子"。其实，词尾是用来表示形态变化的，不是用来构词的。现代汉语中没有严格意义上的词尾。英语等印欧语中有词尾，比如 read 是词根，reader 的"er"是词缀，readers 的"s"是词尾；相对于词尾"s"，reader 可以称为词干。总之，词缀是用来构词的，词尾是用来表示形态变化的，词缀附加在词根上，词尾附加在词干上。

2. 为什么说汉语的词根和词缀的区别和划分是相对的？

从汉语的构词情况看，合成词的结构形式是一个持续变化的历史过程。而且，即使在现、当代，合成词的内部结构方式仍然还在不断变化当中，所以，出现过渡状态和存在中间状态是很自然的。因此分析汉语的构词法时，既要有一定的鉴别标准，又要有动态的发展眼光，辩证地看问题。比如"手"，一般都认为是词根，是自由语素，可以组成：手杖、手铐等词。然而，"手"的义项很多，当它表示"擅长某种技能，从事某种活动的人"时，它又是不自由的定位语素，只能后置，如：选手、旗手、歌手等。可见，比起英语表示动作执行者的后缀（譬如"er"）来，汉语的这个"手"更多地保留了一些原词义，虽已经定位，但又没有"er"那么虚化。它既不同于词根，又不同于词缀，是一种中间状态，或者说是过渡状态。所以，我们说汉语的词根和词缀的区别和划分是相对的。

3. 什么是偏义式复合词？应该根据什么样的标准来确定偏义式复合词？

从语素在单词中所起的作用看，可以将语素分为表义语素和别义语素。别义语素在单词中虽不表示明确具体的意义，但却有别义作用。譬如"国"和"国家"的意义差异就是靠"家"区别的。一般说来，别义语素在该单词形成之初曾经表过义，随着词义的变化，现在尽管也能区别一点语义，但总的看来,只剩下一个形式,主要起到构词作用,相当于一块化石,所以又可以叫化石语素。此类语素所构成的单词都是联合型偏义复词。又可以分为两种情况,一类是典型的偏义复词,譬如"窗户"、"人物"、"国家"、"狐狸"、"忘记"、"干净"、"睡觉"等。其中的"户"、"物"、"家"、"狸"、"记"、"干"、"觉"都不表义。另一类则存在着同形的联合短语,譬如"兄弟"、"人马"、"质量"、"多少"、"动静"、"甘苦"、"利害"、"好歹"等,当它们只表示其中某个语素"兄"、"人"、"质"、"多"、"动"、"苦"、"害"、"歹"的语义时,是偏义复词;同时表示两个语素的语义时,是联合短语。确定偏义复词最主要的标准就是从现代的共时平面上看,某个双音节的语言单位的两个组成成分在其所构成的词中是否都具有表义作用,如果其中一个不明确表义,只有别义作用,就是偏义复词。

4. 区分真词缀和类词缀的依据和标准是什么?

词根加缀式可以分为两大类,一类是加虚化词缀,又称真词缀;一类是加类化词缀,又称准词缀。无论是加真词缀还是类词缀,又都可以分为前、后、中三类。真词缀是指位置完全固定,意义基本虚化、读音大都弱化的词缀;类词缀是指位置基本固定,意义正在类化、读音保持不变的词缀。类词缀是由词根向真词缀转化的中间过渡形式。类词缀是一个半开放的类,它们一部分已经比较接近于真词缀,一部分还有点接近于词根。此外,现代汉语中还有一些双音节词根也正在逐渐地向类词缀转化;譬如"希望工程"、"围城现象"的"工程"和"现象"。所以,现代汉语到底有多少类前缀,并没有一个确切的数目。区分真词缀和类词缀的标准就是看意义是否完全虚化、读音是否基本弱化,以及是半开放还是全封闭。

5. 现代汉语中的中缀和类中缀各有哪些?区别中缀和结构助词的标准是什么?

现代汉语中的真中缀只有"里"和"乎",比如"傻里傻气"、"糊里糊涂"、"肮里肮脏"、"微乎其微"、"神乎其神"、"难乎其难"等。此外,现代汉语中有一部分"×然"的"然"已经中缀化了,后面必须接一个特定的中心语,或者说有些"然"正在由后缀向中缀转化,如"溘然长逝"、"赫然在目"、"截然不同"、"翩然起舞"等。现代汉语中的类中缀也只有"不"和"得"两个,比如"巴不得"、"恨不得"、"舍不得"、"少不得"、"不得已"、"来得及"、"吃得消"、"看得起"等。区别中缀和结构助词的标准是:①该语言单位究竟是一个词还是一个短语;②其中间成分是自由的还是粘着的。当然,在有些语言单位中,也存在着一定的过渡形态。

第三节

1. 现代汉语中哪些类别的双音节词一般都是单义词？

现代汉语中，双音节单纯词中的联绵词和音译词有绝大部分都是单义词，比如"汹涌"、"玫瑰"、"伶仃"、"尼龙"、"雷达"、"沙发"等。在双音节合成词中，单义词占有一定的比率，大致可以分为以下几类：①专有名词：北京、上海、台湾、李白、巴金；②事物名称：衣服、皮鞋、手表、钢笔、茶几；③科学术语：电子、元素、函数、血压、针灸；④称谓名称：父亲、母亲、哥哥、姐姐、舅舅。此外，有相当一些新词语，由于刚刚进入交际领域，所以一般都是单义的，比如：特区、倒爷、枪手、软盘、扶贫、光盘、手机等。

2. 异读词和多音词的区别是什么？怎样区分这两种不同的词？

凡是同一个词形具有两种或两种以上的读音，就是广义的多音词。严格地讲，广义的多音词可以分为两类：一类是具有相同词形但读音和语义都不同的两个或两个以上独立的词，一般称之为多音多义词，即狭义的多音词。另一类是同一个词具有两种或两种以上不同的读音，一般称之为异读词。它们之间有着本质的区别。严格地讲，多音多义词应该叫同形异音词，既然读音语义都不同，就应该认为是两个词了。比如"大意—大意、造化—造化"，前例两个语素都要重读；后例后一个语素要读轻声，意思完全不同。异读词是同一个词具有两种不同的读法，读音不同但语义基本不变。比如：塞(sāi)车—堵塞 sè　剥(bāo)皮—剥(bō)削。区分这两种不同的词，关键就是看不同的读音是否相应地可以表示不同的语义。

3. 汉语同音词产生的原因有哪几个方面？同音词在使用中有哪些作用？

现代汉语中的同音词(包括同形的和异形的)产生的原因，大致有四个方面：(1)造词的偶合。词汇是不同时代、不同地区的人造出来的，造词时只考虑需要，未及考虑同已有词的读音雷同，从而造成了同音。如：药典—要点，邮船—油船。(2)语音的简化。语音的演变同语义变化并不平行。汉语的语音系统，尤其是汉语的韵尾，自古到今一直存在着简化的趋势，从而使一些原来不同音的词变成了同音。如："酒"和"九"、"蓝"和"兰"本来都不同音，现代都成了同音词。(3)意义的分化。有些同形同音词本来是多义词，随着中间义项的消失，多义义项前后失去联系，就成了同形同音词了。比如

"管",本来指竹管,引申为"管状钥匙",于是"掌管"就有了"管理"义。现在"管状钥匙"义已消亡,"管子"的"管"和"管理"的"管"成了同形同音词。(4)词语的借用。汉语借用外来词通常要把外来词转化成汉化的词,这就使得一些借词的语音同汉语原有的词重合了起来。比如英语 meter 的"米"同"米粒"的"米"是由于词语借用造成的同音。

同音词的修辞作用。大致有四个方面:①一语双关;②构成歇后;③粘连对举;④移花接木。

4. 请从不同的角度谈谈同音同形词和单音多义词之间的区别和联系。

凡是读音相同、意义又没有联系的两个或多个词,可以称为同音词。形式相同,读音也相同,意义又没有联系的词称为同形同音词。比如:自负(自己负责)—自负(自以为了不起),新生(新的生命)—新生(新来的学生)。读音相同,有两个或两个以上义项,而这些义项之间又具有内在联系的词,称之为单音多义词,简称多义词。多义词的各个义项所出现的语言环境是互补的,比如"老"的基本义是"年岁大"引申出来的义项有:"陈旧的"、"原来的"、"历时久的"、"经常地"、"长久地",而这些不同的义项所出现的语言环境既是各不相同的,又是互相补充的。所以,所谓同音同形词都是两个或几个词(一组词),而单音多义词都是一个具有多个义项的词。从互相联系的角度看,有些同形同音词是由于词义引申的联系中断导致了单词的分化,由一个多义词变成两个或几个同形同音词,比如"雕刻"的"刻"和"一刻钟"的"刻"由于漏壶退出使用领域而失去了联系,成了同音词。

5. 可以从哪几个角度对异形词进行分类? 异形词的规范原则是什么?

可以从四个不同的角度对异形词进行分类。首先,从音节的角度可以分为三类:单音节异形词、双音节异形词、多音节异形词。其次,从读音的角度,可以分为两类:同音异形词和异音异形词。再次,从构词的角度,可以将异形词分为两类:单纯异形词和复合异形词。单纯异形词都是由一个语素构成的词,都是由音得义的,所以常常会出现不同的写法。细分起来又可以分为三种:①联绵异形词;②音译异形词;③拟声异形词。复合异形词由两个语素构成的词,根据异形词之间语素的异同,又可以分为两种:半同素异形词和全异素异形词。最后,从性质的角度,可以分成三类:普通异形词、系列异形词和包孕异形词。异形词规范的三项原则是:通用性原则、理据性原则和系统性原则。

第四节

1. 词义的直接引申和间接派生的方式各有哪几种?

一个词如果有几个义项,那么这几个义项之间的地位不是并行平等的,其中必有一个义项是基本的。而其他义项都是由这个义项直接或间接地发展、引申、派生而来的。比较而言,在基本义的基础上经过推衍发展直接派生的义项叫直接引申义。直接引申是最主要的派生方式,共有三种类型:辐射型、连环型、并存混合型。辐射型就是以基本义为中心向四面辐射引申,连环型就是以基本义为先导向后面环环引申。辐射和连环交叉并存的,也就是混合型。在基本义的基础上通过某种修辞手段间接派生的义项叫转借义。间接派生的方式也可以分为三种:借喻、借代和谐音。借用一个词的基本义来比喻另一种事物,所产生的意义就是比喻义。通过词的借代方法派生出新的意义称之为借代义。通过读音的相似性而转化出新的词义,就是谐音义。

2. 请分别举例说明汉语词义的对立统一性及其内部的构成。

从一个实词的词汇意义看,它是一个互相关联、错综复杂的对立统一体。细分起来,大致有互相依存的五个方面。(1)客观和主观的统一。词义都是客观事物和现象在人们头脑中的反映,即使虚构的事物,也具有一定的客观基础,具有一定的真实成分。但另一方面,词义又都含有主观因素。不同历史时期的人,由于思维能力、观察角度、认知方式的差异,对客观事物和现象的认识就会很不相同。(2)概括和具体的统一。作为贮存在人的大脑或写在词典中的词义都具有概括性。但另一方面,词义又都具有具体性。也就是说在特定的上下文和话语中,词义的所指对象又往往是十分清楚的,具体的。(3)明确和模糊的统一。在一般的情况下,词义的范围、量度、差异是清楚的,否则人们无法进行交际。但有些词的词义使用中却具有一定的模糊性。(4)普遍和特殊的统一。不同语言中的词所反映表现的事物、现象,都具有相似的一面。这就是词的逻辑义、理性义的基础。但另一方面,词义不同于概念,每一个民族的词汇的词义又具有自己的特点,即特殊性。词义的民族特殊性在词的附加义上表现得更为突出。(5)稳固和变异的统一。词的外部形式同该词所指的对象、现象之间本来没有必然的联系,但一旦确定下来,约定俗成了,它们的关系必然是十分稳固的。而且,就一个时代,比如现代的角度看,音和义之间的关系是不能随意改变的。而另一方面,就语义内容本身来说,它又是不断地在变化的,社会发生变化,人的认识改变,词义也就会发生相应的变化。总而言之,词义的构成是一个对立统一的、相依相存的系统,各种倾向是相辅相成的,过分强调任何一方面都是不符合辩证法的。

3. 怎样区分词义和语素义? 这两种意义在使用中各有什么特点?

词是语素构成的,既可以由一个语素构成,也可以由两个或几个语素组合而成。无论以何种方式构成的词,词义和语素义必然会存在着一定的联系。凡是单纯词,其词义就基本等同于语素义。至于合成词,情况相对复杂,词义和语素义间存在着各种不同的关系。大致有三类:直接对应型、间接联系型、曲折反映型。直接对应型有两种情况:一种是词义与两个语素义都相同,另一种是词义是两个语素义之和。间接联系型也有两种情况:一种是词义只相当于其中的一个语素义,另一个语素的意义在该单词中已经虚化或消失了;另一种是词义相当于语素义加上隐含的内容。曲折反映型主要是指词义经过转借引申,表面上看,语素义同该词的词义之间没有什么联系。主要也有两种情况:一种是比喻,两者具有相似性;另一种是借代,两者具有相关性。在具体使用中,词义是直接用于表达和造句的使用语义单位,而语素义是只能参与组合构词的备用语义单位。

4. 义素分析的原则和步骤是哪些? 义素分析的作用和局限是什么?

义素分析的基本原则是:(1)对等性原则,分析出来的义素组合必须与该词义项所指范围相等,不能过宽或过窄;(2)系统性原则,义素分析必须在一定的词义系统中进行;(3)简明性原则,义素分析要力求简单明确,用尽可能少的义素来揭示同组词义的共性和区别。基本方法是:(1)确定范围。义素分析一般总是在一些相关的词,也就是同一语义场当中进行,只有相关的词才可以比较,才更容易选出经济适用的义素。(2)比较异同,义素分析最基本的方法就是比较相关词义的异同,找出一组相关义项的区别性语义特征。(3)列出义素,也就是用各种方法把比较的结果一一列出。义素分析的作用和局限在于:义素分析是随着语义学的兴起而产生的一种新兴的语义分析方法。它是现代语言学的一个重要成果和一种基本方法,它可以深入到词义内部的微观结构,独立地反映词义之间的区别与联系,是语义分析形式化、精确化的有效方法之一。其作用主要有三个方面:(1)义素分析可以帮助我们准确地理解、掌握和解释词的理性义。(2)义素分析可以清晰地显示词的附加义之间的细微差别;(3)义素分析可以明确地显示词语使用时的搭配情况的不同。义素分析法作为一种分析词义的方法,虽然具有一定的直观性和可操作性,但也具有一系列难以克服的缺点,主要就是在具体的分析中,选定范围、确定模式、列举义素往往具有一定的主观性和随意性,而且,也不是现代汉语中所有的词语都适宜使用义素分析法进行分析的。

5. 对汉语的名词、动词和形容词进行义素分析时,各应采用什么样的方法?

在对汉语的名词、动词和形容词进行义素分析时,可以采用以下三种模式:A. 名词模式。名词模式同逻辑中的"属加种差"定义方式相对应。即:N{义项}＝[属性^1(类属)… 属性^2… 属性^n]。B. 动词模式。动词的模式主要涉及行为的主体和对象、方式和原因等。即:V{义项}＝[(主体) 方式、动作(客体)、因果]。C. 形容词模式。比如状态形容词的义素分析模式重在感觉、基调和搭配等。即:A{义项}＝[感觉][基调] 情状{搭配关系 ……}。具体的方法还是根据这三类实词的实际情况,尤其是进行义素分析的一组词的具体情况,先确定范围,比较异同,逐一分析,然后依次排列,列出义素,逐项对照。

第五节

1. 什么是同义义场和反义义场?

答:意义相同或相近的词可以组成同义义场,同义义场中的各个词叫做同义词。关于同义词的性质,要注意以下四点:(1)同义词之间的关系是词义与词义的关系。词义和语素义不能构成同义词。(2)同义词之间的关系是词的义项同义项的关系。单义词之间当然是一对一的;多义词就可以一对多。(3)同一个词不同形式之间是同一关系,不是同义关系。(4)词与词的语法变化形式之间不是同义关系。两个意义相反或相对的词可以构成反义义场,这两个词就叫做反义词。对于反义词的性质可以从三个方面去理解:首先,反义词的存在自然是以客观事物的矛盾对立的反映。其次,构成反义义场的两个词必须是属于同一意义范畴的词。最后,反义义场是词与词的关系,词和短语一般不能构成反义义场。

2. 什么是语义场划分过程中的上下的相对性和词语的兼属性?

语义场是通过相关的词之间的比较,根据它们在词义上的共同特点而划分出的聚合关系类。语义场内部有不同的层次,上一层次中某个词的义素必然为下一层次的各词所有,而下一层次又必然有自己的特殊义素。所谓上下的相对性,就是指上位词也有可能还有自己的上位词,而下位词也可以有自己的下位词。上位词对于自己的上位词来讲是下位词,而下位词对自己的下位词来讲又是上位词。所谓词语的兼属性,就是指一个词如果有多个义项,就可以在不同的语义场中构成不同的语义关系。汉语中有些词既表示属概念,又表示种概念,这样,一个词就可以分别出现在上下位词中,比如"肉¹——肉²"。

3. 同义词的辨析可以从哪几个角度入手? 同义词有哪些表达作用?

同义词之间的差别,大致表现在两大类、八个方面:(1)理性意义方面的差异:范围大小、程度轻重、语义侧重、具体与概括。(2)附加意义方面的差异:评价不同、语体区别、理据差别、搭配差异。其中搭配差异又可以细分为三点:语义关系不同,语法功能不同,用词习惯不同。同义词的表达作用大致有六个方面:(1)表达细致入微,精确严密。(2)行文避免重复,富于变化。(3)表义充分完足,增强语势。(4)可以表达不同的感情色彩。(5)可以适应不同的语体风格。(6)可以谐调音节,增强节奏感。

4. 互补反义词和相对反义词的根本区别是什么? 两者是否有相通之处?

在互补反义义场中,肯定 A,必定否定 B,肯定 B,必定否定 A;反过来,否定 A 必然肯定 B,否定 B 必然肯定 A。两者的中间绝不允许出现第三种情况。而在相对反义义场中,肯定 A,就否定 B;肯定 B,就否定 A。但是不能逆推,否定 A,不一定就是 B;否定 B,不一定就是 A。两者之间可以有中间状态和其他情况。其相通之处在于:互补反义和相对反义在特定语境中可以转换。比如互补反义可以当作相对反义用。如:不死不活;半推半就;不真不假;若即若离;男不男,女不女;死不死,活不活。当然这只是一种语言现象,从逻辑上讲,不死不活还是活,半推半就还是就,只是假装推辞了一下而已;若即若离,不是指同时既即又离,而是一会儿即,一会儿离;男不男,女不女,其实还是男的像女的,或女的像男的。而相对反义词也可以被当作互补反义词用,比如:非好即坏、非厚即薄、非左即右等。不过,相对反义词一旦进入"非 X 即 Y"格式,所表示的都是相关的两种选择关系。

5. 请举例说明同义词和反义词的基本差异和内在联系。

一般说来,同义词和反义词是相反的,但从另一个角度看,同义词和反义词又是相对的——同义词内部也存在着反义关系,反义内部也含有同义关系。比如:拉—推,提—按,源—流,销—售,听—闻等,都有相同一面,也都有相反一面。比如"听"和"闻"都是用耳朵获取声音、信息,是同义,但又含有反义,"听"是动作的起始阶段,强调能动性,"闻"是动作终结阶段,强调被动性。再如"视"、"瞧"与"见"、"睹","盯"、"瞄"与"瞥"、"瞟"。从上位概念看,所有这些词都与"看"有关的词都是同义词,从下位概念看,它们内部存在着具有反义关系。"视"、"瞧"强调行为开始,"见"、"睹"强调行为结果;"盯"、"瞄"强调注意地看,"瞥"、"瞟"强调随意地看。换句话说,同义词都有共同的义域但又存在着一定的差异,反义词虽然有差别但也必须有共同的义域;所以,有相当一些词,当强调其相同的一面时,它们是同义词;强调其异的一面时,它们又是反义词。总之,同义义场和反义义场具有相对性。

第六节

1. 请分别指出广义语境和狭义语境的性质和区别。

语境是语言环境的简称。大致可以分为两类:狭义的语境,指文章中的上下文和讲话时的前言后语,其中句子是最直接的狭义语境。广义的语境范围很大,大致包括三个方面:(1)交际双方本身的文化教养、知识水平、生活经验、语言风格、方言基础等;(2)交际的时间、场合、背景、目的,牵涉的其他人物及双方的辅助性交际工具,比如表情、姿态、眼神、手势等体态语;(3)交际双方所处的社会性质和时代特点,交际双方的思维方式、文化习惯、民族心态等等。所有这一切都会对词义的表达和理解产生一定的作用和影响。总之,语言环境是词义分化的最重要的因素。

2. 在词语的具体使用中,语境对词义会产生哪些影响?

语境对词义的分化涉及到许多因素,相当复杂,主要的有六个方面。(1)语境使词义单一化。词往往是多义的,但是一定的语境中只能使用一个义项。(2)语境使词义具体化。词义具有概括性,但具体语境中的词往往是非常具体的。(3)语境使词义增加临时义。相当一些词出现在一定的语境中,就会增加一些新的临时的义素。(4)语境能使词的附加义发生变化。比如有些词一旦进入语境,就会有不同的附加色彩。(5)语境使词的内涵义凸现。由于客观世界的事物和现象是丰富多样,多彩多姿的,用以指称事物和现象的词语在具体语境中必然会引起人们各种联想,激发人们多方面的想象。(6)语境为解释词义提供依据。因为词义的存在和变化都是同特定的语言环境有着密切联系。

3. 导致汉语词义变化的原因有哪些? 其中什么原因是最重要的?

导致汉语词义变化的原因有三:(1)社会生活的发展。新事物的出现及旧事物的消亡都要影响到词义。比如"飞"原来只指鸟、虫鼓动翅膀离开地面前进,而现在可以指利用机械比如螺旋桨、喷气等飞行器,包括飞机、飞船等离开地面甚至地球而前进。(2)人的思想意识的变化。比如"云",古人以为是"山川气也"。这个词义反映了当时人们对"云"的认识,而现在我们知道,"云"是由水滴、冰晶聚集而形成的悬浮在空中的物体。现在的认识要比过去更加深刻,更为科学。(3)语言内部因素的相互作用。比如语音的变化可以分化词义,在汉语中在名词、形容词中增加一个去声读音,就可以表示相关的动作,从而导致词义变化。比如"泥 ní—泥 nì"。在这三个方面中,最主要的原因就是社会生活、科学技术的发展。

4. 汉语词义变化的基本类型有哪几种? 请分别举例说明。

词义变化的类型大致有以下四个方面,分属词义本身的变化和语素义的衍化这两类。(1)深化与精确。词义的深化和精确,是指词的理性义所反映的对象没有变化,但人的认识改变了,所以词义也变了。这大都是些常用的事物和现象。精确与深化是有着密切联系的,认识深化了,词义也就精确了。(2)扩大和缩小。扩大是指词的适用范围和所指对象的增加、扩大,缩小是指词的适用范围和所指对象的减少、缩小。(3)转移与转化。转移是指词的理性义发生了较大的或细微的变化。转化是指词的理性不变,附加义,尤其是评价义发生了变化。(4)脱落与显化。脱落与显化指词的原有义素的脱落和潜在语义的显化,同上面三种情况性质不同,这种现象都与语素义的衍生有关,是一种语素层面上的语义重组和变化。所谓脱落,是指语素组合时词义中若干义素的脱落,脱落并不是指该词的词义发生某种变化,而是指特定的组合搭配中,在相关的语义干涉下,某个义素脱落了。"显化"的情况正好相反。就是指某些词就其所构成的语素义来看,除了可以表示某种语义外,应该还可以表示某种含义,但实际上该词原来并没有这层意思。但在一定的条件下,由于语用需要的触发,加之构词语素本身的多义性,这些潜在的意义就显现了出来。

5. 社会生活和科学技术的发展同词义变化的关系主要体现在哪些方面?

词义变化同社会生活的变化和科学技术的发展成正比。社会生活,包括政治、经济、文化、科技领域的变化越大、越剧烈,词义变化也就越大越多。

比如从汉朝到清朝中叶的 2000 年,因为社会生活变化不太大,汉语词的词义变化也不是很大。而 1840 年之后,尤其是五四运动前后到改革开放以来,由于社会生活和科学技术的迅速发展,词义也发生了迅速而巨大的变化。主要体现在旧义的消失,新义的增长,语义外延的精确化和内涵的深刻性。

第七节

1. 基本词的特点有哪几个方面,基本词与一般通用词具有什么样的关系?

从整体看,基本词汇有三个特点:(1)稳固性。基本词在人类交际中一直是必不可少的,它在千百年中为不同时代的人们服务,反映了人类思维中的一些最基本的概念。基本词汇之所以具有这么强的稳固性,是由于它所标志的事物和概念都是极为稳定的。(2)能产性。语言要表现新出现的事物和新的概念,就需要不断地增加新词或者使原词增加新义,而这两种方法都是以基本词为基础的,因为基本词都是人们最熟悉的,以此为基础创造出来的词人们易于接受,所以基本词绝大多数都是成词语素,都可以以此构成几十个甚至几百个词。(3)全民性。也就是说这些基本词的流行地域很广,使用频率很高,全民族的人都理解,都要用,而且几乎人人要用,天天要讲。换句话讲,基本词是不受阶级、阶层、行业、地域、文化、性别、年龄等条件的限制的,所以,也就是常用性。基本词汇和一般词汇之间既互相依存,又互相渗透,互相转换。两者之间既有区别,更有联系。由于语言的发展变化,尤其是基本词的发展、替代,两者之间并没有绝对的明确的界线。

2. 使用历史词和文言词各需要注意哪些问题?

历史词所表示的事物或现象在本民族的现实生活中已经消失,只是在涉及到历史事件、现象、人物或涉及到外民族的特定情况,再或者为了达到一定的修辞效果才会使用。历史词的作用大致的四个方面:(1)用于学术专著尤其是历史专著。(2)用于历史小说、戏剧、电影、电视剧等。(3)用于特定的外交场合和反映外族的情况。(4)可以达到一定的修辞目的。文言词反映的现象和概念现代汉语中仍然存在,只是另有相同、相近的词语可以使用。使用文言词要注意:首先,一定要适应实际的需要,必须用得贴切,应该充分考虑所写文章的评价义,语体义,否则就有可能出现半文不白,掉书袋的现象。其次,有相当一些古语词词义艰涩、冷僻,在现代汉语中已基本淘汰,除非为了特殊的需要,一般不宜使用。

3. 创制新词和吸收港台的新造词,各应该注意哪些方面?

创造新词是丰富语汇的一个重要的途径。首先,创造新词应该考虑社会基础,也要考虑语言基础。社会基础是造出来的新词必须是社会交际需要的,语言基础是指创造的新词要符合汉语的构词规则,易于理解和接受。其次,要注意区分新造与生造。新造词不是生造词,将两个语素生硬拼凑的生造词是不会得到承认的。在吸收港台的新造词时,应该遵循普遍性、需要性和明确性三个原则。

4. 从方言词^{1}到方言词^2,再到普通话通用词的变化动因是什么?

总的说来,方言词^{1}同方言词^2,方言词^{2}同通用词之间并没有一个明确的界线。方言词^{2}都是由方言词^{1}发展而来,一般都在语音上发生了变化。而方言词^{2}使用时间长了,方言色彩进一步淡化,人人都懂了,大家使用,地域色彩进一步弱化,就成了普通话的通用词。普通话之所以要吸收方言词,不外乎三个原因:其一是有些东西是该方言区特有的,这些词在普通话里没有对应词,所以只好直接吸收、引入。其二是有些方言词能表达丰富复杂的思想内容,普通话里没有相应的词可以替代,由于能表示特定涵义而被吸收。其三是有些方言词可以表示特定的感情色彩和地域色彩,在文艺作品中使用可以增强生动性和真实感,显得很有地方特色,如果用得恰当,自然也能增强文学作品的表现力。

5. 汉化外来词和外来形式词各有哪些小类? 汉语吸收外来词的特点是什么?

汉化外来词共有四种:(1)添符。添符是指在音译外来词的基础上,在表音节的字形上面再加上义符(形旁),使原来的外来词变成了汉语词。(2)类比。类比是一种特殊的意译,它是将外来概念同汉语原来固有的事物加以比照,在意译的时候用加类前缀的方式来表示这些概念的来源。(3)意译。意译就是依照外来概念的意义,利用汉语的构词材料,并按照汉语的构词方式创造新词。(4)仿译。仿译就是在意译的过程中尽可能地保留原词的字面意思、仿照原词的构词方式,词的内部形式仍然仿照原词。外来形式词有六种:(1)纯粹音译。就是不考虑汉语所用语素的意义,只求声音近似。(2)音兼意译。就是在选用声音近似的汉字时,有意识地用一些意思比较符合原词义的语素。(3)半音半译。就是对引入的外来概念进行分解,一半用音译一半用意译。(4)音译加注。就是在音译的基础上再加上表示该事物类别的语素。(5)直接借用。就是在汉语中直接使用外语的字母。(6)日语转借。就是从日语中转借来的汉语词。汉语吸收外来词的一个最为显著的特点就是汉化,这显然是由汉语自身的特点决定的。大致有三个方面特点:形式上音节化,功能上简单化,语义上多样化。

第八节

1. 汉语成语的特点有哪些? 成语的来源主要有哪几个方面?

成语的特点大致包括五个方面。(1)历史的习用性。也就是说,成语是历史的产物,绝大多数是历史上沿用流传下来的。(2)意义的整体性。成语的定义是整体表示的,不是像一般的短语那样是各个词的意思的总和或简单相加。(3)结构的凝固性。所谓结构凝固,词序固定,一般不能随意变动;语素定型,不能随意调换。(4)韵律的谐调性。汉语是有声调的语言、音调抑扬顿挫,具有音乐美,成语突出地体现了这一点,具有韵律和谐的特点。(5)形式的整体性。汉语成语的形式是非常整齐的,据统计,四音节的成语占了95%以上。这种形式既整齐匀称,又简洁明了。汉语的成语绝大多都是有出处的,其来源都可以考证,也有少数出处不可考。成语的出处既多又杂,而来源不外乎六个方面。(1)神话寓言。主要是指上古先秦的一些神话寓言。(2)历史事件。历史事件是指历史上确有其人其事的情况,后人对此加以概括,形成了成语。(3)诗文语句。我国古代有着丰富的典籍,经史子集各部中都有许多脍炙人口的语句,这是提取成语的重要来源。(4)民间俗语。这些成语一开始可能产生于口头,但后来被人广泛地引用,也是通过书面流传下来。(5)借之外语。外来成语的借入大多同翻译佛经有关,从西方语言中吸收的成语凤毛麟角。(6)现代新创。成语中的新成员虽然极为稀少却正在慢慢增长。当然,上述六个方面的来源并不是完全并列的,内部具有一定的层次性。

2. 运用成语的方式有哪几种? 使用成语应该注意哪些问题?

除了一般使用方式外,运用成语的方式主要有四种:连用、对用、套用、活用。连用就是把同义成语和意义相关的成语连续或交替用在同一语句中,以加强语义和气势。对用就是把意思相反相对的成语对举,加以对照,形成鲜明突出的表达效果。套用就是利用原有成语的语型,改变一个语素,构成临时的成语变体,来适应不同的需要。活用就是为了表达的需要,可以临时打破某些成语的定型结构,加上或减去一些成分,赋予该成语新的意义和色彩。成语运用过程中需要特别注意的问题包括三个方面:(1)深刻理解成语,尤其是其中关键字的含义。对于成语,绝不能望文生义想当然,也不能不求甚解,似懂非懂,一定要了解它的出处。既要了解它的现在意义,也要了解它的过去意义。既要了解实际的意义,又要了解字面意义,尤其是一些关键词语的意思。(2)注意相近成语之间的各种差异。包括侧重不同、程度轻重、褒贬色彩、语体色彩、搭配对象、理据色彩各个方面。(3)注意成语的字形和读音,尤其对一些似是而非的成语、具有两种写法的成语和不同读音的成语要特别注意。

3. 惯用语、歇后语同成语相比,各有哪些特点?

成语同惯用语、歇后语都有划界问题。成语与惯用语既有区别又有联系,有时有交叉重合现象。在形式上成语多为四字格,惯用语多为三字格。在语源上成语多有出处,惯用语均无出处;语义上成语有褒有贬,惯用语贬多褒少;在风格上成语庄重典雅,惯用语活泼随便;在结构上,成语定型凝固,惯用语灵活自由。歇后必须有两部分组成,同成语差距较大,一般不易混淆;两者的风格色彩也很不相同。但成语也可以充当歇后语的某一构件。大都是成语在后面部分,也可以前后都用成语。如:逆水行舟——不进则退,掩耳盗铃——自欺欺人,瓮中捉鳖——十拿九稳,飞蛾投火——自取灭亡,韩信点兵——多多益善等。这种含有成语的歇后语,从前后关系看,还是应归入歇后语。

4. 现代汉语中的类固定短语的结构特点是什么? 类固定短语同成语的区别有哪些?

类固定短语主要是指一些准凝固性的四字格短语。四字格类固定词语有以下两个方面的特点。首先,在结构上,既有固定的语型部分,又有可变的替换成分。其次,在意义上,固定部分规定了整个短语的格式义和关系义,可变部分表示了整个短语的具体义和实用义;两者配合互补,相辅相成。类固定词语与成语既有联系,又有区别。联系是指有些类固定词语随着可变部分使用的经常化,搭配关系的凝固化而渐趋定型,就变成了成语。区别是指类固定词语的可变部分都是可以有限替换的,所表示的语义大都是字面意思,而不像成语那样结构凝固,语义浓缩,常常言在此而意在彼。

5. 汉语的语音、文字和语法三方面的特点对汉语词汇的影响表现在哪里?

汉语语音的特点大致有四:没有复辅音、元音占优势、音节有声调、开音节较多。这使得汉语词汇在读音方面具有很强的悦耳度和显著的音乐性,尤其是汉语的联绵词中会有相当一部分是双声和叠韵的。汉字是表义系统的语素文字,文字本身就是形、音、义的统一体,这就使得汉语的构词成分单音节语素占绝对优势,构词方式广泛运用词根复合法。又由于每个汉字几乎都代表一个音节,都有形音义三个方面,所以,平仄、押韵等语音特征会对汉语的词汇使用产生一定的影响。不利的一面就是形成了一批异形词。在语法方面。汉语语法的基本特点是缺乏严格意义上的形态变化,这就导致了汉语的词同语素和词组的界限相对模糊。而且,没有形态变化使得汉语单词的词形比较整齐、简单,词形变化不多。此外,由于汉语的语法结构和词语的构造形式之间存在着不确定性,所以,往往会出现词汇上的词汇词和语法上的语法词及语音上语音词在结构形式、音步节奏上不对应的情况。

五、"语法"部分思考题参考答案

第一节

1. 语法的广义和狭义、主观性和客观性各表现在哪些方面?

"语法"这个术语,实际上有两个方面的四种含义。首先,语法是语言的结构规律,是存在于语言深层的客观规律和变化规则。这种规律是不以人们的主观意志为转移的,它随着语言的产生而产生,发展而发展。其次,语法又可以指语法学和语法书。语法学是研究语言结构规律的科学,是人们对客观的语法规律的主观认识和说明。语法书是语法研究成果的记录,因而也属于语法学的范围。比较而言,上述前一种含义具有客观性,后一种含义具有主观性。两者的关系是,客观的现象、规律是基础,主观认识必须以客观事实作为依据;主观的认识是一门科学,客观事实必须通过主观活动而得到提炼、归纳和整理。此外,国外有人将语法用在更大的范围上,认为语法就是语言的法则和规律;语法不但包括词语的结构关系和变化规律,而且还包括语音、词汇的结构关系和变化规则,这就是广义的语法。同样,广义的语法也可以分为客观和主观两个方面。在广义语法中,一般所说的语法,即狭义的语法被叫做句法;而狭义语法中的句法仅仅是同词法相对的短语和句子的结构规则和变化规律。

2. 从研究方法、理论背景和研究对象这三个角度着眼,语法学应该怎样分类?

（1）从研究者采用的方法看，语法可以分为比较语法和描写语法。比较语法又称历史比较语法，主要指的是亲属关系语言之间的比较，尤其是比较印欧语系内部各亲属语言之间的关系。描写语法重在研究某一语言在发展过程中一定时期的语法构造，主要是对语言体系作断面的、静态的客观描写。描写语法通过详尽仔细的描写和分析，把人们实际使用的语言的语法构造非常清楚地刻画了出来。（2）从研究者的理论背景看，有传统语法、结构主义语法和转换生成语法等。传统语法主要指18世纪以来直到当前中学教科书中所使用的一些术语、概念、规则和理论。结构主义语法强调语言结构中成分之间的对应关系，重视语法体系的系统性和严密性，对于语法单位的分类主张以形式标志和功能分布为依据，反对从意义出发。在析句方法上，采用直接成分分析法，强调语言单位的层次性。转换语法强调以有限的规则造出无限的合格的句子，强调形式与意义的结合，动态与静态的结合。从研究对象的范围看，有普通语法和语别语法之分。普通语法指适用于各种语言的普遍性原则。语别语法指某种语言的语法规律。常见的语法都是语别语法。

3. 语法的性质体现在哪些方面，应该怎样看待这些性质?

对于语法的性质，可以从三个方面来认识。（1）概括性。就是指语法规则具有广泛的适用性。各种语法规律都是概括了数量巨大的具体类别，包括无数的词、短语和句子，加以抽象而成的。为了说明句子的构成、变化、分类，就要说明词和短语的构成、变化、分类；为了说明短语，也要对各种词的性质做出概括。语法规则不仅适用于具体的词语，而且还适用于各种各样的短语和句法格式。（2）层次性。就是指语言单位的组合，不是处于同一平面的，而是成分有主次之分、联系有松紧之分，内部有层次关系、可以相互套叠。语法单位组合在一起，基本上都是两两组合，层层套叠的。除了联合、连动等特殊的结构单位外，无论多么复杂的语言单位，都是由两个"直接成分"组成的，而这两个直接成分本身又往往又是由更小的两个直接成分组成的。（3）民族性。就是指各个民族的语法都有自己的个性特征，彼此之间虽然有共同之处，但总归都有自己的民族特性。

4. 请指出语法特征和语法功能、语法范畴和语法手段的区别和联系。

词的语法特征指的是：①充当句法成分的能力；②词与词的组合能力；③词的重叠、粘附能力。前两项又统称为词的语法功能。语法意义是对语法形式而言的,语法意义与语法形式的统一,构成了语法范畴和语法类别。语法意义就是通过一定的形式表现出来的各类语言单位的关系意义和功能意义。语法手段是把语法形式的共同点加以归纳而成的。语法意义和语法手段的关系是间接的。语法意义是通过语法手段表示的,但两者之间并非都是一一对应的。同样,汉语中的语法意义和语法手段之间的关系也是间接的。

5. 在当前的情况下,学习语法的作用和意义各是什么?

随着我国对外开放和交往的发展,中外文化交流日益频繁,随着我国加入世界贸易组织,中外经济关系、商业往来日益密切,学习汉语的外国人也越来越多,为了适应迅速发展的新形势,当然应该学好自己的母语语法。而21世纪是一个信息的时代,是一个电子计算机在社会生活中发挥巨大作用的时代。为了提高工作效率,信息时代的计算机必须能够处理自然语言,要想真正做到计算机处理汉语的程序化、自动化,就需要深入地研究汉语的语法规则,使之更加有效地为汉语的计算机处理服务。而且,学会了汉语语法,在学习其他语言时,还可以自觉地进行对照和比较,从而有效地、较快地学好、学会一门或几门外语。还有,学会了分析语法的方法,对训练自己科学的思维方法也是大有裨益的。

第二节

1. 根据汉语的特点,划分汉语词类应该以什么为标准?

词类是词的语法分类。划分词类的标准,就汉语来说,由于汉语的形态不发达,主要是词的语法功能,而依据就是词的语法特征。分类的目的在于说明词的用法和语句的结构。词的语法特征指的是:①充当句法成分的能力;②词与词的组合能力;③词的重叠、粘附能力。同类的词大体有相同的语法特征和功能,所以可以将语法特征作为划分词类的依据。具体的做法是,首先,词的语法功能表现在能不能单独充当句法成分上。能充当句法成分的词,统称为实词,不能单独充当句法成分的词统称为虚词。其次,实词内部各词类的区别主要表现在词与词的组合能力上。哪些词能同哪些词组合,以什么样的方式组合,组合后发生什么样的关系,哪些词不能同哪些词组合,都是区别各类实词的重要的标准。再次,虚词的语法功能表现在它们同实词或短语的关系上。它们能同哪些实词或短语组合,怎么组合,组合后表示什么样的附加意义。所以,词和词之间的相互关系及其搭配后所表示的相应的语法意义,是区分虚词的主要依据。

　　2. 为什么近年来汉语中副词修饰名词的现象越来越多了？

　　一般情况下，副词是不能修饰名词的。但是(1)名词在对举时可以受副词的修饰。比如：人不人、鬼不鬼。(2)有序名词入句后可以直接受副词修饰。比如：已经清明了，小河还没有解冻。都大姑娘了，还疯疯癫癫的。(3)部分名词前加程度副词不用于指称，而表现相关的性状。比如：太流氓、太传统。近年来汉语中副词修饰名词的现象之所以越来越多，其原因大致有三：首先是为了适应语言表达的实际需要，由于汉语的某些概念没有相应的形容词，人们就会将该名词当作形容词用。比如"很专业、很营养"。其次是出于语言表达的求新求变的修辞目的，同样的意思用一种超常的手段表达，效果更好。比如"非常青春、永远的巴乔"。最后，就是语言表达中的从众模仿心理，看到别人这样用，也就会跟着这样用。

　　3. 心理动词和表示心理活动的性质形容词有什么区别？

　　心理动词和表示心理活动的性质形容词在语义上都可以表示人类的心理活动，包括主观感受和主观意愿等；在功能上都可以受副词修饰，包括程度副词和否定副词。但是它们在句法功能上有一个根本的区别，那就是心理动词可以带宾语，比如"爱讲笑话、怕上高楼、喜欢看书"，而表示心理活动的形容词不能带宾语，比如"＊难过这件事、＊高兴他同意"。而且，心理动词在带宾语的同时还可以受程度副词修饰，比如"很爱讲笑话、最怕上高楼"。而表心理活动的形动兼类词不能同时兼有这两种功能，比如"很坦白、很清醒"和"坦白自己的罪行、清醒一下头脑"都可以，但"＊很坦白自己的罪行、＊很清醒一下头脑"就不行。也就是说，这些兼类词受副词修饰时是形容词，带宾语时是动词。

　　4. 那些可以充当状语的区别词，为什么不宜归入副词？

　　在现代汉语中，有一小部分加词既可以充当定语，也可以充当状语。比如：廉价商品/出售、正式文件/告知、直接关系/联系、共同纲领/前进、高速火车/奔跑、额外损失/看中等。从理论上讲，这些词的语法归类可以有三种：①归入区别词；②归入副词；③专门单列。教材之所以选择了第一种处理方案，是因为：首先，现代汉语中这样的词数量不多，大约六七十个，不值得单列一类，而且单列后再取一个名称也不便于学习和记忆。其次，如果将这些词归入副词，这样副词就可以充当定语，而汉语副词内部本来就比较复杂，有相当一些意义比较虚化，只表示语法意义，这样归类会导致确定副词标准的混乱。最后，将这些词归入区别词虽然也同区别词只能充当定语的标准相牴牾,但这些词在构词和语义上都与区别词很接近,处理为兼类还是可以接受的。所以是相比较而言,这些词不宜归入副词。

5. 代词既可以从使用的角度、也可以从功能的角度划分小类,哪一种分类更有用?

从指代对象看,代词可以分为三大类:人称代词、疑问代词、指示代词。从句法功能看,代词的语法功能同它所替代的实词和短语大致相当,代词主要替代体词,有些则可以替代谓词和加词。一般情况下,词的语法分类,包括进一步分小类自然应该根据词的语法功能,但代词的情况不同,代词不是根据句法功能划分的词类,它是根据篇章功能,即是否具有替代或指称功能划分出来的一种特殊的词类,那么,为代词分小类也应该从表达和篇章的角度着眼。所以,从使用功能的角度分类是更为有用、更加实用的分类方式。

第三节

1. 根据哪几条标准,可以有效地区分汉语中的动词和介词?

汉语介词的基本功能有:(1)附着定位,就是介词必须位于介词宾语的前面,在任何情况下,介词宾语都不能外移或省略。(2)不能单用,就是介词是粘着的,必须先组成介词短语以后,才可以充当各种句法成分,单独一个介词在任何情况下都不能使用。(3)不作谓语,就是任何一个介词都不能单独充当句子的谓语中心。(4)不能连用,就是在任何情况下都不可能出现两个介词并列的情况。据此,动词和介词的区分大致可以概括为五个方面:(1)介词不能单独作谓语中心,动词可以;(2)介词不能以任何方式重叠,动词可以;(3)介词不能带时态助词,动词可以;(4)介词都不能带补语,动词可以;(5)介词不能在同一层次上并列连用,动词可以。

2. 应该怎样分化汉语中的"和"、"跟"、"与"、"同"等连介兼类词?

"和"、"跟"、"与"、"同"这四个词都是连介兼类词,其分化的方法概括起来大致有以下五种方法:(1)替换法。就是用"他/她们俩"来替换"N^1 跟 N^2",能替换的是连词,反之是介词。(2)互换法。就是"N^1"和"N^2"前后互换,能互换的是连词,反之是介词。(3)分解法。就是将"N^1"和"N^2"分解开来,分别同"V"相结合,能分解的是连词,反之是介词。(4)插入法。就是在"N^1"与"跟"之间插入状语,能插入的是介词,反之是连词。(5)转化法。就是将"N^1"转移到"V"之后重新组合。能转化的是介词,反之是连词。当然,上述分化方法也有一定的局限性,譬如遇到一些具有特殊语义特征的短语,譬如交互类短语时,还必须借助于其他特定的区分标记和分化手段。

3. 怎样才能区分结构助词"的"、时制助词"的"和列举助词"的"?

现代汉语的"的"既可以是结构助词,也可以是时制助词,还可以是列举助词。区分这三个同形的"的",关键就是看它们的分布和功能。结构助词"的"的基本分布就是两个:充当定语标记,位于定语和中心语之间,比如"木头的房门";附在名词、动词、形容词及其相关的短语后面,构词"的"字短语,比如"中国制造的"。时制助词"的"常用在动宾之间、离合动词的内部。比如"上午八点半进的城。"、"在哪儿理的发?"列举助词"的"可以表示列举未尽,也可以用于列举后的煞尾,一般都附在列举对象后面。比如"苹果、香蕉、橘子的买了一大堆。"、"也就是这家店,针头线脑的,还能买到。"

4. 为什么说叹词和象声词归入实词和虚词都不合适?

叹词和象声词既不同于表示概念意义和具体内容的实词,也不同于表示概念之间的关系义、附加义或功能义的虚词,它们都是以模拟声音为主的声词。从人脑的反映机制这一角度看,表义词都是属于第二信号系统的,而表声词则主要是属于第一信号系统的。也就是说,表声词进入人耳,映入人眼之后,一般无须再对这种声音信号和图像信号进行解码、转换,凭借第一信号的直觉及其条件反射,就可以对相关的声音作出判断和理解;而对于表义词来讲则都是必不可少的。而且,无论某个词的义项多少,表义词绝大多数都有确定的词形、读音和意义;而表声词只有近似的声音,没有确定的词形和意义。从句法功能看,表义词和表声词也有明显的区别,表义词都是以充当句法成分为主的,尽管也可以充当句子成分;而声词,尤其是叹词都是以充当句子成分为主的。所以,简单的虚实两分,对于象声词和叹词这两类词并不恰当、不合适,因为这两类词的表达功能和句法功能都比较特殊。

5. 词的兼类和活用以及同音之间的区别和联系是什么?

词的兼类和活用以及同音之间,既有联系,也有差异。区别在于:兼类的条件有两点:A. 虽然具备两类词的语法特征,但分属不同的功能范畴,不能同时兼有;B. 不同功能之间词汇意义密切相关,比如"三位代表—代表大家"。词类活用是甲类词在特定条件下为了表达的需要,故意出格一下,用作乙类,这也有两个条件:A. 句法功能的转变是临时的;B. 不同功能之间的意义具有联系,比如"一对夫妻—夫妻一场"。同形主要是指同音同形,其条件也有两点:A. 句法功能可以相同也可以不同;B. 词汇意义没有内在联系。比如"仪表堂堂—电子仪表"、"光说不做—全部吃光"。

第四节

1. 短语的结构类别和短语的功能类别之间有什么样的关系？

短语是词和词按照一定方式组合起来的语言单位。短语都可以从两个不同的方面进行分析：一个是从它的内部看它的结构关系，一个是从它的整体看它的语法功能。从内部结构关系入手，可以分析出短语的结构类别；从整体的语法功能入手，可以分析出短语的功能类别。按内部结构分类，实词和实词组合的短语有主谓短语、述宾短语、述补短语、偏正短语、联合短语、连动短语、兼语短语、同位短语、量词短语和方位短语十种；实词和虚词各为一方组合的短语有介词短语、"的"字短语、"所"字短语和比况短语四种。按外部功能分类，可以分为体词性短语、谓词性短语、加词性短语三种。从结构类别和功能类别的关系看，可以分成两类：一类是单功能性的，一类是多功能性的。(1)同位短语、"的"字短语、方位短语；(2)述宾短语、述补短语、连动短语、兼语短语；(3)介词短语。这些都是单功能性的短语，其中(1)只具有体词性功能，(2)只具有谓词性功能，(3)只具有加词性功能。而偏正短语、联合短语、量词短语和主谓短语则都是多功能性的，这些短语中的一部分具有体词性功能，另一部分则具有谓词性功能。

2. 是不是任何词或短语只要加上语调就成为句子？

一个词或者一个短语加上语调后，可以成为一个简单的句子，这是就一般情况而言的。短语中一些加词性短语就不能构成句子，而词构成句子就更加复杂。例如下面的几组词：

① 嗯　　啊　　咦　　哈哈　　哗啦啦　　轰隆隆
② 山　　水　　请　　看　　好　　漂亮
③ 我　　你　　他　　一　　二　　三
④ 加以　　善于　　主张　　雪白　　通红　　闹哄哄
⑤ 大型　　初级　　袖珍　　很　　究竟　　再三
⑥ 不但　　和　　于　　自　　的　　吗

上述六组词中，加上语调后能构成句子的，是①、②、③这三组词。①组的是叹词和拟声词，这两类词的语法特点就是能够独立成句。②组是名词、动词、形容词，③组是代词和数词；名词、动词、形容词、代词和数词都是实词，这些词加上语调后在一定的语境中都能成为一个简单的句子。⑥组的一些词是属于虚词的介词、连词、助词和语气词,这些词在任何情况下都不能成为句子,例如我们不可能说出"关于。","不但!"这样的句子来。可见,加上语调后可以成为一个简单的句子的,仅仅是指那些实词。

那么,是不是所有的实词加上语调后在一定的语境中都能成为简单句子呢?也并非如此。④组、⑤组的词也是实词,但它们也都缺乏独立成句的能力。④组中的"加以"、"善于"、"主张"一类动词,是一种粘宾动词,这种动词的出现总是和它们的宾语连在一起的,它们通常不能单独使用,当然也就不可能独立成句了;第④组中的"雪白"、"通红"、"闹哄哄"是形容词,是一种表示状态的形容词,这部分形容词通常也缺乏独立成句的能力,一般情况下它们总是与后面的"的"一起出现。例如:

　　——你喜欢哪一种颜色。
　　——雪白的。("雪白"(×))
　　——教室里太吵了,我要出去一会。
　　——是啊,闹哄哄的!("闹哄哄"(×))

至于⑤组,是属于加词中的区别词和副词。加词只能作名词、动词、形容词的修饰语,除少数几个,如"不"、"也许"等,一般都不能独立成句。

所以我们可以这么认为,加上语调后在一定语境下能成为句子的,只是一部分实词。

3. 层次切分时是不是都要采取"二分"的方法,为什么?

层次分析的方法源出于英语的 Immediate Component(直接成分,简称"IC")。IC 这种方法,20 世纪 20 年代就由美国描写语言学家布龙菲尔德系统地运用到语言分析中的,这种分析方法可以应用于语言的一切方面。就汉语的语言分析来说,不但句法结构可以进行层次分析,比句法结构大的单句、复句、句群,比句法结构小的词的内部结构和语音结构,都可以运用层次分析这种方法。

层次分析法是逐层顺次找出某一语段的直接组成成分的方法。同一层次上,结构的直接成分通常只有两个,因此,层次切分又叫做"二分法"。一般来说,层次切分把一个语段切分为二,再以同样的方法把切分出来的较小语段切分为二,一直到不能再切分的时候为止。在句法结构上切分到词为止。

就汉语的情况来说,绝大多数的短语都可以采取"二分"的方法,但联合短语、连动短语的直接成分不一定是两个,这时候的切分也就不一定采取"二分"的方法,可以根据这两种短语的直接成分的多少,采取"二分"或者"三分"甚至"四分"、"五分"的方法。例如:

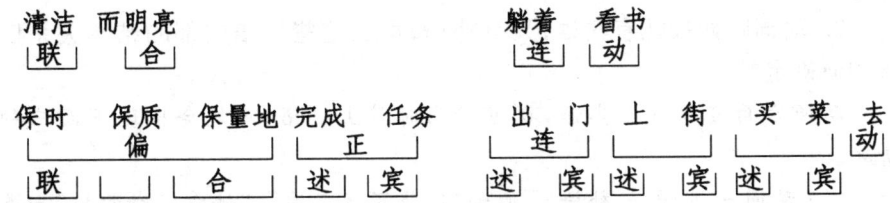

第五节

1. 可以充当主语和谓语有哪些成分?"今天星期五"、"明天阴天"里的谓语都是由名词构成的,请总结这类结构意义上的特点。

充当主语的成分以体词和体词性短语为主,如教材上所举的例子。但是如果说话人拿某种动作行为、性状作话题时,谓词和谓词性短语也可以作主语,这一点教材里也已作了说明。

充当谓语的成分主要以谓词和谓词性短语为主,例如:

我们学习了。(动词充当谓语)

身体好。(形容词充当谓语)

高大的建筑物上插满了红旗。(述宾短语充当谓语)

他高兴得跳了起来。(述补短语充当谓语)

我们讨论并且研究了。(谓词性的联合短语充当谓语)

小柱子飞快地跑过来。(谓词性偏正短语充当谓语)

今天的报纸我都看了。(谓词性的主谓短语充当谓语)

我去图书馆借一本书。(连动短语充当谓语)

张老师要求学生按时交作业。(兼语短语充当谓语)

体词性短语有时可以充当谓语,例如:

小王高高的个子。/那张桌子三条腿。(体词性的偏正短语充当谓语)

每人五个。/三元钱一斤。(体词性的量词短语充当谓语)

这种杯子纸的。/小王昨天来的。("的"字短语充当谓语)

名词一般不能作谓语,只有表示日期、节令、天气、籍贯的单个名词有时

可以作谓语,例如:

今天星期五。(日期)/二月十二日春节。(节令)

明天阴天。(天气)/王朔北京人。(籍贯)

2. 动词后如果既有宾语,又有补语,那么这些短语内部的结构关系应该如何确定?

动词后面可以带上宾语,也可以同时带上补语,可能会出现下面三种情况。

(1)动词＋宾语＋补语。例如"他找了我三次","她看了我两眼"一类句子中的谓语部分就是这样的组合,分析这样的组合,应该首先分析出述补关系,第二层再分析出述宾关系,即"(动＋宾)＋补"。用框式图解法表示,应如下:

找了　我　三次
|　述　|　补　|
|　述　|宾|

(2)动词＋补语＋宾语。例如"我笑痛了肚皮","他看清楚了这个问题"一类句子中的谓语部分就是这样的组合。分析这样的组合,应该首先分析出述宾关系,第二层再分析出述补关系,即"(动＋补)＋宾"。用框式图解法表示,应如下:

看　清楚了　这个　问题
|　述　|　宾　|
|述|补|偏|正|

(3)动词＋宾语＋动词＋补语。例如"他洗衣服洗得满头大汗","他写文章写得得心应手"一类句子的谓语部分。这种句子是由两个单句加接在一起,而成为一个新的单句,如:他洗衣服＋他洗得满头大汗→他洗衣服洗得满头大汗。这是一种属于句子变化的格式。这种组合应作如此分析,即把两个部分"动＋宾"和"动＋补"看成是并列的成分,这样,就可以在第一层次上分析出这个组合内部结构有联合的关系,然后再在第二层次上分别分析出述宾关系和述补关系。如下:

写　文　章　写得　　得心应手
|　联　|　合　|
|述|宾|　述　|　补　|

3."称他们英雄"和"称他们是英雄"这两个短语中,动词"称"后面的宾语部分是否都能算作双宾语?

"称他们英雄"中的"他们英雄"是双宾语,整个短语是述宾短语;"称他们是英雄"中的"称"后面不是宾语,整个短语是一个兼语短语。"称"是一个表示称谓义的动词,可以有两种不同的用法,这两种用法究竟有什么区别呢? 我们可以从下面三点看出二者的不同:

(1)从语义上看,双宾语两个宾语各自和动词发生关系,它们互相之间没有结构上的关系,如上例中"他们"和"英雄"都只与"称"发生关系,而"他们"与"英雄"之间不能构成任何结构关系,如既不是偏正关系,也不是同位关系。而兼语短语中动词后的两个体词性成分之间是一种主谓关系,和动词之间是一个述宾短语和一个主谓短语的套叠。

(2)从形式上看,双宾语里两个体词性成分之间不能有其他成分出现,而兼语短语两个体词性成分之间一定要出现一个动词。因此,"称他们英雄"在"他们"和"英雄"间加上"是、为"等,就改变了结构关系。再比如,"教他英语"和"教他学英语"也是不同的,后面一例是一个兼语短语,因为"他"和"英语"之间有动词"学"。

(3)从动词的性质看,兼语短语中的动词,常带有使令义,而能带双宾语的动词,无论是表示给予义的,还是表示取得义的,都不带有使令意义。一般说来,这两类动词是不会发生混淆的,有纠葛的只是一部分,如"称、叫、骂"一类带有称谓义的动词("教"是一个较特殊的表示给予义的动词,所以也可能出现既能做双宾语的动词,也能做兼语短语中的动词两种情况)。用上述(1)(2)两种辨析方法,基本上就能区别出这些称谓义动词在双宾语句和兼语句中的不同了。

第六节

1.表示呼应、感叹的词语都是独立成分吗?

表示呼应、感叹的词语在句子中常位于句首或句末的位置,同句子中别的成分又不发生结构关系,有明显的停顿。如:

小张,你别走啊!

不,学习的目的不仅仅为了分数。

咦,人都走了?

上述加点的词都是表示呼应、感叹的词语,在句子中都充当独立成分。

但是,我们能不能说凡是在句子中不同其他成分发生关系,有明显的停顿的呼应、感叹词语,都是独立成分呢? 不一定。同样是上面例句,如果改变一下其中某些标点符号,成为:

> 小张! 你别走啊。
> 不。学习的目的不仅仅为了分数。
> 咦? 人都走了。

那么这时句中加点的词就不是独立成分,而成为一个独立的句子,即非主谓句。可见,表示呼应、感叹的词语是独立成分,还是独立的句子,关键在于这些词语与句子之间停顿间隙的长短。停顿时间短,书面语上用逗号表示,则是独立成分;停顿时间长,书面语上用句号、问号、感叹号表示,则是非主谓句。

2. 独立成分会与其他语言结构发生混淆吗?

第一、表示提醒或强调的独立成分与一些主谓短语作宾语的结构容易混淆。如下面例句:

> ① 你说这到底是怎么回事?
> ② 你说,这到底是怎么回事?
> ① 你看他们回来了没有?
> ② 你看,他们回来了没有?

两组句子中,只有加点的词才是独立成分。区别的方法有两个:

A. 独立成分与后面的句子之间有明显的停顿,书面上可用逗号表示。(1)组句子中动词和宾语(由主谓短语作宾语)之间没有明显的停顿。

B. 独立成分的位置比较灵活,我们可以把上述(2)组例句说成:"这到底是怎么回事,你说?""他们回来了没有,你看?",而(1)组句子中词语的位置不能变换。

第二、表示呼应的独立成分和某些主谓句容易混淆,如下面例句:

> ① (和园园相比),玲玲干得快些。
> ② 玲玲,干得快些!
> ① 小周从北京来的?
> ② 小周,从北京来的?

①组句子是一般的陈述句,②组句子是祈使句和疑问句。正因为语气不同,①组中的“玲玲、小周”是陈述对象,而②组中的“玲玲、小周”则是呼唤语,成为独立成分。

3. 请谈谈连动谓语句和紧缩句的区别。

“他上街买水果了”和“他一上街就买水果”这两个句子在结构上是不同的,前者是连动谓语句,后者是紧缩句,如何进行区别呢? 可以通过下面三种方式:

(1) 紧缩句大多使用关联词语,一般有如下情况:

A. 用成对的关联词语,如下列句子中加点的词:

　　这个人是不达到目的不罢休。

　　一个人能力再大也是有限的。

　　这话非你说不可。

其他的还有“一……就”,“不……也”,“越……越”等等。

B. 两个谓语中间用一个副词作关联词,如:

　　他看见了却装作没看见。

　　你去了就知道是怎么回事。

　　到了这种时候才能告诉你。

　　吃什么都没有味道。

　　你有优待证也得挨次序。

C. 少数不用关联词语的,如:

　　她个子矮当不成模特。

　　你不想去别硬撑。

紧缩句中大多是 A 类和 B 类,因此,如果看到有关联词语,一般应把它们看作是紧缩句。连动谓语句中很少出现关联词语,特别不会出现成对的关联词语。

(2) 紧缩句中大多隐含着类似于复句的那种逻辑关系,如“这个人不达到目的不罢休”表示假设条件关系;“她个子矮当不成模特”表示因果关系;“你有优待证也得挨次序”表示让步关系等等。而连动谓语句中前后动作之间,大多表示动作方式或目的的关系,如“他过去关上门”中,后一动作是前一动作的目的;“下基层调查”中,前一动作是后一动作的方式或手段。因此,紧缩句大多能复原为一般复句。上述 C 类句子,尽管没有关联词,但因为可以复原为一般复句,所以还得看成是紧缩句。而连动谓语句不可能再进行扩展,扩展后也不能成为复句。

(3) 连动谓语句中两个动词或动词性成分连用,这两个谓语必须是同一个主语。如:

> 他走过去关上门 = 他走过去 + 他关上门
>
> 老王下基层调查 = 老王下基层 + 老王调查

而紧缩句中可以出现两个谓语分属不同主语的情况。下面句子分别表示转折关系和让步关系:

> 我启发了他半天也不说话 = 我启发了他半天 + 他不说话
>
> 你不请我也来 = 你不请 + 我也来

因此,如果遇到两个谓语分属不同主语的句子,这个句子就不可能是连动谓语句。

第七节

1. 句型和句式都是着眼于句法结构对句子所作的分类,请举例说明句型和句式的区别和联系,并说明句式归纳的标准。

句型和句式都是着眼于句法结构对句子所作的分类,但两者分类的角度有差别。句型分类属于关系类别,句式属于特征类别,是关系类别中的特殊类,比如从句型看,动词性谓语句作为一个大类可以分出几个下位句型,如单动谓语句、动宾谓语句、动补谓语句等等,但在这些下位句型中还有一些在结构上有一定特殊性的句子,如"把"字句、"被"字句、连动句、兼语句等,这些句子虽然属于动词谓语句的下位句子,但因为在结构上很有特点,有必要作特别的研究,这样就可以根据动词谓语句中的一些特征分出"把"字句、"被"字句、连动句、兼语句等动词性谓语句下的几个特征类。"把"字句、"被"字句、连动句、兼语句等是着眼于句子结构上的某种特殊性或标志而划分出来的句子类别,叫做句式,或者叫特殊句式。可见,句型跟句式是有联系的,句式是句型中的特殊类别,但句式又不同于句型,句式在句法、语义、语用上都有一定的特殊性。归纳句式主要着眼于句子的特殊标志或外在特征。

2. "把"字句和"被"字句一般都有相应的平行句型("主语 + 动词 + 宾语"句),那么,"把"字句和"被"字句跟其相应的平行句型在句法结构和语用价值等方面有哪些不同呢?

"把"字句和"被"字句都是动词谓语句中的特殊类别,"把"字句和"被"字句一般都有相应的平行句型("主语＋动词＋宾语"句)。"把"字句和"被"字句的特殊性主要表现在结构上和语用价值上。结构上的特殊性表现在"把"字句和"被"字句跟平行的"主语＋动词＋宾语"句相比,语义成分的位置因为"把"字、"被"字的引入而变化,同时还表现在句法成分的有定性,谓语动词的复杂性,动词本身的特殊要求上。从语用上看,"把"字句主要表示"处置"意义,"处置"可以解释为句中谓语动词所代表的动作行为对"把"字的宾语施加一定的影响,使该宾语发生某种变化,产生某种结果,处于某种状态,遭受某种遭遇;"被"字句相对地可以说具有"被处置"的意义,即主语所表示的人或事物在意念上是受动者,被谓语动词代表的动作所处置,处置行为来源于"被"字的后置成分,处置的后果使得主语事物有了某种变化、产生某种结果、处于某种状态、有了某种经历,谓语部分的复杂性就是要体现这些处置的后果。主语的这种被处置性对主语来说往往是不如意或不企望的。而跟"把"字句和"被"字句平行的一般"主语＋动词＋宾语"句却没有这方面的语用价值。

3. 连动句、兼语句、双宾语句等在进行层次切分时都会遇到一些困难,有人据此认为层次分析法不适合分析汉语的句子。对这一看法,你是怎么看待的? 对这些句子你认为应该如何进行层次分析?

层次分析的基本方法是层层二分,但也不是绝对二分,如对联合结构就可以多分。由于现代汉语句法结构中有一些特殊句法结构,如连动短语、兼语短语、双宾语句等,很难进行二分,或者很难进行简便的切分,这就使得一部分学者就此认为层次分析法不适合分析现代汉语句法结构。对这一问题一直有不同的看法,这些看法集中体现在《汉语析句方法讨论集》(上海教育出版社,1984 年),也可以参考吴竞存等《现代汉语句法分析》(北京大学出版社,1982 年)和《现代汉语句法结构与分析》(语文出版社,1992 年)等论著。本教材对这些句子采用了层次分析,是否合理还可以讨论。

4. 有学者认为"我拿了小王一本书"不能分析为双宾语句,因为"小王"跟"一本书"之间有领属关系。你是如何看待这一问题的?

表示给予意义的句子,如"我送小王一本书"被认为是典型的双宾语句,而表示索取意义的句子,如"我拿了小王一本书"是否是双宾语句就有不同的看法,这种争议延续至今,未得出结论。本教材处理为双宾语句的一种,是否合理还可以讨论。

第八节

1. 句类划分的标准是什么？句类跟句型、句式有什么不同？

句类是指句子的语气类型，句子语气类型是从句子语用平面给句子所作的重要分类。人们的语言交际总是有一定的语用目的，这种语用目的就是句子的用途，如陈述一件事、询问一个问题、表示一个请求或命令、抒发一种感情，等等，句子的这种语用目的用途是由句子的语气来反映的。语气是句子语用目的或表达用途的外在体现，语气又是通过语调或语气词等手段表现出来的。句类就是根据句子的语气对句子所作的分类。

句类不同于句型、句式，语气是决定句类的因素，跟语气无关的因素都是非句类因素，像句子所表达的内容、句法成分的配置方式和多寡、语义关系的样式和语义成分的多少等都不影响句类的划分。

2. 疑问句有时可以有叙述作用，有时也可以表示一种命令或请求，陈述句有时也可以起到祈使的作用。这说明句类有时跟句子的实际用途或目的不一致，这是为什么呢？

句类有时跟句子的实际用途或目的不一致，像反问句虽然从内容上看，表达的是陈述句的内容，但从句类看依然是疑问句，而不是陈述句；像"屋里真冷啊！"可能含有暗示让人关窗户、开空调、生火等意图，表达某种祈使目的，但从语气上看依然是感叹句，而不是祈使句；像"我渴了。"可能含有暗示让人倒茶水、买饮料等意图，但从语气看，还是陈述句，而不是祈使句。这是因为句类划分的标准是句子的语气，语气只是句子语用目的或表达用途的外在体现，句子语用目的或表达用途是句类划分的基础，基础不等于标准，划分句类的标准是句子的语气。

3. 对疑问句的分类学术界有不同的看法，你认为疑问句应该分为几种？

疑问句的分类学术界有不同的看法，有关讨论可以参考邵敬敏《现代汉语疑问句研究》（华东师范大学出版社，1996 年）第一部分"有关疑问句的研究"。本教材采用传统的四分法：是非问句、特指问句、选择问句、正反问句。

4. 不同的动词可以进入不同类型的祈使句，请总结一下动词的小类跟祈使句的小类的关系。

祈使句可以分为肯定性祈使句和否定性祈使句两类。就动词来看，一般来说，非自主动词只能进入否定性祈使句，不能进入肯定性祈使句，如：

跌、丢、怕、忘记、恼、嫌、着急、害怕、愁、心疼、伤心、后悔……自主动词中的褒义动词一般只能进入肯定性祈使句,不能进入否定性祈使句,如:帮助、安慰、尊重、改正、爱护、改善、照顾、培养、称赞、赞美、团结、夸奖、赡养……自主动词中的贬义动词一般只能进入否定性祈使句,不能进入肯定性祈使句,如:骗、欺骗、诈骗、剥削、捣乱、抱怨、埋怨、堕落、嚷、惹、敲诈、调皮……只有自主的中性(无褒贬色彩)的动词才可以既适合肯定性祈使句也适用否定性祈使句,如:站、做、坐、摘、走、跑、去、休息、睡、说、讲、答应、看、进、动手、告诉、收拾、化装、点头、动、动弹、加入、劳动、调查……

第九节

1. 单句和复句的划分向来有纠葛,以至不少学者认为应该取消单复句的划分。你认为划分单复句有没有必要? 如果有必要,你认为单复句的划分有哪些标准? 如何运用这些标准?

由于汉语的语句结构既有简洁灵活的一面,又有复杂多变的一面,因而语言单位之间的区别往往存在或此或彼的中间状态。单句和复句的划分也同样有一定的困难,单句和复句存在纠葛。不过,从语法事实来看,在汉语语法中,客观存在着两种不同体制的句子——单句和复句。像"小王已经回来了。""大会到此结束。""我昨天还看见他呢。""你叫什么名字?""多好的小伙子啊!""起立!"等等,是典型的单句,不会跟复句相混。像"小王回来了,所以他妈妈很高兴。""虽然老天一直下雨,但工地上的劳动也一直没有停下来。""要是我们早做防备,火灾也不会发生。""不仅小王取得了好成绩,连小张也进步不少。""不是我错了,就是你错了。""小王出来了,接着小李也出来了。""我们只有不断进行技术创新,产品才能适应市场的要求。"等等,是典型的复句,也不会跟单句相混。

可见,尽管单句和复句存在纠葛,但就典型单句和典型复句来看,单句和复句有显著的不同:

(1) 单句内部各组成成分(即句法成分)是不独立的,成分与成分在一定的层次上按一定的结构关系结合,单句的各个成分依存于一定的结构关系中。单句内部除特殊成分复说语和插说语外(特殊成分是有标记的成分),各成分是互相依存,互为句法成分的。而复句中的各分句之间在结构上是互相独立的,一个分句不做另外分句的句法成分。

(2) 由于复句的分句在结构上是相对独立的,分句在表述功能上也有相对的独立性,因而一个复句就有两个以上的结构中心和表述中心,像"因为天气不好,所以航班延误了三个小时。"就有"天气不好"和"航班延误了三个小时"两个结构中心和表述中心——两个陈述。而一个单句只有一个结构中心,只体现一次表述。

(3) 逻辑语义上,单句一般表达一个判断,体现出一个命题;而复句多数表示的是推理,有因果、假设、条件等推理关系,即使表示判断和命题,也往往是几个判断和命题的复合,如"小王走了,小李也跟着走了。""我们队不仅战胜了对手,而且以大比分胜出。""大伙儿愉快地离开这个山村,向新的驻地进军。"

(4) 复句中分句之间往往有关联词语连接,关联词语是识别复句的外在标志,在有关联词语的句子中,可以依靠关联词语来分辨单句和复句,没有关联词语的复句,也可以试着添加适当的关联词语来帮助识别复句及其关系。单句内部很少使用关联词语。

(5) 复句的分句间一般有停顿,"停顿"也可以作为识别单复句的外在标志,书面上分句间的停顿一般用逗号或分号表示。单句内部的停顿较少,如果有停顿,多数在主语和谓语之间或者在特殊成分之后、在倒装成分前后,书面上单句内部的停顿用逗号,不用分号。

单复句的区分涉及结构方式、逻辑语义关系、语法及语音标志等许多方面,这些方面对区分单复句来说,都不是唯一的标准或者都不能说是充分而必要的标准,而是各个方面综合作用的结果。辨别单复句不能仅就某一个方面来看,而应综合多种情况再作判别。同时更要注意汉语句子的复杂性,具体问题具体分析,尤其对不太典型的单句或复句更要全面来看。

2. 请通过实例分析说明关联词语在复句中的作用。

关联词语的作用就是在复句的分句间起关联作用。具体说,关联词语在复句中可有如下作用。

(1) 有些复句中分句间的关系,没有一定的关联词语就不能表现出来,或者说去掉关联词语分句就联系不起来了,如:

① 如果美专指"婆娑"或"旁逸斜出"之类而言,那么,白杨树算不得树中的好女子。

② 我没有批准这件事,因为你还没有来。

③ 尽管他有许多重要的贡献,可是他一再把自己的成绩归功于领导的指导。

④ 我们不论认识什么事物,都必须全面地去看,不但要看到它的正面,也要看到它的反面,否则,就不能有比较完全和正确的认识。

这些句子如果把其中的关联词语抽掉,就不容易看出分句间的联系了,这些关联词语是这些复句中所必需的。

(2) 一个复句包含分句较多,关系也比较复杂,不用关联词语就不能把各种关系清晰地表达出来,关联词语在这类句子中有凸现复句分句间关系的作用。如:

① 小王收入不高,而且上有父母,下有子女,家庭负担很重,但是,为人还是很慷慨大方,宁可不抽烟,不添置衣服,也要经常帮助比他更困难的人。

② 捣鬼有术,也有效,然后有限,所以以此成大事者,古来无有。

③ 我们如果既放下了包袱,又开动了机器,既是轻装,又会思索,那我们就会胜利。

这些句子较为复杂,分句多,去掉关联词语,分句间的关系虽然还可以理解,但不太清晰。

(3) 有的复句去掉关联词语,可能发生关系的变化,反过来,一个没有关联词语的复句,添上关联词语也可能变成另外的关系,而且往往可以添加不同关联词语表示不同关系。可见,关联词语有显化复句关系的作用。如:

① a. 如果你去,我也去(,我们都去)。——假设关系

b. 你去,我也去(,我们都去)。——并列关系

② a. 因为我们是同学,所以感情很好。——因果关系

b. 我们虽然是同学,感情却很好。——转折关系

c. 我们不仅是同学,而且感情也很好。——递进关系

d. 我们是同学,并且感情很好。——并列关系

e. 我们如果是同学,感情就应该很好。——假设关系

3. 复句的再分类有不同的认识,你认为复句应该分为哪些类型?

复句是句子结构分类的结果,句子从结构上首先可以分为单句和复句。就复句来说,则可以从不同角度来分类,比如说从分句间紧缩和停顿来看,可以分为紧缩复句和非紧缩复句(一般复句);从有无联结分句的关联词语来看,可以分为有标志复句(有关联词语复句或形合复句)和无标志复句(没

有关联词语复句或意合复句);从分句间的层次多少来看,可以分为一重复句(简单复句)和多重复句;从语气来看,也可以分为陈述语气复句、疑问语气复句、祈使语气复句、感叹语气复句;从分句结构类型或功能是否相同来看,可以分为同质联结复句和异质联结复句;从分句间关系是否单一来看,可以分为关系单一复句和关系套合复句,如"因为天下雨,所以小王没有按时来"是单一的因果关系复句,"小王没有坐那趟车,否则就危险了"是单一的假设复句,而"小王因为早交了钱,否则就被罚款了"则是因果跟假设的套合,再如"除非……否则"、"要么……否则"、"既然……却"、"既……但又"、"只有先……然后才"、"既……更"、"要不是因为……就"、"即使……但也"等配合类型的关联词语联结的复句都是套合关系的复句。

在复句分类中,更主要的分类标准是逻辑关系,即着眼于分句间的意义关系、逻辑关系。从逻辑关系角度给复句也有分歧,如可以分为因果关系和非因果关系两大类,也可以分为条件关系和非条件关系两大类,还可以分为因果关系、并列关系、转折关系三大类,可以分为联合关系、偏正关系、补充关系三大类。传统上是分为联合复句和偏正复句两大类。本教材基本上采用的是传统分类法。

4. 有人认为"如果……就"一类是假设复句,"只要……就"和"只有……才"一类是条件复句,也有人认为应该把它们合为一类复句,叫"假设条件复句"。你认为哪种处理方式更合理一些?

多数教材区分假设复句和条件复句。本教材合为一类,认为"如果……就……"属于充分条件,着重说明的是一种假定的情况,这样处理是基于"如果……就……"的否定形式"如果不……就不……"的意义,"如果不……就不……"表示的是必要条件。

六、"修辞"部分思考题参考答案

第一节

1. 有人认为修辞就是对语言的"美化",有人认为修辞就是对语辞的"调整"。你的意见呢?

在中国现代修辞学界,"修辞是对语言的'美化'"这一观念的代表是张弓,他认为:"修辞是为了有效地表达意旨,交流思想而适应现实语境,利用民族语言各因素以美化语言。"(张弓《现代汉语修辞学》)"修辞是对语言的'美化'"的观念无疑与中国几千年来的文化传统和文人的生活方式密切相关,但这却意味着对更多的修辞行为的忽视和误解,因为诸如法律文本的修辞、合同条款的修辞等等,其目的都不在于语言的"美化"。这一观念尽管在一般修辞学专著中已经不大多见,但在公众乃至多数修辞学者潜意识中似乎还是根深蒂固。

"修辞就是语辞的'调整'"这一观念的代表是陈望道,所谓"修辞是调整语辞使达意传情能够适切"(陈望道《修辞学发凡》)。由此而来,有人认为修辞是语言材料的"选择"(如张志公以及吕叔湘等)。"修辞是语辞的'调整'或选择"的观念避免了只看到"求美"的修辞行为而忽视其他修辞行为的偏差,但显然,很多修辞行为并没有明显地表现为"调整"、"选择"。

而如果把修辞界定为人类"追求语言交际有效性的行为",我们需要关注的便不仅仅是字词句的"调整"、辞格的"选择"等等,而更应该是语言交际行为的基本规则,包括构成性规则和策略性规则。当然,由此产生的一系列问题,如:有效进行语言交际的修辞学模型应该如何构拟?修辞行为应该如何分类?修辞行为的构成性规则有哪些?调节性规则有哪些?传统修辞学关于语体的知识、文体的知识、修辞格的知识等等与修辞行为的构成性规则和调节性规则能不能有效结合,如何结合?……都是有待研究的。

2. 有人认为语境可以分为语言语境和非语言语境,其中,语言语境就是上下文,其他都是非语言语境,你同意吗?为什么?

对语境可以进行多角度的切分,但这种切分的根本目的是为了有效地分析语言交际的行为。就此而言,把语境分为语言语境和非语言语境,当然可以成立,但认为其中的语言语境仅仅就是上下文,则不但可能忽视"口语"交际的特性,而且还可能忽视"本文"中包含的话题和前提(如"预设")等语言性知识对理解"本文"的作用。

3. 受话者可以从语境中获得的信息,发话者一般就不必再在话语中提供,这一规则在实际交际时是否还有什么限制呢?

语境提供的信息比话语本身提供的信息具有优先性,因此,受话者可以从语境中获得的信息,发话者一般就不必再在话语中提供,可是,这一规则在实际交际时是有条件的,首先,它要受到交际双方彼此沟通程度的限制,对"受话者可以从语境中获得的信息",发话者是否了解,并且发话者是否能够确认受话者知道自己了解？其次，它还受到交际意图的限制，尽管交际双方都能够确认什么信息是"受话者可以从语境中获得的"，发话者为了强调这些信息，也还是可以继续提供的。此外，它还会受到语体的限制，比如在法律语体中，即使是"能够从语境中获得的信息"，发话者往往还是需要明确地加以阐述。

第二节

1. 语言须合乎规范，修辞能不能突破规范？为什么？

语言是人类最基本的符号系统，作为一种符号系统，它必须保持一定的稳定亦即"规范"才能正常地发挥系统的功能，否则，整个系统便可能发生混乱乃至崩溃；然而，语言更是人类的一种基本的活动，一种行为，作为人类具体行为的修辞，又是每时每刻多多少少都在发生着变化，亦即"突破规范"，否则，就根本无法适应人类交际需要的各种变化。在这里，修辞行为变化的积淀形成了语言系统的稳定，语言系统的稳定则又是修辞行为变化的前提，"稳定"与"变化"应该是有机统一的。

2. 有人认为，不同的语体遵守语法规范的要求是不一样的，你同意吗？为什么？

的确，不同的语体对"语法程度"也就是遵守语法规范的要求是不一样的。散文与韵文相比，由于后者在语言的语音形式上比散文有较多的要求，为了满足这些要求，语法规范上就不得不放宽；口语语体由于受语境的制约远远大于书卷语体，因而，语法规范上也就可以低于书卷语体。一种因素的制约作用加强了，往往另一种因素的制约作用就会减退。

3. 近年来外来词语引进的数量和速度是空前的，有人认为这完全是一种文化现象，语言学界不必也无法对此进行控制，你的看法呢？

语词的引进和文化的引进一样是不可避免而且必需的，文化的引进是一种文化蓬勃向上的条件之一，外来词语的引进也是一种语言丰富发展源头之一。但食物可以带来营养，也可能带来危害。没有自觉的语言规范观念，一味反对新的外来词语的引进，将造成我们语言系统的"贫血"；一味放任外来词语的随意引进，又将导致我们语言体系的混乱，甚至导致文化"自信力"的彻底崩溃。因此，外来词语的引进与使用应当注意这样几项原则，即：一个外来词语的使用是否规范，既要看说话（写文章）的表达题旨是否需要，还要看读者（受众）是否理解；既要看到在不同语体（如科技语体与文艺语体)上的差别,又要看到外来词语本身在词语形式构成(如意译词、音译词和外文词)上的差别,区别对待。

第三节

1. 用词的准确性是否意味着词语使用上的唯一性?

用词的准确性有时候是意味着词语使用上的唯一性,但在多数的修辞行为中,在一组同义词甚至一组临时性同义结构中,如果选择这一个是准确的话,选择那一个也未必不准确。

这是因为不同的修辞行为有不同的"准确度",如清早熟人相遇,彼此寒暄,叫声"你早"与叫声"你好"在准确表达"寒暄意图"上并无差异。

而在不能或不必精确确定表达的意图的时候,用词的准确性更不意味词语使用的唯一性。例如,谈论用词准确性的时候,人们很容易想到"推敲"这个修辞故事,所谓"鸟宿池边树,僧敲月下门"句,贾岛"始欲着'推'字,又欲着'敲'字,炼之未定",路遇韩愈,韩愈斟酌良久,方确定为"作'敲'字佳"。其实,作为一篇诗文,"僧敲月下门"用词准确,"僧推月下门"未必就是用词不准确,其差别其实仅仅在于表达的意境不同。

2. 语句的运用也有节奏问题,你是否思考过如何利用长句与短句、整句与散句、紧凑句与松缓句的变化来调节语流节奏?

一般而言,短句轻松而长句严肃,整句华丽而散句朴实。长短句并用时,可由短到长,也可由长到短,避免无规律地长短混合,比较容易造成一定的节奏感。全是整句,节奏容易板滞,全是散句,节奏容易松散,整句与散句的恰当配合,散中有整,整中有散,节奏也比较有生气。

此外,问句与答句、简单句与复杂句、紧凑句与松缓句的配合,也能够调节语流,造成张弛有度的语言节奏。

3. 有人认为现代汉语修辞也要注意语音的平仄变化,你的看法呢?

语言行为也要有成本意识,要讲"投入—产出"的效益,因此,笼统地说"现代汉语修辞也要注意语音的平仄变化"并不确切。如果创作诗歌或者对联,如果是撰写短小精悍的广告词或者是为某人某公司某商品命名,应当尽可能地注意语音的平仄变化,否则,就不一定对此过分考究。

第四节

1. 有人认为修辞格就是修辞学的核心,有人认为修辞格的研究没有意义,你如何看?为什么?

修辞格曾经是修辞学的核心,但如果把现代修辞学看作是"努力提高语言交际行为的有效性的一门学科",修辞学的核心就应该是努力探寻修辞行为的构成性规则和策略性规则,而不应该是修辞格。

不过,由于一方面修辞行为的构成性规则与策略性规则究竟包含哪些内容,还没来得及深入研究,另一方面,对于不少修辞现象,修辞格依然还拥有一定的阐释力,因此,修辞格的研究仍然不是可有可无的。

我们把修辞格理解为修辞行为的策略性方法,是在具体言语交际时为了达到某种效果选用的策略。例如,对于"请求"这样的修辞行为,其构成性规则一是发话者有权利向受话者提出请求,二是发话者相信受话者有能力实现发话者的请求,三是发话者和受话者都不认为这是受话者平时所做的,四是发话者设法使受话者去实施这一行为。而其策略性规则,可以从提示彼此的角色定位入手(如不用社会性称呼,而用亲缘性称呼),可以从提高语言交际兴趣入手(如采用幽默的话语),也可以采用比喻等其他策略。

2. 一个语句是否只能用一种修辞格?

一个语句可能没有运用修辞格,也可能同时综合运用几种不同的修辞格。如:"白发三千丈,缘愁似个长。"(李白《秋浦歌》)其中便包含了句式上的宽式对偶、语义上的比喻与夸张等修辞格。

第五节

1. 有人认为"称呼"体现了礼貌原则,你看呢?

"称呼"在很多时候可以体现语言交际的"礼貌原则",但在很多时候又不一定体现"礼貌原则"。语言中的称呼除了礼貌性的尊称和谦称以外,还有昵称、蔑称,如父母称呼自己的孩子"狗子"、"臭蛋",两人吵架互骂"十三点"、"狗养的",而即使是尊称和谦称也可能表示嘲弄、攻击而非礼貌。原因就在于,称呼的本质不仅仅是一个日常"礼节性"符号,而且是一种寻求某种合法性的行为,是为相关语言行为的合法性提供依据的行为。

2. "同志"曾经是现代汉语中最常见的泛尊称,现在还能有效承担起泛尊称的功能吗?

"同志"是政治语言中最常见的一个称呼语,同时也一直被认为是中国内地社会人群最合适的泛尊称。不过,时至今日,作为当代中国内地称呼语系统中一个最具代表性的语汇,"同志"的语义功能与语用条件已经发生了不小的变化：

"同志"有政治语言与非政治语言两个语域的区别。作为政治语言中的"同志"，在"制式化"的政治性语境中，基本上还保留了"同一政党成员"的语义；而在"非制式化"政治语言中，当无须"强调'在同一体制内'"时，一般便不需要使用"同志"相称。

作为泛尊称的"同志"，正迅速从日常交际中淡出。"同志"当年之所以会一下子成为社会的泛尊称，其实正是一种以为"共产主义"指日可待的政治乌托邦理想的产物。而今随着利益集团差异的越来越得到关注，个人思想权力的越来越受到尊重，蕴含了"政治上、思想上一致"之义的"同志"已经越来越不合乎现代社会的生活原则和思想原则，社会正处于一个寻找、认同新的泛尊称的过程之中。

3. "预设"不仅存在于提问中，你能说说其他预设吗？

预设并不仅仅存在于提问这种言语行为中，它既存在于语言的语义逻辑中（即所谓"语义预设"），也存在于各种言语活动如陈述、请求等等中（即所谓"语用预设"）。

语义预设是根据陈述与陈述、句子与句子之间的逻辑关系而作的预设。如：

      a. 小王是张师傅唯一的徒弟。

      b. 小王不是张师傅唯一的徒弟。

      c. 张师傅有徒弟。

a 与 b 都预设 c。

语用预设并不来自于语句的内在的内容，而是与成功交谈的条件，亦即语用条件有关，如，有关参与者的年龄、身份、地位、相互关系、信仰、观点等。如：

      a. 约翰把玛丽称为共和党人，然后她也侮辱了他。

      预设：b. 把玛丽称为共和党人是对她的侮辱。

第六节

1. 有人认为幽默是一种"技式"，有人认为是一种风格，有人认为只是一种能力，还有人认为是一种生活态度，说说你对幽默的理解。

完整意义的幽默是人类不可或缺的精神现象。它应该既是一种方法

（亦即一类"技式"），也是一种氛围风格，更是人的一种能力与生活态度。幽默精神现象的这三个方面应该是统一的。

幽默风格所体现的是幽默的能力和态度，而使这种体现成为可能的，则是幽默方式。具备了幽默的态度和能力，才可能娴熟地运用幽默的方法，去创造幽默的氛围。在交际活动中，信息发出者若要创作幽默的作品，除了自身必须具备相应的素质能力外，还必须依据特定的编码规则去对自己所要发出的信息加以编制，才能达到目的；与此同时，具备了幽默态度的主体观照幽默的氛围，由氛围而"类化"（提炼、概括和积淀）出幽默的方式，而幽默的方式的丰富与凸现，又为主体的幽默态度与能力的发展提供了更多的可能。

就此而言，仅仅掌握语言幽默的结构形式还不能成为一个完全意义上的语言幽默的人，但对语言幽默的结构形式的掌握还是能够帮助我们发展自己的幽默态度、幽默能力，帮助我们恰当地创造语言的幽默、理解幽默的语言。

2. 语言幽默与油腔滑调是不是一回事？

幽默决不等于油腔滑调——尽管离开了具体的语境时，二者常常难以区分。幽默与油腔滑调都讲究可笑，但油腔滑调却同时还意味着轻浮、不实在。

追求幽默而造成油腔滑调的原因大致有以下几点：

一是某一方式的过分重复使用。"熟而生厌"是人类普遍的心理反应，因此，不能老是用同一手法、同一模式去追求幽默。惟有创造才有情趣。

二是不考虑题旨情景，不该幽默而幽默，不该多幽默而滥用幽默。"幽默一放开手便会成为瞎胡闹和开玩笑"，"到了幽默论斤卖的时候，讨厌是必不可免的。"（老舍）

三是简单过分地模仿丑。如尖声尖气、奇腔怪调、粗言秽语、荒唐不经，毫无思考的力量和美的光华。

四是追求一种纯粹为了满足肉欲的笑。

3. 语言表达的幽默和语言创造的幽默有什么区别？

诚如柏格森所言：尽管"各种滑稽效果大多数是以语言为媒介而产生的。但是我们却必须把语言表达的滑稽跟语言创造的滑稽区别开来。必要时，前一种滑稽可以从一种语言译到另一种语言，虽然在介绍到习俗不同、文学不同，特别是概念的联想不同的另一个社会时，不免要损失大部分的精

华。而后一种滑稽一般是无法翻译的,因为它是由句子的构造和用词的选择得来的。"(《笑——论滑稽的意义》)如:

> "卓别林急匆匆地走着,快进门时,突然被绊了一跤,回头一看,原来走道边上躺着一个人,他摘下礼帽,对那人致了歉意。不料,他刚进门又被绊了一下,他赶快再次回头致歉,发觉这次绊他的却是一个痰盂。"

上面这段话所叙述的那种僵化的动作是可笑的,但语言形式本身却并不幽默,这就是"语言表达的幽默"。而"语言创造的幽默"指的是通过语言的要素——语音、文字、词汇、句式的变异使用,通过各种修辞方式的创造运用而造成的幽默,至于语言所描述的事件、情景、思想,可能是可笑的,也可能并不可笑甚至是可悲的。如在老舍名剧《茶馆》中,当特务宋恩子、吴祥子敲诈逃兵老陈等时,老陈愤怒地警告宋恩子,凭着自己的身手,"我一个人揍你这样的八个"。但宋恩子立即把这句话接过去,拍了拍腰中手枪,说道:"没有枪干不过有枪的……我一个人揍你这样的八个。"同一句话,除了语调重音变化之外,原封不动地又从特务口中吐了出来,而其语义内容却被倒置成对逃兵的威胁。这段台词的语言是幽默的,但所描绘的情景却令人心痛。当然,语言创造的幽默常常是与语言所表达的思想、情景的可笑是融合的。

第三部分 "现代汉语"综合训练

一、"绪论"部分综合训练

一、填空题

1. 通常认为说出来的话是口语,用笔写下来的是书面语,而从语言学的角度看口语和书面语的差别主要在( )方面。

2. 周秦时代的书面语,就是一般所说的文言文,汉魏以后出现了一种跟口语比较接近的书面语,如唐宋时代的语录、宋代的平话、元明清的戏曲( )等。

3. 从汉语发展史上看,汉魏以后出现了一种跟口语比较接近的书面语,如唐宋时代的语录、宋代的平话、元明清的戏曲小说等,这些接近口语的书面语,通常称之为( ),或者叫早期白话,也有人称之为近代汉语。

4. 汉魏以后出现的古白话,也叫早期白话,一般又称之为( )。

5. 现代汉语有两种含义,其一是指以北京语音为标准音、以北方话为基础方言、以( )为语法规范的普通话。

6. 广义的现代汉语包括普通话和各种( )。

7. 狭义的现代汉语即现代汉民族共同语,是指以北京语音为标准音、以北方话为基础方言、以典范的现代白话文著作为语法规范的( )。

8. 汉语的方言很复杂,大体可以分为官话区和( )区两类。

9. 官话又称( ),是汉民族共同语(普通话)的基础。

10. 非官话方言一般指吴语、粤语、湘语、闽语、赣语、( )。

11. 汉语是联合国规定的六种工作语言之一,这六种工作语言分别是汉语、英语、法语、俄语、( )、阿拉伯语。

12. 跟英语相比,从语法上看,现代汉语的一个基本特点是缺少严格意义的( )。

13. 跟英语相比,从语音上看,汉语的音节中没有复辅音,而且汉语是有( )语言。

14. 英语和汉语的句子中都可以有修饰语,但两种语言的修饰语的位置不同,英语的修饰语有的在中心语之前,有的在中心语之后,而汉语的修饰语一般在中心语( )。

15. 从方言区划上来看,上海话属于( )。

16. 从方言区划上看,南京话属于( )。

17. 从方言区划上看,广州话属于( )。

18. 从方言区划上看,南昌话属于( )。

19. 现代汉语规范化包括两方面的内容,一是使规范明确,一是使规范( )。

20. "千山鸟飞绝,万径人踪灭,孤舟蓑笠翁,独钓寒江雪。"一诗中的"绝"、"灭"、"雪"三字在现代汉语中分别读阳平、去声、上声,而在古代汉语中却读( )。

答案:

1. 风格; 2. 小说; 3. 古白话; 4. 近代汉语; 5. 典范的现代白话文著作; 6. 方言; 7. 普通话; 8. 非官话; 9. 北方方言或北方话; 10. 客家话; 11. 西班牙语; 12. 词形变化或形态变化; 13. 声调; 14. 之前(或前面); 15. 吴语或吴方言; 16. 官话或北方方言; 17. 粤语或粤方言; 18. 赣语或赣方言; 19. 普及; 20. 入声。

二、单项选择题(在各备选项中只有一项是正确的)

1. 文学家在作品中记录了大量的人物对话,作品中的这些对话属于( )。

    A. 口语   B. 书面语   C. 白话   D. 书面口语

2. 报纸上的社论是典型的书面语,而社论通过广播电视播出后,( )。

    A. 就成了口语   B. 却仍然是书面语

    C. 介于口语和书面语之间   D. 口语风格的书面语

3. 从汉语发展史上看,汉语的口语和书面语是( )。

    A. 同步发展,平行前进的   B. 两种不同的语言体系

C. 没有什么大的差别的   D. 长期分离的

4. 下列方言就其与普通话的差别来说,(   )。
   A. 客家话与普通话距离最大   B. 闽语与普通话距离最大
   C. 吴语与普通话距离最大   D. 湘语与普通话距离最大

5. 现代汉语语音在音节上(   )。
   A. 没有复辅音   B. 辅音只出现在音节的开头
   C. 辅音只出现在音节的末尾   D. 开头和末尾都必须有辅音

6. 现代汉语词汇在音节上(   )。
   A. 以单音节词为主   B. 以三音节词为主
   C. 以四字格为主   D. 有双音节化的倾向

7. 联合国规定的六种工作语言是(   )。
   A. 英语、汉语、法语、俄语、西班牙语、日语
   B. 英语、汉语、德语、俄语、西班牙语、日语
   C. 英语、汉语、法语、俄语、西班牙语、阿拉伯语
   D. 英语、汉语、法语、俄语、德语、阿拉伯语

8. 跟英语相比,现代汉语在语法上(   )。
   A. 没有词形变化   B. 没有前修饰语
   C. 有完整系统的词形变化   D. 缺乏严格意义的词形变化

答案:

   1. A; **2.** B; **3.** D; **4.** B; **5.** A; **6.** D; **7.** C; **8.** D。

三、多项选择题(5 个备选项中至少有两个以上是正确的)

1. 跟英语相比,现代汉语在语法上有如下特点(   )。
   A. 缺乏严格意义的词形变化
   B. 句子成分分别有不同的形式标志
   C. 有丰富的量词和语气词
   D. 语句的修饰语用在中心语的前面
   E. 词类跟句子成分基本对应

2. 跟古代汉语相比,现代汉语可有如下特点(   )。
   A. 保留了一定量的入声
   B. 词汇在音节上有双音化的倾向

C. 修饰语较古代汉语复杂了

D. 出现了类似词形变化的语法成分

E. 语序不再是表达语法意义的重要手段

3. 汉魏以后,出现了一种跟口语比较接近的书面语,即古白话,如下( )语言材料是古白话。

A. 唐宋八大家的散文　　　　B. 鲁迅、老舍的小说

C. 唐宋时代的语录　　　　　D. 宋代的平话

E. 元明清的戏曲小说

4. 现代汉语方言大体可以分为官话区和非官话区两类,如下( )方言都属于官话区方言。

A. 成都话　　B. 合肥话　　C. 苏州话　　D. 福州话

E. 兰州话

答案:

1. A　C　D；**2.** B　C　D；**3.** C　D　E；**4.** A　B　E。

四、是非判断题

1. 语言是人类最重要的交际工具之一。

2. 在很长一段时间内,汉语的书面语远离口语,未能同步发展、平行前进,因而逐渐成了两种不同的语言。

3. 报纸的社论是典型的书面语,社论即使通过电台广播,由口头表达出来,却仍然是书面语。

4. 现代汉语应当既包括汉民族共同语即普通话,也包括各种方言,但通常讲的现代汉语语音、词汇、语法、修辞,一般是就普通话来说的。

5. 现代汉民族共同语即普通话是我国的标准语。

6. 作为普通话语法规范的白话文著作只指典范的现代白话文著作。

7. 普通话虽然以北京语音为标准音,但不包括北京话语音的所有语音现象。

8. 跟英语相比,现代汉语没有词形变化。

9. 现代汉语较古代汉语有较多的双音词,因而常用的动词、代词、量词等都以双音词为主。

10. 现代汉语书面语中使用的长修饰语、多项并列的修饰语都是在

"五四"运动以后新出现的。

答案：

　　1. ✗（说明：人类有许多交际工具，如身势体态、红绿灯、旗语、文字、信号等，但这些符号大多是在语言产生之后在语言的基础上产生的，而且都在一定的范围、一定的条件下或为特殊目的而使用的，就语言使用上的轻便性和全民性、负载信息的无限性、表义传情的精确细腻性来看，其他任何交际工具都无法跟语言相比，所以只有语言才是人类最重要的交际工具。）

　　2. ✗（说明：就汉语发展史来看，书面语的发展是很特殊的，在很长一段时间内，汉语的书面语远离口语，未能同步发展、平行前进，但汉语的书面语即使是文言，跟口语也是同一种语言，因为它们的基本语音系统和语音结构、基本词汇、基本语法构造是大致一样的。）

　　3. ✓（说明：书面语跟口语的差别在语言风格上，报纸的社论虽经电台广播由口头表达出来，但语言风格没有变化，依然还属于书面语。）

　　4. ✓（说明："现代汉语"一般有广义和狭义两种理解，广义的现代汉语包括汉民族共同语即普通话和各种方言，狭义的现代汉语专指现代汉民族共同语即普通话。但通常讲的现代汉语就属于狭义的现代汉语，一般就指普通话。）

　　5. ✓（说明：现代汉民族共同语即普通话，是受我国"宪法"保护的，《中华人民共和国宪法》第十九条规定："国家推广全国通用的普通话"；义务教育法也规定："学校推广使用全国通用的普通话"。所以现代汉民族共同语即普通话是我国的标准语。）

　　6. ✓（说明："白话"包括古白话和现代白话，白话作品有典范的也有不典范的甚至含有不规范的用例，因而，作为普通话语法规范的白话文著作只指典范的现代白话文著作。）

　　7. ✓（说明：由于北京范围较大，有些字的土话发音和官话的发音差别很大，而且存在大量的异读现象以及存在所谓的"女国音"等，这些特殊语音现象不宜作为普通话的语音标准，所以普通话虽然以北京语音为标准音，但不能包括北京话语音的所有语音现象。）

　　8. ✗（说明：现代汉语中出现了类似词形变化的语法现象，如普通指人名词后加"们"表示多数，动词和形容词的重叠，部分动词后附"着、了、过"表示动态等，这些尽管跟严格意义上的词形变化或多或少有差异，但要说现代汉语中就是没有词形变化,那就过于绝对了。)

9. ╳(说明:现代汉语较古代汉语有较多的双音词,主要表现在名词上,其次是形容词,而常用的动词、代词、量词等还是以单音词为主。)

10. √(说明:"五四"以后由于受到欧洲语言的影响以及汉语表达精密化、细腻化的需要,在现代汉语书面语中较多地使用了长修饰语、多项并列的修饰语。)

五、问答题

1. 简述口语和书面语的特点及两者的关系。

2. 略述现代汉语的两种含义。

3. 略述现代汉语方言的区划,指出每种方言的代表话。

4. 跟英语相比,现代汉语有哪些明显特点?

5. 跟古代汉语相比,现代汉语有哪些明显特点?

答案:

1. 通常认为说出来的话是口语,用笔写下来的是书面语,实际上,从语言学的角度看口语和书面语的差别,主要在风格特点方面。口语的特点是亲切自然、句子简短、常有省略;书面语的特点是用词精审、结构严谨、逻辑性强。口语和书面语作为一种语言的两种存在形式,两者关系密切,口语是书面语的基础,书面语是口语的加工形式,所以,一方面书面语不同于口语,另一方面书面语又不能完全脱离口语;同时,在实际语言运用中,书面语中有可能夹杂口语,口语中也有可能夹杂书面语。

2. 现代汉语有两种含义,一是狭义的理解,指现代汉民族共同语,是以北京语音为标准音、以北方话为基础方言、以典范的现代白话文著作为语法规范的普通话;另一种理解包括普通话和各种方言。

3. 现代汉语方言很复杂,大体可以分为官话区和非官话区两类,官话即北方话、北方方言,代表话是北京话。非官话包括吴语(吴方言),代表话是上海话;粤语(粤方言),代表话是广州话;湘语(湘方言),代表话是长沙话;赣语(赣方言),代表话是南昌话;客家话(客家方言),代表话是广东梅县话;闽语(闽方言),闽语内部较为复杂,可分为五片,闽南方言以厦门话为代表,闽东方言以福州话为代表,闽北方言以建瓯话为代表,闽中方言以永安话为代表,莆仙方言以莆田话为代表。

4. 跟英语相比,现代汉语有许多明显的特点,比如在语音上现代汉语是有声调的语言,不同类别的声调能区别词的意义,英语是无声调的语言;从语法上看,现代汉语缺少严格意义的词形变化,英语还有一系列的词形变化,其次汉语语句的修饰语用在中心语的前边,英语的修饰语有的用在中心语之前,有的用在中心语之后。

5. 跟古代汉语相比,现代汉语有一些明显特点,如从语音上看,古代汉语的入声在现代汉语中消失了;从词汇上看,现代汉语比古代汉语有较多的双音词,尤其名词和形容词双音化表现最为明显;语法上,现代汉语的修饰语比古代汉语复杂,尤其在书面语上出现了长修饰语和多项并列的修饰语。

二、"语音"部分综合训练

一、填空题

1. 语音有音高、音强、音长、( )四个基本要素。

2. 音色是由( )、发音方法、共鸣器形状三种不同条件决定的。

3. 语音有物理性、生理性、( )三种性质。

4. 语音的社会性主要表现在两个方面,一是语音的地方特征,一是语音的( )特征。

5. n 和 l、en 和 eng 在普通话里各是两个不同的音,所以"兰"和"南"、"陈"和"程"读音不同,而南京话里,n 和 l、en 和 eng 没有区别,在南京人听来"南"和"兰"、"陈"和"程"也没有区别,这种现象就是语音的( )性的表现。

6. 分析音节常有两种方法,一是音素分析法,另一是传统的( )。

7. 语音的最小单位是音素,音素可根据声源特性的不同划分为元音和( )两类。

8. 普通话语音共有 32 个音素,其中 10 个元音,( )个辅音。

9. 我国传统的语音分析方法是声韵调分析法,它着眼于语音结构成分的组合,把音节分成几个部分,音节前部的是声母,后部的是( ),贯穿整个音节的音高变化的是声调。

10. 在一种语言或方言里能够区别意义的最小的语音单位是( )。

11.《汉语拼音方案》是记录现代汉语普通话语音系统的拼音方案,共有字母表、声母表、韵母表、声调符号和(　　　)五个部分。

12. 《汉语拼音方案》是采用国际通用的(　　　)字母制订的。

13. 国际上记录各种语音一般通用的记音符号是(　　　)。

14. 普通话语音共有 22 个声母,其中(　　　)个辅音声母,1 个零声母。

15. 了解一个声母必须知道它的发音部位和(　　　)。

16. 按发音时气流振动不振动声带可把声母分为(　　　)和浊音。

17. 普通话共有 39 个韵母。其中有(　　　)个单韵母,13 个复韵母,16 个鼻韵母。

18. 韵母可以按构成的音素来分类,也可以按照我国音韵学的传统按韵头的有无和不同来分类,后者即是"(　　　)"分类。

19. 声调是音节中音高的高低升降变化,是音节的重要组成部分,一种调类的实际发音,也就是声音的高低升降叫(　　　)。

20. 一种语言或方言有几种不同的调值,就有几种调类,普通话有四种调值就有四种调类,这四个调类分别是(　　　)。

21. 注音时,声调符号要标在音节的(　　　)上。

22. 普通话四种声调跟中古汉语四声相比最明显的变化是(　　　)消失。

23. 汉语一个音节有声母、韵母、声调三个部分组成,如果再分析还可以把韵母分成(　　　)、韵腹和韵尾三个部分。

24. 普通话一个音节最多可以有四个音素,也可以只有一个音素,但这个音素一般得是(　　　)音素。

25. 汉语普通话一个音节中必不可少的构成因素是声调和韵母中的(　　　),其他部分都不一定齐全。

26. 普通话中,作韵头的元音音素只有(　　　)等三个;作韵尾的元音音素有 i、u(o),辅音音素有 n、ng。

27. 双唇音 b、p、m 跟合口呼相拼时只限于(　　　)。

28. n、l 不能跟合口呼中的(　　　)相拼。

29. 声调是汉语音节中不可缺少的因素,但在说话时有些音节会失去原有的声调,变成一种又轻又短、比较模糊的调子,这种语音变化现象,被称为(　　　)。

30. 轻声一般有两种作用,一是区别(　　　),另一是区别词性。

31. "er"如果跟韵母结合起来,就使这个韵母发音时带有卷舌色彩,这种现象被称为(   )。

32. 同一音位里的若干声音相近的音素或声调被称为(   )。

33. 普通话共有音素音位(   )个,声调音位四个。

34. 异读词的规范标准是(   )。

35. 语音不同于一般物体和动物的发音,区别就在于(   )。

36. 从语音的物理性质分析,"梅"和"妹"是音高的不同,"啊"和"乌"是(   )的不同。

37. 声母的发音部位是指(   ),譬如 g 的发音部位是舌根和软腭。

38. 声母的发音方法是指(   ),譬如 j 的发音方法是不送气、清、塞擦音。

39. 普通话中共有 6 个擦音,其中(   )是浊擦音。

40. 从构成韵母的内部成分的结构特点看,普通话韵母可以分为(   )三类。

答案:

    1. 音色;   2. 发音体;   3. 社会性;   4. 民族;   5. 社会;   6. 声韵调分析法;   7. 辅音;   8. 22;   9. 韵母;   10. 音位;   11. 隔音符号;   12. 拉丁;   13. 国际音标;   14. 21;   15. 发音方法;   16. 清音;   17. 10;   18. 四呼;   19. 调值;   20. 阴平、阳平、上声、去声;   21. 韵腹;   22. 入声;   23. 韵头;   24. 元音;   25. 韵腹;   26. i、u、ü;   27. u;   28. uei;   29. 轻声;   30. 区别词义;   31. 儿化韵;   32. 音位变体;   33. 三十二;   34.《普通话异读词审音表》;   35. 它代表了一定的意义内容;   36. 音色;   37. 发音器官阻碍气流的部位;   38. 发音时,发音器官形成阻碍和消除阻碍的方法;   39. r;   40. 单韵母、复韵母、鼻韵母。

二、单项选择题(在四个备选项中只有一个是正确的)

    1. 汉字跟普通话音节关系是(   )。

      A. 部分汉字读出来可以是两个音节

      B. 存在两个音节写成一个汉字的现象

      C. 一个音节写下来只能是一个汉字

      D. 除儿韵尾外,一个汉字读出来就是一个音节

    2. 现代汉语普通话音节中,最多可以有(   )个音素。

A. 四   B. 三   C. 五   D. 二

3. 下列汉字中,由四个音素组成的音节是(　　)。

A. 壮   B. 友   C. 秧   D. 类

4. 下列汉字中,不含辅音音素的音节是(　　)。

A. 老   B. 为   C. 回   D. 昂

5. 决定汉语声调的要素主要是(　　)。

A. 音强   B. 音高   C. 音长   D. 音色

6. 对汉语轻声现象产生影响的主要因素是(　　)。

A. 音强   B. 音高   C. 音长   D. 音色

7. chen(晨)和 cheng(成)两个音节在普通话里的读音是有区别的,可在有的方言里读音没有差别,即使刻意读出差别来,听的人也不觉得有什么区别,这种现象是语言(　　)的表现。

A. 物理性   B. 生理性   C. 民族性   D. 社会性

8. gair(盖儿)是(　　)。

A. 两个音节,四个音素   B. 两个音节,三个音素

C. 一个音节,四个音素   D. 一个音节,三个音素

9. 普通话里有 22 个辅音,其中浊辅音有(　　)五个。

A. n、l、d、t、m   B. m、r、h、w、ng

C. n、l、m、r、ng   D. y、w、m、n、l

10.《汉语拼音方案》是采用国际通用的(　　)制订的。

A. 希腊字母   B. 拉丁字母   C. 罗马字母   D. 斯拉夫字母

11. "weilaodongrenminfuwu"(为劳动人民服务)共有(　　)个辅音音素。

A. 八   B. 十一   C. 十   D. 七

12. "舌尖中、送气、清、塞音"声母是(　　)。

A. d   B. z   C. c   D. t

13. "舌面、不送气、清、塞擦音"声母是(　　)。

A. q   B. zh   C. j   D. ch

14. "舌尖中、浊、鼻音"声母是(　　)。

A. l   B. n   C. m   D. r

15. "唇齿、清、擦音"声母是(　　)。

A. f   B. sh   C. s   D. x

16. ü和i的区别在于(   )。

 A. 舌位的高低不同   B. 舌位的前后不同

 C. 唇形的圆展不同   D. 舌面舌尖的不同

17. 在汉语普通话中,辅音在音节中的位置是(   )。

 A. 只能出现在音节的开头

 B. 只能出现在音节的末尾

 C. 少数可以出现在音节的中间

 D. 只能出现在音节的开头和末尾

18. "yang、wei、yun"等音节开头的"y、w"是(   )。

 A. 声母   B. 韵母

 C. 起隔音符号作用   D. 元音

19. "舌位前高、口闭、唇形不圆"单韵母是(   )。

 A. u   B. i   C. ü   D. a

20. "舌位后半高、口半闭、唇形圆"单韵母是(   )。

 A. ê   B. o   C. e   D. a

21. "舌位前半低、口半开、唇形不圆"单韵母是(   )。

 A. ê   B. e   C. o   D. a

22. "er"是(   )。

 A. 复韵母   B. 鼻韵母   C. 单韵母   D. 齐齿呼韵母

23. (   )组韵母都是中响复韵母。

 A. ian、eng、uai、uang   B. ing、iang、uei、iong

 C. ong、ueng、uan、uen   D. uei、uai、iao、iou

24. (   )组字的韵母都是前响复韵母。

 A. 来、按、嫩、略   B. 闹、楼、内、耐

 C. 拖、同、论、名   D. 六、话、列、都

25. (   )组韵母都是撮口呼韵母。

 A. ü、üe、üan、ün   B. uo、ua、ia、uen

 C. ie、iou、uai、uen   D. er、ueng、uan、ing

26. "字、次、四、只、吃、是、日"等汉字中的韵母属于(   )韵母。

 A. 合口呼   B. 撮口呼   C. 开口呼   D. 齐齿呼

27. (   )组字的韵母都有韵头。

 A. 挖、样、翁、有   B. 类、欧、龙、也

C. 瓦、月、恩、应　　　　　　D. 对、因、爱、偶

28. (　　)组韵母都有韵尾。

　　A. uo、ie、uen、in　　　　　B. ing、er、üe、ua

　　C. ong、er、üe、ie　　　　　D. ou、ao、ei、ing

29. 音位是由语音的(　　)决定的。

　　A. 生理性　　　B. 社会性　　　C. 物理性　　　D. 历史性

30. (　　)组含有不读阳平的字。

　　A. 实、前、掊、葡　　　　　　B. 习、扎、绝、别

　　C. 锚、涌、佗、浊　　　　　　D. 荫、撮、妃、牛

31. (　　)组不都是阳平字。

　　A. 逐、急、媳、茬　　　　　　B. 隔、俗、戒、袭

　　C. 吉、崇、敌、职　　　　　　D. 癌、祈、福、仪

32. "大意"(dàyì)和"大意"(dàyi)两个词是(　　)。

　　A. 意思一样,没有区别

　　B. 意思不一样,"大意"(dàyì)表示"主要的意思","大意"(dàyi)
　　　 表示"疏忽,不注意"

　　C. 意思不一样,"大意"(dàyì)表示"疏忽,不注意","大意"(dàyi)
　　　 表示"主要的意思"

　　D. "大意"(dàyi)的感情色彩较弱

33. 下面(　　)组成的声调是四声分布互不相同。

　　A. 居桔举拘　　B. 须徐旭蓄　　C. 积急吉寂　　D. 敷符俯附

34. 声韵调完全相同的一组字是(　　)。

　　A. 湍—团　　B. 靴—薛　　C. 倾—顷　　D. 淫—隐

35. "活"和"活儿"两个词(　　)。

　　A. 意思一样没有区别

　　B. 词性有区别,"活"是形容词,"活儿"是名词

　　C. 感情色彩有强弱,"活儿"的感情色彩强

　　D. 词性有区别,"活"是形容词,"活儿"是名词,同时意义也有区别

36. 下面(　　)组字的声调四声不全。

　　A. 倾、晴、顷、庆　　　　　　B. 推、颓、腿、蜕

　　C. 妃、肥、诽、吠　　　　　　D. 绩、积、挤、技

37. 声韵相同调不同的一组字是(　　)。

  A. 孝—哮　　B. 佣—拥　　C. 滓—姊　　D. 嚣—晓

38. 下面说法中不正确的是(　　)。

  A. 音位变体与音位之间的关系是类别与成员的关系

  B. 音位与音位变体之间的关系是类别与成员的关系

  C. 音位变体是音位的具体表现形式

  D. 音位是从音位变体中概括归纳出来的

39. 声韵调完全相同的一组字是(　　)。

  A. 朴—扑　　B. 讶—芽　　C. 织—汁　　D. 峦—岚

40. (　　)组字是普通话上声字。

  A. 寝闯枉柄　　B. 褒海孟潜　　C. 赴旭搭轴　　D. 蝎押屈刮

41. "shī yán、shí yān、shí yán、shì yàn"是下面(　　)组字的注音。

  A. 食盐、实验、势焰、誓言　　　　B. 失言、食烟、石岩、势焰

  C. 失言、势焰、食言、实验　　　　D. 誓言、试演、使眼、失言

42. "这一次并没有使他着急,相反倒使他心里有了着落,他可从大处着眼马上着手制订新的计划。"一句加点"着"字的读音正确的一组是(　　)。

  A. zháo、zhuó、zháo、zhuó　　　　B. zháo、zhuó、zhuó、zhuó

  C. zháo、zhuó、zhuó、zháo　　　　D. zhuó、zháo、zháo、zhuó

43. "fū、guī、xī、yīn"是下面(　　)组字的注音。

  A. 夫、轨、隙、阴　　　　B. 肤、瑰、膝、殷

  C. 浮、归、袭、姻　　　　D. 附、龟、夕、吟

44. "人手少了,又遇天灾,庄稼没收成,这是我家最悲惨的一次遭遇。"一句里有卷舌声母 zh、ch、sh、r 的字,也有平舌声母 z、c、s 的字,下面(　　)组说法是正确的。

  A. 7 个卷舌字,6 个平舌字　　　　B. 8 个卷舌字,5 个平舌字

  C. 9 个卷舌字,6 个平舌字　　　　D. 6 个卷舌字,5 个平舌字

45. "盟誓、寻死、荫庇、从容"等词中带点的字的读音应是(　　)。

  A. méng、xún、yìn、cóng　　　　B. měng、xūn、yǐn、cōng

  C. míng、xín、yīn、cōng　　　　D. mǐng、xīn、yìn、cóng

46. "缠绕、牛虻、叫嚣、眺望"等中加点的字的声调应该是(　　)。

  A. 去声、阳平、阴平、去声　　　　B. 上声、阳平、上声、阳平

  C. 阴平、上声、去声、阴平　　　　D. 阳平、阳平、上声、去声

47. 不符合拼写规则的一组汉语拼音是(　　)。

A. 月夜 yuè yè　言语 yán yǔ

B. 午后 wǔ hòu　委婉 wěi wǎn

C. 论文 luèn wén　堤岸 dī'àn

D. 优秀 yōu xiù　西安 Xī'ān

48. (　　)词语里的"不"连读时不变调。

A. 不拘留　　B. 不适合　　C. 不召开　　D. 不恰当

49. (　　)里的"一"与其他的"一"声调读法不同。

A. 一小撮　　B. 一会儿　　C. 一蹶不振　　D. 一鸣惊人

50. 下列(　　)组词是轻声词。

A. 船头、莲子、地方(政府)、课桌

B. (那个)地方、石头、山上、桌子

C. 高山、大头、四方、棋子

D. 小儿、平方、人头、子弹

51. 下列(　　)词语中"一"不发生变调。

A. 一万　　B. 第一　　C. 看一看　　D. 一劳永逸

52. 下列(　　)词语中"不"变为阳平。

A. 想不想　　B. 不走　　C. 不去　　D. 不来

53. 在普通话语音系统中,"子"都读轻声的一组是(　　)。

A. 莲子、虾子　B. 孙子、棋子　C. 瓜子、桌子　D. 桌子、帘子

54. 有送气不送气区别的声母只限于(　　)。

A. 塞音声母　　　　　　　　B. 塞音和塞擦音声母

C. 塞擦音声母　　　　　　　D. 塞音、塞擦音和擦音声母

答案:

1. D; 2. A; 3. A; 4. B; 5. B; 6. A; 7. D; 8. C; 9. C; 10. B; 11. A; 12. D; 13. C; 14. B; 15. A; 16. C; 17. D; 18. C; 19. B; 20. B; 21. A; 22. C; 23. D; 24. B; 25. A; 26. C; 27. A; 28. D; 29. B; 30. D; 31. B; 32. B; 33. D; 34. B; 35. D; 36. D; 37. D; 38. A; 39. C; 40. A; 41. B; 42. B; 43. B; 44. B; 45. A; 46. A; 47. C; 48. A; 49. B; 50. B; 51. B; 52. C; 53. D; 54. B。

三、多项选择(5个备选项中至少有两个以上是正确的)

1. 下列(　　)的注音完全正确。

A. 只许州官放火,不许百姓点灯:zhí xǔ zhòu guān fàng huǒ, bù xǔ bāi xìng diǎn déng

B. 识时务者为俊杰:shí shí wù zhě wèi jùn jié

C. 牵一发而动全身:qiān yī fà ér dòng quán shēn

D. 宁为玉碎不为瓦全:nìng wéi yù suì bù wéi wǎ quán

E. 城门失火殃及池鱼:chéng mén shī huǒ yāng jí chí yú

2. (　　)组字的声韵调完全相同。

A. 宾—兵　　B. 呈—逞　　C. 愉—娱　　D. 织—汁　　E. 跟—耕

3. 普通话音节中不能缺少的是(　　)。

A. 声母　　　B. 韵头　　　C. 韵腹　　　D. 韵尾　　　E. 声调

4. 能和声母 s 相拼合的韵母有(　　)。

A. uo、e　　B. ei、uei　　C. en、uen　　D. ai、uai　　E. an、ong

5. "十丈竹须扎边土,百尺青翠赞河山。平日挺身遮风雨,战时化作矛和盾。"下面对该诗用字的分析,(　　)项目是正确。

A. 重复不计,该诗共出现 6 个塞擦音声母,5 个擦音声母

B. 该诗共出现 11 个卷舌字,3 个平舌字

C. 该诗共出现 7 个上声字,7 个阴平字

D. 该诗共出现两对同音字

E. 该诗共出现双唇音声母字 6 个

6. 下列(　　)等因素能决定声母的发音情况。

A. 发音部位　　　　　　　　　　B. 发音方法

C. 气流强弱　　　　　　　　　　D. 舌位的高低和前后

E. 唇形圆与不圆

7. 现代汉语普通话音节有(　　)等特点。

A. 每个音节都必须有声调

B. 一个音节最多有三个音素

C. 一个音节最少要有一个辅音音素

D. 一个音节中没有两个辅音相连的现象

E. 一个音节若只有一个音素,这个音素一般得是元音音素

8. 从韵母出发,(　　)等也可以看作普通话声韵拼合规律。

A. ê除作为少数几个叹词的韵母自成音节外,不能作为单韵母使用

B. 舌尖单韵母只能跟 z、c、s、zh、ch、sh、r 相拼,而且没有零声母音节

C. "ong"韵母没有零声母音节,"er"和"ueng"只有零声母音节

D. "o"和"uo"韵母只能同双唇音或唇齿音声母相拼

E. 任何韵母都能跟 n、l 相拼

9. (　　)组韵母都有韵头。

A. ia、uen、uan、üe　　　　B. ou、ei、in、ong

C. uang、üan、ua、ian　　　D. iou、uei、ua、uo

E. ou、eng、ai、ian

10. 下列能和 d、t 相拼的韵母有(　　)。

A. 撮口呼韵母　　　　　　B. 开口呼韵母

C. 合口呼韵母　　　　　　D. 齐齿呼韵母

E. 舌尖韵母

11. 能和 j、q、x 相拼的韵母有(　　)。

A. u、uo　　B. üan、ün　　C. ao、ang　　D. iao、ian　　E. ei、ou

12. 下列韵母自成音节使用 y 的有(　　)。

A. uo、ai　　B. uan、ei　　C. ie、ian　　D. ing、in　　E. ü、üe

13. 注音时,"ü"上两点省略的条件是(　　)。

A. 跟声母 n、l 相拼时　　　B. 跟声母 j、q、x 相拼时

C. 自成音节前加 y 时　　　D. 自成音节前加 w 时

E. 跟声母 z、c、s 相拼时

14. 读轻声的词有(　　)。

A. 虾子　　B. 笼头　　　C. 我们　　　D. 妈妈　　　E. 龙头

答案:

1. C、D、E; 2. C、D; 3. C、E; 4. A、C、E; 5. B、D; 6. A、B、C; 7. A、D、E; 8. A、B、C; 9. A、C、D; 10. B、C、D; 11. B、D; 12. C、D、E; 13. B、C; 14. B、C、D。

四、判断题

1. 音素是按语音的物理性质划分出来的最小的语音单位,音位是从生理性质和社会属性划分出来的最小语音单位。(　　)

2. 含儿化韵尾的音节读出来是一个音节,写下来却不只是一个汉字。
(　　)

3. 音节是最小的语音单位,因为音节是最自然的语音单位。(　　)

4. 现代汉语普通话的音节,最多可由四个音素构成,最少有一个音素,这个音素一般得是元音。(　　)

5. 在现代汉语普通话音节中,元音不等于韵母,辅音不等于声母。
(　　)

6. 舌面单韵母"i"跟两个舌尖单韵母在《汉语拼音方案》里虽然写法一样,出现条件也互补,但不能看作是普通话里一个元音的三个条件变体(音位变体)。(　　)

7. "价、恰、下"不能拼成"jà、qà、xà",因为普通话中,j、q、x声母不跟开口呼韵母相拼。(　　)

8. "zhī"(之)、"zǐ"(子)和"rì"(日)等音节中的韵母按四呼归类应该归入齐齿呼。(　　)

9. "统一"和"一般"中的两个"一",虽然所处的位置不同,但声调读法应该是一样的,都是阴平字。(　　)

10. ueng 和 ong 是在用法上互相补充的两个韵母,即和声母相拼时只能用 ong,自成音节则相反。(　　)

11. 如果你在朗读或说话时出现"cei、tei、ten、len"这样的读音,那你一定读错了,因为普通话里没有这样的音节。(　　)

12. 按《汉语拼音方案》规定,拼写音节时,调号应标在主要元音即韵腹上,那么,拼音中,凡标有调号的元音就一定是主要元音即韵腹。(　　)

13. 语音的四种要素在不同语言中被利用的情况并不一样,比如说音色和音高在汉语语音中有重要价值,而音强和音长在汉语语音中就没有任何作用。(　　)

14. 在"医务"(yiwu)、"寓言"(yuyan)、"应用"(yingyong)、"危亡"(weiwang)等词语的拼写中,音节开头的"y、w"实际上就是声母。
(　　)

15. "儿化"是 er 跟韵母结合并使这个韵母发生卷舌变化的语音现象,所以,在拼写时,"花儿"就拼写成 huar、"山坡儿"就拼写成 shanpor、"小孩儿"就拼写成 xiaohair。(　　)

答案：

1. ╳（说明：音素是按语音的物理性质划分出来的最小的语音单位，但音位不能说是从生理性质角度划分出来的最小语音单位，音位具有辨别意义的作用，是从社会属性的角度划分出来的语音单位。）

2. ✓（说明："儿化"指的是后缀"儿"与它前一个音节的韵母结合成一个音节，并使这个韵母带上卷舌音色的一种特殊音变现象，这种卷舌化了的韵母就叫"儿化韵"，如"huar"，"r"不是一个独立的音节，但写作"儿"。所以含儿化韵尾的音节读出来是一个音节，写下来却不只是一个汉字。）

3. ╳（说明：音节是听感上最自然的语音单位，但还可以进一步分析出更小的音来，如"duan"，还可以分析出"d、u、a、n"四个音——音素，音素才是最小的语音单位。）

4. ✓（说明：现代汉语普通话的音节，最多可由四个音素构成，如"duan"是由"d、u、a、n"四个音素构成的，"liao"也是由"l、i、a、o"四个音素构成；一个音节最少要有一个音素，除极少数叹词外，这个音素一般得是元音，如"啊"—a、饿—e等。）

5. ✓（说明：元音跟韵母、辅音跟声母是从不同角度对音节进行分析的结果，在现代汉语普通话音节中，元音跟韵母、辅音跟声母并不完全一致，韵母主要是由元音构成，但韵母中还有辅音韵尾，除零声母外声母都是辅音，但辅音除了充当声母外，还可以做韵母的韵尾。）

6. ✓（说明：出现的条件互补虽然是归并音位的基本依据，但不能违背语言社会的人的听感，舌面单韵母"i"跟两个舌尖单韵母虽然出现条件是互补的，但在普通话里听感差别很大，所以不能看作是普通话里一个元音的三个条件变体（音位变体）。由于它们出现的条件互补，不会混淆，为节省字母，舌面单韵母"i"跟两个舌尖单韵母在《汉语拼音方案》里用一个字母"i"来代表。）

7. ✓（说明：按照普通话音节结构的规律，声母、韵母、声调之间的拼合不是随意的，它们的互相配合与语音的演变规律以及语音内部的结构规律都有关系。普通话中的 j、q、x 只能和齐齿呼、撮口呼的韵母构成音节，不能和开口呼、合口呼的韵母相拼。）

8. ╳（说明："zhī"（之）、"zǐ"（子）和"rì"（日）等音节中的韵母虽然写成"i"，但却是舌尖单韵母，舌尖单韵母属于开口呼，所以"zhī"（之）、"zǐ"（子）和"rì"（日）等音节中的韵母按四呼归类不应该归入齐齿呼。）

9. ╳（说明：按"一"的音变规律，"统一"的"一"因为在词语的最后一个音节应该读阴平，而"一般"中的"一"在阴平字前应该变为去声，所以"统一"和"一般"中的"一"读起来声调不同，不都是阴平字。）

10. ╲（说明：按普通话声韵拼合规律，ueng 只能自成音节，而 ong 不能自成音节，必须跟声母相拼。所以，ueng 和 ong 是在用法上互相补充的两个韵母，即和声母相拼时只能用 ong，自成音节则相反。）

11. ╲（说明：从《普通话声韵配合表》看，c 不能和 ei 相拼，t 不能和 ei、en 相拼，l 不能和 en 相拼，所以普通话中没有"cei、tei、ten、len"这样的读音。）

12. ╳（说明：虽然按《汉语拼音方案》规定，拼写音节时，调号应标在主要元音即韵腹上，但也有特殊情况，当 uei、uen、iou 三个韵母跟声母相拼时，省写为 ui、un、iu，韵腹 e、o 省略，并且调号标在 i 或 u 上，这种情况下，调号就不标在主要元音韵腹上。所以拼音中，凡标有调号的元音就一定是主要元音即韵腹的说法是不全面的。）

13. ╳（说明：语音的四种要素在不同语言中被利用的情况确实并不一样，比如说音色和音高在汉语语音中有重要价值，但音强和音长在汉语语音中并不是没有一点价值，音强和音长在汉语的语调和轻声词里也起重要作用。）

14. ╳（说明：《汉语拼音方案》规定，齐齿呼、合口呼、撮口呼韵母在自成音节声母为零时，在音节开头使用"y 或 w"，y、w 实际上相当于隔音符号的作用，所以，y、w 开头的音节是零声母音节，没有辅音声母。这样看来，在"医务"（yiwu）、"寓言"（yuyan）、"应用"（yingyong）、"危亡"（weiwang）等词语的拼写中，音节开头的"y、w"不是声母。）

15. ╲（说明：《汉语拼音方案》规定，韵母儿化后书写时一律在韵母后面加"r"，不显示实际读音的变化，所以，尽管"花儿"、"山坡儿"、"小孩儿"等"儿化"时的实际音变不同，在拼写时，"花儿"就拼写成 huar、"山坡儿"就拼写成 shanpor、"小孩儿"就拼写成 xiaohair。）

五、术语解释

1. 语音　　2. 音素　　3. 声母　　4. 韵母　　5. 辅音　　6. 元音
7. 音高　　8. 音强　　9. 音长　　10. 音色　　11. 音位　　12.《汉语拼音方案》　13. 发音部位　　14. 发音方法　　15. 鼻韵母　　16. 四呼　　17. 调类和

调值　**18.** 入声　**19.** 音变　**20.** 轻声　**21.** 儿化韵　**22.** 音位变体　**23.** 重音　**24.** 音节　**25.** 单韵母

答案:

1. 语音是人类说话时由发音器官发出来的表达一定意义的声音,语音是语言的物质外壳,是语言的交际职能得以实现的物质手段,语言必须凭借语音这个物质载体才能表达出来。一切语音都具有三方面的性质,即物理性质,生理性质和社会性质。

2. 音素是最小的语音单位,是从音色不同的角度划分出来的,对音节进行分析,得出的就是音素。音素可以单独成为一个音节,如"饿"(e),但多数音节是有好几个音素组成的。音素可以分成元音和辅音两类,普通话语音共有32个音素。

3. 汉语音韵学传统的分析把一个音节分成声韵两个部分。一个音节开头部分的音叫声,用来表示声的字母叫声母。声母都由辅音充当,发音时多数气流不振动声带,声音不响亮。普通话语音中共有辅音声母21个。

4. 汉语音韵学传统的分析,一个音节声母后面的部分叫韵,用来表示韵的字母叫韵母。韵母可以由一个元音充当,也可以由两个或三个元音结合而成。有些韵母由元音加辅音韵尾组成。韵母中不能缺少元音,所以发音响亮。韵母可以独立自成音节。普通话语音里共有39个韵母。

5. 辅音是气流在口腔或咽头受到一定的阻碍而形成的音素,大多数辅音发音时气流不振动声带,少数辅音要振动声带。不振动声带的是清辅音,振动声带的是浊辅音。普通话语音中一共有22个辅音。

6. 元音是气流振动声带,在口腔或咽头不受阻碍而形成的音素,元音发音时气流通过声门时要振动声带,气流在口腔中不受到发音器官的任何阻碍,只受口腔的调节。元音发音都比较响亮。普通话语音中共有10个元音:7个舌面元音,2个舌尖元音,1个卷舌元音。

7. 音高就是声音的高低,由发音体在一定时间内振动次数的多少决定:振动的次数多(即频率高),发出的声音就高;反之,声音就低。汉语的声调有高低升降的变化,主要是音高的变化。

8. 音强就是声音的强弱,也叫音势,由发音体在一定的时间内音波振动的幅度的大小决定:音波振动的幅度大,声音就强;反之,声音就弱。普通话语音的轻声和非轻声音节的区别主要是音强的不同。

9. 音长就是声音的长短,由音波持续时间的久暂决定:音波持续的时间持久,声音就长;反之,声音就短。在普通话中,轻声音节的音长要比非轻声音节短一些。

10. 音色也叫音质。音色是声音的本质或特色,是一种声音区别于另一种声音的本质特征,是用来区别意义的最重要的要素。音色是由发音体振动的不同形式(包括发音体的不同、发音方法的不同、发音时共鸣器形状的不同)决定的,只要其中有一项因素改变,就可以形成不同的音。

11. 音位是一种语言或方言里能够区别意义的最小的语音单位。是按语音的社会属性划分出来的。由音素成分构成的音位叫音质音位,有元音音位和辅音音位两种;由其他特征构成的音位叫非音质音位,例如从声调中归纳出来的声调音位。

12.《汉语拼音方案》是用拉丁字母拼写现代汉语普通话语音系统的方案,1958 年由全国人民代表大会正式通过。《汉语拼音方案》一共有五个部分组成,即字母表,声母表,韵母表,声调符号,隔音符号。

13. 发辅音时气流在口腔里要受到发音器官的各种阻碍,气流必须通过阻碍才能发音。语音学里把发辅音时发音器官形成阻碍的部分叫发音部位。普通话语音的声母共有 7 种不同的发音部位,即双唇音、唇齿音、舌尖前音、舌尖中音、舌尖后音、舌面音和舌根音。

14. 语音学里把发辅音时发音器官形成阻碍和除去阻碍的方法叫发音方法。21 个声母共有 5 种不同的发音方法,即塞音、擦音、塞擦音、鼻音和边音。另外,根据发音时气流强弱的不同,声带振动与否的不同,将声母分为送气音和不送气音,清音和浊音等不同的类别。

15. 由一个或两个元音音素后面带上一个鼻辅音作韵尾的韵母叫鼻韵母。普通话语音中共有 16 个鼻韵母。根据鼻韵母韵尾的不同,可以把鼻韵母分为两类,韵尾是舌尖中音 n 的,叫舌尖鼻音韵母,又叫前鼻音韵母;韵尾是舌根鼻音 ng 的,叫舌根鼻音韵母,又叫后鼻音韵母。

16. 四呼是我国传统音韵学上按有无韵头及韵头的不同对韵母所作的分类,即把韵母分为开口呼、齐齿呼、合口呼、撮口呼四类,简称"四呼"。没有韵头而韵腹不是 i、u、ü 的韵母称为开口呼;把用 i 作韵头或韵腹的韵母叫齐齿呼,把用 u 作韵头或韵腹的韵母叫合口呼,把用 ü 作韵头或韵腹的韵母叫撮口呼。

17. 调值是指音节高低升降曲直长短的变化形式,也就是声调的实际读法；调类是声调的种类，调值相同的字归为一类，就是一个调类。

18. 入声是古声调的一类，它的发音特点是韵母后面带有塞音韵尾，使它发音时在韵尾部分气流受到阻塞，因此声音不能延长，听起来特别短促。

19. 音变是指说话时音节在一连串语流中的读音变化，包括音素的变化和声调的变化。普通话中常见的音变有轻声、儿化、"啊"的变读等。

20. 轻声是指某些音节在说话时失去原有的声调，变成一种又轻又短、比较模糊的调子的语音变化。普通话语音里哪些音节读轻声有一定的规律，它们和词汇、语法都有密切的关系。

21. 儿化韵是指韵母"er"跟韵母结合并使这个韵母发音时带有卷舌色彩的语音现象。韵母 er 的音节很少，只有"而、二、耳、儿"等几个。但 er 可以和韵母结合起来，使这个韵母发音时带有卷舌色彩，这就是"儿化韵"。"儿化韵"不是单纯的语音现象，从词汇、语法方面说，具有区别词义、词性的作用，从修辞方面看，"儿化韵"有表示细小、可爱的色彩。

22. 音位变体，是指同一"音位"里的若干声音相近的音素或声调。

23. 重音是指诵读时把表意上需要突出的词语略为加重音量，以吸引听众对它的注意。重音分句法重音和句子重音两种，前者也叫做自然重音，后者也叫做逻辑重音。

24. 音节是听感上最容易分辨出来的语音单位，是最自然的语音单位。一般说来，一个汉字就是一个音节，但普通话语音中的儿化韵，如"盖儿"（gair），写下来是两个汉字，但读音上是一个音节。普通话的音节有 400 个左右。

25. 只有一个元音音素独立充当的韵母叫单韵母。普通话语音共有 10 个单韵母，分为舌面单韵母、舌尖单韵母和卷舌韵母。舌面单韵母都可以单独成为一个音节，但拼写时要按照《汉语拼音方案》的规定。

六、问答题

1. 音高、音强、音长、音色是不是和现代汉语语音都有关系？

2. 音素、音位、音标和字母之间是什么关系？

3. 什么是《汉语拼音方案》？《汉语拼音方案》共有几个部分？

4. 《汉语拼音方案》的主要用途有哪些？

5. 声母和辅音有何不同？韵母和元音有何不同？

6. 什么是发音部位？声母从发音部位看可以分为几类？

7. 什么是发音方法？声母从发音方法上可以分为几类？

8. 韵母按构成的音素情况可以分为几类？每类各有哪些韵母？

9. 韵母按韵头情况可以分为哪几类？每类各有哪些韵母？

10. 什么是声调？为什么说声调是普通话音节中不可缺少的组成部分？

11. 什么是调值和调类？分别说明普通话的调类和调值的情况。

12. 简述普通话四声跟古四声的关系。

13. 现代汉语普通话的音节有哪些主要特点？

14. 普通话声韵配合规律有哪些？

15. 举例说明"ü"上两点的省略规律。

16. 举例说明为什么 i 可以用来表示三个不同的音素？

17. 举例说明 y、w 的使用规律，并解释使用它们有什么作用？

18. 为什么要使用隔音符号？

19. 举例说明 iou、uen、uei 省写的规律。

20. 什么是轻声？轻声有哪些作用？

21. 为什么轻声不能成为一个固定的调类？

22. 什么是儿化？儿化有哪些作用？

23. 音位和音素有什么区别？

24. 请指出"爱、衣、碗、月"四个音节开头元音发音的不同。

25. 普通话入派四声的规律是什么？

答案：

1. （1）在汉语普通话中，音高在语言中的作用同声调、语调密切相关。一个字声调是由音高变化形成的，音高在汉语里具有区别意义的作用。如妈(mā)、麻(má)、马(mǎ)、骂(mà)，意义不同主要决定于音高变化的形式不同。同样一句话，读音高低的变化不同，就会产生不同的句调。比如："梅花开了"，如果句调平直，表示的是陈述语气，如果句调是高升的，表示的则是疑问语气。

（2）在汉语普通话中，音强在语言中的作用主要是构成重音、轻音。例如：帘子(liánzi)、莲子(liánzǐ)意义不同，是由于使用了轻声。在这里，轻声主要决定于音强的弱化。"莲子"和"帘子"中的"子"的区别，就是由音强决定的。地道(dìdào)、地道(dìdao)前者是名词，地下通道之意，后者是形容词,表示纯粹,正宗之意。两者的词性、意义不同决定于"道"的轻重音。"我买了一盆花"重音在"我"这个音节上,强调是"我"买了一盆花,不是别人买的。动词"买"加重音表示花是"买的",不是通过其他方式得到的。重音在"一盆"上,强调花的数量仅限于"一盆"。重音在"花"上,强调买的东西是"花",而不是别的东西。重音在句中出现的位置不同,语义表达的侧重点是有差别的,这种语义的差别是依靠重音来体现的。

(3)在汉语普通话里,音长可以用来表达不同的情态、语气、语速,例如,同是一个"啊"的声音,表示应答时的声音就比较短,表示思索时的声音就比较长。语音的长短跟发音速度的快慢也有关。语速较快,语音音长就短,语速较慢,语音的音长就长。

(4)在汉语普通话里,音色是声音的本质,是一种声音区别于另一种声音的本质特征。

任何声音都是音高、音强、音长、音色的统一体,语音也不例外。但是语音各要素在语言中被利用的情况并不完全相同,在任何语言里,音色无疑是用来区别意义的最重要的要素。在汉语里,除音色外,音高的作用也非常重要。声调主要由音高变化构成的。音强和音长对轻声和语气也起重要作用。

2. 音素是从音色角度划分出来的最小的语音单位。音位是某一语言系统中能起辨义作用的最小的语音单位。一个音位可以包括一个音素,也可以包括几个音素。音标是精确地记录语音的符号,音标可以用来记录音素,同时也可以用来记录音位。音标是语言的标音符号。一套精确的音标应该是一个符号代表一个音素,既不能借用,也没有变化。例如,国际音标符合"一个符号、一个音素,一个音素、一个符号"的原则,每个音标的音值都是确定不变的。字母是标记语音最基本声音的符号,是拼音文字或注音符号里最小的书写单位。它虽然也代表一定的语音,但它和音素并不对等,常常是一个字母代表几个不同的读音。

音素、音位、音标都要以字母为书写符号。例如,字母 a 可以表示一个 /a/ 音位,[a]、[A]、[ɑ]、[ɛ] 四个 ɑ 音素。而 [a]、[A]、[ɑ]、[ɛ] 是四个不同 ɑ 音素的音标的注音形式。

3.《汉语拼音方案》是用拉丁字母拼写现代汉语普通话语音的方案,是1958 年 2 月 11 日经第一届全国人民代表大会第五次会议批准公布的,该方案共有字母表、声母表、韵母表、声调符号、隔音符号五个部分。

4.《汉语拼音方案》的主要用途是用来给汉字注音；其次是可以用来作为教学和推广普通话的工具；此外，《汉语拼音方案》还可以用来作为我国兄弟民族创制和改革文字的共同基础，可以用来翻译人名、地名和科学术语，可以用来编制索引、电报、旗语和工业产品代号；可以用来为汉语汉字输入电子计算机编制各种程序符号等等。

5. 声母虽然主要由辅音充当，但声母和辅音并不相等，有的辅音不作声母，只作韵尾，如 ng；有的辅音则既可以作声母，也可以作韵母中的韵尾，如 n；有的音节的开头还可以没有辅音声母，即零声母。可见，辅音是大于声母的。

韵母虽然主要由元音充当，但韵母和元音也不相等，韵母不仅可以由一个元音或两个、三个元音组成，而且也可以由元音加辅音构成，可见，韵母是大于元音的。

6. 语音学上把发辅音时发音器官形成阻碍的部分叫发音部位。普通话声母从发音部位看可以分为 7 类：(1)双唇音，如 b、p、m；(2)唇齿音，如 f；(3)舌尖前音，如 z、c、s；(4)舌尖中音，如 d、t、n、l；(5)舌尖后音，如 zh、ch、sh、r；(6)舌面音，如 j、q、x；(7)舌根音，如 g、k、h。

7. 语音学里把发辅音时发音器官形成阻碍和除去阻碍的方法叫发音方法。普通话声母从发音方法上可以分为五类：(1)塞音，如 b、p、d、t、g、k；(2)擦音，如 f、h、x、s、sh、r；(3)塞擦音，如 j、q、z、c、zh、ch；　(4)鼻音，如 m、n；(5)边音，如 l。

8. 韵母按构成的音素情况可以分为三大类。第一类是单韵母，有 a、o、e、ê、i、u、ü、er、-i(舌尖前单元音韵母)、-i(舌尖后单元音韵母)等 10 个；第二类是复韵母，有 ai、ei、ao、ou、ia、ie、ua、uo、üe、iao、iou、uai、uei 等 13 个；第三类是鼻韵母，有 an、ian、uan、üan、en、in、uen、ün、ang、iang、uang、eng、ing、ueng、ong、iong 等 16 个。

9. 韵母按韵头的不同及有无情况可以分为四类，即四呼。开口呼是没有韵头而且韵腹不是 i、u、ü 的韵母，共有-i(舌尖前单元音韵母)、-i(舌尖后单元音韵母)、er、a、o、e、ê、ai、ei、ao、ou、an、en、ang、eng、ong 等 16 个；齐齿呼是用 i 作韵头或韵腹的韵母，共有 i、ia、ie、iao、iou、ian、in、iang、ing、iong 等 10 个；合口呼是用 u 作韵头或韵腹的韵母，共有 u、ua、uo、uai、uei、uan、uen、uang、ueng 等 9 个；撮口呼是用 ü 作韵头或韵腹的韵母，共有 ü、üe、üan、ün 等四个。

10. 声调是指音节读音的高低升降的变化。汉语是有声调的语言,声调是音节的重要组成部分,也是普通话音节中不可缺少的组成部分,因为每一个音节都必须有声调,而且汉语的声调具有区别意义的作用,同样的声母和韵母构成的音节,如果声调不同,它们表示的意义也就不同,如 mā(妈)、má(麻)、mǎ(马)、mà(骂)四个音节(字/词)的意义不同,是由于声调的不同造成的。

11. 调值是指音节高低升降曲直长短的变化形式,也就是声调的实际读法;调类是声调的种类,调值相同的字归为一类,就是一个调类。普通话的调类和调值是:

　　阴平　高平调　调值是 55
　　阳平　中升调　调值是 35
　　上声　降升调　调值是 214
　　去声　高降调　调值是 51

12. 现代汉语普通话的四声是从中古四声平、上、去、入演变来的,在演变的过程中,有的调类归并了,有的调类分化了,也有些字的调值改变了。普通话阴、阳、上、去四种调类与古四声相比最明显的变化是古入声已经消失了,上声字的变化也比较多,详细演变关系、规律如下:

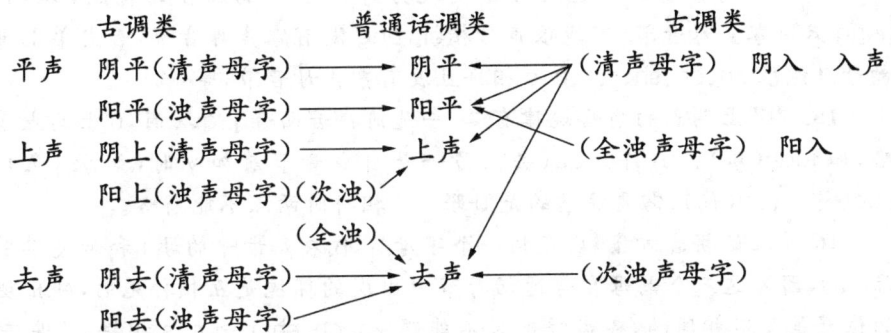

从演变规律来看,除入声四派外,古四声跟普通话四声还大体保持一定的对应关系,只不过古全浊上声变为了去声,所以普通话的去声字相对较多一些。

13. (1) 现代汉语普通话的音节一般由声母、韵母、声调三个部分构成,韵母还可以再分为韵头(介音)、韵腹、韵尾三个部分,有些音节可以没有韵头、韵尾,甚至声母,但每一个音节必须有韵腹和声调;(2)一个音节最多可以有四个音素,包括元音和辅音,最少只有一个音素,但这个音素一般必须是元音音素;(3)元音音素不仅是每个音节必须有的音素,而且在多音素音节中,元音一般占多数,且发音响亮,这样就形成了汉语音节发音清晰、响亮、优美动听的音乐性;(4)辅音音素在音节中的位置是固定的,只能在音节的开头充当声母或者在音节的末尾充当韵尾;(5)现代汉语的一个音节中不能有两个或两个以上辅音相连的现象,即没有复辅音;(6)汉语音节中必须有声调贯穿始终。

14. 普通话声韵配合规律如下:

(1) 双唇音 b、p、m 可以和开口呼韵母、齐齿呼韵母以及合口呼韵母中的 u 相拼;

(2) 唇齿音 f 只和开口呼韵母及合口呼韵母中的 u 相拼;

(3) 舌尖中音 d、t 可以和开口呼韵母、齐齿呼韵母、合口呼韵母相拼;

(4) 舌尖中音 n、l 可以和开、齐、合、撮四呼的韵母相拼(但不能同合口呼韵母中的 uei 相拼);

(5) 舌面音 j、q、x 只能和齐齿呼韵母、撮口呼韵母相拼;

(6) 舌根音 g、k、h,舌尖前音 z、c、s,舌尖后音 zh、ch、sh、r 只能和开口呼韵母、合口呼韵母相拼。

当然,若着眼于韵母也还可以发现另外一些声韵配合的特点,如 er、ueng 只有零声母音节,不能跟声母相拼,ong 没有零声母音节,舌尖单韵母韵母只能跟 zh、ch、sh、r、z、c、s 相拼且没有零声母音节,等等。

15. "ü"上两点的省略规律有二,一是前拼舌面音 j、q、x 时,ü 上两点省略,如 juan(卷)、xu(许)、qu(去);另一是自成音节前加 y 时,如 yu(鱼)、yue(月)、yun(韵);需要注意的是 ü 跟 n、l 相拼时两点不能省略。

16. 《汉语拼音方案》规定用一个字母"i"代表齐齿呼韵母 i 和舌尖单韵母-i、-i,因为这三个韵母在普通话音节中出现的环境是互相补充的,即出现的位置是各不相同的,齐齿呼韵母不能跟 zh、ch、sh、r、z、c、s 相拼,舌尖单韵母韵母又只能跟 zh、ch、sh、r、z、c、s 相拼,另外,舌尖前单韵母跟舌尖后单韵母出现的位置也是互相补充的,舌尖前单韵母只能出现在 z、c、s 后面,舌尖后单韵母只能出现在 zh、ch、sh、r 后面,正因为它们出现的位置各不相同,所以用一个字母来代替,不会发生音节的混淆,同时又节约了字母。

17. 当齐齿呼韵母、合口呼韵母、撮口呼韵母自成音节声母为零时,《汉语拼音方案》规定要使用 y、w。具体说,当齐齿呼韵母自成音节时,若 i 的后面没有别的元音时,就在 i 前加上 y,如 i—yi、in—yin,若 i 的后面还有别的元音,就把 i 换成 y,如 ie—ye、iao—yao;当撮口呼韵母自成音节时,一律在 ü 前加上 y,并省去 ü 上两点,如 ü—yu、üe—yue;当合口呼韵母自成音节时,若 u 的后面没有别的元音时,就在 u 的前面加上 w,如 u—wu,若 u 的后面还有别的元音,就把 u 换成 w,如 uo—wo、ueng—weng。y、w 的使用主要作用是起隔音符号的作用,如 dayi(大衣),若不使用 y,就成了 dai(带);另外,y、w 的使用也反映了音节的实际读音,这类零声母音节在发音时,音节前面伴有轻微的摩擦音,即半元音,y、w 本身就是半元音。不过,起隔音作用是主要的。

18. 《汉语拼音方案》规定"a、o、e"开头的音节连接在其他音节后面时,如果音节的界限发生混淆,就要用隔音符号(')隔开,如 ku'ai(酷爱),否则就成了 kuai(快),再如 dang'an(档案),否则就成了 dangan(单干),还如 Xi'an(西安),否则就成了 xian(先)。可见,使用隔音符号是为了使音节界限清晰,不发生混淆。

19. 《汉语拼音方案》规定 iou、uei、uen 三个韵母在跟声母相拼时,韵母中的 o、e 省去,写成 iu、ui、un,如 d—iou—diu,zh—uei—zhui,t—uen—tun,同时调号要标在 i 和 u 上,这样就使拼写简短了,需要注意的是这三个韵母自成音节声母为零时,按 y、w 使用规则来写,不省写。

20. 轻声是指某些音节在说话时失去原有的声调,变成一种又轻又短、比较模糊的调子的语音变化。轻声在词汇和语法上都有一定的作用,轻声可以区别词义,如"东西",读本调时,表示"东方和西方","西"读轻声时表示"物品";再如"地道"读本调时,表示"地下坑道","道"读轻声时,表示"真正的"的意思。轻声还可以区别词性,如"花费"读本调时是动词,"费"读轻声时"花费"是名词;"人家"读本调时是名词,"家"读轻声时"人家"是代词。

21. 因为同一个轻声音节在四种不同声调字的后面其音高是有区别的,如轻声音节在上声后面比在其他三种声调后面略高,在阴平、阳平后面次之,在去声后面最低。这说明轻声不像其他四声有固定的调值,因而不能成为一个固定的调类。

22. 儿化是指韵母"er"跟韵母结合并使这个韵母发音时带有卷舌色彩的语音现象。儿化韵不是单纯的语音现象,它同词汇、语法、修辞都有密切的关系,儿化韵有区别词义、确定词性的作用,如"头"是脑袋,"头儿"

则是领头的人或指事情的开端;"眼"是眼睛,"眼儿"则是小孔;再如"盖"是动词,"盖儿"是名词;"尖"是形容词,"尖儿"是名词。另外,儿化还表示细小或可爱的感情色彩,有一定的修辞作用,如"小鸡儿"、"苹果脸儿"、"小孩儿"。

23. 一种语言或方言里能起辨义作用的最小的语音单位叫做音位。音素是从音色角度划分出来的最小的语音单位。有的时候一个音位只包含一个音素,但有的时候一个音位可能包括一组音色不同但没有辨义作用的音素。例如,带(dāi)中的"a"舌位靠前,到(dào)中的"a"舌位靠后。这两个"a"音色有细微差异,是不同的音素。但是如果将两个"a"位置互换,虽然听起来有些别扭,却不影响对意义的理解。所以在普通话中,两个"a"属于同一个/a/音位。

24. "爱、衣、碗、月"这四个音节在汉语普通话中叫"零声母"音节,即音节前面没有辅音,音节是以元音开头的。这些音节在发音时,起始部分带有一些轻微的摩擦成分。

(1) 以i或以i起头的音节,例如"衣",前面带的摩擦成分是半元音[j]。

(2) u或以u起头的零声母音节,例如"碗",前面带的摩擦成分是半元音[w]。

(3) ü或以ü起头的零声母音节,例如"月",前面带的摩擦成分是半元音[ɥ]。

(4) i、u、ü以外的元音起头的零声母音节,例如"爱",根据个人不同的发音,可以带有轻微的舌根摩擦成分或喉音。

所以在汉语普通话中,以i、u、ü起头的零声母音节,i前要加y或变y,ü前要加y,u前要加w或变w,这是符合这些零声母音节发音的实际情况的。

25. 古汉语调类中的入声在现代汉语普通话中已完全消失,分别归入普通话四声之中。入派四声的规律是:普通话的阴平包括古阴平字及古阴入字的一部分,普通话的阳平包括古阳平字和古阴入字和阳入字的一部分。普通话的上声包括古上声的大部分字和古阴入字的一部分。普通话的去声包括古去声、阳上字的一部分,阴入阳入字的一部分。普通话没有入声。古入声字在普通话里,一半以上归入去声,三分之一以上归入阳平,二者合计占古入声字的六分之五以上。剩下的少数入声字归入阴平和上声,其中归入上声的最少。同时有两点可以帮助我们分辨古入声字在普通话中的读音：(1)鼻音声母、边音声母、r声母和零声母的阳入声字,在普通话里一般念去声。但也有例外。(2)鼻音声母、边音声母、r声母以外的阳入声字,在普通话中,一般读为阳平。

七、填表题

1. 分析下列汉字的音节结构

结构＼汉字	声母	韵母			声调	
		韵头	韵腹	韵尾	调类	调值
位						
念						
日						
兑						
球						

2. 分析下列汉字的音节结构

结构＼汉字	声母	韵母			声调		四呼
		韵头	韵腹	韵尾	调类	调值	
摆							
皇							
医							
伦							
卫							
首							
翁							
愕							

3. 按音节中所含音素的多少给下列汉字归类:握、答、泥、段、床、有、对、而、讹、散、走、话、问、叫、盾、球、眼、已、夜、威、无、宋、呀

音节类型	汉 字
一个音素的音节	
两个音素的音节	
三个音素的音节	
四个音素的音节	

4. 把下列汉字按声调类型填入表内：妆、扮、状、纸、才、华、菜、花、告、诉、高、速、工、时、公、式、共、事、惊、异、敬、意、砍、树、看、书、上、品

调类	汉 字
阴平	
阳平	
上声	
去声	

5. 把下列汉字按复韵母的类型填入表内：败、北、美、没、歪、号、加、怀、化、接、过、要、下、桥、又、卧、缺、抛、漏

复韵母类型	汉 字
前响复韵母	
中响复韵母	
后响复韵母	

6. 分析下表中的元音，在相应的栏目中划上"＋"或"－"

	不圆唇	圆唇	前	后	高	半高	低
a							
o							
e							
i							
u							
ü							

7. 分析下表中的声母,在相应的栏目中划上"＋"或"－"

	双唇音	唇齿音	舌尖前音	舌尖中音	舌尖后音	舌根音	舌面音
s							
l							
ch							
p							
h							
f							
q							

8. 分析下表中的声母,在相应的栏目中划上"＋"或"－"

	不送气塞音	送气塞音	不送气塞擦音	送气塞擦音	擦音	鼻音	边音
t							
l							
ch							
j							
h							
b							
n							

9. 分析下表中的韵母,在相应的栏目中划上"＋"或"－"

	单韵母	前响复韵母	中响复韵母	后响复韵母	前鼻尾韵母	后鼻尾韵母
ian						
iao						
ia						
iang						
er						
ou						
ei						

10. 分析下列声母韵母的配合关系,在相应的栏目中划上"＋"或"－"

	开口呼	齐齿呼	合口呼	撮口呼
m				
x				
zh				
g				
n				

11. 分析下列声母韵母及声调的配合关系,在相应的栏目中划上"＋"或"－"

	b	d	m	zh	l	g	j
阴平							
阳平							
上声							
去声							
	an	uo	o	uan	u	e	ian

答案:

　1.

结构 汉字	声母	韵母			声调	
		韵头	韵腹	韵尾	调类	调值
位		u	e	i	去声	51
念	n	i	a	n	去声	51
日		ü	ê		阴平	55
兑	d	u	e	i	去声	51
球	q	i	o	u	阳平	35

2.

结构 汉字	声母	韵母			声调		四呼
		韵头	韵腹	韵尾	调类	调值	
摆	b		a	i	上声	214	开口呼
皇	h	u	a	ng	阳平	35	合口呼
医			i		阴平	55	齐齿呼
伦	l	u	e	n	阳平	35	合口呼
卫		u	e	i	去声	51	合口呼
首	sh		o	u	上声	214	开口呼
翁		u	e	ng	阴平	55	合口呼
愕			e		去声	51	开口呼

3.

音节类型	汉字
一个音素的音节	而、讹、无、己
两个音素的音节	握、答、泥、夜、呀
三个音素的音节	散、有、话、问、走、宋、威、眼
四个音素的音节	段、球、床、叫、盾、对

4.

调类	汉字
阴平	妆、花、高、公、惊、书、工
阳平	才、华、时
上声	砍、品、纸
去声	扮、状、菜、速、告、诉、共、事、式、异、敬、意、树、看、上

5.

复韵母类型	汉字
前响复韵母	败、北、美、没、号、抛、漏
中响复韵母	歪、怀、要、又、桥
后响复韵母	加、化、接、过、下、卧、缺

6.

	不圆唇	圆唇	前	后	高	半高	低
a	+	−	+	−	−	−	+
o	−	+	−	+	−	+	−
e	+	−	−	+	−	+	−
i	+	−	+	−	+	−	−
u	−	+	−	+	+	−	−
ü	−	+	+	−	+	−	−

7.

	双唇音	唇齿音	舌尖前音	舌尖中音	舌尖后音	舌根音	舌面音
s	−	−	+	−	−	−	−
l	−	−	−	+	−	−	−
ch	−	−	−	−	+	−	−
p	+	−	−	−	−	−	−
h	−	−	−	−	−	+	−
f	−	+	−	−	−	−	−
q	−	−	−	−	−	−	+

8.

	不送气塞音	送气塞音	不送气塞擦音	送气塞擦音	擦音	鼻音	边音
t	−	+	−	−	−	−	−
l	−	−	−	−	−	−	+
ch	−	−	−	+	−	−	−
j	−	−	+	−	−	−	−
h	−	−	−	−	+	−	−
b	+	−	−	−	−	−	−
n	−	−	−	−	−	+	−

9.

	单韵母	前响复韵母	中响复韵母	后响复韵母	前鼻尾韵母	后鼻尾韵母
ian	−	−	−	−	+	−
iao	−	−	+	−	−	−
ia	−	−	−	+	−	−
iang	−	−	−	−	−	+
er	+	−	−	−	−	−
ou	−	+	−	−	−	−
ei	−	+	−	−	−	−

10.

	开口呼	齐齿呼	合口呼	撮口呼
m	+	+	+	−
x	−	+	−	+
zh	+	−	+	−
g	+	−	+	−
n	+	+	+	+

11.

	b	d	m	zh	l	g	j
阴平	+	+	+	+	−	+	+
阳平	−	+	+	+	+	+	−
上声	+	+	+	+	+	+	+
去声	+	+	+	+	+	+	+
	an	uo	o	uan	u	e	ian

八、操作分析题

1. 请按《汉语拼音方案》"字母表"规定的音序,把下列汉字按音序重新排列:卧、对、小、种、来、上、把、跑、非、车、句、其、日、好、个、名、菜、哦、可、一、他、耐、饿、葬

2. 分析声母 b、p、m、f 的发音部位和发音方法。

3. 分析声母 z、c、s、d、t、n、l 的发音部位和发音方法。

4. 分析声母 zh、ch、sh、r 的发音部位和发音方法。

5. 分析声母 j、q、x、g、k、h 的发音部位和发音方法。

6. 按发音条件写出声母:(1)双唇、不送气、清、塞音;(2)双唇、送气、清、塞音;(3)双唇、浊、鼻音;(4)唇齿、清、擦音;(5)舌尖前、不送气、清、塞擦音;(6)舌尖前、送气、清、塞擦音;(7)舌尖前、清、擦音;(8)舌尖中、不送气、清、塞音;(9)舌尖中、送气、清、塞音;(10)舌尖中、浊、鼻音;(11)舌尖中、浊、边音;(12)舌尖后、不送气、清、塞擦音;(13)舌尖后、送气、清、塞擦音;(14)舌尖后、清、擦音;(15)舌尖后、浊、擦音;(16)舌面、不送气、清、塞擦音;(17)舌面、送气、清、塞擦音;(18)舌面、清、擦音;(19)舌根、不送气、清、塞音;(20)舌根、送气、清、塞音;(21)舌根、清、擦音。

7. 把下列汉字按声母的发音部位进行归类:散、曾、跑、闹、六、字、是、学、日、黄、接、起、顿、派、目、福、腿、出、个、哭、床。

8. 把下列汉字按声母的发音方法进行归类:色、曾、包、闹、六、字、是、学、日、黄、接、起、等、票、木、风、腿、出、个、哭、装。

9. 从声母的发音部位或发音方法角度分析"肿"和"总"、"农"和"龙"、"航"和"房"、"各"和"克"、"木"和"怒"、"浮"和"如"等字的语音差别。

10. 从"Lai'an"(来安)、"ke'ai"(可爱)、"shang'e"(上颚)、"he'ai"(和蔼)、"chao'e"(超额)、"hai'ou"(海鸥)等词语拼写中分析说明隔音符号的使用情况。

11. 比较下列各组词语,分析说明它们的发音差异在声母上的具体表现:摘花—栽花,春装—村庄,深林—森林,志愿—自愿,山城—三层,入骨—露骨,乳汁—卤汁,浓重—隆重,流连—流年,飞尘—灰尘,开发—开花,跑气—闹气,补写—谱写,肚子—兔子,米缸—米糠,精华—清华,工厂—工长,清早—青草,主力—阻力—举例,姓陈—姓岑—姓秦。

12. 不少方言区的人往往将下列词语读混:战歌—赞歌,木材—木柴,诗人—私人,请分析说明读混的原因和分辨的方法。

13. 不少方言区的人往往将下列词语读混:姓黎—姓倪,荷兰—河南,留念—留恋,旅客—女客,年长—连长,请分析说明读混的原因和分辨的方法。

14. 描述 10 个单元音韵母的发音情况。

15. 按给定的发音情况写出单元音韵母:(1)舌面、舌位央低、口大开、唇形自然,(2)舌面、舌位后半高、口半闭、唇形圆,(3)舌面、舌位后半高、口半闭、唇形不圆,(4)舌面、舌位前半低、唇形不圆,(5)舌面、舌位前高、口闭、唇形不圆,(6)舌面、舌位后高、口闭、唇形圆,(7)舌面、舌位前高、口闭、唇形圆,(8)舌尖前、高、不圆唇,(8)舌尖后、高、不圆唇,(10)卷舌、舌位中、央、不圆唇。

16. 指出下列汉字哪些是单元音韵母字、哪些是复元音韵母字、哪些是鼻韵母字:杭、刑、氡、表、漾、按、权、对、吴、下、逛、六、水、我、有、要、年、连、听、奏、派、话、蝗、获、与。

17. 把下列汉字中的鼻韵母字按前鼻音韵母字和后鼻音韵母字分成两组:航、行、拉、引、样、按、权、翁、无、夏、光、六、谁、我、令、要、年、连、厅、走、跑、画、黄、或、垄。

18. 把下列汉字中的复韵母字按前响复韵母字、中响复韵母字、后响复韵母字分成三组:航、行、海、鸟、样、按、权、修、无、霞、光、蜕、睡、倭、有、药、年、连、听、揍、类、话、黄、火。

19. 把下列汉字中有韵头(介音)的字找出来,并按韵头的不同分成几组来:夯、邢、害、标、养、安、劝、对、五、下、广、六、水、我、有、要、念、连、听、走、燎、化、黄、货。

20. 把下列汉字中有韵尾的字找出来,并按韵尾的不同分成几组:常、孩、标、养、安、劝、队、无、弄、哀、下、广、呀、水、我、有、要、硬、联、听、论、走、跑、话、黄、惑。

21. 把下列汉字按照四呼的不同进行分组:沆、型、海、彪、尺、暗、权、对、无、瞎、光、六、鹅、我、耳、要、碾、连、亭、邹、抛、滑、皇、鱼。

22. 找出下列汉字中的零声母字:亿、行、恩、表、洋、岸、权、堆、误、瓮、光、雨、税、涡、优、邀、念、永、听、员、跑、偶、黄、澳。

23. 比较说明韵母 i 和 ü、i 和 u、ü 和 u、e 和 o、i 和 ê、o 和 u 的同异。

24. 比较说明音节 zhi 和 zi、chi 和 ci、shi 和 si 的同异。

25. 比较说明韵母 ing 和 in、an 和 ang、en 和 eng 的同异。

26. 比较说明韵母 ei 和 uei、iou 和 ou 的同异。

27. 不少方言区的人分不清下列几组词语的读音:"分化—风化"、"静止—禁止"、"不信—不幸"、"按—盎"。试分析造成的原因并说明可以采用什么办法去分辨。

28. 有些方言区的人分不清下列词语的读音:礼成—旅程,移民—渔民,拟人—女人。试分析造成的原因并说明可以采用什么办法来分辨。

29. 有些方言区的人往往把 dui(对)念成 dei、把 tui(推)念成 tei、把 liu(六)念成 lou。试分析造成的原因并说明可以采用什么办法来分辨。

30. 试分析 tuì、tūn、liù 等音节的韵母的结构,并说明这些音节结构有什么特殊之处。

31. 从如下音节来分析普通话音节中辅音音素和元音音素的运用特点:liǎo、yā、gāng、zhī、ān、yīng、tián、yǒu、ā、èr。

32. "ju—gu"、"yu—wu"、"xu—shu"、"qu—ku"、"xu—hu"等音节中的韵母都是 u 吗? 如果不是,请分析理由,并说明一个字母 u 为什么可以代表两个音素。

33. "zhi、chi、shi、ri"、"zi、ci、si"、"bi、pi、mi、di、ni、li、ji"三组音节的韵母都写成 i,但是否是一个音素(音位)呢? 请分析之。

34. 分析下列各对词语中韵母的不同之处:潜力—全力,金星—精心,阴影—影印,皮件—疲倦,诊治—整治,访问—反问。

35. 按声调类型给下列汉字归类,并写出它们的调值:亲、平、品、行、竭、力、阅、读、精、心、整、贫、民、出、身、买、卖。

36. 给下列词语注音:闹鬼、温度、理论、事物、尽兴、拳头、被子、寒露、吞食、兑付、流水、丢球。

37. 指出下列词语中每个字的调类和调值:奋发有为、安定团结、改革开放、齐心协力、艰苦奋斗、再造辉煌。

38. 下列每四个汉字是一组,其中一个字的声调跟其他三个字不同,请指出:(1)春、江、花、月;(2)人、民、多、团;(3)造、站、奋、使;(4)领、袖、理、想;(5)日、夜、界、开;(6)掌、尚、美、好;(7)娇、秧、身、强;(8)非、肥、焚、膨。

39. 下列每组字中,都是四个字排成一小组,但其中有一个小组的四个字没有按"阴阳上去"四声顺序排列,请指出:(1)山明水秀、街结解界、诸如此类、身体力行;(2)兵强马壮、坚持不懈、非肥匪费、衣移已仪;(3)山河锦绣、通同桶痛、非常好记、卓有成效;(4)光明磊落、心明眼亮、集思广益、胸怀广阔;(5)身强体健、得心应手、低敌抵帝、呼湖虎户;(6)疵磁此次、忠言逆耳、只直指制、英雄好汉;(7)钻研主义、芬坟粉粪、风逢讽奉、环欢缓换;(8)心长语重、回悔会灰、凸涂土兔、湾完碗万;(9)吻问温闻、危围伟位、污无五物、西媳喜系;(10)忠言体力、刚成百炼、非无可议、万马奔腾。

40. 下列每组字中,都是四个字排成一小组,但其中有一个小组的四个字四声不全,请指出:(1)春民场畅、天多情庆、里面开昂、新行醒杏;(2)绝对真理、无可非议、万马腾飞、忧心有报;(3)狸离里利、噜卢卤路、居菊举句、咳科渴克;(4)将讲降扬、理想山民、集思广益、兵强马壮;(5)花滑画缓、钻研马列、灰徽毁会、攉活火货。

41. 下列句子中含有的"大意"、"本事"、"利害"、"地道"等词,有的是轻声词,有的不是,请分别指出来:

(1) 做任何事情都不能马虎大意。

(2) 请归纳这篇文章的段落大意。

(3) 他这个人很有本事。

(4) 电视剧的本事是发生在山区的一个感人的故事。

(5) 台风刮得很利害。

(6) 我们一定要分清事物的各种可能有的利害关系。

(7) 游击队都躲进了地道。

(8) 这瓶茅台酒比较地道。

42. 下列句子中含有的"东西"、"下水"、"对头"等词,有的是轻声词,有的不是,请分别指出来:

(1) 这些东西你拿走吧。

(2) 刚到这儿不辨东西南北,哪儿也不想去。

(3) 新造的客轮预定在国庆节期间下水。

(4) 老王买了许多猪下水回来吃。

(5) 你的方法对头。

(6) 他是你的对头。

43. 分析下列词语带不带轻声时在词义和词性上的差异:本事、利害、大意、对头、地道、兄弟、老子。

44. 分析"桌子"、"笛子"、"椅子"、"凳子"的"子"的音高变化情况,说明轻声词的音高变化规律。

45. 分析"一"、"第一"、"始终如一"、"一千"、"一元"、"一百"、"一万"、"一片冰心"、"看一看"等词语中"一"的音变情况,说明"一"的变调规律。

46. 分析"走不走"、"不"、"我不"、"不对"、"不要"、"不问"、"不多"、"不成"、"不少"等中的"不"的音变情况,说明"不"的音变规律。

47. 按照形容词重叠后的音变规律,指出下列词语中的形容词重叠后的变调情况:好好地、好好儿地、快快地、快快儿地、小小地、小小儿地。

48. 按照"不"的音变规律,指出下列词语中"不"的声调情况:不折不扣、不怕苦、不屈不挠、不对、不好、不像。

49. 按照"啊"的变读规律,分析下列句子末尾"啊"(原句的"啊"用括号表示)的变读情况,并分别写出相应的汉字:

(1) 这花开得多美(　　　)! 　(2) 同学们都来(　　　)!

(3) 真是个大英雄(　　　)! 　(4) 这是一本多么好的书(　　　)!

(5) 多么美丽的花(　　　)! 　(6) 这是哪儿(　　　)!

(7) 都来看(　　　)! 　(8) 你写的是什么字(　　　)!

(9) 这就是所谓的政治(　　　)! 　(10) 不来不行(　　　)!

50. 通过下列句子来分析儿化的作用:

(1) 我们的头儿不停地摇着自己的头。

(2) 校长画了一幅画儿。

(3) 人活着就得做活儿。

(4) 他瞪大眼盯着那个眼儿。

(5) 他在信中给我透了个信儿。

(6) 小孩儿长着苹果脸儿、骑着小马儿、拿着鲜花儿。

51. 拉丁字母只有 26 个字母,可现代汉语普通话却有 32 个音位,试分析《汉语拼音方案》是如何解决这一矛盾的。

52. zh、ch、sh、ng、er、ê、ü 等都是拉丁字母中没有的字母,《汉语拼音方案》是采用拉丁字母来记录普通话语音系统的,试分析《汉语拼音方案》为什么要使用拉丁字母中没有的字母。

53. a、ai、ian、an、ao、ang 等韵母中都有字母 a,试从音位和音素角度来分析各个韵母中 a 的异同。

54. 普通话只有 10 个元音音位,却有 22 个辅音音位,但不少教材却说汉语语音中元音占优势。试分析"元音占优势"这一说法的合理性。

55. 下列词语中加点的字是容易读错的字,请给下列词语中加点的注音,并经常诵读:印把子、复辟、剥削、湖泊、矿藏、裨益、称心、处分、畜产、重创、场院、差不多、逮捕、适当、提防、山大王、背静、拗口、卑鄙、灿烂、乘车、惩罚、雌雄、从容、呆板、档案、领导、悼念、方法、不妨、复杂、五更、骨头、混乱、一会儿、脊梁、事迹、夹道、比较、发酵、鞠躬、门框、包括、娇嫩、围绕、教室、往返、屡见不鲜、穴道、亚洲、河沿、叶公好龙、号召、指甲、卓越、长期、生长、朝代、朝阳、传递、传记、真假、假期。

56. 把下列汉字中声母相同的字排在一起,并写出它们的声母:洽、初、茶、刺、擦、趣、群、岔、闯、吹、戳、错、请、亲、粗、挫、凑、抽、求、字、折、讥、找、自、紫、只、鸡、挤、淄、谘、罩、扎、佳、进、妆、章、杂、组、素、熟、蓄、馊、瘦、修、想、学、双、撒、杀、狭、戏、嘶、矢、蟀、随、斜、姓。

57. 把下列汉字中声母相同的字排在一起,并写出它们的声母:南、兰、粮、梁、娘、拧、那、拉、酿、揽、林、您、能、愣、非、回、风、筏、哈、横、狠、汾、冯、伏、湖、喊、反、假、张、尝、擦、商、拽、嚷、葬、仓、桑、成、参、森、正、怎、瑞、仍、僧、三、蚕、咱、尕、掐、瞎、洽、凯、海、性、坑、更、竟、倾、香、羌、僵、伉、冈、光、框、皇。

58. 把下列汉字中韵母相同的字排在一起,并写出它们的韵母:按、昂、浪、难、两、连、年、敛、谈、看、躺、喊、刚、将、强、前、见、良、光、矿、香、谎、贬、宽、关、乱、暖、碾、脸、铅、半、帮、盘、旁、片、边、凳、盆、滕、笨、愣、甭、烹、嫩、能、森、岑、怎、憎、曾、僧、跟、庚、恒、肯、铿、很、要、老、袄、窑、套、好、疗、鸟、闹、酪、眺、掉、到、讨、扫、桥、叫、靠、小、林、领、拧、民、盟、并、您、亲、瓶、进、竟、性、新、晴、今、品、廷、鼎。

59. 就"泡沫儿"、"树根儿"、"小孩儿"、"有趣儿"、"果皮儿"、"果汁儿"、"没事儿"、"写字儿"、"花儿"、"小狗儿"、"水珠儿"、"蛋黄儿"等儿化词,说明儿化引起的读音变化规律。

60. 按同音关系把下列汉字归并成几组:另、令、领、零、铃、玲、灵、岭、龄、凌、陵、菱、伶、羚、苓、吟、囹、泠、绫、柃、棂、聆、蛉。

61. 按同音关系把下列汉字归并成几组:了、料、撩、聊、撂、疗、廖、燎、辽、僚、寥、镣、尥、嘹、獠、寮、缭、钉、蓼。

62. 按同音关系把下列汉字归并成几组:回、会、灰、绘、挥、汇、辉、毁、悔、惠、晦、徽、恢、秽、慧、贿、蛔、讳、海、烩、茴、翚、彗、喙、虺。

63. 按同音关系把下列汉字归并成几组:去、取、区、娶、渠、曲、趋、趣、屈、驱、蛆、躯、鼬、黢、岖、衢、祛、苣。

64. 按同音关系把下列汉字归并成几组:山、闪、善、衫、杉、删、陕、擅、汕、潸、讪、缮、姗。

65. 下列词语中加点的字常常误读,请给下列词语中加点的字注音:设身处地、参差不齐、大有作为、供不应求、好逸恶劳、自给自足、反躬自省、乘虚而入、随声附和、教学相长。

66. "单"字有三种读音，"着"字有四种读音，"强"字有三种读音，"和"字有六种读音，"差"字有四种读音，请分别注出来，并各组一个词。

67. 下列汉字都有书面语和口语两种读音，请分别注出来，并各组一个词：薄、剥、血、削、勒。

68. 按"汉语拼音正词法基本规则"拼写下列词语：南京路、黄河、长江、上海市、李向阳、郑天浩、鲁迅、老舍、王校长、张部长、赵经理、小张、上海师范大学、北京第一百货大楼、人民日报。

69. 根据拼音，写出相应的词：

(1) zhǔ lì　　　　　(2) zào jiù　　　　　(3) fēi xiáng
　　 zǔ lì　　　　　　　 zhào jiù　　　　　　　 huí xiǎng

(4) chūn zhuāng　(5) sī rén　　　　　　(6) shāng yè
　　 cūn zhuāng　　　　 shī rén　　　　　　　 sāng yè

(7) lóng zhòng　　(8) liú niàn　　　　　(9) huà féi
　　 nóng zhòng　　　　 liú liàn　　　　　　　 fā huī

(10) fáng kōng　　(11) cēn cī　　　　　(12) zhì huì
　　 háng kōng　　　　　 chéng shí　　　　　　 cì wèi

70. 按声母把下列各组字分成小组，指出每小组的声母，并说明各小组声母发音部位和发音方法的异同：

(1) 恰　紧　俏　贤　俊　匠　懈

(2) 撇　胚　彬　进　聘　盘　畔

71. 给下列成语或短语中的每个音节注上声韵调：

(1) 趋之若鹜　　(2) 无的放矢　　(3) 引吭高歌　　(4) 捉襟见肘
(5) 江山多娇　　(6) 人民团结　　(7) 美好理想　　(8) 创造世界
(9) 光明磊落　　(10) 千锤百炼　　(11) 墨守成规　　(12) 班门弄斧
(13) 心领神会　　(14) 身体力行　　(15) 孤陋寡闻　　(16) 挥汗如雨
(17) 集思广益　　(18) 月明星稀　　(19) 味同嚼蜡　　(20) 风声鹤唳

72. 按下表提示分析下列各组音节的结构成分：

(1) 谎　群　叶　奎　　　　(2) 酉　贴　峨　帼
(3) 效　潘　袄　引　　　　(4) 翁　卧　鱼　示
(5) 而　秀　日　宗　　　　(6) 耘　十　离　茵
(7) 床　缺　诱　倍　　　　(8) 藕　鹅　圆　昆

例字	音节	声母	韵母			韵母类别			四呼类别	声调
			韵头	韵腹	韵尾	单韵母	复韵母	鼻韵母		

73. 根据"啊"的音变规律,在括号内填上适当的语气词,并注上拼音:

(1) 多么好看的字(　　　)!　　　(2) 慢慢游(　　　)!

(3) 千万别下雨(　　　)!　　　(4) 真金微楷多么小(　　　)!

(5) 这路可真远(　　　)!　　　(6) 那可真是个大好事(　　　)!

(7) 你的老办法可真行(　　　)!　　(8) 我指的是那片树叶(　　　)!

(9) 他批评的是老二(　　　)!　　(10) 你可真要小心(　　　)!

74. 根据实际发音给下列词语中的"一"、"不"标调:

(1) 一(　　)直　一(　　)口　一(　　)眼

(2) 一(　　)次　一(　　)岁　一(　　)起

(3) 一(　　)模一(　　)样　一(　　)心一(　　)意

(4) 一(　　)见如故　一(　　)看就会　一(　　)去不复返

(5) 一(　　)窍不(　　)通　等一(　　)等　比一(　　)比

(6) 不(　　)说不(　　)行　不(　　)干不(　　)成

(7) 不(　　)看不(　　)好　不(　　)多不(　　)少

(8) 不(　　)里不(　　)外　不(　　)上不(　　)下

(9) 好不(　　)好　决不(　　)　走不(　　)动

(10) 不(　　)求甚解　不(　　)相上下　不(　　)胜枚举

75. 下列词语中加点的字,都是容易读错的字,给下列词语中加点的字注音,并注意认读:

豢养　谄媚　唆使　杀戮　荼毒　驾驭　桎梏　辍学　步骤　麻痹
簇拥　粗犷　鞭笞　联袂　混淆　冗长　蓓蕾　酋长　掮客　酗酒

答案:

1. 把、菜、车、对、饿、非、个、好、句、可、来、名、耐、哦、跑、其、日、上、他、卧、小、一、葬、种。

2. b是"双唇、不送气、清、塞音",p是"双唇、送气、清、塞音",m是"双唇、浊、鼻音",f是"唇齿、清、擦音"。

3. z是"舌尖前、不送气、清、塞擦音",c是"舌尖前、送气、清、塞擦音",s是"舌尖前、清、擦音",d是"舌尖中、不送气、清、塞音",t是"舌尖中、送气、清、塞音",n是"舌尖中、浊、鼻音",l是"舌尖中、浊、边音"。

4. zh是"舌尖后、不送气、清、塞擦音",ch是"舌尖后、送气、清、塞擦音",sh是"舌尖后、清、擦音",r是"舌尖后、浊、擦音"。

5. j是"舌面、不送气、清、塞擦音",q是"舌面、送气、清、塞擦音",x是"舌面、清、擦音",g是"舌根、不送气、清、塞音",k是"舌根、送气、清、塞音",h是"舌根、清、擦音"。

6. (1) b; (2) p; (3) m; (4) f; (5) z; (6) c; (7) s; (8) d; (9) t; (10) n; (11) l; (12) zh; (13) ch; (14) sh; (15) r; (16) j; (17) q; (18) x; (19) g; (20) k; (21) h。

7. 双唇音声母字:跑、派、目

唇齿音声母字:福

舌尖前音声母字:散、曾、字

舌尖中音声母字:顿、腿、闹、六

舌尖后音声母字:床、出、是、日

舌面音声母字:学、接、起

舌根音声母字:黄、个、哭

8. 塞音声母字:包、等、票、腿、个、哭

塞擦音声母字:曾、字、接、起、出、装

擦音声母字:色、是、学、日、黄、风

边音声母字:六

鼻音声母字:闹、木

9. "肿"和"总"的区别在于声母的发音部位不同,"肿"是舌尖后音,"总"是舌尖前音;"农"和"龙"的区别在于发音方法的不同,"农"是鼻音,"龙"是边音;"航"和"房"的区别在于发音部位的不同,"航"是舌根音,"房"是唇齿音;"各"和"克"的区别在于声母的发音方法的不同,"各"是不送气音,"克"是送气音;"木"和"怒"的区别在于声母的发音部位的不同,"木"是双唇音,"怒"是舌尖中音;"浮"和"如"的区别在于声母的发音部位的不同,

"浮"是唇齿音,"如"是舌尖后音。

10. 从这几个词语的拼写中可以看出,开口呼零声母音节跟前一个音节按词连写时,有可能跟前一个音节最后一个音素相连,发生拼写或认读失误,这就需要隔音符号来分隔音节的界限。在实际使用中人们又放宽了要求,只要当 a、o、e 开头的音节跟在别的音节后面时,一律使用隔音符号隔开,以使音节界限分明。

11. 摘花—栽花:这两个词后一个音节"花"相同,区别在前一个音节的声母上,"摘"的声母是 zh,属于舌尖后、不送气、清、塞擦音,"栽"的声母是 z,属于舌尖前、不送气、清、塞擦音,差别在发音部位上;

春装—村庄:这两个词后一个音节读音相同,区别在前一个音节的声母上,"春"的声母是 ch,属于舌尖后、送气、清、塞擦音,"村"的声母是 c,属于舌尖前、送气、清、塞擦音,差别在发音部位上;

深林—森林:这两个词后一个音节读音相同,区别在前一个音节的声母上,"深"的声母是 sh,属于舌尖后、清、擦音,"森"的声母是 s,属于舌尖前、清、擦音,差别在发音部位上;

志愿—自愿:这两个词后一个音节读音相同,区别在前一个音节,除韵母不同外,声母也不同,"志"的声母是 zh,属于舌尖后、不送气、清、塞擦音,"自"的声母是 z,属于舌尖前、不送气、清、塞擦音,差别在发音部位上;

山城—三层:这两个词前后音节读音都不同,差别在声母上,"山城"两字的声母分别是 sh、ch,sh 属于舌尖后、清、擦音,ch 属于舌尖后、送气、清、塞擦音,"三层"两个的声母分别是 s、c,s 属于舌尖前、清、擦音,c 属于舌尖前、送气、清、擦音,可见,"山城"和"三层"的差别表现在声母的发音部位上;

入骨—露骨:这两个词后一个音节读音相同,区别在前一个音节的声母上,"入"的声母是 r,属于舌尖后、浊、擦音,"露"的声母是 l,属于舌尖中、浊、边音,发音部位和发音方法上都有差别;

乳汁—卤汁:这两个词后一个音节读音相同,区别在前一个音节的声母上,"入"的声母是 r,属于舌尖后、浊、擦音,"露"的声母是 l,属于舌尖中、浊、边音,发音部位和发音方法上都有差别;

浓重—隆重:这两个词后一个音节读音相同,区别在前一个音节的声母上,"浓"的声母是 n,属于舌尖中、浊、鼻音,"隆"的声母是 l,属于舌尖中、

浊、边音,差别在发音方法上;

流连—流年:这两个词前一个音节读音相同,区别在后一个音节的声母上,"恋"的声母是l,属于舌尖中、浊、边音,"念"的声母是n,属于舌尖中、浊、鼻音,差别在发音方法上;

飞尘—灰尘:这两个词后一个音节读音相同,区别在前一个音节上,除韵母的差别外,声母上也有不同,"飞"的声母是f,属于唇齿、清、擦音,"灰"的声母是h,属于舌根、清、擦音,发音部位上有差别;

开发—开花:这两个词前一个音节读音相同,区别在后一个音节上,除韵母外,声母也不同,"发"的声母是f,属于唇齿、清、擦音,"花"的声母是h,属于舌根、清、擦音,发音部位上有差别;

跑气—闹气:这两个词后一个音节读音相同,区别在前一个音节的声母上,"跑"的声母是p,属于双唇、送气、清、塞音,"闹"的声母是n,属于舌尖中、浊、鼻音,发音部位和发音方法上都有差别;

补写—谱写:这两个词后一个音节读音相同,区别在前一个音节的声母上,"补"的声母是b,属于双唇、不送气、清、塞音,"谱"的声母是p,属于双唇、送气、清、塞音,区别在发音方法上;

肚子—兔子:这两个词后一个音节读音相同,区别在前一个音节的声母上,"肚"的声母是d,属于舌尖中、不送气、清、塞音,"兔"的声母是t,属于舌尖中、送气、清、塞音,区别在发音方法上;

米缸—米糠:这两个词前一个音节读音相同,区别在后一个音节的声母上,"缸"的声母是g,属于舌根、不送气、清、塞音,"糠"的声母是k,属于舌根、送气、清、塞音,区别在发音方法上;

精华—清华:这两个词后一个音节读音相同,区别在前一个音节的声母上,"精"的声母是j,属于舌面、不送气、清、塞擦音,"清"的声母是q,属于舌面、送气、清、塞擦音,区别在发音方法上;

工厂—工长:这两个词前一个音节读音相同,区别在后一个音节的声母上,"厂"的声母是ch,属于舌尖后、送气、清、塞擦音,"长"的声母是zh,属于舌尖后、不送气、清、塞擦音,区别在发音方法上;

清早—青草:这两个词前一个音节读音相同,区别在后一个音节的声母上,"早"的声母是z,属于舌尖前、不送气、清、塞擦音,"草"的声母是c,属于舌尖前、送气、清、塞擦音,区别在发音方法上;

主力—阻力—举例:这三个词后一个音节读音相同,区别在前一个音节上,除"举"的韵母跟"主、阻"不同外,声母也不同,"主"的声母是 zh,属于舌尖后、不送气、清、塞擦音,"阻"的声母是 z,属于舌尖前、不送气、清、塞擦音,"举"的声母是 j,属于舌面、不送气、清、塞擦音,可见,声母的区别在发音部位上;

　　姓陈—姓岑—姓秦:这三个词前一个音节读音相同,区别在后一个音节上,除"秦"跟"陈"、"岑"不同外,声母也不同,"陈"的声母是 ch,属于舌尖后、送气、清、塞擦音,"岑"的声母是 c,属于舌尖前、送气、清、塞擦音,"秦"的声母是 q,属于舌面、送气、清、塞擦音,可见,区别在发音部位上。

　　12. 不少方言区的人读混"战歌—赞歌、木材—木柴、世人—寺人"是因为该方言区的人对声母 zh、ch、sh 和 z、c、s 不加区分,即舌尖前音和舌尖后音不分,也就是所谓平舌音和卷舌音不分,要分辨这两类声母要根据它们的主要差别有针对性地进行练习,掌握它们的发音部位上的差异,发舌尖后音时,舌尖要翘起来,对准(抵住或接近)硬腭前部,发舌尖前音时,舌尖不翘,舌尖对准(抵住或接近)上齿背。至于这两类声母字的分辨,一是可以利用普通话语音内部结构规律来分辨,如韵母 ua、uai、uang 不能和 z、c、s 相拼,所以"抓"、"衰"、"窗"等一定是舌尖后声母字,还如 ong 不能同 sh 相拼,所以"松"等字一定是 s 声母字;还可以利用古今语音演变规律来分辨,zh、ch、sh 等声母字在上古对的是 d、t 声母,所以声旁是"带、定、台"的"滞"、"绽"、"笞"等字应该是 zh、ch、sh 声母字;其次还可以利用声旁类推来分辨,如以"中"为声旁的字多是 zh 声母字:忠、盅、种、钟等,以"宗"为声旁的字多是 z 声母字:棕、综、踪等。

　　13. 不少方言区的人读混"姓黎—姓倪"、"荷兰—河南"、"留念—留恋"、"旅客—女客"、"年长—连长"是由于分不清 n 和 l,要分辨这两类声母要根据它们的主要差别有针对性地进行练习,掌握它们的发音方法上的差异,n、l 都是舌尖中音,但 n 是鼻音,l 是边音,两者发音上的差异主要在软腭升降控制的不同上。n 和 l 发音时都是舌尖抵住上齿龈发音的,不同的是 n 为鼻音,发音时软腭下降,气流从鼻腔通过;l 为边音,发音时软腭上升,气流从舌头两边通过。至于,这两类声母字的分辨,还可以采用声旁类推的办法,如声旁是"内"的字,声母往往是 n,声旁是"仑"的字,声母往往是 l。

　　14. 单元音韵母分为两小类:一是舌面单元音韵母,共 7 个,舌面单元音韵母的发音是由舌位的高低、舌尖的前后、口形的大小、唇形的圆或不圆决定的,由此,ɑ的发音情况是舌面、舌位央低、口大开、唇形自然,o是舌面、舌位后半高、口半闭、唇形圆,e是舌面、舌位后半高、口半闭、唇形不圆,ê是舌面、舌位前半低、唇形不圆,i的发音情况是舌面、舌位前高、口闭、唇形不圆,u是舌面、舌位后高、口闭、唇形圆,ü是舌面、舌位前高、口闭、唇形圆。二是舌尖单元音韵母,共3个,舌尖单元音韵母的发音是由舌位的高低、舌尖的前后、口形的大小、唇形的圆或不圆决定的,由此,-i[ɿ](舌尖前单元音韵母)的发音情况是舌尖前、高、不圆唇,-i[ʅ](舌尖后单元音韵母)是舌尖后、高、不圆唇,er是卷舌、舌位中、央、不圆唇。

15. (1)舌面、舌位央低、口大开、唇形自然的韵母是ɑ,(2)舌面、舌位后半高、口半闭、唇形圆的韵母是o,(3)舌面、舌位后半高、口半闭、唇形不圆的韵母是e,(4)舌面、舌位前半低、唇形不圆的韵母是ê,(5)舌面、舌位前高、口闭、唇形不圆韵母是i,(6)舌面、舌位后高、口闭、唇形圆的韵母是u,(7)舌面、舌位前高、口闭、唇形圆的韵母是ü,(8)舌尖前、高、不圆唇的韵母是-i[ɿ](舌尖前单元音韵母),(9)舌尖后、高、不圆唇的韵母是-i[ʅ](舌尖后单元音韵母),(10)卷舌、舌位中、央、不圆唇的韵母是er。

16. 单元音韵母字有:吴、与;

复元音韵母字有:氨、表、对、下、六、水、我、有、要、奏、派、话、获;

鼻韵母字有:杭、刑、漾、按、权、逛、年、连、听、蝗。

17. 前鼻音韵母字有:引、按、权、年、连;

后鼻音韵母字有:航、行、样、翁、光、令、厅、黄、垄。

18. 前响复韵母字有:海、揍、类;

中响复韵母字有:鸟、有、蜕、睡、药、修;

后响复韵母字有:霞、倭、话、火。

19. 韵头是i的字有:标、养、下、六、有、要、念、连、燎;

韵头是u的字有:对、广、水、我、化、黄、货;

韵头是ü的字有:劝。

20. 韵尾是i的字有:孩、队、哀、水;

韵尾是u的字有:走、有;

韵尾是o(u)的字有:标、要、跑;

韵尾是n的字有:安、劝、联、论;

韵尾是ng的字有:常、养、弄、广、硬、听、黄。

21. 开口呼字有:沆、海、尺、暗、鹅、耳、邹、抛;

齐齿呼字有：型、彪、瞎、六、要、碾、连、亭；

合口呼字有：对、无、光、滑、我、皇；

撮口呼字有：权、鱼。

22. 零声母字有：亿、恩、洋、岸、误、瓮、雨、涡、优、邀、永、员、偶、澳。

23. 韵母 i 和 ü 都是舌面、前、高元音，所不同的是 i 是不圆唇元音，ü 是圆唇元音；韵母 i 和 u 都是舌面、高元音，所不同的是 i 是舌面前、不圆唇元音，u 是舌面后、圆唇元音；韵母 ü 和 u 都是舌面、高、圆唇元音，所不同的是 ü 是前元音，u 是后元音；韵母 e 和 o 都是舌面后、半高元音，不同的是 e 是不圆唇元音，o 是圆唇元音；韵母 i 和 ê 都是舌面前、不圆唇元音，不同的是 i 是高元音，ê 是半低元音；韵母 o 和 u 都是舌面后、圆唇元音，不同的是 o 是半高元音，u 是高元音。

24. 音节 zhi 和 zi 的韵母都是舌尖单韵母，声母都是清、不送气、塞擦音声母，不同的是 zhi 是舌尖后声母，韵母-i 是舌尖后单韵母，zi 的声母是舌尖前声母，韵母-i 是舌尖前单韵母；音节 chi 和 ci 的韵母都是舌尖单韵母，声母都是清、送气、塞擦音声母，不同的是 chi 是舌尖后声母，韵母-i 是舌尖后单韵母，ci 的声母是舌尖前声母，韵母-i 是舌尖前单韵母；音节 shi 和 si 的韵母都是舌尖单韵母，声母都是清、擦音声母，不同的是 shi 是舌尖后声母，韵母-i 是舌尖后单韵母，si 的声母是舌尖前声母，韵母-i 是舌尖前单韵母。

25. 韵母 ing 和 in 都是韵腹为 i 的齐齿呼鼻韵母，不同的是 ing 是后鼻音韵母，in 同是前鼻音韵母；韵母 an 和 ang 都是韵腹为 a 的开口呼鼻韵母，不同的是 an 是前鼻音韵母，ang 是后鼻音韵母；韵母 en 和 eng 都是韵腹为 e 的开口呼鼻韵母，不同的是 en 是前鼻音韵母，eng 是后鼻音韵母。

26. 韵母 ei 和 uei 的韵腹和韵尾相同，都是 ei，不同的是 ei 没有韵头，uei 有韵头 u；韵母 iou 和 ou 的韵腹和韵尾相同，都是 ou，不同的是 ou 没有韵头，iou 有韵头 i。

27. 这是由于有些方言区的人前鼻音韵母和后鼻音韵母不分，或者合而为一，或者都读成前鼻音韵母或者都读成后鼻音韵母。要分清它们首先必须掌握 n 和 ng 这两个鼻音韵尾的发音特点，念准两个鼻音韵尾，发 n 的时候，舌尖轻轻抵住上齿龈，发 ng 时舌根轻轻抵住软腭，除阻阶段都不发音。同时还可以利用声旁来类推，如声旁是"门"、"分"、"艮"、"宾"、"林"的一般念前鼻音,声旁是"朋"、"孟"、"成"、"丁"的一般是后鼻音。

28. 这是由于少数方言区的人,分不清韵母 i 和 ü,把 ü 发成 i。要分清这些词语的读音,就要能念准韵母 i 和 ü,i 和 ü 都是舌面前、高元音,不同的是 i 是不圆唇元音,ü 是圆唇元音。

29. 这是由于这些方言区的人发音时往往丢失韵头 i、u,把齐齿呼韵母和合口呼韵母念成开口呼。纠正这一问题首先要学会有韵头韵母的发音,弄清字音中有无韵头 i、u。学习者也可以利用部分声韵配合规律来帮助学习,比如普通话唇音声母和 n、l 声母是跟 ei 相拼的,除极个别外,其他声母则跟 uei 相拼;再如,普通话舌尖前声母只跟 uei 相拼,不跟 ei 相拼(极个别除外)。掌握这些规律有助于防止韵头丢失。

30. "tuì"、"tūn"、"liù"等音节中的韵母都由三个音素构成,有韵头、韵腹、韵尾三部分,音节 tuì 的韵头是 u、韵腹是 e、韵尾是 i,音节 tūn 的韵头是 u、韵腹是 e、韵尾是 n,音节 liù 的韵头是 i、韵腹是 o、韵尾是 u。这些音节的韵母中的韵腹 e、o 都不体现在音节拼写中,而是省略了,按《汉语拼音方案》规定韵母 uei、uen、iou 在跟声母相拼时,省去韵腹,以使拼音简洁。

31. 从"liǎo"、"yā"、"gāng"、"zhī"、"ān"、"yīng"、"tián"、"yǒu"、"ā"、"èr"等音节来看,辅音在普通话音节中的运用可有如下特点:首先从位置上看,辅音只出现在音节的开头或结尾,如 liǎo 在开头,gāng 在开头和结尾,zhī 在开头,ān 在结尾,tián 在开头和结尾;其次,从辅音使用的数量来看,一个音节中最多可以有两个辅音,也可以没有,如 liǎo 一个辅音,yā 没有辅音,gāng 两个辅音,zhī 一个辅音,ān 一个辅音,yīng 一个辅音,tián 两个辅音,yǒu 没有辅音;再次,跟元音相比,没有两个或两个以上的辅音连缀的一起的现象,即没有复辅音。

元音在普通话音节中的运用可有如下特点:首先数量上看,一个音节最多可有三个元音音素,最少一个,不能没有元音,如 liǎo 三个元音,yā 两个元音,gāng 一个元音,zhī 一个元音,ān 一个元音,yīng 一个元音,tián 两个元音,yǒu 三个元音,ā 一个元音,èr 一个元音;从位置上看,如果音节有辅音出现,元音只能在辅音的后面或前面;再次,跟辅音相比,两个或两个以上的元音可以连缀在一起,如 liǎo 三个元音连缀,yā 两个元音连缀,tián 两个元音连缀,yǒu 三个元音连缀。

32. "ju"—"gu"、"yu"—"wu"、"xu"—"shu"、"qu"—"ku"、"xu"—"hu"

等音节中的韵母不都是 u,其中 ju、qu、xu、yu 等音节中的 u 实际上是 ü。按《汉语拼音方案》规定,j、q、x 等舌面音跟撮口呼相拼时,ü 上两点省去,同时舌面音不跟合口呼 u 相拼,所以,j、q、x 后面的 u 实际上是 ü;而 g、k、h、sh 等不跟撮口呼相拼,这样 g、k、h 后面的 u 还是合口呼的 u。由于 j、q、x 不跟合口呼相拼,所以当 j、q、x 跟 ü 相拼时省去两点不至于发生音节相混,一个字母 u 就可以代表 u、ü 两个音素,以使拼式简洁。

33. "zhi、chi、shi、ri"、"zi、ci、si"、"bi、pi、mi、di、ni、li、ji"三组音节的韵母都写成字母 i,但不是一个音素(音位)。由于齐齿呼韵母 i[i]不跟舌尖前音 z、c、s 和舌尖后音 zh、ch、sh、r 相拼,舌尖单韵母又只跟舌尖前音 z、c、s 和舌尖后音 zh、ch、sh、r 相拼,不跟其他韵母相拼,并且舌尖前单韵母又只跟舌尖前音 z、c、s 相拼,舌尖后单韵母又只跟舌尖后音 zh、ch、sh、r 相拼,所以《汉语拼音方案》为节省字母,就利用互补原理,用一个字母 i 来代替齐齿呼韵母的 i 和舌尖前单韵母-i[ɿ]、舌尖后单韵母-i[ʅ]三个音素(音位),而不会发生音节混淆。从音位角度看,这三个音的听感差别较大,也不能归纳为一个音位。

34. 潜力—全力:两个词语的第一个音节的韵母的韵头不同,"潜"的韵头是 i,"全"的韵头是 ü;

金星—精心:韵母的韵尾不同,"金星"的韵尾分别是 n、ng,"精心"的韵尾分别是 ng、n;

阴影—影印:韵母的韵尾不同,"阴影"的韵尾分别是 n、ng,"影印"的韵尾分别是 ng、n;

皮件—疲倦:两个词语的第二个音节的韵母的韵头不同,"件"的韵头是 i,"倦"的韵头是 ü;

诊治—整治:两个词语的第一个音节的韵尾不同,"诊"的韵尾是 n,"整"的韵尾是 ng;

访问—反问:两个词语的第一个音节的韵尾不同,"访"的韵尾是 ng,"反"的韵尾是 n。

35. 阴平字有:亲[1]、精、心、身、出,调值是 55;

阳平字有:平、行、竭、读[1]、贫、民,调值是 35;

上声字有:品、整、买,调值 214;

去声字有:亲[2]、力、阅、卖、读[2];调值是 51。

36. 闹鬼:nàoguǐ;温度:wēndù;理论:lǐlùn;事物:shìwù;尽兴:

jìnxìng；拳头：quántou；被子：bèizi；寒露：hánlù；吞食：tūnshí；兑付 duìfù；流水：liúshuǐ；丢球：diūqiú。

37. "奋发有为"的调类和调值分别是去声/51、阴平/55、上声/214、阳平/35；

"安定团结"的调类和调值分别是阴平/55、去声/51、阳平/35、阳平/35；

"改革开放"的调类和调值分别是上声/214、阳平/35、阴平/55、去声/51；

"齐心协力"的调类和调值分别是阳平/35、阴平/55、阳平/35、去声/51；

"艰苦奋斗"的调类和调值分别是阴平/55、上声/214、去声/51、去声/51；

"再造辉煌"的调类和调值分别是去声/51、去声/51、阴平/55、阳平/35。

38. 每组四个汉字中声调跟其他三个字不同的是：(1)月；(2)多；(3)使；(4)袖；(5)开；(6)尚；(7)强；(8)非。

39. 各组中没有按"阴阳上去"四声顺序排列的分别是：(1)身体力行；(2)坚持不懈；(3)卓有成效；(4)集思广益；(5)得心应手；(6)忠言逆耳；(7)环欢缓换；(8)回悔会灰；(9)吻问温闻；(10)万马奔腾。

40. 各组中四声不全的分别是：(1)天多情庆；(2)忧心有报；(3)狸离里利；(4)理想山民；(4)灰徽毁会。

41. (1) 做任何事情都不能马虎大意。"大意"是轻声词。

(2) 请归纳这篇文章的段落大意。"大意"不是轻声词。

(3) 他这个人很有本事。"本事"是轻声词。

(4) 电视剧的本事是发生在山区的一个感人的故事。"本事"不是轻声词。

(5) 台风刮得很利害。"利害"是轻声词。

(6) 我们一定要分清事物的各种可能有的利害关系。"利害"不是轻声词。

(7) 游击队都躲进了地道。"地道"不是轻声词。

(8) 这瓶茅台酒比较地道。"地道"是轻声词。

42. (1) 这些东西你拿走吧。"东西"是轻声词。

(2) 刚到这儿不辨东西南北,哪儿也不想去。"东西"不是轻声词。

(3) 新造的客轮预定在国庆节期间下水。"下水"不是轻声词。

(4) 老王买了许多猪下水回来吃。"下水"是轻声词。

(5) 你的方法对头。"对头"不是轻声词。

(6) 他是你的对头。"对头"是轻声词。

43. "本事"带轻声时,意思是"本领";不带轻声时,意思是"文学作品主题所根据的故事情节"。

　　"利害"带轻声时,是形容词,同"厉害",意思是"难以对付或忍受;剧烈;凶猛";不带轻声时,是名词,表示"利益和损害"的意思。

　　"大意"带轻声时,是形容词,表示"疏忽、不注意"的意思;不带轻声时是名词,表示"主要的意思"的意义。

　　"对头"带轻声时,是名词,表示"仇人、对手"的意思;不带轻声时是形容词,表示"合适、正确"的意思。

　　"地道"带轻声时,是形容词,表示"正确的,不含假的"的意思;不带轻声时是名词,意思是"地面下的交通坑道"。

　　"兄弟"带轻声时,专指弟弟;不带轻声时则指哥哥和弟弟,都是名词。

　　"老子"带轻声时,指父亲或骄傲的人自称;不带轻声时指古代哲学家,都是名词。

　　44. "桌子"、"笛子"、"椅子"、"凳子"的"子"虽然都读轻声,但由于其前面音节的音高不同而有不同的音高变化,"椅子"的"子"音高略高于其他三个"子","凳子"的"子"最低,"桌子"和"笛子"的"子"调值居中,这说明轻声词的音高变化随其前一个音节的音高而变化,前一个音节是上声的高于阴平、阳平,前一个音节是阴平、阳平的又高于去声。可见,轻声字没有固定的调值,因而不能成为一个固定的调类。

　　45. "一"、"第一"、"始终如一"等的"一"不变读,还读阴平,"一千"、"一元"、"一百"中的"一"变为去声,"一万"、"一片冰心"等词语中"一"的变为阳平。"看一看"的"读轻声"。由此可见,"一"单念或在词语的最后一个音节读阴平;在阴平、阳平、上声音节前面变去声;在去声音节前变为阳平;夹在词语中间读轻声。

　　46. "走不走"的"不"读轻声,"不"、"我不"的"不"读去声,"不对"、"不要"、"不问"的"不"读阳平,"不多"、"不成"、"不少"的"不"读去声。可见,"不"单说或在音节末尾读去声,"不"在去声音节前读阳平,在阴平、阳平、上声等非去声音节前读去声,在词语中间读轻声。

　　47. "好好地"的第二个"好"可以读上声,"好好儿地"的第二个"好"一般读阴平;

　　"快快地"的第二个"快"可以读去声,"快快儿地"的第二个"快"一般读阴平;

　　"小小地"的第二个"小"可以读上声,"小小儿地"的第二个"小"一般读阴平。

48. 不折不扣:前一个"不"读去声,后一个"不"读阳平;

不怕苦:"不"读阳平;

不屈不挠:两个"不"都读去声;

不对:读阳平;

不好:读去声;

不像:阳平。

49. (1)这花开得多美(ya,呀)!　(2)同学们都来(ya,呀)!

(3)真是个大英雄(nga,啊)!　(4)这是一本多么好的书(wa,哇)!

(5)多么美丽的花(ya,呀)!　(6)这是哪儿(ra,啊)!

(7)都来看(na,哪)!　(8)你写的是什么字([z]a,啊)!

(9)这就是所谓的政治(ra,啊)!　(10)不来不行(nga,啊)!

50. (1)我们的头儿不停地摇着自己的头:"头"是人体最上部或动物最前部长着口、鼻、眼等器官的部分,"头儿"是头目、领导,儿化有区别词义的作用。

(2)校长画了一幅画儿:"画"是动词,"画儿"是名词,儿化有区别词性的作用。

(3)人活着就得做活儿:"活"是动词,"活儿"是名词,儿化起到区别词性的作用。

(4)他瞪大眼盯着那个眼儿:"眼"是眼睛,"眼儿"是小孔,儿化起到区别词义的作用。

(5)他在信中给我透了个信儿:"信"是书信,"信儿"是消息,儿化具有区别词义的作用。

(6)小孩儿长着苹果脸儿、骑着小马儿、拿着鲜花儿:这里的儿化有表示细小、可爱、亲切的修辞作用。

可见,儿化具有区别词义、词性的词汇、语法和表示细小、可爱、亲切的修辞作用。

51. 拉丁字母只有26个字母,可现代汉语普通话却有32个音位,而且在普通话里没有v音位,y、w也不代表音位,实际上只有23个字母。《汉语拼音方案》为解决字母数和音位数的矛盾,在条件许可的情况下采用了几种增补办法,一是在原字母上增加特殊符号,如ü、ê;二是采取兼职,如用i来兼齐齿呼韵母i和舌尖前单韵母-i、舌尖后单韵母-i;三是采用双字母,如zh、ch、sh、ng、er。

52. 拉丁字母只有 26 个,而普通话音位则有 32 个,为解决字母数跟音位数的矛盾,《汉语拼音方案》采取了一些补救的办法,如采用双字母或在原字母上增加特殊符号,如 zh、ch、sh、ng、er、ê、ü 等,可见,《汉语拼音方案》使用拉丁字母中没有的字母,是为了解决字母数和音位数不一致的矛盾。

53. a、ai、ian、an、ao、ang 等韵母中都有字母 a,但从音素角度看,这些有的并不完全一样,如 a 是央低的,ian 是半低的,ai、an 是舌尖靠前的,ao、ang 是舌尖靠后的,这实际上是 4 个不同的音素,即一般所谓的中 a、半低 a、前 a、后 a。不过,这 4 个不同的 a,在音节中没有区别意义的作用,听感上差别又不大,所以从音位上看,可以归并为一个音位,《汉语拼音方案》就是这样做的。

54. 普通话虽然有 22 个辅音音位,只有 10 个元音音位,但元音音位和辅音音位在音节结构中的地位不同,首先普通话音节中,可以没有辅音,只有元音(必须有元音),汉语中没有辅音的音节的数量是很大的,其次辅音位置固定,只能在音节的开头或结尾,再次辅音在音节中不能连缀在一起,即不能有复辅音,而元音连缀现象较为普遍,有大量的复韵母存在,所以从这些角度看,可以说汉语普通话音节中有"元音占优势"这一特点。

55. 印把子:bà;复辟:bì;剥削:bō xuē;湖泊:pō;矿藏:cáng;裨益:bì;称心:chèn;处分:chǔ;畜产:xù;重创:chuāng;场院:cháng;差不多:chà;逮捕:dài;适当:dàng;提防:dī;山大王:dài;背静:bèi;拗口:ào、阜鄙:bǐ;灿烂:càn;乘车:chéng;惩罚:chéng;雌雄:cí;从容:cóng;采板:dāi;档案:dàng;领导:dǎo;悼念:dào;方法:fǎ;不妨:fáng;复杂:fù;五更:gēng;骨头:gǔ;混乱:hùn;一会儿:huì;脊梁:jǐ;事迹:jì;夹道:jiā;比较:jiào;发酵:jiào;鞠躬:jū;门框:kuàng;包括:kuò;娇嫩:nèn;围绕:rào;教室:shì;往返:wǎng;屡见不鲜:xiān;穴道:xué;亚洲:yà;河沿:yán;叶公好龙:yè;号召:zhào;指甲:zhǐ;卓越:zhuó;长期:cháng;生长:zhǎng;朝代:cháo;朝阳:zhāo;传递:chuán;传记:zhuàn;真假:jiǎ;假期:jià。

56. zh 声母字:折、找、只、罩、扎、妆、章;

ch 声母字:初、茶、岔、闯、吹、戳、抽;

sh 声母字:熟、瘦、双、杀、矢、蝉;

c 声母字:刺、擦、错、粗、挫、凑;

z 声母字:字、自、紫、淄、谘、组、杂;

s 声母字:素、馊、撒、嘶、随;

j 声母字:讥、鸡、挤、佳、进;

q 声母字:洽、趣、群、请、亲、求;

x 声母字:蓄、修、想、学、狭、戏、姓、斜。

57. f 声母字:非、风、筏、汾、冯、伏、反;

n 声母字:南、娘、拧、那、您、能、酿;

l 声母字:兰、粮、梁、拉、揽、林、愣;

j 声母字:假、竟、僵;

q 声母字:掐、洽、倾、羌;

x 声母字:瞎、性、香;

g 声母字:凯、更、尕、冈、光;

k 声母字:坑、伉、框;

h 声母字:海、皇、回、哈、横、狠、湖、喊;

zh 声母字:张、正、拽;

ch 声母字:尝、成;

sh 声母字:商;

r 声母字:嚷、瑞、仍;

z 声母字:葬、怎、咱;

c 声母字:擦、蚕、仓、参;

s 声母字:桑、森、三、僧。

58. ao 韵母字:老、袄、套、好、闹、酪、到、讨、扫、靠、少;

iao 韵母字:要、窑、疗、鸟、眺、掉、桥、叫;

an 韵母字:按、难、谈、看、喊、半、盘;

ian 韵母字:连、年、敛、前、见、边、片、贬、碾、脸、铅;

ang 韵母字:昂、浪、躺、刚、帮、旁;

iang 韵母字:将、强、两、香;

uan 韵母字:宽、关、乱、暖;

uang 韵母字:光、矿、黄;

in 韵母字:林、民、您、亲、进、新、今、品;

ing 韵母字:领、拧、盟、并、瓶、竟、性、晴、廷、鼎;

en 韵母字:盆、笨、嫩、森、岑、怎、跟、肯、很;

eng 韵母字:凳、腾、愣、甭、烹、能、憎、曾、僧、庚、恒、铿。

59. 当韵母中最后一个元音是 a、o、e、ê、u 时,就直接在发这个元音的同时加一个卷舌动作,如:泡沫儿 paomor,花儿 huar,小狗儿 xiaogour,水珠儿 shuizhur 等;当韵母有韵尾 i 或 n 时,就丢掉韵尾,在发韵腹的同时加卷舌动作,如:树根儿 shugen—shuger,小孩儿 xiaohai—xiaohar;当韵母是 i、ü 时,要在 i、ü 后面加上一个 e,同时加卷舌动作,如:有趣儿 youqu—youquer,果皮儿 guopi—guopier;当韵母是舌尖单韵母时,发音时就丢掉舌尖单韵母,改成 e,同时加卷舌动作,如:果汁儿 guozhi—guozher,没事儿 meishi—meisher,写字儿 xiezi—xiezer;当韵尾是 ng 时,就丢掉 ng,韵腹鼻化,同时加卷舌动作,如:蛋黄儿 danhuang—danhuǎr。

60. 第一组:伶、玲、铃、灵、零、羚、苓、龄、凌、陵、菱、绫、棂、聆、泠、囹、呤、蛉、柃;

第二组:领、岭、令[1];

第三组:另、令[2]。

61. 第一组:撩[1];

第二组:撩[2]、聊、疗、燎[1]、辽、僚、寥、嘹、獠、潦、缭;

第三组:了、钌[1]、蓼、燎[2];

第四组:料、撂、廖、镣、炓、钌[2]。

62. 第一组:灰、挥、徽、恢、豗、辉;

第二组:回、蛔、茴;

第三组:毁、悔、虺;

第四组:会、绘、汇、惠、晦、秽、慧、贿、讳、诲、烩、彗、喙。

63. 第一组:区、屈、驱、蛆、躯、祛、岖、趋、黢、曲[1];

第二组:渠、衢;

第三组:取、娶、曲[2]、龋、苣;

第四组:去、趣。

64. 第一组:山、衫、杉、删、潸、姗;

第二组:闪、陕;

第三组:善、缮、擅、汕、讪。

65. 设身处地:chǔ;参差不齐 cēn cī;大有作为:zuò;供不应求:gōng、yìng;好逸恶劳:hào、wù;自给自足:jǐ;反躬自省:xǐng;乘虚而入:chéng;随声附和:hè;教学相长:jiào、zhǎng。

66. 单:(1)dān,单独;(2)shàn,姓单;(3)chán,单于。

着:(1) zháo,着急;(2)zhāo,高着;(3)zhuó,着落;(4)zhe,记着。

强:(1)qiáng,强壮;(2)qiǎng,勉强;(3)jiàng,倔强。

和:(1)hé,和平;(2)hè,唱和;(3)huó,和面;(4)huò,和药;(5)hú,和牌;(6)huo,暖和。

差:(1)chā,差别;(2)chà,差不多;(3)chāi,出差;(4)cī,参差。

67. 薄:báo,土地薄;bó,单薄。

剥:bāo,剥皮;bō,剥削。

血:xiě,流了血;xuè,血液。

削:xiāo,削果皮;xuē,削弱。

勒:lēi,勒死;lè,勒索。

68. 南京路:Nánjīng Lù;黄河:Huáng Hé;长江:Cháng Jiāng;上海市:Shànghǎi Shì;李向阳:Lǐ Xiàngyáng;郑天浩:Zhèng Tiānhào;鲁迅:Lǔ Xùn;老舍:Lǎo Shè;王校长:Wáng xiàozhǎng;张部长:Zhāng bùzhǎng;赵经理:Zhào jīnglǐ;小张:Xiǎo Zhāng;上海师范大学:Shànghǎi Shīfàn Dàxué;北京第一百货大楼:Běijīng Dìyī Bǎihuò Dàlóu;人民日报:Rénmín Rìbào。

69. (1) 主力　阻力　　　(2) 造就　照旧　　　(3) 飞翔　回想

(4) 春装　村庄　　　(5) 私人　诗人　　　(6) 商业　桑叶

(7) 隆重　浓重　　　(8) 留念　留恋　　　(9) 化肥　发挥

(10) 防空　航空　　　(11) 参差　诚实　　　(12) 智慧　刺猬

70. (1)　j:紧　俊　匠——不送气┐
　　　　　　　　　　　　　　　　├──清塞擦音┐
　　　q:恰　俏——————送气┘　　　　　　│
　　　　　　　　　　　　　　　　　　　　　├──舌面音
　　　x:贤　懈——————————清擦音┘

(2) p:撇　胚　聘　盘　蚌——送气┐
　　　　　　　　　　　　　　　　├──清塞音,双唇音
　　b:彬　迸——————————不送气┘

71. (1) 趋之若鹜　qū zhī ruò wù

(2) 无的放矢　wú dí fàng shǐ

(3) 引吭高歌　yǐn háng gāo gē

(4) 捉襟见肘　zhuō jīn jiàn zhǒu

(5) 江山多娇　jiāng shān duō jiāo

(6) 人民团结　rén mín tuán jié

（7）美好理想　měi hǎo lǐ xiǎng

（8）创造世界　chuàng zào shì jiè

（9）光明磊落　guāng míng lěi luò

（10）千锤百炼　qiān chuí bǎi liàn

（11）墨守成规　mò shǒu chéng guī

（12）班门弄斧　bān mén nòng fǔ

（13）心领神会　xīn lǐng shén huì

（14）身体力行　shēn tǐ lì xíng

（15）孤陋寡闻　gū lòu guǎ wén

（16）挥汗如雨　huī hàn rú yǔ

（17）集思广益　jí sī guǎng yì

（18）月明星稀　yuè míng xīng xī

（19）味同嚼蜡　wèi tóng jiáo là

（20）风声鹤唳　fēng shēng hè lì

72.

（1）

例字	音节	声母	韵　母			韵母类别			四呼类别	声调
			韵头	韵腹	韵尾	单韵母	复韵母	鼻韵母		
谎	huǎng	h	u	a	ng			√	合口呼	上声
群	qún	q		ü	n			√	撮口呼	阳平
叶	yè		i	ê			√		齐齿呼	去声
奎	kuí	k	u	e	i		√		合口呼	阳平

（2）

例字	音节	声母	韵　母			韵母类别			四呼类别	声调
			韵头	韵腹	韵尾	单韵母	复韵母	鼻韵母		
酉	yǒu		i	o	u		√		齐齿呼	上声
贴	tiē	t	i	ê			√		齐齿呼	阴平
峨	é			e		√			开口呼	阳平
帼	guó	g	u	o			√		合口呼	阳平

（3）

例字	音节	声母	韵　　母			韵　母　类　别			四呼类别	声调
			韵头	韵腹	韵尾	单韵母	复韵母	鼻韵母		
效	xiào	x	i	a	o		✓		齐齿呼	去声
潘	pān	p		a	n			✓	合口呼	阴平
袄	ǎo			a	o		✓		开口呼	上声
引	yǐn			i	n			✓	齐齿呼	上声

（4）

例字	音节	声母	韵　　母			韵　母　类　别			四呼类别	声调
			韵头	韵腹	韵尾	单韵母	复韵母	鼻韵母		
翁	wēng		u	e	ng			✓	合口呼	阴平
卧	wò		u	o			✓		合口呼	去声
鱼	yú			ü		✓			撮口呼	阳平
示	shì	sh		-i[ʅ]	'	✓			开口呼	去声

（5）

例字	音节	声母	韵　　母			韵　母　类　别			四呼类别	声调
			韵头	韵腹	韵尾	单韵母	复韵母	鼻韵母		
而	ěr			er		✓			开口呼	上声
秀	xiù	x	i	o	u		✓		齐齿呼	去声
曰	yuē			ü	ê		✓		撮口呼	阴平
宗	zōng	z		o	ng			✓	开口呼	阴平

（6）

例字	音节	声母	韵　　母			韵　母　类　别			四呼类别	声调
			韵头	韵腹	韵尾	单韵母	复韵母	鼻韵母		
耘	yún			ü	n			✓	撮口呼	阳平
十	shí	sh		-i[ʅ]		✓			开口呼	阳平
离	lí	l		i		✓			齐齿呼	阳平
茴	huí	h	u	e	i		✓		合口呼	阳平

(7)

例字	音节	声母	韵母			韵母类别			四呼类别	声调
			韵头	韵腹	韵尾	单韵母	复韵母	鼻韵母		
床	chuáng	ch	u	a	ng			✓	合口呼	阳平
缺	què	q	ü	ê			✓		撮口呼	阴平
诱	yōu		i	o	u		✓		齐齿呼	阴平
倍	bèi	b		e	i		✓		开口呼	去声

(8)

例字	音节	声母	韵母			韵母类别			四呼类别	声调
			韵头	韵腹	韵尾	单韵母	复韵母	鼻韵母		
藕	ǒu			o	u		✓		开口呼	上声
鹅	é			e		✓			开口呼	阳平
圆	yuán		ü	a	n			✓	撮口呼	阳平
昆	kūn	k	u	e	n			✓	合口呼	阴平

73.

(1) 多么好看的字(啊 za)！

(2) 慢慢游(哇 wa)！

(3) 千万别下雨(呀 ya)！

(4) 真金微楷多么小(哇 wa)！

(5) 这路可真远(哪 na)！

(6) 那可真是个大好事(啊 ra)！

(7) 你的老办法可真行(啊 nga)！

(8) 我指的是那片树叶(呀 ya)！

(9) 他批评的是老二(啊 ra)！

(10) 你可真要小心(哪 na)！

74.

(1) 一(yì)直　　　一(yì)口　　　一(yì)眼

(2) 一(yí)次　　　一(yí)岁　　　一(yí)起

(3) 一(yì)模一(yí)样　　　一(yì)心一(yí)意

(4) 一(yí)见如故　　　一(yí)看就会　　　一(yí)去不复返

(5) 一(yí)窍不(bù)通　　　等一(yi)等　　　比一(yi)比

(6) 不(bù)说不(bù)行　　　不(bú)干不(bù)成

(7) 不(bú)看不(bù)好　　　不(bù)多不(bù)少

(8) 不(bù)里不(bú)外　　　不(bú)上不(bú)下

(9) 好不(bu)好　　　决不(bù)　　　走不(bu)动

(10) 不(bù)求甚解   不(bù)相上下   不(bú)胜枚举

75. 豢养:huàn 谄媚:chǎn 唆使:suō 杀戮:lù 荼毒:tú 驾驭:yù 桎梏:zhì gù 辍学:chuò 步骤:zhòu 麻痹:bì 簇拥:cù 粗犷:guǎng 鞭笞:chī 联袂:mèi 混淆:xiáo 冗长:rǒng 蓓蕾:bèilěi 酋长:qiú 掮客:qián 酗酒:xù

九、改错题

1. 改正下列音节拼写的错误:队 dùi、推 tūi、丢 dīu、求 qíu、轮 luń、居 jū、渠 qú、许 xǔ、句 jù。

2. 改正下列各组汉字拼写的错误(不计声调):(1)女 nu、绿 lu、略 lue、律 lu;(2)yüe、yün、yüan;(3)六 liou、丢 diou、求 qiou、修 xiou、又 yiou、优 yu、游 iou;(4)对 duei、腿 tuei、归 guei、为 wuei、亏 kuei、回 huei、围 uei、味 wi;(5)全 qüan、选 xüan、卷 jüan;(6)论 luen、吞 tuen、吨 duen、尊 zuen、准 zhuen、春 chuen、问 wuen、温 wn。

3. 改正下列各组汉字拼写的错误(不计声调):(1)应 yng、因 yn、眼 yian、样 yiang、云 yn、远 yan、月 ye、望 wuang、无 w、闻 wuen、翁 wueng;(2)兑 dei、退 tei、丢 dou、九 jou、流 lou;(3)团 tan、吨 den、抢 len、昏 hen、广 gang;(4)两 lang、想 xang、连 lan、见 jan、线 xan、变 ban、列 le、家 ja、料 lao;(5)望 uang、翁 wueng、按 yan、鱼 yü、远 üan、韵 ün、敖 yao、样 iang。

4. 利用普通话声韵配合规律,改正下列各组汉字的拼写错误(不计声调):(1)小 siao、松 siong、竟 zing、脚 giao、恰 kia、分 fin、声 shing;(2)波 buo、破 puo、抓 jua、副 fuo;(3)下 xa、洽 qa、家 ja、句 jo、写 xe、决 je、绝 juo、装 juang、穿 quan;(4)比 bü、扑 pü、别 büe、顿 dün、却 güe;(5)巨 zü、素 sü、粗 cü、过 güe、捆 kün;(6)隆 lueng、翁 ong、拉 ler、乃 nê;(7)涔 cin、炸 zhia、扔 ring、抢 chiang。

5. 下列各组词语的拼写有错误,请改正:(1)用意 iòngì、无谓 úuèi、月夜 üèiè、对流 dùeilíou、唯物 uéiù;(2)委员 uě iüán、论文 luènuén、言语 yiánǔ、议案 iàn、堤岸 dī àn;(3)血球 xüèqióu、演员 iǎ nuán、规律 guē ilù、谬误 miòuù、洋流 iánglíou;(4)飞跃 fē iüè、威望 uē iuàng、纹银 uénín、万一 uànī、园艺 üànì。

6. 改正下列词语拼写中的错误:桌子 zhuózǐ、晚上 wǎ nshàng、萝卜

luóbò、木头 mùtóu、我们 wǒ mén、妈妈 mā mā、馒头 mántóu、外面
wàimiàn。

7. 改正下列各组字词拼写中的错误:(1)国家 gúojīa、条件 tiaójìan、妥
善 tǔoshàn、创造 chùangzaò、秒 miaǒ、开 kaī、月 yùe、前 qían;(2)休 xīu、
退 tùi、囚 qíu、臀 tuń。

8. 改正下列字词拼写中的错误:四 shì、声 sēng、吃 cī、日 yì、张 zāng、
吹 cuī、杀 sā、森 shēn。

9. 改正下列字词拼写中的错误:蓝 nán、难 lán、宁 líng、龙 nóng、您
lín、囊 láng、类 nèi、泥 lí。

10. 按照《汉语拼音正词法基本规则》改正下列词语拼写中的错误(不
计声调):李老师 Li Laoshi、上海市 Shanghaishi、泰山 Taishan、上海师范
大学 Shanghaishifandaxue、新疆 Xin Jiang、王海容 Wanghairong。

答案:

1. 队 dùi—duì;推 tūi—tuī;丢 dīu—diū;求 qíu—qiú;轮 lún—lún(说
明:《汉语拼音方案》规定,韵母 uei、iou、uen 跟辅音声母相拼时,要省去韵
腹 e、o,同时,调号要往后标,当然 un 也只能标在 u 上)。居 jū—jū;渠 qú—
qú;许 xǔ—xǔ;句 jù—jù(说明:按《汉语拼音方案》规定撮口呼韵母跟舌面
音声母相拼时,省去 ü 上两点)。

2. (1) 女 nu—nü;绿 lu—lü;略 lue—lüe;律 lu—lü(说明:《汉语拼音方
案》规定撮口呼韵母跟舌面音声母相拼时,可以省去 ü 上两点,而跟舌尖中
音 n、l 相拼时,ü 上两点不能省去,否则会发生音节相混现象,因为 n、l 可以
跟撮口呼韵母相拼,也可以跟合口呼韵母相拼);

(2) yüe—yue;yün—yun;yüan—yuan(说明:《汉语拼音方案》规定,撮
口呼韵母自成音节声母为零时,在 ü 前加上 y,同时去掉 ü 上两点);

(3) 六 liou—liu;丢 diou—diu;求 qiou—qiu;修 xiou—xiu;又 yiou—
you;优 yu—you;游 iou—you(说明:《汉语拼音方案》规定,韵母 iou 跟辅音
声母相拼时,省去中间的 o,而 iou 自成音节声母为零时,把 i 换成 y,o 不能
省去);

(4) 对 duei—dui;腿 tuei—tui;归 guei—gui;为 wuei—wei;亏 kuei—
kui;回 huei—hui;围 uei—wei;味 wi—wei(说明:《汉语拼音方案》规定,韵
母 uei 跟辅音声母相拼时,省去中间的韵腹 e,而 uei 自成音节声母为零时,

把 u 换成 w,e 不能省去);

（5）全 qüan—quan;选 xüan—xuan;卷 jüan—juan(说明:《汉语拼音方案》规定,撮口呼韵母跟舌面音声母相拼时,省去 ü 上两点);

（6）论 luen—lun;吞 tuen—tun;吨 duen—dun;尊 zuen—zun;准 zhuen—zhun;春 chuen—chun;问 wuen—wen;温 wn—wen(说明:《汉语拼音方案》规定,韵母 uen 跟辅音声母相拼时,省去中间的韵腹 e,而 uen 自成音节声母为零时,把 u 换成 w,e 不能省去)。

3. （1）应 yng—ying;因 yn—yin;眼 yian—yan;样 yiang—yang;云 yn—yun;远 yan—yuan;月 ye—yue;望 wuang—wang;无 w—wu;闻 wuen—wen;翁 wueng—weng(说明:《汉语拼音方案》规定,齐齿呼韵母、合口呼韵母、撮口呼韵母自成音节声母为零时,要使用 y、w。具体规定如下:当齐齿呼韵母自成音节声母为零时,若 i 后还有别的元音时,就把 i 换成 y,如 ian—yan,若 i 后没有别的元音,就在 i 前加上 y,如 in—yin;当撮口呼韵母自成音节声母为零时,一律在 ü 前加上 y,同时省去 ü 上两点,如 üan—yuan;当合口呼韵母自成音节声母为零时,若 u 后还有别的元音时,就把 u 换成 w,如 uang—wang,若 u 后没有别的元音,就在 u 前加上 w,如 u—wu);

（2）兑 dei—dui;退 tei—tui;丢 dou—diu;九 jou—jiu;流 lou—liu(说明:这几个汉字的拼写错误主要在丢失韵头 u、i);

（3）团 tan—tuan;吨 den—dun;抡 len—lun;昏 hen—hun;广 gang—guang(说明:这几个汉字的拼写错误主要在丢失韵头 u);

（4）两 lang—liang;想 xang—xiang;连 lan—lian;见 jan—jian;线 xan—xian;变 ban—bian;列 le—lie;家 ja—jia;料 lao—liao(说明:这几个汉字的拼写错误主要在丢失韵头 i);

（5）望 uang—wang;翁 wueng—weng;按 yan—an;鱼 yü—yu;远 üan—yuan;韵 ün—yun;敖 yao—ao;样 iang—yang(说明:《汉语拼音方案》规定,韵母自成音节声母为零时,只有齐齿呼、合口呼、撮口呼韵母要使用 y、w,开口呼韵母不使用 y、w,上述拼写错误,有开口呼韵母自成音节时使用了 y、w,如:按 yan—an、敖 yao—ao,也有的是不合 y、w 使用的规则,如望 uang—wang、翁 wueng—weng、鱼 yü—yu、远 üan—yuan、韵 ün—yun、样 iang—yang)。

4. （1）小 siao—xiao;松 siong—song;竟 zing—jing;脚 giao—jiao;

恰 kia—qia；分 fin—fen；声 shing—sheng（说明：按普通话声韵配合规律，齐齿呼韵母不跟唇齿音声母、舌根音声母、舌尖前音声母、舌尖后音声母相拼）；

（2）波 buo—bo；破 puo—po；抓 jua—zhua；副 fuo—fu（说明：按普通话声韵配合规律，合口呼韵母跟双唇音声母、唇齿音声母相拼时只限于 u，合口呼韵母也不跟舌面音声母相拼）；

（3）下 xa—xia；洽 qa—qia；家 ja—jia；句 jo—ju；写 xe—xie；决 je—jue；觉 juo—jue；装 juang—zhuang；穿 quan—chuan（说明：按普通话声韵配合规律，舌面音声母不跟开口呼、合口呼韵母相拼）；

（4）比 bü—bi；扑 pü—pu；别 büe—bie；顿 dün—dun；却 güe—que（说明：按普通话声韵配合规律，撮口呼韵母不跟双唇音声母、舌尖中音 d 和 t、舌根音声母相拼）；

（5）巨 zü—ju；素 sü—su；粗 cü—cu；过 güe—guo；捆 kün—kun（说明：按普通话声韵配合规律，撮口呼韵母不跟舌尖前音声母、舌根音声母相拼）；

（6）隆 lueng—long；翁 ong—weng；拉 ler—la；乃 nê—nai（说明：按普通话声韵配合规律，韵母 ueng 只有零声母音节，不跟辅音声母相拼；韵母 ong 没有零声母音节，只能跟辅音声母相拼；er 和 ê 也只有零声母音节，不跟辅音声母相拼）；

（7）涔 cin—cen；炸 zhia—zha；扔 ring—reng；抢 chiang—qiang（说明：按普通话声韵配合规律，舌尖前音声母和舌尖后音声母，不能跟齐齿呼韵母相拼）。

5．（1）用意 iòngì—yòngyì（说明：《汉语拼音方案》规定，齐齿呼韵母自成音节声母为零时，要使用 y）；无谓 úuèi—wúwèi（说明：《汉语拼音方案》规定，合口呼韵母自成音节声母为零时，要使用 w）；月夜 üèiè—yuèyè（说明：《汉语拼音方案》规定，撮口呼韵母和齐齿呼韵母自成音节声母为零时，要使用 y，并省去 ü 两点）；对流 dùèilióu—duìliú（说明：《汉语拼音方案》规定，韵母 uei、iou 跟辅音声母相拼时，韵腹 e、o 要省去，声调往后移）；唯物 uéiù—wéiwù（说明：《汉语拼音方案》规定，合口呼韵母自成音节声母为零时，要使用 w）。

（2）委员 uěiüán—wěiyuán（说明：《汉语拼音方案》规定，合口呼韵母自成音节声母为零时，要使用 w；撮口呼韵母自成音节声母为零时，要使用 y，并省去 ü 两点）；论文 luènuén—lùnwén（说明：《汉语拼音方案》规定，韵母 uen 跟辅音声母相拼时,要省去韵腹 e;合口呼韵母自成音节声母为零时,要使用 w);言语 yiánǔ—yányǔ(说明:《汉语拼音方案》规定,齐齿呼韵母和撮口呼韵母自成音节声母为零时,要使用 y,并省去 ü 两点);议案 iàn—yì'àn(说明:《汉语拼音方案》规定,齐齿呼韵母自成音节声母为零时,要使用 y;开口呼韵母自成音节声母为零且跟在别的音节后面时,要使用隔音符号);堤岸 dīàn—dī'àn(说明:《汉语拼音方案》规定,开口呼韵母自成音节声母为零而又跟在别的音节后面时,要使用隔音符号)。

(3) 血球 xuèqióu—xuèqiú(说明:《汉语拼音方案》规定,撮口呼韵母跟舌面音声母相拼时,要省去 ü 上两点;iou 跟辅音声母相拼时,韵腹 o 要省去,声调往后移);演员 iǎnüán—yǎnyuán(说明:《汉语拼音方案》规定,齐齿呼韵母和撮口呼韵母自成音节声母为零时,要使用 y,同时要省去 ü 上两点);规律 guēilù—guīlù(说明:《汉语拼音方案》规定,韵母 uei 跟辅音声母相拼时,韵腹 e 要省去,声调往后移;撮口呼韵母跟舌尖中音 n、l 相拼时,ü 上两点不能省去);谬误 miòuù—miùwù(说明:《汉语拼音方案》规定,韵母 iou 跟辅音声母相拼时,韵腹 o 要省去,声调往后移;合口呼韵母自成音节声母为零时,要使用 w);洋流 iánglióu—yángliú(说明:《汉语拼音方案》规定,齐齿呼韵母自成音节声母为零时,要使用 y 韵母;韵母 iou 跟辅音声母相拼时,韵腹 o 要省去,声调往后移)。

(4) 飞跃 fēiüè—fēiyuè(说明:《汉语拼音方案》规定,撮口呼韵母自成音节声母为零时,要使用 y,同时要省去 ü 上两点);威望 uēiuàng—wēiwàng(说明:《汉语拼音方案》规定,合口呼韵母自成音节声母为零时,要使用 w);纹银 uénín—wényín(说明:《汉语拼音方案》规定,合口呼韵母自成音节声母为零时,要使用 w;齐齿呼韵母自成音节声母为零时,要使用 y);万一 uànī—wànyī(说明:《汉语拼音方案》规定,合口呼韵母自成音节声母为零时,要使用 w;齐齿呼韵母自成音节声母为零时,要使用 y);园艺 üánì—yuányì(说明:《汉语拼音方案》规定,撮口呼韵母和齐齿呼韵母自成音节声母为零时,要使用 y,同时要省去 ü 上两点)。

6. 桌子 zhuōzǐ—zhuōzi;晚上 wǎnshàng—wǎnshang;萝卜 luóbò—luóbo;木头 mùtóu—mùtou;我们 wǒ mén—wǒ men;妈妈 mā mā—mā ma;馒头 mántóu—mántou;外面 wàimiàn—wàimian(说明:《汉语拼音方案》规定,轻声不标调)。

7. (1) 国家 gúojiā—guójiā;条件 tiaójiàn—tiáojiàn;妥善 tǔoshàn—

tuǒ shàn；创造 chùangzaò—chuàngzào；秒 miaǒ—miǎo；开 kaī—kāi；月
yùe—yuè；前 qían—qián（说明：《汉语拼音方案》规定，调号应标在主要元
音即韵腹上）。

（2）休 xīu—xiū；退 tùi—tuì；囚 qíu—qiú；臀 tuń—tún（说明：《汉语拼
音方案》规定，韵母 iou、uei、uen 跟辅音声母相拼时，要省去韵腹 e、o，其中
ui、iu 的调号往后标，un 标在 u 上）。

8. 四 shì—sì；声 sēng—shēng；吃 cī—chī；日 yì—rì；张 zāng—zhāng；
吹 cuī—chuī；杀 sā—shā；森 shēn—sēn（说明：要分清舌尖前音声母和舌尖
后音声母）。

9. 蓝 nán—lán；难 lán—nán；宁 líng—níng；龙 nóng—lóng；您 lín—
nín；囊 láng—náng；类 nèi—lèi；泥 lí—ní（说明：要分清 n 和 l）。

10. 李老师 Li Laoshi—Li laoshi（《汉语拼音正词法基本规则》规定，姓
和称呼分开写，姓的第一个字母大写，而称呼的第一个字母不大写）；

上海市 Shanghaishi—Shanghai Shi（《汉语拼音正词法基本规则》规
定，地名中，专名和通名分开写，每一部分的第一个字母大写）；

泰山 Taishan—Tai Shan（《汉语拼音正词法基本规则》规定，地名中，
专名和通名分开写，每一部分的第一个字母大写）。

上海师范大学 Shanghaishifandaxue—Shanghai Shifan Daxue（《汉
语拼音正词法基本规则》规定，多音节专有名称应按词分写，每一部分第一
个字母要大写）；

新疆 Xin Jiang—Xinjiang（《汉语拼音正词法基本规则》规定，地名中
专名和通名分写，但"新疆"只是专名，不符合分写条件）；

王海容 Wanghairong—Wang Hairong（《汉语拼音正词法基本规则》
规定，人名的姓和名分开写，每一部分的第一个字母大写）。

三、"文字"部分综合训练

一、填空题

1. 汉字是记录汉语的（　　　）系统。

2. 从汉字跟汉语的关系看，汉字是（　　　）文字。

3. 用拼音文字记录语言，一个词里字母挨着字母连着写，词与词之间

留开空隙,以显示词的界限,而汉字记录汉语没有这种(   )的规则。

4. 从汉字所记录的对象看,汉字记录的语音单位是(   )。

5. 汉字除了有形有音以外,还表示一定的意义,它是形音义的结合体,汉字记录的是汉语里最小的音义结合体,也就是最小的语法单位——(   )。

6. 从汉字的书写形式看,汉字是(   )文字。

7. 世界上的文字种类很多,不过从文字的体制来看,大致可以分为(   )、音节文字、语素文字三种。

8. 1899年在河南安阳附近的小屯村发现了三千多年前殷商时代通行的文字——(   ),这种文字也叫甲骨卜辞、龟甲文字、殷墟文字。

9. 隶书变古代汉字的曲线形体和小篆的匀圆线条为方折,变弧形为直线,从而形成了笔画,这种用"点、横、竖、撇、捺"等笔画转写篆书所发生的变化被称为(   )。

10. 秦朝的标准字体是(   ),后来"徒隶"们在它的基础上简变为隶书。

11. 由商周的甲骨文、金文发展为篆书,由篆书发展为(   )、楷书,这是汉字字体演变的主流。

12. 楷书的字形结构可以分为三段:笔画、(   )、整字。

13. 汉字是由若干个部件按照一定的结构规则组成的,分析汉字的部件应当有一个切分原则,一般采用(   )的原则,另有"成字"和"组配"两个具体规则。

14. 一般把汉字的结构关系分为三大类:上下关系、(   )、内外关系。

15. 现代汉字的标准化应做到"字有定量、(   )、字有定音、字有定序",即所谓"四定"。

16. 在现代汉语用字数量统计方面近来做了许多研究工作,1988年国家语言文字工作委员会公布了《(   )》和《现代汉语通用字表》,前者收字3 500个,后者收字7 000个。

17. 在现代汉字定形方面,有关部门做了许多工作,公布了《第一批异体字整理表》、《(   )》、《印刷通用汉字字形表》等文件,从异体字整理、汉字简化、印刷体字形规范等方面来做好定形工作。

18. 从汉字跟时间和空间的关系来看,汉字具有一定的(   )性。

19. 汉字编码方案主要有形码、音码和(   )三种。

20.《中华人民共和国国家通用语言文字法》所规定的国家通用语言文字是指(　　)和规范汉字。

答案：

1. 书写符号； 2. 语素； 3. 分词连写； 4. 音节； 5. 语素； 6. 平面型方块体； 7. 音素文字； 8. 甲骨文； 9. 隶变； 10. 小篆； 11. 隶书； 12. 部件； 13. 从形切分； 14. 左右关系； 15. 字有定形； 16. 现代汉语常用字表； 17. 简化字总表； 18. 超时空； 19. 形音结合码； 20. 普通话。

二、单项选择题(在各备选项中只有一项是正确的)

1. 从汉字跟汉语的关系来看,汉字是(　　)。
   A. 音节文字　　B. 表音文字　　C. 语素文字　　D. 音素文字

2. 汉字传入日本、朝鲜和韩国、越南产生了(　　)等受汉字影响的文字符号。
   A. 假名、谚文、字喃　　　　　B. 日文、朝鲜文、越南文
   C. 片名、韩文、越书　　　　　D. 假名、朝文、字书

3. 从汉字所记录的对象来看,汉字记录的语音单位是(　　)。
   A. 音素　　　B. 音位　　　C. 音符　　　D. 音节

4. 下列汉字中(　　)组属于一形多音多义字(多音多义字)。
   A. 白、剥、哄、呆　　　　　B. 行、吓、朴、和
   C. 露、氮、侯、环　　　　　D. 划、凿、晃、百

5. 注音正确的一组字是(　　)。
   A. 揣度(chuǎidù)、参差(cēnchā)、强迫(qiángpò)、句读(jùdòu)
   B. 揣度(chuǎiduó)、参差(cēncī)、强迫(qiǎngpò)、句读(jùdòu)
   C. 揣度(chuǎidù)、参差(cēncī)、强迫(qiǎngpò)、句读(jùdú)
   D. 揣度(chuǎiduó)、参差(cānchā)、强迫(qiángpò)、句读(jùdòu)

6. 甲骨文的发现时间和发现地点是(　　)。
   A. 1899 年,河南安阳小屯村　　B. 三千年前,河南安阳小屯村
   C. 1899 年,西安半坡村　　　　D. 1899 年,山东莒县大汶口

7. 秦始皇统一后的秦国标准字体是(　　)。
   A. 大篆　　　B. 隶书　　　C. 金文　　　D. 小篆

8. 汉字字体演变的顺序( )。

    A. 甲骨文→篆书→隶书→金文→楷书

    B. 甲骨文→金文→隶书→篆书→楷书

    C. 甲骨文→金文→篆书→隶书→楷书

    D. 甲骨文→隶书→篆书→金文→楷书

9. 都属于象形字的一组汉字是( )。

    A. 上、甘、刃、月   B. 鸟、雨、首、贝

    C. 末、火、北、兵   D. 北、问、休、从

10. 都属于指事字的一组汉字是( )。

    A. 本、刃、上、甘   B. 至、门、禾、林

    C. 炎、聂、烦、看   D. 亦、末、析、淋

11. 都属于会意字的一组汉字是( )。

    A. 取、看、伐、明   B. 本、从、花、问

    C. 鸟、涉、众、赏   D. 恭、胶、淼、森

12. 都属于形声字的一组汉字是( )。

    A. 网、沐、刃、益   B. 轰、聂、众、竹

    C. 惊、功、案、闷   D. 爨、炎、鸡、囊

13. 文字是( )。

    A. 书面语言   B. 记录语言的书写符号系统

    C. 人类最重要的交际工具   D. 口语的加工形式

14. 下面说法中不正确的是( )。

    A. 现代汉字中形声字占多数是因为形声造字法优于其他的造字法

    B. 现代汉字中形声字占多数是因为形声字的意符都具有表义的作用

    C. 现代汉字中形声字占多数是因为形声造字法容易造字

    D. 现代汉字中形声字占多数是因为形声字满足了文字联系语音的要求

15. "出"、"凹"、"卵"、"臼"、"垂"、"乘"等汉字的笔画数分别是( )。

    A. 四、五、四、六、八、十一   B. 五、五、七、六、八、十

    C. 四、四、五、六、九、十   D. 四、五、五、六、八、十一

16. "插"、"叟"、"幽"、"聚"等汉字的笔画数分别是( )。

    A. 十一、八、九、五   B. 十二、九、九、十四

    C. 十二、九、八、五   D. 十一、九、九、十四

17. 下列汉字中都属于包围结构的一组是(　　)。

　　A. 屏、遢、图、画、司　　　　　B. 鞭、尝、习、向、贱

　　C. 勾、赶、呆、项、向　　　　　D. 凶、可、苗、窟、甞

18. "兑"、"解"、"蒋"、"戀"四个字从部件分析来看,可以分别切分成

(　　)个基础部件。

　　A. 二、二、三、六　　　　　　　B. 三、四、四、七

　　C. 三、三、四、七　　　　　　　D. 二、四、四、三

19. 现代汉语常用汉字约在(　　)个。

　　A. 7 000　　　B. 6 000　　　C. 3 500　　　D. 56 000

20. 下一成语书写正确的是(　　)。

　　A. 卑躬屈膝　　B. 卑恭屈膝　　C. 卑躬曲膝　　D. 卑恭曲膝

21. "厉"字使用不当的词语是(　　)。

　　A. 厉害得失　　B. 变本加厉　　C. 再接再厉　　D. 厉行节约

22. 目前汉字编码研究的重点内容应该是(　　)。

　　A. 设计更多的方案

　　B. 汉字编码方案的标准化(优选工作)

　　C. 推广和普及各种编码方案

　　D. 做好汉字标准化工作

23. "苗"、"庙"、"画"从现代汉字的结构模式看分别是(　　)。

　　A. 上下结构　　上下结构　　内外结构

　　B. 内外结构　　内外结构　　左右结构

　　C. 上下结构　　内外结构　　上下结构

　　D. 上下结构　　内外结构　　内外结构

24. "直"字误用的词语是(　　)。

　　A. 直眉瞪眼　　B. 直译　　　　C. 直观　　　　D. 仗义直言

25. "和"字使用不当的词语是(　　)。

　　A. 貌和神离　　B. 随声附和　　C. 和盘托出　　D. 曲高和寡

答案:

　　1. C;　**2.** A;　**3.** D;　**4.** B;　**5.** B;　**6.** A;　**7.** D;　**8.** C;　**9.** B;

10. A;　**11.** A;　**12.** C;　**13.** B;　**14.** B;　**15.** B;　**16.** B;　**17.** A;　**18.**

B;　**19.** C;　**20.** A;　**21.** A;　**22.** B;　**23.** D;　**24.** D;　**25.** A。

三、多项选择(5个备选项中至少有两个以上是正确的)

1. 跟音素文字相比,如下(　　)都可以看成是汉字的特点。
   A. 汉字是平面型方块体文字
   B. 汉字的形音义之间本来存在一定的理据
   C. 汉字是音节文字
   D. 汉字记录的语音单位是音节
   E. 汉字没有分词连写的规则

2. 下列五组汉字中属于上形下声组合方式的是(　　)。
   A. 锦、翁、斧、掌、恭　　　　B. 厅、在、脊、集、汞
   C. 箔、旱、氖、簸、篮　　　　D. 迷、问、疸、闷、忠
   E. 苗、筒、笆、霉、崩

3. 采用部首给汉字归类,将汉字归为214部的辞书有(　　)。
   A.《说文解字》　　　　　　B.《字汇》
   C.《康熙字典》　　　　　　D.《辞源》
   E.《中华大字典》

4. 甲骨文又称(　　)。
   A. 钟鼎文　　　　　　　　B. 龟甲文字
   C. 殷墟文字　　　　　　　D. 卜辞
   E. 石鼓文

5. 下列(　　)组字的声旁跟整字的读音不一致。
   A. 惶、稀、贷、浓、拭　　　B. 进、愎、池、很、粘
   C. 翁、咬、彼、缅、问　　　D. 鞁、镢、伉、沥、励
   E. 莉、莲、椤、伦、首

6. 现在看来如下(　　)组字的意符已经不能明确表达整字所属的意义范畴了。
   A. 笨、理、虹、笃、骄　　　B. 镜、冶、颁、颗、简
   C. 渐、红、练、素、苟　　　D. 眼、淹、翅、挥、跑
   E. 蚂、帽、栏、焖、聆

7. 规范现代汉字形体的基本文献是(　　)。
   A.《简化字总表》
   B.《普通话异读词审音表》
   C.《汉语拼音正词法基本规则》

D.《第一批异体词整理表》

E.《印刷通用汉字字形表》

8. (　　)组词语的写法是正确的。

A. 痴心妄想、妄自菲薄、妄下雌黄、枉费心机

B. 熟能生巧、乔装打扮、巧夺天工、巧取豪夺

C. 认识肤浅、人不敷出、英雄倍出、陈词烂调

D. 前倨后恭、计日成功、张慌失措、蓬筚生辉

E. 呕心沥血、坚如磐石、按部就班、义愤填膺

9. (　　)组词语的写法是正确的。

A. 龙盘虎踞、前倨后恭、真凭实据、居安思危

B. 大有神益、纵横捭阖、痹官野史、陂塘污库

C. 史无前例、变本加厉、利害得失、一一列举

D. 过分藻饰、鼓噪而进、口干舌躁、心浮气躁

E. 貌合神离、随声附和、和盘托出、曲高和寡

10. (　　)中带点字与"站"同音。

A. 暂时　　B. 崭新　　C. 辗转　　D. 精湛　　E. 绽开

11. 下列五组字中,每组内各字笔画数相同的是(　　)。

A. 凸、母、册　　　　　　B. 制、但、冠

C. 鼎、黑、葛　　　　　　D. 瓦、为、五

E. 姜、烟、妻

12. 下面五组汉字中,每组内各字的结构模式相同的是(　　)。

A. 厌、字　　B. 取、信　　C. 思、同　　D. 画、区　　E. 徽、冀

答案:

1. A B D E; **2.** C E; **3.** C D E; **4.** B C D; **5.** B C; **6.** A B C; **7.** A D E; **8.** A B E; **9.** A C E; **10.** D E; **11.** A C D; **12.** B D。

四、是非判断题

1. 世界上三种最古老的文字中,只有汉字沿用至今,长期为中华民族服务,汉字的这种悠久历史和长期被使用说明汉字是适应汉语的特点的。

2. 汉字是记录语素的,而汉语的语素是以单音节为主的,一个汉字一般情况下读出来就是一个音节,所以,汉字可以看作音节文字。

3. 汉字的形、音、义之间存在着一定的理据,可见汉字还是见形知义的图画式表意文字。

4. 偏旁一般分形旁(意符)和声旁(音符)两类,会意字因没有声旁,因而不能分析出偏旁来。

5. 能分析出两个以上部件的汉字就是合体字。

6. 按《简化字总表》"藉口、凭藉、慰藉、狼藉"的"藉"一律简化为"借"。

7. 偏旁和部件是从不同角度对汉字进行分析的,因而偏旁跟部件并不完全对应。

8. "笔画—笔划"、"人才—人材"、"倒霉—倒楣"、"推委—推诿"都是同音、同义而异形的异形词,因而是汉字定形中应该整理的对象。

9. 汉字在意义上代表语素,也就是说每一个汉字都记录一个语素。（　　）

10. 汉字的计算机输入中汉字语音识别输入就是汉语拼音输入法。（　　）

答案:

1. √(说明:文字是记录语言的书写符号系统,是依附语言、记录语言的,一种文字如果能适应它所记录的、所代表的语言的特点,能在发展中不断地、充分地改造自己,使自己更好地满足语言和社会的需要,它就会长期存在下去,否则就会丧失生命力而为别的文字系统所代替。汉字是一种能适应汉语特点的文字系统,并能不断地改革,以适应语言和社会发展的需要,所以能长期存在下来。)

2. ✕(说明:从汉字跟汉语的关系看,汉字是语素文字,由于汉语的语素多是单音节的,所以,一个汉字代表一个音节。但不能就此说汉字是音节文字,因为音节文字是一个符号表示一个音节,一个音节用一个符号表示,而且整个文字系统里符号总数不可能很多,语言系统里音节总数也不可能很多。现代汉语普通话里带声调的音节的总数有一千几百个,汉字有好几万个,音节跟汉字不能对应。所以,汉字不属于音节文字。)

3. ✕(说明:汉字的形、音、义之间本来存在着一定的理据,古文字也多能见形知义,但不仅现代汉字的形音义之间的理据很多已不可见,成为记录语言的符号,汉字是朝着符号化方向发展的,而且即使古文字虽能在一定程度上见形知义,却因跟语言中的语音相联系,记录语言,也是一种书写符号。所以说汉字是一种能见形知义的图画式表意文字是不准确的。)

4.　✕(说明:会意字从来源上看,是由两个以上的独体字构成的,一般可以分析出两个以上的偏旁,只不过只有形旁,没有声旁罢了,所以会意字是可以分析出偏旁来的。)

5.　✕(说明:合体字是由偏旁加偏旁组合而成的,而部件不等于偏旁,如"盆"是合体字,因为可以分析出声旁"分"和形旁"皿",部件却是三个:八、刀、皿;"兑"从部件看可以分析成三个部件,但由于分析不出偏旁来,只能是独体字;再如"贝"可以分析为两个部件,却只能是独体字。所以能分析出两个以上部件的汉字不一定就是合体字。)

6.　✕(说明:按《简化字总表》"藉口、凭藉"的"藉"简化为"借",而"慰藉、狼藉"的"藉"不简化。)

7.　✓(说明:偏旁是根据造字法原则来分析的,偏旁分析应跟字的音义联系起来,而且偏旁分析主要分析的是形声字的形旁和声旁;而部件分析是单纯分析字形结构,不限于形声字,部件是现代汉字在字形上比笔画高一级的有"生成作用"的结构单位,不是造字法的单位。所以,偏旁和部件是从不同角度对汉字进行分析的,因而偏旁跟部件并不完全对应。)

8.　✓(说明:"笔画—笔划"、"人才—人材"、"倒霉—倒楣"、"推委—推诿"都是同音、同义而异形的异形词,跟异体字一样都是人们用字的赘疣,因而是汉字定形中应该整理的对象。)

9.　✕(说明:汉字是语素文字,汉字代表的是最小的音义结合体语素。但是汉字也记录少量非语素的音节,如"葡"、"萄"、"琵"、"琶"等,"葡萄"、"琵琶"是多音节语素。)

10.　✕(说明:汉字语音识别输入是计算机对人说的汉语口语进行语音分析,从而实现汉字输入计算机的一种方法;而汉语拼音输入法是汉字键盘输入的一种方法。)

五、术语解释

1. 文字　　2. 甲骨文　　3. 金文　　4. 篆书　　5. 楷书　　6. 草书和行书　　7. 象形字　　8. 指事字　　9. 会意字　　10. 笔画和笔顺　　11. 部首

和偏旁 **12.** 部件 **13.** 汉字编码 **14.** 隶书 **15.** 形声 **16.** 独体字 **17.** 合体字 **18.** 意符 **19.** 音符 **20.** "四定"

答案：

1. 文字是记录语言的书写符号系统,是辅助和扩大语言交际职能的最重要的工具。

2. 甲骨文是三千多年前殷商时代通行的文字,它是记录商代王室贵族有关占卜的文字,因刻写在龟甲和兽骨上,所以叫甲骨文,是目前所见最早而又成批和成熟的汉字。

3. 金文主要指西周及春秋时代铸在青铜器上的文字,古代把青铜称为金,故名。

4. 篆书有大篆和小篆之分,大篆是春秋战国时期秦国的文字,小篆是秦统一后在大篆基础上加以整理而成的秦朝的标准字体。

5. 楷书是出现于汉末、流行于魏晋以后直到现代的字体,楷书就是端端正正可为楷模的字体,又叫真书、正书,现代汉字的字体就是楷书。

6. 草书一般专指章草和今草,跟汉隶相对的草书是章草,是解散隶体趋于简便的字体;相对于楷书的草书是今草。行书是介于楷书和草书之间一种字体,它是在楷书的基础上适当加入草书特点而形成的简便字体。

7. 象形字是用象形造字法造出来的字,象形就是用模拟事物的形状来表示字义的一种造字法。

8. 指事字是用指事造字法造出来的字,指事就是用符号标出事物的特点来表示字义的一种造字法。

9. 会意字是用会意造字法造出来的字,会意就是合字表意的造字法,即组合两个或两个以上的字构成一个新字。

10. 笔画就是构成汉字字形的点和线,是字形结构的最小单位。书写汉字时笔画出现的先后顺序就叫笔顺。

11. 部首是字典字书中为了对汉字分类排列以供查检的标目,即字典字书中各部的首字。偏旁指的是合体字的构成部分,分为意符(也叫形旁、形符、义符)和音符(也叫声旁、声符)两种。

12. 部件是汉字字形上比笔画高一级的有"生成作用"的结构单位,也叫构件。

13. 汉字编码就是把汉字变成可以输入计算机的代码,即汉字输入码的设计和编制,汉字编码是汉字信息处理的关键技术,汉字编码可以分为形码、音码、形音结合码三类。

14. 秦代时将小篆的笔画和结构作了简化,把圆转改为方折,以便于书写,这种字体就是隶书。隶书的特点是笔画平直,笔势发扬舒展,每一个字都用"挑法",这种用点、横、竖、撇、捺等笔画转写篆书所发生的变化叫"隶变"。隶书的产生,是汉字演变史上的一个转折点。

15. 古代汉字造字法的一种,用意符和音符组成新字的造字方法,造出的字叫形声字。形声造字法优于其他造字法,所以现代汉字也以形声造字法为主。现代汉字里形声字已达 90% 以上。

16. 独体字是由笔画与笔画直接组合而成的汉字,它们分不出偏旁来,主要来源于古代的象形字和指事字。

17. 合体字是由偏旁和偏旁组合而成的汉字,它们来源于古代的会意字和形声字。不过自古代到现代,汉字的字形和结构成分发生变化,有些古代的独体字变成了现代的合体字,有些古代的合体字变成了现代的独体字。

18. 形声字总是分成两部分,一部分表意,一部分表音。表意部分称为意符,也叫形旁、形符、义符。意符表示形声字的意义范畴。意符的作用一是提示该字所记录的语素的义类,一是区别同音字。意符在表义上有一定的局限性。

19. 形声字总是分成两部分,一部分表意,一部分表音。表音部分称为音符,也叫声旁、声符。音符的作用是表示字音,即提示该形声字的读音与声旁读音一致。音符的局限性主要表现为声旁的读音的准确率不高。

20. "四定"是指现代汉字的标准化,即"字有定量、字有定形、字有定音、字有定序"。"定量"就是规定现代汉字的使用总量;"定形"就是确定汉字的字形,主要做好整理异体字、整理异形词、规范书写笔顺三项工作;"定音"就是规定每个汉字的标准读音,做好规范异读字的工作;"定序"主要是查字法的标准化。

六、问答题

1. 略述汉字的作用。
2. 跟音素文字和音节文字相比,汉字有哪些特点?
3. 举例说明汉字形音义之间的复杂关系。

4. 为什么说汉字字体演变的过程是汉字逐步符号化、简化、规范化和稳定化的过程?

5. 举例说明汉字部件分析的原则和作用。

6. 什么是隶书?简述"隶变"在汉字发展史上的价值。

7. 什么是形声字?略述形声字的意符、音符的作用和局限。

8. 略述现代汉字标准化的意义和基本内容。

9. 简述加强社会用字规范化的意义和主要方面。

10. 小篆在汉字字体演变过程的地位是什么?

11. 现代汉字中为什么形声字占绝大多数?

12. "绝、骄、演"这些字的现代常用义是否与各自的形旁关系密切?这说明了什么?

13. 偏旁和部首是一回事吗?

14. 汉字信息处理主要包括哪些内容?

15. 简述加强汉字研究对汉字信息处理的用途。

答案:

1. 汉字是记录汉语的书写符号系统,它的最突出的作用是拓宽了汉语使用的时空范围,把属于听觉方面的有声语言符号凝固于书面,转变为视觉方面的符号,突破了有声语言的传递信息的时空限制,延伸了语言的功能,所以汉字的产生和使用突破了汉语在时空方面的限制,扩大了汉语的交际职能,成为辅助和扩大汉语交际的最重要的工具。其次,汉字的产生推动了中国社会的发展,汉字保存了汉民族极为丰富的文化遗产,为后世人借鉴过去的成就、经验、教训提供了基础;再次,汉字在我国方言如此复杂的社会中,起到了维护多方言国家统一的作用;最后,汉字不仅适应了汉语的特点,从而得以长期保存,而且汉字的产生有了汉语书面语,这使得汉语的进一步加工规范成为可能,所以汉字的产生也促进了汉语的发展。汉字历史悠久,无论过去、现在,还是将来都发挥着积极的作用,而且汉字还在历史上对日本、朝鲜、韩国、越南等国家社会文化的发展起到一定的作用。

2. 跟拼音文字相比,可以看出汉字的一些明显特点:首先,从汉字跟汉语的关系,即从文字的体制来看,汉字是语素文字,汉字记录的是汉语中的语素;其次,从书写形式来看,汉字是平面型方块体文字;其次,从字的形音义之间的关系看,汉字是形音义的统一体,汉字的形音义之间本来存在一定的理据;再次,从书写款式上看,汉字书写时没有分词连写的规则,而是字与字之间留有空隙;再次,从汉字跟时间和空间的关系来看,汉字具有一定的超时空性;再次,从汉字所记录的对象来看,汉字记录的语音单位是音节;最后,从汉字自身来看,汉字数量多,字形结构复杂。

3. 语言总是丰富复杂的,文字总是有限的,这样就势必造成文字形音义的复杂关系,汉字也是这样,有一个汉字记录一个语素,只有一种读音的情况,但这种一形一音一义的情形毕竟少数,多数汉字的形音义关系是复杂的。汉字形音义复杂关系类型归纳起来可有如下几种:

(1) 单音单义字,即一形一音一义,如:氨、铍、肺等。

(2) 多音多义字,即一个汉字字形不止一种读法,不止一个意义,如"和"字在《新华字典》中有五种读音,也有多种意义。

(3) 异读字,即一形多音一义,如剥(剥皮/剥削)、薄(薄纸/单薄)等。

(4) 异体字,即多形一音一义,如"蚓"、"蚘"、"蜎"、"蛔"、"痼"等字就是异体字。

(5) 繁简字,即一种音义用不同字形来表达,但不同字形只有笔画多少的差别,如"书"和"書"、"汉"和"漢"。

(6) 同音字,即一种字形,一种读音,表示不同的意义,如"羊毛"的"毛"和"一毛钱"的"毛",就属于同音字,这属于同形同音字。同音字还应该包括多形一音多义字,如读 shì 的字有很多:是、事、市、试、式、示、势、逝、嗜等,是字形、字义不同而字音相同的字。

(7) 同形字,包括同形同音字和多音多义字两种。

汉字的形音义复杂中还包括多义字和同义字现象。

4. 汉字字体演变的过程是汉字逐步符号化、简化、规范化、稳定化的过程。就符号化来看,汉字从古代汉字的带有图画性的文字经过篆书、隶书到楷书,逐步变成不象形的书写符号。就简化来看,符号化的过程也是简化的过程,主要反映在同字异形减少,字的写法和结构趋减上。就规范化来看,小篆是汉字规范化的一个转折点,"隶变"之后汉字字形结构基本确定,楷书形成之后,字形进一步规范。就稳定性来看,小篆使汉字的笔画数和偏旁分布、书写形式固定下来,异体字减少;隶变之后形成新的笔形系统,字形成为扁方形;楷书之后汉字字形基本稳定,确定了"点、横、竖、撇、捺"等基本笔画,笔形也得到进一步的规范,各个字的笔画数和笔顺、偏旁部位也进一步固定下来;同时为适应多行书写的要求,字的排列要整齐,这样字形逐渐变方,笔画的长短、粗细被约束在方框内伸展,笔画分布的部位和亲疏也就受到制约,字形结构讲究平衡对称,这样汉字的方块形体和结构基本定型。一千多年来楷书一直是汉字的标准字体。可见,从甲骨文到楷书的汉字字体演变的过程也就是汉字逐步符号化、简化、规范化、稳定化的过程。

5. 部件是现代汉字在字形上比笔画高一级的有"生成作用"的结构单位,汉字就是由若干个部件按照一定的结构规则组成的,数百个有限的汉字组成了数万个汉字,因而对汉字进行部件分析有利于汉字的教学和研究,用部件来分析汉字有以简驭繁的作用;同时汉字的部件分析有利于汉字的信息处理,部件对汉字编码有重要意义。

汉字往往有几个部件构成,因而部件分析应该有一定的原则,一般采用的是"从形切分"的原则,如"休"可以分析成"人"和"木"两个部件,而对有多切分可能的汉字还要照顾"成字"和"组配"两个具体规则,如"兑"应该切分为"丷"、"口"、"儿"三个部件;另外,对多层级结构要多级切分,如"想"应先切分为上下结构"相"和"心",然后再对"相"作二级切分得出"木"和"目"。

6. 隶书分秦隶(古隶)和汉隶(今隶),秦隶是在小篆的基础上简化而成的,汉代进一步减省为汉隶。隶书的特点是笔画平直,笔势发扬舒展,每个字都有"挑法",有波磔,字字有棱角,字形扁平,隶书变古代汉字的曲线形体和小篆的匀圆线条为方折,变弧线为直线,从而形成了笔画,这种用"点、横、竖、撇、捺"等笔画转写篆书所发生的变化,文字学上就叫"隶变",隶变奠定了楷书的基础,降低了汉字的繁难程度,大大提高了书写速度,因此隶书的产生,即"隶变",是汉字演进史上的一个转折点。

7. 用形声方法造出来的字是形声字,形声就是用意符和音符组成新字的造字方法。形声字的意符也叫形符、形旁,表示形声字的意义范畴,意符一是提供该字所记录的语素的义类,凡意符相同的形声字,在字义上或多或少的都与意符所标示的事物或行为有关,如"财"、"贡"、"账"、"货"、"贷"、"贫"、"购"、"贸"、"贱"、"费"、"贾"、"贿"、"赂"、"赊"、"赌"等都以"贝"为意符,一般跟钱、财、物有关,再如"顶"、"颏"、"颈"、"颔"、"须"、"颅"、"额"、"颜"、"颚"、"颦"等都以"页"为意符,因而都跟头、面的意义有关,还如"提手"旁的字多同手的动作行为有关,"草"字头的字跟草本植物有关,"衣"字旁的字跟穿戴的衣物有关。可见意符可以帮助识别字的表意范围。其次，能够帮助区别同音词，当一些字读音相同、音符也相同时，不同意符就成了区别同音词的主要手段了，严格地说，加意符区别同音词也就是从字面上确定了不同的语素及其意义，所以，意符能帮助人们掌握字义。

不过随着语言文字的发展，意符的表意作用也有其局限性。意符所表的"义"只能是笼统的、粗疏的，同一意符的字的细微差别无法通过意符加以区别，如"杨"和"柳"、"松"和"柏"，意符只能表示它们的共性，不能体现它们的个性；其次，由于词义的演变和字的假借及客观事物的发展变化，现在不少字的意符已经不能表示字的意义范畴了，如"治"、"理"、"笨"、"笃"、"骄"、"杯"、"镜"、"碗"等；再其次，有些字的意符选择本身不够科学，也带来了意符表意的不科学，如"虹"、"鲸"、"想"等。

音符也叫声旁、声符，是形声字的表音部分，作用是表示字音，提示该形声字的读音同音符的读音一致，人们可以通过音符来提高识字、用字的效率，如知道了"来"的读音，则"莱"、"崃"、"徕"、"涞"、"铼"等字读音也都知道了，再如知道了"阑"的读音，则"谰"、"澜"、"镧"、"斓"等字读音也就知道了；其次音符可以用来区别形似字，如"很"、"狠"、"恨"、"痕"、"跟"、"根"、"茛"、"哏"一组字跟"粮"、"踉"、"莨"、"浪"、"狼"、"廊"、"郎"、"狼"、"榔"、"琅"、"蒗"、"啷"、"稂"、"锒"往往构成形似字，音符可以帮助区别，前一组字的音符是"艮"，凡读作"gen"或"hen"或韵母是"en"的都是前一组字，后一组字的音符是"良"，凡读作"lang"或"liang"或韵母含"ang"的是后一组字；再次可以利用音符去类推字音以帮助学习普通话，如"令"的韵母是"ing"，凡以"令"作音符的字韵母多读"ing"。

但由于语音演变，许多形声字的音符跟整个字的字音已经不一致了，音符已经不能准确表示字音，使得形声字的音符表音有了很大的局限性。

8. 所谓现代汉字标准化是指对"五四"以来的现代汉语书面语用字进行全面的、系统的、科学的整理，做到"字有定量、字有定形、字有定音、字有定序"。现代汉字的标准化可为我国的语文教学、出版印刷、新闻通讯以及各种文字机器和电子计算机中文信息处理等，提供用字的规范和标准。定量、定形、定音、定序这所谓"四定"是研究和整理现代汉字的主要内容。

"定量"就是规定现代汉字的使用总量，尤其要确定常用汉字和通用汉字的数量，以利于语文教学、印刷出版、新闻通讯、信息处理的需要，1988 年国家语委公布了《现代汉语常用字表》和《现代汉语通用字表》,规定了现代汉语 3 500 个常用字和 7 000 个通用字。

"定形"是规定现代汉字的形体,包括规定字的笔画、笔顺、偏旁部位,废除异体字,确定繁简字的标准等,在定形方面过去取得了不少成就,《印刷通用汉字字形表》、《第一批异体字整理表》、《简化字总表》等基本确立了现代汉字的形体。

"定音"是规定每个汉字的标准读音,主要是给异读词审音,《普通话异读词审音表》是这方面的成就。

"定序"就是确定现代汉字的排列顺序,主要是确定查字法的标准,为字典词典的编纂、目录索引的编制、汉字编码提供统一的规范,尤其要确立部首检字法的标准和统一现代汉字的笔形顺序。

9. 社会用字规范化指的是在社会一切的场合使用汉字要遵循统一的形体标准。只有加强社会用字规范化,才能发挥文字这个最重要的辅助性交际工具的社会作用,如果没有统一的用字规范或不遵守统一的用字规范,就会造成混乱,影响交际,甚至贻误工作;同时,加强社会用字规范也是语言文字现代化的要求,没有规范的用字就会影响信息的传递,给语文教学、印刷出版、新闻通讯、汉语汉字信息处理带来混乱。

就目前来看,加强社会用字规范化主要要在如下方面进行工作,一是按规范化的字形标准书写、印刷、处理汉字;二是使用规范的简体字,不滥用繁体字,不乱造自造简体字;三是努力纠正错别字。

10. 小篆是汉字第一次规范化的字体。小篆的线条带弧形,圆转而匀称的线条使字形略带椭圆,极其整齐。小篆把原来没有固定形式的各种偏旁统一起来,一个偏旁只有一个形体,为汉字组字成分的统一打下了很好的基础。小篆确定了每个偏旁在汉字形体中的位置,不能随意变动,每个字所用的偏旁固定为一种,不能用其他偏旁代替,减少了异体,每个字的书写笔数也基本固定,基本上做到了定型化。汉字到了小篆阶段,文字的符号性和规范性得到了很大的提高。

11. 现代汉字中形声字已达 90% 以上,占绝大多数。主要原因在于形声字比起其他几种造字法,存在很大的优越性,这主要体现在两个方面。(1)形声造字法第一次出现了表音成分,使字形的一个部分同语言的声音在一定程度上发生联系,音义两全的结构,好学易记,满足了人们希望文字联系语音的要求。(2)形声造字法容易造字,只要确定了表示的义类,去找一个合适的意符,再找一个同音字作音符就行了,所以,这种造字法有很强的能产性。

12. 这三个字的现代常用义与各自的形旁的联系已经微乎其微了。换句话说,形旁已经不能有效地提示该字所记录的语素的义类了。造成这种状况的主要原因在于古今字义的变化。"绝"原指割断织好的布,"骄"原指高大的马,"演"原是水名。可见,在造字初始阶段这些字的形旁都还较准确地点明了字义。后来,这些字又被假借过去表示其他意思。如"骄傲"、"表演"等,字的假借义取代了本义后,就造成了现在这种局面。这一例子也说明了形声字的形旁提示字义的局限性。

13. 偏旁在汉字系统中具有十分重要的地位,因为绝大多数偏旁与汉字的音、义都有一定联系,所以,对一些常用偏旁的名称、意义以及一些近似偏旁的区别都应有所了解。这里还应注意偏旁与部首的关系,不能混淆。部首与偏旁的所指对象有一致的地方,即都是指汉字中的结构成分,但也有不一致的地方,二者不对等,需要注意区别。第一,偏旁的范围大,部首的范围小。并不是所有偏旁都可以做部首,一个字中,通常只有一个偏旁用作部首,其余的偏旁不作部首。例如"然"字,部首是灬,上边部分就不是部首,只是构字偏旁。查找"然"字时,就只能依据四点底来检索。第二,部首和偏旁是从不同角度命名的,部首是字词典排列汉字的标目名称,偏旁是汉字结构单位名称。同一个构字单位,在查字典时,称作部首,在分析汉字的结构时,称为偏旁。第三,有些部首不是偏旁充当的,而是由笔画充当的。这是因为有不少汉字没有可作部首的偏旁,所以只能用其中比较突出的笔画作部首,例如"丁、七、且、五、屯"等字的部首是"一",这一横并不是偏旁。

14. 汉字的信息处理也就是汉字应用于计算机,是利用电子计算机对汉字进行各种类型的信息处理,让计算机接受和理解汉字。汉字的信息处理主要包括以下内容:

(1) 汉字的计算机输入。汉字信息处理的第一步是要将汉字输入到计算机中去。目前汉字输入的方式主要有三种:汉字键盘输入、汉字字形识别输入、汉字语音识别输入。

(2) 汉字的计算机输出。汉字输入计算机以后,要先转换成由相应的计算机系统所确定的机内代码,然后还原成汉字,再进行输出。汉字的计算机输出一般有两种形式,一是屏幕显示输出,另一种是打印输出。

（3）汉字编码。汉字信息处理的关键技术是汉字编码。汉字编码就是把汉字变成可以输入计算机的代码,即汉字输入码的设计和编制。经过计算机科学家和语言文字学家的艰苦努力,汉字编码的技术已经基本解决,并且汉字编码的方案先后提出了几百种之多。目前汉字编码的基本问题是汉字编码的标准化,即优化问题。

15. 为提高汉字信息处理的效率和质量,必须加强汉字自身的研究。首先必须加强汉字规范化和标准化的研究。汉字的规范化程度直接影响到汉字信息处理的速度和效率,汉字信息处理中的输入、输出、频率统计、汉字识别、语音识别等等都跟汉字的规范化密切相关,如果字形不规范,就难以自动识别,字形不标准也难以输入或输出。

其次,要加强汉字属性研究,只有对汉字的读音、笔画数、部件数、部首、部首笔画数、部首以外的笔画数、部首序号、笔顺、笔顺序号、结构方式、异体字、繁体字、旧字形、字频、字序号等等属性的充分研究,为计算机提供尽可能多的关于汉字的各种信息,才能提高计算机进行汉字信息处理的效率,扩展计算机汉字信息处理的各项功能。

总之,当今社会正处在信息时代,汉字信息处理正是我国各类信息技术发展的基础,因而我们必须投入足够的人力和物力,进一步加强跟汉字信息处理研究有关的各项工作,以加速我国信息技术的发展。

七、填表题

1. 根据声旁与字音的联系情况,将下列汉字填入表内:型、星、姓、性、腥、醒、猩、荇、悖、掌、腰、雾、误、壁、愎、菅、咬、问、理、蝗、缅、终、忠、冲、稀、鸿、诹

声旁与字音的关系类型	字　　　　例
声旁跟字音一致	
声旁跟字音在声韵上相近	
声旁跟字音完全不同	

2. 从现代汉字的形体上,不少也可以看出其造字方法,请把下列汉字按造字方法的异同归入表内:休、火、众、拎、朱、本、尘、羊、刃、下、森、湖、炮、从、三、袋、取、码、泪、井、贝、甘、沫、伞、网

造字法	字　　　　　例
象　形	
指　事	
会　意	
形　声	

3. 列表指出下列形声字的意符和音符,并分析音符的表音情况(相同、[声韵调]相近、完全不一致):机、积、计、基、绩、圾、箕、鲫、骥、技、悸、觊

汉字	意符	音符	音　符　表　音　情　况
机			
计			
圾			
基			
极			
技			
悸			
鲫			
积			
觊			
箕			
骥			

4. 汉字的结构模式是指各部件各处在方块汉字的什么位置,以及部件之间的结构关系,汉字常见的结构关系有三大类:上下关系、左右关系、内外关系。请把下列汉字按结构模式填入表内:芝、够、句、思、准、嘶、司、田、压、凼、使、屎、虱、试、是、逝、狮、笔、式、同、区、画、辫、熹、涛、焘

结构模式	字　　例
上下结构	
左右结构	
包围结构	

5. 指出下列汉字的造字方法,在表中打上"＋"

	慕	雨	九	遇	首	从	引	步	囚	安
象形										
指事										
会意										
形声										

答案：

　　1.

声旁与字音的关系类型	字　　例
声旁跟字音一致	腥、猩、悖、雾、理、蝗、忠、稀、型
声旁跟字音在声韵上相近	醒、掌、腰、误、咬、问、缅、终、冲、壁、符
声旁跟字音完全不同	慢、管、谍、鸿、星、姓、性

　　2.

造字法	字　　例
象形	火、伞、网、井、贝、羊
指事	下、三、刃、甘、本、朱
会意	休、尘、泪、众、森、取、从
形声	沫、湖、拎、袋、码、炮

3.

汉字	意符	音符	音符表音情况
机	木	几	相近
计	言	十	不一致
圾	土	及	相近
基	其	土	相近
极	木	及	相同
技	手	支	不一致
悸	心	季	相同
鲫	鱼	即	相近
积	禾	只	不一致
觊	见	岂	相近
箕	竹	其	相近
骥	马	冀	相同

4.

结构模式	字　　例
上下结构	芝、思、是、笔、熹、泰
左右结构	够、准、嘶、使、试、狮、辫、涛
包围结构	田、司、凶、句、压、式、虱、屉、同、画、区、逝

5.

	慕	雨	九	遇	首	从	引	步	囚	安
象形		+			+				+	
指事			+					+		
会意						+		+		+
形声	+			+						

八、操作分析题

1. 下列汉字的形旁都是"心",请就此分析形旁的表意作用和局限:

忆、忙、悔、恢、悟、悄、情、惊、怙、惜、惧、惨、惯、惶、愉、快、惭、愧、慢、性、惟

2. 下列汉字都以"占"做声旁,请就此分析声旁的表音作用和局限:

站、战、沾、粘、毡、点、店、珏、拈、钻、砧、贴、帖、苫

3. 下列汉字都以"艮"为声旁,请就此分析声旁的表音作用和局限:

跟、根、茛、哏、很、狠、恨、痕

4. 下列汉字都是以"丁"做声旁的形声字,请分析这些字的字义跟形旁的关系以及声旁跟字音的关系:

顶、盯、钉、叮、订、疔、酊、耵、厅、汀、亭、灯、打

5. 指出"陡"、"鼎"的笔画数。

6. 分析"磷"、"赁"、"霖"的笔画数和部件数。

7. 指出"拇"、"孤"、"骨"、"采"、"巨"、"姬"、"凸"、"脊"等字的笔画数。

8. 切分"赢"、"斑"、"搬"、"嗄"等字的部件。

9. "乾净"的"乾"简化为"干",那么"乾坤"、"乾隆"之"乾"是否也简化为"干"?

10. 写出"餘"、"兒"、"擁"、"産"、"農"、"飛"、"莊"、"寫"、"發"、"類"、"棗"、"慶"、"壓"、"幾"等繁体字的规范的简化字。

11. 指出下列简化字的简化方法:

(1) 優—优	(2) 錢—钱	(3) 轟—轰
(4) 漢—汉	(5) 鷄—鸡	(6) 懷—怀
(7) 聲—声	(8) 飛—飞	(9) 齒—齿
(10) 響—响	(11) 竈—灶	(12) 驚—惊

12. 指出下列汉字的造字方法:

雨、车、舟、泉、本、末、朱、取、涉、森、武、样、沽、闻

13. "鸡"、"邓"、"汉"、"观"等字分别是从"鷄"、"鄧"、"漢"、"觀"简化来的,繁体字明显是形声字,声旁都简化为"又"了,那么,简化字中的"又"还是否可以看作声旁呢? 试分析之。

14. "燈"的声旁"登"简化为"丁",那么是否可以将"登"、"瞪"、"镫"、"澄"、"噔"中的"登"都简化为"丁"呢? 试分析之。

15. 指出"贯"、"戍"、"瞀"的笔画数和起笔的笔画名称。

16. 分析"恭"、"冠"、"爨"、"娶"、"婚"、"嫁"等字的造字方式。

17. 指出下列各字的部首:

a. 颖 岛 夜 坐　　b. 美 衷 庠 泰　　c. 畔 败 麋 翠

d. 雉 案 鱼 街　　e. 企 欣 赏 辩　　f. 修 意 秉 颖

18. 指出下列加点的形声字的形旁:

a. 文牍 糜烂 胡诌 晨曦　　b. 黄粱 癖好 暴殄 趋势

c. 明辨 蹂躏 贪婪 烹调　　d. 玷污 渎职 仓猝 暮霭

e. 狼藉 豢养 驰骋 膏肓　　f. 皱纹 赈济 对峙 帽子

19. 指出下列形声字的声旁:

a. 寐 钦 闻 锦　　b. 府 妪 修 街　　c. 都 灸 裳 貉

d. 波 衷 恭 裹　　e. 松 唯 待 叩　　f. 旗 徒 颖 矮

答案:

1. 古人认为思维是心脏的活动,因而用"心"字旁造表示思维活动的字,这本身就是不科学的,当然用"心"的字多跟人的思维活动有关,这有助于理解字义,如"忆"、"悔"、"悟"、"惊"、"惦"、"惜"、"惧"、"惶"、"愉"、"惭"、"愧"等;但形旁表意有局限,如"忙"、"恢"、"惯"就跟"心"无关了,而"悄"、"情"、"惨"、"快"、"慢"、"惟"、"性"字只在某些义项上跟"心"有关,另外的义项则无关。

2. 就现代汉字来看,"占"读"zhàn"或"zhān",以"占"做声旁的汉字读"zhàn"或"zhān"的有"站"、"沾"、"粘"、"战"、"毡",可见,声旁有一定的表音功能;另外一些有的只韵腹韵尾同"占",读音有相近之处,如"点"、"店"、"玷"、"拈"、"钻"、"苫",而"砧"、"贴"、"帖"跟声旁"占"在读音上就完全不一致,可见,声旁表音是有一定的局限的。

3. "艮"读"gěn"或"gèn",以"艮"为声旁的字只"茛"读"gèn","跟、根、哏"等字与"艮"声母、韵母相同,声调不同,而"很"、"狠"、"恨"、"痕"只韵母跟"艮"相同,声母不同。由此可见,声旁有一定的表音功能,也有局限。

4. 顶:头顶,字义跟形旁"页"的表意有关,字音跟声旁相近,声调不同;

盯:集中注意力看,字义跟形旁"目"的表意有关,字音跟声旁相同;

钉:(1)钉子,字义跟形旁"金"的表意有关,字音跟声旁相同,(2)把钉子钉上,字义跟形旁的表意有关,字音相近,声调不同;

叮:叮嘱、叮问、叮了一口,字义都跟形旁"口"有关,字音跟声旁相同;

订：订立，字义跟形旁"言"有关，字音跟声旁相近，声调不同；

疔：疔疮，字义跟形旁"病"字旁有关，字音跟声旁相同；

酊：(1)医药上用酒精和药配制成的液体，字义跟形旁"酉"有关，字音跟声旁相同，(2)酩酊，大醉，字义跟形旁"酉"有关，字音跟声旁相近，声调不同；

耵：耵聍，耳屎，字义跟形旁"耳"有关，字音跟声旁相同；

厅：客厅、餐厅，字义跟形旁"厂"（可住人的山崖）有关，字音跟声旁相同；

汀：水边平地、小洲，字义跟形旁"水"有关，字音相近，声母不同；

亭：亭子，字义跟形旁"高"（亭：从高省）有关，字义跟声旁相同；

灯：灯火，字义跟形旁"火"有关，字音相近，韵母不同；

打：打击，字义跟形旁"手"有关，字音跟声旁不一致。

5. "陛"是 9 画、"鼎"是 12 画。

6. "磷"是 17 画，可分为 4 个部件；"赁"是 10 画，可分为 3 个部件；"霖"是 16 画，可分为 3 个部件。

7. "拇"是 8 画，"孤"是 8 画，"骨"是 9 画，"采"是 8 画，"巨"是 4 画，"姬"是 10 画，"凸"是 5 画，"脊"是 10 画。

8. "赢"可切分为"亡"、"口"、"月"、"羊"、"凡"5 个部件；

"斑"可切分为"王"、"文"、"王"3 个部件；

"搬"可切分为"手(提手)"、"舟"、"几"、"又"4 个部件；

"嗳"可切分为"口"、"耳"、"又"、"又"4 个部件。

9. 按《简化字总表》"乾净"的"乾"简化为"干"，但"乾坤"、"乾隆"之"乾"不能简化为"干"，"乾坤"、"乾隆"之"乾"读"qián"，不读"gān"。

10. 馀—余，兒—儿，擁—拥，産—产，農—农，飛—飞，莊—庄，寫—写，發—发，類—类，棗—枣，慶—庆，壓—压，幾—几

11. (1)"優—优"、(2)"錢—钱"、(3)"轟—轰"三组是简化偏旁；(4)"漢—汉"、(5)"鷄—鸡"、(6)"懷—怀"三组是换用简单的符号；(7)"聲—声"、(8)"飛—飞"、(9)"齒—齿"三组是保留特征或轮廓；(10)"響—响"、(11)"竈—灶"、(12)"驚—惊"三组是构成新的形声字或会意字。

12. "雨"，象形；"车"，象形；"舟"，象形；"泉"，象形；"本"，指事；"末"，指事；"朱"，指事；"取"，会意；"涉"，会意；"森"，会意；"武"，指事；"样"，形声；"沽"，形声；"闻"，形声。

13. "鸡"、"邓"、"汉"、"观"等字是从"鷄"、"鄧"、"漢"、"觀"简化来的，繁体字明显是形声字，声旁都简化为"又"了，但简化字中的"又"不好看作声旁，在"鸡"、"邓"、"汉"、"观"等字中的"又"在整字中是不表音的，当然也不表意，可以看作纯符号的偏旁。这是简体字中出现的新情况。

14. "燈"的声旁"登"简化为"丁"，但不可以类推将"登"、"瞪"、"镫"、"澄"、"噔"中的"登"都简化为"丁"，如类推简化，"登"、"瞪"、"镫"、"澄"、"噔"就分别成了"丁"、"盯"、"钉"、"汀"、"叮"，跟原来的"丁"、"盯"、"钉"、"汀"、"叮"相混。

15. "贯"是 8 画，起笔是竖折；"戕"是 8 画，起笔是竖折；"瞥"是 16 画，起笔是点。

16. "恭"是形声字；"冠"是会意字；"爨"是会意字；"娶"、"婚"、"嫁"三字都是形声兼会意字，"女"意符，"取"、"昏"、"家"皆表音兼表意。

17. a. 禾、山、一、土；　b. 羊、衣、户（斗）、水；　c. 田、贝（攵）、米（麻）、羽；d. 矢、木、鱼、彳；　e. 人、斤（欠）、贝、辛；　f. 亻、心（立）、禾、水（页）

18. a. 片、米、言、日；　b. 米、广、歹、走；　c. 日、足、贝、火；d. 王、氵、犭、日；　e. 艹、豕、马、月；　f. 糸、贝、山、巾

19. a. 未、金、门、金；　b. 付、区、攸、圭；　c. 者、久、尚、各；d. 皮、中、共、果；　e. 公、隹、寺、卩　f. 其、土、顷、委

八、改错题

1. 改正下列词语中的错别字：

泡制、粉粹、家俱、嶂碍、锻练、按排、重迭、狼借、慰借、好象、颠复、干坤、干隆、了望、出奇致胜、隔隔不入、慧星、歪风斜气、夜狼自大、棵粒归仓、树稍、题纲、草槁、格守成法、清淅、针贬、滥芋充数、搬门弄斧、为虎作帐、暴珍天物、黄梁一梦、积薪惜火、毁家抒难、涣然一新、计日成功、集叶成裘、及功近利、病入膏盲、盲目、瞠目结舌、胸瞠、睑面、眼睑（眼皮）、秕杷、枇糠

2. 下列语句中有用错的字，请改正：

(1) 小王昨天游览了济南豹突泉，品偿了齐鲁名吃。

(2) 同学们服装整治，纪律严明。

(3) 这个人心术不正，常鬼鬼祟祟，东瞧西望。

(4) 泉水汩汩流出，游人流连忘返。

3. 改正下列句子中用错的字：

(1) 教学楼新学期被修茸一新。

(2) 他取得了致高无上的荣誉。

(3) 这种药有较强的付作用，常年服用对人体有害。

(4) 小王的到来倍受同学们欢迎。

4. 改正下列词语中用错的字：

倍感亲切、关怀倍至、艰苦倍尝、英雄倍出、成辈增长、事半功辈、干劲备增、备加爱惜、无能之倍、神彩、风彩动人、采排、丰彩、挂采、采礼、喝采、文彩、五采缤纷、炼功、练字练句、语言精炼、精练油、为人老炼、熟炼、锻练、言语简炼、炼习、题纲、提解、提字、题要、提诗、提签、题示、印像、像征、照像、肖相、气相、象章、画相、像册、狼狈像、致今、至词、欢迎之致、致死不屈、至哀、以致、专心至志

5. 判断下列词语中，有无错字，并改正用错的字：

纪元、纪年、记传、决无例外、坚绝、既而、一触既发、驰援、松弛、弛名中外、嗔目而视

6. 改正下列词语中用错的字：

天崩地折、草管人命、工程峻工、篷筚生辉、纠纠武夫、方柄圆凿、敲榨勒索、高瞻远嘱、调以轻心、行踪鬼秘、阿谀奉称、陈词烂调、淹没不闻、无耻滥言、情不自尽、并行不背

7. 改正下列词语中的注音错误：

迸(bìng)裂、濒(pīn)临、鞭笞(tái)、奶酪(luò)、泥淖(zhào)、河畔(bàn)、破绽(dìng)、省(shǐng)亲

8. 改正下列成语中的别字：

一股作气	阴谋鬼计	伤心病狂	喜笑眼开	坐无虚席	原形必露
温过知新	竞竞业业	忍劳忍怨	置若枉闻	滥芋充数	负偶顽抗
提纲结领	精神焕发	熙熙让让	不径自走	成装待发	手屈一指
披星带月	风糜一时	乌烟障气			

答案：

1. 炮制(改"泡"为"炮")、粉碎(改"粹"为"碎")、家具(改"俱"为"具")、障碍(改"嶂"为"障")、锻炼(改"练"为"炼")、安排(改"按"为"安")，这些错别字的产生多是由于形似字造成的；

重叠(改"迭"为"叠")、狼藉(改"借"为"藉")、慰藉(改"借"为"藉")、好像(改"象"为"像")、颠覆(改"复"为"覆")、乾坤(改"干"为"乾")、乾隆(改"干"为"乾")、瞭望(改"了"为"瞭"),这些错别字的产生是由于不熟悉《简化字总表》造成的;

出奇制胜("致"改为"制")、格格不入("隔"改为"格")、彗星("慧"改为"彗")、歪风邪气("斜"改为"邪")、夜郎自大("狼"改为"郎"),这些词语中的错别字多是由于不理解词义或字义造成的;

颗粒归仓(改"棵"为"颗")、树梢(改"稍"为"梢")、提纲(改"题"为"提")、草稿(改"槁"为"稿")、恪守成法(改"格"为"恪")、清晰(改"浙"为"晰")、针砭(改"贬"为"砭"),这些词语中的错别字形成多是由于不理解词语(字)的含义造成的;

滥竽充数(改"芋"为"竽")、班门弄斧(改"搬"为"班")、为虎作伥(改"怅"为"伥")、暴殄天物(改"珍"为"殄")、黄粱一梦(改"梁"为"粱"),这些错别字的产生多是由于不了解成语的来源和含义造成的;

积薪厝火(改"惜"为"厝")、毁家纾难(改"抒"为"纾")、焕然一新(改"涣"为"焕")、计日程功(改"成"为"程")、集腋成裘(改"叶"为"腋")、急功近利(改"及"为"急"),这些错别字的产生是由于不理解成语的含义造成的;

病入膏肓(改"盲"为"肓")、盲目(改"肓"为"盲")、瞠目结舌(改"瞠"为"瞠")、胸膛(改"瞠"为"膛")、脸面(改"睑"为"脸")、眼睑(眼皮)(改"脸"为"睑")、枇杷(改"秕"为"枇")、秕糠(改"枇"为"秕"),这些错误主要是由于形似字造成的。

2.(1)改"豹"为"趵","趵突泉"是济南名泉之一;改"偿"为"尝","偿"为偿还义,"品尝"用"尝"。

(2)改"治"为"饬","整饬"是整齐、有条理的意思。

(3)改"崇崇"为"祟祟","鬼鬼祟祟"是成语。

(4)改"汨汨"为"汩汩","汩汩"形容水流的声音或样子,而"汨"是水名,如"汨罗江"。

3.(1)改"葺"为"茸","葺"是修理房屋的意思,而"茸"是茸毛。

(2)改"致"为"至",成语"至高无上"中的"至"是极、最的意思。

(3)改"付"为"副","付"是支付、付给的意思,"副作用"是指随着主要作用而附带产生的不好的作用。

(4)改"倍"为"备","备"表示完全、尽、非常的意思,有程度深的意思,但不表示数量的增加。

4. 备感亲切（改"倍"为"备"）、关怀备至（改"倍"为"备"）、艰苦备尝（改"倍"为"备"）、英雄辈出（改"倍"为"辈"）、成倍增长（改"辈"为"倍"）、事半功倍（改"辈"为"倍"）、干劲倍增（改"备"为"倍"）、倍加爱惜（改"备"为"倍"）、无能之辈（改"倍"为"辈"）：本题主要涉及"备"、"倍"、"辈"的用法，"备"表示完全、尽、非常的意思，有程度深的意思，但不表示数量的增加；"倍"重要表示数量上的增加；"辈"有代、辈分的含义，而且这三个字有些习惯用法，须仔细辨识。

神采（改"彩"为"采"）、风采动人（改"彩"为"采"）、彩排（改"采"为"彩"）、丰采（改"彩"为"采"）、挂彩（改"采"为"彩"）、彩礼（改"采"为"彩"）、喝彩（改"采"为"彩"）、文采（改"彩"为"采"）、五彩缤纷（改"采"为"彩"）："采"主要用于表示人的容貌、姿态、神情和精神境界；"彩"则和颜色等有关。

练功（改"炼"为"练"）、炼字炼句（改"练"为"炼"）、语言精练（改"炼"为"练"）、精炼油（改"练"为"炼"）、为人老练（改"炼"为"练"）、熟练（改"炼"为"练"）、锻炼（改"练"为"炼"）、言语简练（改"炼"为"练"）、练习（改"炼"为"练"）："练"表示练习、训练的意思，"炼"本指锻造、冶炼的含义，也用于人和语言的锻炼。

提纲（改"题"为"提"）、题解（改"提"为"题"）、题字（改"提"为"题"）、提要（改"题"为"提"）、题诗（改"提"为"题"）、题签（改"提"为"题"）、提示（改"题"为"提"）："题"是题目、写上、签上的意思，"提"有提起来、取出、说起、举出的意思。

印象（改"像"为"象"）、象征（改"像"为"象"）、照相（改"像"为"相"）、肖像（改"相"为"像"）、气象（改"相"为"象"）、像章（改"象"为"像"）、画像（改"相"为"像"）、相册（改"像"为"相"）、狼狈相（改"像"为"相"）："象"表示形状、样子、仿效、模拟的含义，"像"表示比照人物制成的形象、图像以及比喻的意思，《简化字总表》对"象"和"像"有明确分工，"像"不再简化为"象"，"相"表示相貌、外观的意思。

至今（改"致"为"至"）、致词（改"至"为"致"）、欢迎之至（改"致"为"至"）、至死不屈（改"致"为"至"）、致哀（改"至"为"致"）、以至（改"致"为"至"）、专心致志（改"至"为"致"），"至"有到、极、最的意义，"致"有向对方表示什么或给予什么以及"招致"的意思。

5. 纪传（改"记"为"纪"，习惯要用"纪传"）、坚决（改"绝"为"决"，"决"

有决心的意思)、一触即发(改"既"为"即","即"是就的意思)、驰名中外(改"弛"为"驰","驰"指马奔跑,而"弛"是松弛、延缓的意思)、瞋目而视(改"嗔"为"瞋",跟眼睛有关应该用"瞋")

6. 天崩地坼(改"折"为"坼")、草菅人命(改"管"为"菅")、工程竣工(改"峻"为"竣")、蓬荜生辉(改"篷荜"为"蓬荜")、赳赳武夫(改"纠纠"为"赳赳")、方枘圆凿(改"柄"为"枘")、敲诈勒索(改"榨"为"诈")、高瞻远瞩(改"嘱"为"瞩"):这些错误主要是由于形似字且不理解成语含义造成的。

掉以轻心(改"调"为"掉")、行踪诡秘(改"鬼"为"诡")、阿谀奉承(改"称"为"承")、陈词滥调(改"烂"为"滥")、湮没不闻(改"淹"为"湮")、无耻谰言(改"滥"为"谰")、情不自禁(改"尽"为"禁")、并行不悖(改"背"为"悖"),这些错误主要是由于不理解成语意思造成的。

7. 迸(bèng)裂(改"bìng"为"bèng")、濒(bīn)临(改"pīn"为"bīn")、鞭笞(chī)(改"tái"为"chī")、奶酪(lào)(改"luò"为"lào")、泥淖(nào)(改"zhào"为"nào")、河畔(pàn)(改"bàn"为"pàn")、破绽(zhàn)(改"dìng"为"zhàn")、省(shǐng)亲(改"shěng"为"xǐng")

8. 一鼓作气　阴谋诡计　丧心病狂　喜笑颜开　座无虚席　原形毕露
温故知新　兢兢业业　任劳任怨　置若罔闻　滥竽充数　负隅顽抗
提纲挈领　精神焕发　熙熙攘攘　不胫自走　戎装待发　首屈一指
披星戴月　风靡一时　乌烟瘴气

四、"词汇"部分综合训练

一、填空题

1. 语素是语言中最小的(　　　　　),是最小的一级语言单位。语素的作用和职能就在于(　　　　　)。确定语素的主要方法是(　　　　　)。

2. 在合成词中,(　　　)是词的词汇意义的主要承担者,(　　　)是附加在词根上面表示附加意义的成分。

3. 所谓音节语素化,主要就是指一些本来不表义的(　　　)变成了表义的(　　　)。

4. 汉字是记录汉语的书写(　　　)系统。汉字同汉语的音节是(　　　)的,基本上是一个汉字一个(　　　)。

5. 汉语双音节语素共有（   ）语素、（   ）语素、（   ）语素、（   ）语素四种。

6. 从语素组合成词所处的位置看，可以将其分成（   ）语素和（   ）语素两类。

7. （   ）语素大都是古代汉语遗留下来，一般不宜拆开来理解；根据读音又可以将其细分为（   ）（   ）（   ）三个小类。

8. 从语素在单词中所起的作用看，可以将语素分为（   ）语素和（   ）语素。

9. 鉴定一个语言单位是不是词，大致可以使用三种方法：（   ）法、（   ）法和（   ）法。

10. 关于词和短语的区别，可以从（   ）、（   ）、（   ）三个角度去观察。

11. 现代汉语单纯词可以分成（   ）、（   ）、（   ）和（   ）四种；合成词则首先可以分为（   ）、（   ）、（   ）三个大类。

12. 根据模拟声音的性质，拟声词可以分为（   ）和（   ）两大类，两者都有（   ）和（   ）两种功能。

13. 根据联合型合成词两个语素内部的语义关系，可以将其分为（   ）、（   ）、（   ）和（   ）四个小类。

14. （   ）式单词是语素重叠后组成的重叠式合成词，主要有（   ）、（   ）、（   ）三种。

15. 现代汉语同音词产生的原因，大致有（   ）、（   ）、（   ）和（   ）四个方面。而同音词的表达作用也主要有（   ）、（   ）、（   ）和（   ）四个方面。

16. 单纯异形词都是由音得义的异形词，由于声音基本相同，所以常常会出现不同的写法。细分起来又可以分为（   ）、（   ）、（   ）三种。

17. 教育部在签署发布《第一批异形词整理表》的同时，也提出了整理异形词的三项原则，即（   ）性、（   ）性和（   ）性。

18. 任何一个词都是内容和形式的有机结合体；内容包括（   ）和（   ），形式包括（   ）和（   ）。

19. 词义是由多种因素构成的复杂系统。任何一个实词都具有与概念相关的核心意义——（   ），此外还有一系列附加义，其中较主要的四种分别是（   ）、（   ）、（   ）、（   ）。

20. 词义的派生有两条主要的途径,( )派生和( )派生,前者又可以分为( )、( )、( )三种,后者则可以分为( )、( )和( )三类。

21. 词的比喻义和借代义最重要的区别就在于:前者重在( )性,后者重在( )性。

22. 义素分析的基本原则是:( )性原则、( )性原则和( )性原则;基本方法则依次是:( )、( )和( )。

23. 由于各成员之间的相互关系不同,语义场可以分为两大类:( )义场和( )义场。其中多元义场又可以分为( )、( )和( )三种。

24. 只有两个成员组成的语义场称之为( )义场。根据这两个成员的关系,又可以分为( )义场,( )义场和( )义场三种。

25. 顺序义场可以细分为三种,它们分别是( )式、( )式和( )式。

26. 从一个实词的词汇意义看,它是一个互相关联、错综复杂的对立统一体。细分起来,大致有互相依存的五个方面:( )和( )的统一,( )和( )的统一,( )和( )的统一,( )和( )的统一,( )和( )的统一。

27. 合成词的词义和语素义间存在着各种不同的关系,大致有三类:( )型、( )型、( )型。

28. 同义词之间在理性意义方面的差异,大致表现在( )、( )、( )和( )四个方面。

29. 反义词内部可以细分为四类:a. ( )反义词;b. ( )反义词;c. ( )反义词;d. ( )反义词。

30. 词义变化的原因大致表现在( )、( )和( )三个方面。

31. 词义变化的类型则可以分为( )、( )、( )和( )四种。

32. 基本词汇的三个特点分别是( )性、( )性和( )性。

33. 汉语古语词实际上包括( )和( )两种。

34. 方言词可以分为互有联系的( )和( )两类。

35. 汉化外来词可以分为( )、( )、( )、( )

四种。

36. 借形外来词可以分为（　　　　）、（　　　　）、（　　　　）、（　　　　）、
（　　　　）、（　　　　）六种。

37. 汉语成语的特点大致可以归纳为（　　　　）性、（　　　　）性、
（　　　　）性、（　　　　）性、（　　　　）性五个方面。

38. 成语的结构首先可以分为（　　　）结构和（　　　）结构两大类。

39. 特殊的成语结构包括（　　　）式和（　　　）式两种。

40. 惯用语的四个特点分别是（　　　）性、（　　　）性、（　　　）性和（　　　）性。

答案：

　　1. 音义结合体、构词、替代法；　2. 词根、词缀；　3. 音节、语素；　4. 符号、对应、音节；　5. 联绵、音译、拟声、叠音；　6. 定位、不定位；　7. 联绵、双声、叠韵、其他；　8. 表义、别义；　9. 问答鉴定、提取鉴定、扩展鉴定；　10. 概念内容、语音特征、组合关系；　11. 联绵词、音译词、拟声词、叠音词、复合式、附加式、重叠式；　12. 象声、感叹、拟声、转用；　13. 同义、反义、类义、偏义；　14. 重叠、副素＋副素、名素＋名素、形素＋形素；　15. 造词的偶合、语音的简化、意义的分化、词语的借用、一语双关、构成歇后、粘连对举、移花接木；　16. 联绵异形词、音译异形词、拟声异形词；　17. 通用、理据、系统；　18. 词汇意义、语法意义、内部形式、外部形式；　19. 理性义、评价义、语体义、理据义、搭配义；　20. 直接、间接、辐射、链环、混合、比喻、借代、谐音；　21. 相似、相关；　22. 对等、系统、简明、确定范围、比较异同、列出义素；　23. 二元、多元、类属义场、顺序义场、同义义场；　24. 二元、同义、异质、关系；　25. 挨连、循环、级次；　26. 客观、主观、概括、具体、明确、模糊、普遍、特殊、稳固、变异；　27. 直接对应、间接联系、曲折反映；　28. 范围大小、程度轻重、语义侧重、概括与具体；　29. 互补、相对、依存、对称；　30. 社会生活的发展、思想意识的变化、内部因素的相互作用；　31. 深化与精确、扩大和缩小、转移与转化、脱落与显化；　32. 稳固、能产、全民；　33. 历史词、文言词；　34. 方言词[1]、方言词[2]；　35. 添符、类比、意译、仿译；　36. 纯粹音译、音兼意译、半音半译、音译加注、直接借用、日语转借；　37. 历史的习用、意义的整体、结构的凝固、韵律的谐调、形式的整齐；　38. 联合、非联合；　39. 嵌数、重叠；　40. 多样、形象、口语、灵活。

二、单项选择题（在四个被选项中只有一个是正确的）

1. "别人、别去、别离、别针"中的四个"别"之间的关系是：

　　A. 多音多义　　B. 异音同形　　C. 形义同一　　D. 同音同形

2. "干涉、干脆、干戈"中的三个"干"之间的关系是：

　　A. 多音多义　　B. 文白异读　　C. 异音同形　　D. 同音同形

3. "和平、和面、唱和、和药"中的四个"和"之间的关系是：

　　A. 同音同形　　B. 多音多义　　C. 同形异音　　D. 文白异读

4. "公开"的"公"和"公爵"的"公"之间的关系是：

　　A. 多音多义　　B. 异音同形　　C. 形义同一　　D. 同音同形

5. "蛋壳"的"壳"和"地壳"的"壳"之间的关系是：

　　A. 一素多音　　B. 多音多义　　C. 同形异音　　D. 文白异读

6. "住宿、一宿、星宿"中的三个"宿"之间的关系是：

　　A. 同音同形　　B. 多音多义　　C. 同形异音　　D. 文白异读

7. "蚕食、狐疑、鼠窜"这三个词的结构方式都是：

　　A. 主谓型　　　B. 偏正型　　　C. 补充型　　　D. 支配型

8. "借用、割让、退休"这三个词的结构方式都是：

　　A. 补充型　　　B. 联合型　　　C. 偏正型　　　D. 连动型

9. "单干、春耕、狂欢"这三个词的结构方式都是：

　　A. 陈述型　　　B. 偏正型　　　C. 补充型　　　D. 支配型

10. "人类、房间、土方"这三个词的结构方式都是：

　　A. 补充型　　　B. 联合型　　　C. 附加型　　　D. 陈述型

11. "对头、姘头、滑头"中的"头"都是：

　　A. 类名词　　　B. 后助词　　　C. 真后缀　　　D. 类后缀

12. "特区"、"扶贫"、"关爱"都属于：

　　A. 外来词　　　B. 新造词　　　C. 行业词　　　D. 方言词

13. "骨头、苦头、想头"中的"头"都是：

　　A. 方位名词　　B. 定位语素　　C. 自由语素　　D. 结构助词

14. "声纳"、"引擎"、"芒果"都属于：

　　A. 纯音译词　　B. 纯意译词　　C. 音兼意译　　D. 半音半意

15. "爬行"和"匍匐"的主要区别在于：

　　A. 评价义　　　B. 语体义　　　C. 搭配义　　　D. 理据义

16. "团结"和"联合"的主要区别在于：

　　　　A. 理据义　　　B. 搭配义　　　　C. 评价义　　　　D. 语体义
17. "软件"、"手机"、"下岗"都属于：
　　　　A. 外来词　　　B. 新造词　　　　C. 行业词　　　　D. 方言词
18. "克隆"、"马达"、"沙龙"都属于：
　　　　A. 行业词　　　B. 方言词　　　　C. 外来词　　　　D. 新造词
19. "蹩脚"、"尴尬"、"噱头"都属于：
　　　　A. 外来词　　　B. 新造词　　　　C. 行业词　　　　D. 方言词
20. "政协"、"北约"、"上影"这三个简缩语的简缩方式都是：
　　　　A. 提取式　　　B. 截取式　　　　C. 共戴式　　　　D. 概括式
21. "一窝蜂"、"一溜烟"、"一言堂"这三个熟语应该属于：
　　　　A. 成语　　　　B. 谚语　　　　　C. 惯用语　　　　D. 歇后语
22. "引擎"、"幽默"、"逻辑"这三个外来词的借用方式是：
　　　　A. 纯粹音译　　B. 直接意译　　　C. 音兼意译　　　D. 日语借词
23. "保护"和"庇护"的主要区别在于：
　　　　A. 感情色彩　　B. 语意轻重　　　C. 适用对象　　　D. 语体色彩
24. "三伏"、"三好"、"四呼"这三个简称的简缩方式都是：
　　　　A. 抽取式　　　B. 截取式　　　　C. 省减式　　　　D. 概括式
25. "碰钉子"、"磨洋工"、"开倒车"这三个熟语都属于：
　　　　A. 成语　　　　B. 谚语　　　　　C. 惯用语　　　　D. 歇后语
26. 下列单位中都属于粘着语素的是（　　　　）。
　　　　A. 聪、宪　　　B. 铜、铁　　　　C. 声、息　　　　D. 纸、布
27. "葡萄串儿"包含的语素、音节和词的数目分别是（　　　　）。
　　　　A. 2,2,1　　　B. 3,3,1　　　　C. 3,4,2　　　　D. 2,3,1
28. 下列语言单位中只有（　　　　）才是由一个自由语素和一个粘着语素构成的词。
　　　　A. 葡萄干　　　B. 鹧鸪鸟　　　　C. 琉璃瓦　　　　D. 玻璃柜
29. 下列各组中都是自由语素的是（　　　　）。
　　　　A. 水、习、走　B. 丽、水、高　　C. 美、可、学　　D. 颇、宪、烧
30. 下列各组中都属于定位语素的是（　　　　）。
　　　　A. 人、员、型　B. 多、单、好　　C. 子、儿、头　　D. 腾、切、其
31. 下列各组中都是词的是（　　　　）。
　　　　A. 大车、大船　B. 青菜、白菜　　C. 拿走、拿手　　D. 吃饭、吃香

32. 下列四组词中都不属于单纯词的是(　　　)。

A. 色拉、岌岌　B. 牡丹、拮据　　C. 慷慨、扑通　D. 恤衫、作秀

33. 下列四组词中都属于合成词的是(　　　)。

A. 鹧鸪、爷爷　B. 克隆、猩猩　　C. 霹雳、面的　　D. 引擎、索引

34. 下列各组词中都是联绵词的是(　　　)。

A. 琉璃、惆怅、琵琶、慷慨　　B. 蛐蛐、噼啪、琵琶、鸳鸯

C. 结实、马虎、逍遥、坎坷　　D. 平台、朦胧、腼腆、仓促

35. "犹豫"和"逶迤"都是(　　　)。

A. 叠韵联绵词　　　　　　　B. 双声联绵词

C. 其他联绵词　　　　　　　D. 双声叠韵联绵词

36. "极其"和"折腾"都是(　　　)。

A. 词根加类后缀　　　　　　B. 词根加真后缀

C. 词根加词根　　　　　　　D. 类词缀加词根

37. "蜂拥"、"鸠集"、"鱼贯"的构词方式都是(　　　)。

A. 主谓式　　　B. 补充式　　　C. 偏正式　　　D. 动宾式

38. 下列四组词当中都属于联合关系偏义复词是(　　　)。

A. 国家、人民　B. 道路、熊猫　C. 质量、人员　D. 忘记、睡觉

39. "灰不溜秋"、"花里胡哨"和"圆咕隆咚"都是(　　　)。

A. 带缀式合成词　　　　　　B. 主谓式合成词

C. 补充式合成词　　　　　　D. 偏正式合成词

40. 下面各组中两词的结构关系不同的是(　　　)。

A. 利害、好歹　B. 考试、空袭　C. 风干、电动　D. 肉麻、口红

41. "书本"、"房间"、"山脉"都是(　　　)。

A. 带缀式合成词　　　　　　B. 并列式合成词

C. 偏正式合成词　　　　　　D. 补充式合成词

42. 下列结构方式不属于合成词的是(　　　)。

A. 词根加词根　　　　　　　B. 词根重叠

C. 词根加词缀　　　　　　　D. 音节重叠

43. "美化"、"简化"、"量化"的构成方式是(　　　)。

A. 词根加类后缀　　　　　　B. 词根加真后缀

C. 词根加词根　　　　　　　D. 词根加语素

44. "生石膏"的"生"表示"没有加工"的意思。这个意义是(　　　)。

　　　A. 借代义　　　B. 基本义　　　C. 引申义　　　D. 比喻义

45. "仪表堂堂"和"仪表修理"中的两个"仪表"是(　　　)。

　　　A. 同音同形词　　　　　　　　B. 多音多义词

　　　C. 同音同义词　　　　　　　　D. 同形异读词

46. 下列概念不是指一组词而只是指一个词的是(　　　)。

　　　A. 同音词　　　B. 异形词　　　C. 同源词　　　D. 多义词

47. 下列四组词中属于同形同音词的是(　　　)。

　　　A. (段落)大意—(有点)大意　　B. 杜鹃(开了)—杜鹃(叫了)

　　　C. (英语)地道—(通过)地道　　D. 保险(公司)—保险(没事)

48. "鳏寡孤独"、"翻江倒海"两个成语的结构分别是(　　　)。

　　　A. 并列联合、动宾联合　　　　B. 动宾联合、主谓联合

　　　C. 主谓联合、偏正联合　　　　D. 并列联合、偏正联合

49. "请君入瓮"和"解甲归田"两个成语的结构是(　　　)。

　　　A. 兼语、主谓　B. 述宾、连动　C. 兼语、连动　D. 兼语、联合

50. "天马行空"、"信誓旦旦"这两个成语分别来源于(　　　)。

　　　A. 神话寓言和诗文语句　　　　B. 神话寓言和历史事件

　　　C. 历史事件和口头俗语　　　　D. 历史事件和诗文语句

51. "一鼓作气"和"南辕北辙"两个成语分别来源于(　　　)。

　　　A. 诗文语句、历史事件　　　　B. 神话寓言、诗文语句

　　　C. 历史事件、神话寓言　　　　D. 诗文语句、历史事件

52. "举一反三"的"反"字的意义是(　　　)。

　　　A. 违反　　　B. 反转　　　C. 类推　　　D. 相反

53. "魂不守舍"的"舍"的意义是(　　　)。

　　　A. 房舍　　　B. 身躯　　　C. 头脑　　　D. 心脏

54. "不刊之论"中的"刊"的意义是(　　　)。

　　　A. 刊登　　　B. 刊载　　　C. 删除　　　D. 修改

55. "刚愎自用"中的"愎"的意义是(　　　)。

　　　A. 顽固　　　B. 武断　　　C. 暴躁　　　D. 固执

56. "棋子、凳子、儿子"这三个词中的"子"分别是(　　　)。

　　　A. 词根、词根、词缀　　　　　B. 词根、词缀、词缀

　　　C. 词根、词缀、词根　　　　　D. 词缀、词根、词缀

57. "老师、老虎、老外、老汉"中四个"老"分别是(　　　)。

A. 前两个是词缀,后两个是词根

B. 前三个是词缀,后一个是词根

C. 前一个是词缀,后三个是词根

D. 前两个是词根,后两个是词缀

58. "布头"、"烟头"、"来头"这三个词中的"头"分别是( )。

A. 词根、词根、词缀　　　　　　B. 词缀、词根、词缀

C. 词缀、词根、词根　　　　　　D. 词根、词缀、词缀

59. 下列各组中,都属于短语的是( )。

A. 小车、小路　B. 白猫、黑猫　C. 大车、大船　D. 鱼贯、鱼跃

60. 下列各组中,只有( )才是两个都不是单词。

A. 金表、金笔　B. 蓝天、当天　C. 鸡蛋、鹅蛋　D. 生姜、生肉

61. "剃头"和"理发"这组同义词的区别在于( )。

A. 词义轻重不同　　　　　　　　B. 褒贬色彩不同

C. 范围大小不同　　　　　　　　D. 语体色彩不同

62. 下列各组词中不属于异质义场的是( )。

A. 害虫—益虫　　　　　　　　　B. 专业—业余

C. 家畜—野兽　　　　　　　　　D. 教师—学生

63. 下列各组词中不属于关系义场的是( )。

A. 高兴—痛苦　　　　　　　　　B. 招标—应标

C. 城市—乡村　　　　　　　　　D. 赠送—接受

64. "丽"和"习"在现代汉语中分别是( )。

A. 自由语素和粘着语素　　　　　B. 粘着语素和自由语素

C. 自由语素和自由语素　　　　　D. 粘着语素和粘着语素

65. "囹圄"、"冷焊"、"沙龙"、"蹩脚"这四个词分别属于( )。

A. 古语词、外来词、行业词、方言词

B. 古语词、行业词、外来词、方言词

C. 行业词、外来词、古语词、方言词

D. 古语词、行业词、方言词、外来词

66. 现代汉语合成词各种构词法中,使用得最多的是( )。

A. 词根 + 词根　　　　　　　　　B. 词根重叠

C. 词缀 + 词根　　　　　　　　　D. 词根 + 词缀

67. 汉语吸收外来词的过程中,最为理想的构词方式应该是( )。

A. 纯粹音译   B. 完全意译   C. 音兼意译   D. 音译加注

68. "嘴很甜"和"糖很甜"这两个词组中"甜"是(   )。

A. 同音词   B. 多义词   C. 同形词   D. 多音词

69. "去"原来指"离开",现在指"前往",这个词的词义变化属于(   )。

A. 词义的扩大   B. 词义的转移

C. 词义的引申   D. 词义的缩小

70. "触电"原来指"人或动物接触电流,造成肌体受损,甚至死亡",现在又可以表示"戏剧演员参与演电影,拍电视剧",这种现象属于(   )。

A. 词义的转移   B. 词义的扩大

C. 词义的脱落   D. 词义的显化

答案:

1. D 2. D 3. B 4. D 5. A 6. B 7. B 8. D 9. B 10. A

11. D 12. B 13. B 14. C 15. B 16. C 17. B 18. C 19. D

20. D 21. C 22. C 23. A 24. D 25. C 26. A 27. B 28. B

29. C 30. C 31. B 32. C 33. D 34. A 35. B 36. B 37. C

38. D 39. A 40. B 41. D 42. D 43. B 44. C 45. A 46. D

47. B 48. C 49. C 50. B 51. C 52. C 53. C 54. C 55. D

56. C 57. B 58. A 59. B 60. C 61. D 62. D 63. C 64. D

65. B 66. A 67. C 68. B 69. B 70. D

三、多项选择题(5个备选项中至少有两个以上是正确的)

1. (   )组词是由两个语素构成的。

A. 葡萄糖、枇杷露、鸳鸯池、因特网

B. 苏维埃、维他命、可口可乐、歇斯底里

C. 柠檬、菠萝、琵琶、蜻蜓

D. 意义、秘密、香糖、安宁

E. 精神、意志、巧克力糖、银幕

2. 下列几组词中经历了词义转移变化的有(   )。

A. 汤、臭、金、脚   B. 走、兵、钱、权

C. 消息、行李、牺牲、喽啰   D. 事故、丈人、勾当、丈夫

　　E. 瓦、虫、河、同志

3. 下列几组词语中,含有贬义色彩的是(　　　)。

　　A. 依靠、顽强、夸奖、习惯　　　　B. 依赖、顽固、夸耀、习气

　　C. 果断、引导、鼓动、满意　　　　D. 武断、引诱、煽动、得意

　　E. 后果、巴结、小气、虚伪

4. 下列(　　　)组同义词有词义轻重的差别。

　　A. 重要、主要、首要　　　　　　　B. 优良、优秀、优异

　　C. 损坏、毁坏、破坏　　　　　　　D. 轻视、鄙视、蔑视

　　E. 坚强、顽强、顽固

5. 下列各组词中,属于多义词的有(　　　)。

　　A. 喜好、休息、吹牛、捣鬼　　　　B. 帽子、小鞋、辫子、包袱

　　C. 高调、桥梁、纽带、鸿沟　　　　D. 马虎、愉快、细致、自豪

　　E. 菠萝、蜻蜓、蚯蚓、明晰

6. 下列(　　　)组不是反义词。

　　A. 积极、消极;热情、冷淡　　　　B. 先进、中间;赞成、弃权

　　C. 肯定、否定;化合、分解　　　　D. 进攻、防御;左派、中间派

　　E. 高尚、蔑视;上面、中间

7. 下列(　　　)组是偏正式合成词。

　　A. 海啸、霜降、河流、日食　　　　B. 雪白、火红、漆黑、笔直

　　C. 粉饰、油煎、脚踢、图解　　　　D. 冬至、春风、月亮、头痛

　　E. 火车、键盘、函授、贵宾

8. 下列(　　　)组词语素颠倒后词义有明显变化。

　　A. 风暴、害虫、故事、声响　　　　B. 样式、灵魂、和缓、接连

　　C. 吃紧、黄金、计算、漆黑　　　　D. 感情、来往、力气、别离

　　E. 女儿、上面、雪白、人家

9. 下列(　　　)组是"词根＋词缀"式合成词。

　　A. 瓜子、莲子、中子、棋子　　　　B. 房子、钳子、桌子、矮子

　　C. 派头、甜头、看头、想头　　　　D. 眉头、车头、布头、排头

　　E. 离子、粒子、笔头、手头

10. 下列(　　　)组词是陈述式合成词。

　　A. 地震、心疼、民主、国营　　　　B. 性急、胆大、年轻、心细

　　C. 心虚、雪崩、泥石流、眼花　　D. 函授、笔记、粉饰、油炸

　　　E. 雪白、笔致、天蓝、金黄
11. 下列(　　)组是单纯词。
　　　A. 爸爸、妈妈、姐姐、哥哥　　　B. 粑粑、饽饽、窝窝、猩猩
　　　C. 姑姑、叔叔、公公、婆婆　　　D. 悄悄、悻悻、匆匆、往往
　　　E. 个个、人人、年年、天天
12. 下列(　　)组词是外来词。
　　　A. 科学、民主、激光、微机　　　B. 雪茄、浪漫、布拉吉、拷贝
　　　C. 汽车、矛盾、网络、互联网　　　D. 雷达、马达、芭蕾、迪斯科
　　　E. 海关、外贸、贸易、床垫
13. 下列几组词中,可以认为是基本词的是(　　　　)。
　　　A. 爸爸、百、斤、最　　　B. 水车、眉头、汽水、互联网
　　　C. 学习、快、走、他　　　D. 超导、迪斯科、皇帝、OK
　　　E. 我、年、所以、但是
14. 下列几组词语中,属于支配式合成词的是(　　　　)。
　　　A. 跳板、问号、剪刀、讲台　　　B. 关心、注意、出席、动员
　　　C. 吊灯、挂钩、摇篮、拉锁　　　D. 理事、司务、护膝、帮工
　　　E. 吹牛、打气、捧场、得罪
15. 下列(　　)组词是有比喻义的。
　　　A. 包袱、摇篮、疙瘩、潮流　　　B. 葵花、太阳、微机、心情
　　　C. 担子、东风、舌头、气味　　　D. 破绽、风尘、迷雾、骨干
　　　E. 气球、龙虾、花朵、小麦

答案:
　　　1. A、D、E; **2.** B、C; **3.** B、D、E; **4.** A、B、C、D; **5.** B、C; **6.**
B、D、E; **7.** B、C、E; **8.** A、C、E; **9.** B、C; **10.** A、B、C; **11.** B、D;
12. B、D; **13.** A、C、E; **14.** B、D、E; **15.** A、C、D。

四、是非判断题
　　1. 词根和类词缀、类词缀和真词缀的界限都是非常清楚的。(　　　　)
　　2. 现代汉语中,凡是单音节的词,就一定是单纯词。(　　　　)
　　3. 凡是双音节的语素,拆开以后两个音节都是没有意义的。(　　　　)
　　4. 在一般情况下,定位语素其实就是词缀,前定位就是前缀,后定位就

是后缀。(　　)

5. 自由语素和不自由语素的根本区别就在于能否参与构词。(　　)

6. 某些语素具有不同的读音,但一旦构成词以后,其读音是单一的。(　　)

7. 搭配对象单一、组合位序固定、有音有义的语素也就是剩余语素。(　　)

8. 语素的功能类别同它们所构成的词的功能类别并不是完全一致的。(　　)

9. 单纯词都是一个语素构成的,所有的单纯词都是既是语素又是词。(　　)

10. 一般说来,专有名词、科技术语、事物名称等,都不是多义词。(　　)

11. 词的比喻义和借代义与原来的词义之间,存在着相似性和相关性的联系。(　　)

12. 词的义项既可以是能够独立运用的语义单位,也可以是只能参与组合的语义单位。(　　)

13. 有些同音同形词是多义词在长期使用过程中词义分化的结果。(　　)

14. 词义的衍生主要是由于同形语素和多义语素造成的,同词义本身的发展没有必然的联系。(　　)

15. 属于同一语义场的词,都是既具有相同的义素,又具有不同的义素。(　　)

16. 现代汉语同义词和反义词之间并没有绝对的界限,它们其实是相对的。(　　)

17. 词义的变化并不一定要很长的时间,有时在几十年、甚至几年内就可以完成。(　　)

18. 从语义关系看,多元义场和反义义场之间不存在任何关系。(　　)

19. 新造词、外来词、方言词和行业词之间存在着交叉关系。(　　)

20. 细分起来,仿译的外来词应该归入汉化的外来词,也就是外来概念词。(　　)

21. 汉语中的成语,绝大多数都含有浓重的汉民族的历史文化信息。

( )

22. 现代汉语惯用语在形式上非常灵活，不但长短不一，而且结构也不太定型。( )

答案：

1. ×(说明：因为语言是在不断地发展、虚化的，汉语的音节和语素之间、词根和词缀并没有明确固定的界限。单纯词可以转化为合成词，合成词内部由词根复合式可以转化为词缀附加式。附加式内部的类词缀又会进一步虚化为真词缀，所以，汉语的词根和类词缀、类词缀和真词缀的界限之间的界限不是很清楚的。)

2. ×(说明：单音节词基本上都是单纯词，但有例外，那就是儿化，"眼儿"、"画儿"、"头儿"虽然是单音节的，却是合成词，此外"俩"、"仨"、"咱"、"诸"等合音词虽然是单音节的，但从内部语义关系看，也不是严格意义上的单纯词。)

3. ×(说明：凡是由一个纯表音音节和一个语素化音节构成的双音节语素，主要是音译语素和联绵语素，拆开后其中的语素化音节是还有意义的。比如："瓦特"的"瓦"、"伏特"的"伏"，"鸳鸯"的"鸳"、"蟾蜍"的"蟾"。这种现象都是音节语素化的结果。)

4. √(说明：从构词的角度看，一般情况下，不定位语素就是词根，定位语素也就是词缀，前定位语素叫前缀，后定位叫后缀。题目之所以要说"在一般情况下"，这是因为，严格地讲定位语素并不完全等同于词缀，有少数语素虽然是定位语素，但意义基本没有虚化，也没有类化，所以仍然是词根。前定位词根有：惦×、碉×、褒×、敦×、谴×、卓×、赝×等。后定位词根有：×绩、×址、×膊、×帜、×晰等。)

5. ×(说明：自由语素是既能够独立成词，又能同别的语素自由构词的语素。比如：山—山脉、学—学问。不能独立成词，只能同别的语素组合成词的语素叫不自由语素。如：器—器材、习—习作。"山、学"可以独立成词，"器、习"只能同别的语素组合成词。所以，两者的根本区别在于能否独立成词，而不在于能否参与构词。)

6. √(说明：除了少数异读词以外，词的语音形式是固定而单一的。比如"血"、"给"作为语素既可以读成 xuè、jí，也可以读成 xiě、gěi，但一旦构成词以后，其读音通常都是固定而单一的。比如：血 xiě 淋淋，血 xuè 色素；给

jí 予,给 gěi 以。)

7. √(说明:现代汉语中,有少量不适用替代法的语素。譬如"苹果"、"槐树"、"渤海"中的"苹"、"槐"、"渤"。这类语素有音有义,也是最小的音义结合体,但是它们的构词能力极其有限,只能同某个特定的语素组合搭配。譬如"苹"、"槐"、"渤"只能同"果"、"树"、"海"组合。由于这种语素不适宜替换法,只好采用剩余法来确认此类语素,就是将一个可以自由运用的语言片段中可替换的语素,就是"果"、"树"、"海"提取,剩下的部分虽然不能替换,但只要它有音有义,具有表义作用,就应该认定也是语素——不可替换的语素,也就是剩余语素。)

8. √(说明:语素的功能类型,同该语素构成的单词的词类既有联系又有区别。首先,语素的功能分类相对模糊,比如"根",既可以认为是量素,也可以认为是名素。也就是说,语素功能类的确定取决于该语素所构成的单词,离开了词很难确定。其次,一般情况下,语素的功能类别同它所构成的词存在着一定程度的一致性,但有时也会出现不一致的情况,两者之间没有明确的对应关系。比如:物 n 色 n→v 物色,早 a 晚 a→adv 早晚。)

9. ✕(说明:现代汉语中的单纯词可以分为三类:单音节,双音节,多音节三种。几乎所有单纯词都是由一个语素构成的,绝大多数的单音节单纯词都是既是语素又是词,只是观察的角度不同而已。但是合音语素情况比较特殊,合音语素是指"俩 liǎ"、"仨 sà"、"甭 béng"、"叵 pǒ"、"咱 zán"、"啦 lā"等原来两个音节合并读为一个音节的现象。这些合音字,从来源看,大都是由两个语素合成的,但着眼于现在,它们又是一个音节、一个汉字、一个语素的单纯词。)

10. √(说明:现代汉语中,除了联绵词和音译词有一部分是单义词以外,双音节合成词中,单义词占有一定的比率,主要可以分为以下几类:(1)专有名词:北京、上海、台湾、李白、巴金,(2)事物名称:衣服、皮鞋、手表、钢笔、茶几,(3)科学术语:电子、元素、函数、血压、针灸,(4)称谓名称:父亲、母亲、哥哥、姐姐、舅舅。)

11. √(说明:借用一个词的基本义来比喻另一种事物,所产生的意义就是比喻义。比如"疙瘩",本指皮肤上的突起或肌肉上结成的硬块,比喻"不容易解开的思想问题";"辫子"本指把头发交叉编成的条条,比喻"把柄"。通过词的借代方法派生出新的意义称之为借代义。借代义同比喻义的区别就在一个重在相似性,一个重在相关性。比如"千金"借代为小姐或女儿,"孔方兄"借代为钱,"饭碗"借代义是工作,"口舌"借代为说话。)

12. √(说明:词的义项既可以是独立运用的语义单位,也可以是只能参与组合的语义单位。总之,词的义项既可以是词义,也可以是语素义。比如"生"有六个义项,①生育:生孩子;②生长:生根发芽;③生存:起死回生,生死与共;④生命:丧生,舍生取义;⑤生计:谋生,营生;⑥生平:一生一世,今生今世。其中只有前两个是词义,后面四个都是语素义。)

13. √(说明:有些同形同音词本来是多义词,随着中间义项的消失,多义义项前后失去联系,就成了同形同音词了。比如"管":本来指竹管,引申为"管状钥匙",于是"掌管"就有了"管理"的意思。现在"管状钥匙"义已消亡,"管子"的"管"和"管理"的"管"就由本来的多义词转化成了同形同音词。)

14. √(说明:词义的衍生主要就是指某些词的潜在意义的显化。即某些词就其所构成的语素义来看,原来应该可以表示某种含义,但实际上该词并没有这层意思。但在一定的条件下,由于语用需要的触发,加之构词语素本身的多义性,这些潜在的意义就显现了出来。比如本来"婚龄"指结婚的年龄,而"工龄"却指参加工作后的年数。现在由于表达的需要"婚龄"、"工龄"的另一义项显化了,可以分别指"结婚后的年限"和"参加工作的年龄"。这种情况主要是由于同形语素和多义语素造成的,同词义本身的发展没有必然的联系。)

15. √(说明:语义场就是通过相关的词之间的比较,根据它们在词义上的共同特点而划分出的聚合关系。属于同一语义场的词都具有共同的义素,但另一方面,它们之间又存在着不同的义素,以显示彼此的差别。比如:青菜、白菜、花菜、芹菜、韭菜、菠菜、大白菜、卷心菜,这些词都有一个共同的义素:食用草本植物,但它们又都有各自不同的独特的语义特征。)

16. √(说明:一般说来,同义词和反义词是相反的,但从另一个角度看,同义词和反义词又是相对的——同义词内部也存在着反义关系。比如"听"和"闻"有相同的一面,都是用耳朵获取信息,但也有相反一面,分别指动作的起始阶段和终结阶段。也就是说,同义词有共同的义域,而反义词也有共同的义域;强调其相同的一面时,它们也是同义词;而同义词之间又有差别,有些差异正好相反相对,强调其异的一面时,它们又是反义词。)

17. √(说明:词义的变化并不一定要很长的时间,有时即使在几十年中,词义也发生了深刻的变化。比如"水分",本来指物体中所含的水,现在又可以指不真实、不必要的、加进去的成分。又比如"包装",本来指用纸、盒等把商品包起来,也指包裹商品的东西。而现在又可以指"企业、演员的形象塑造",可以指"人的装束打扮、企业的宣传"等。)

18. ╳(说明:反义义场包括关系义场和异质义场,两者都属于二元义场。而多元义场是指类属义场、顺序义场和同义义场。一般情况下,反义义场同多元义场确实没有什么关系。但是,有时一个词可以同一组同义词分别构成反义义场,比如:"痛苦"就可以分别同"高兴、愉快、快乐、痛快、幸福、喜悦"这组由多元义场构成的同义词构成反义关系。)

19. √(说明:语言中的新造词、外来词、方言词和行业词是从不同的角度划分出来的,它们是多次切分的结果。也就是说新造词是相对于固有词而言的,外来词是相对于民族词而言的,方言词和行业词是相对于通用词而言的。这些概念有时会交叉,譬如"克隆"既是外来词,又是新造词,还是行业词,"拍拖"既是港台方言词,又是新造词。)

20. √(说明:仿译就是在意译的过程中尽可能地保留原词的字面意思、仿照原词的构词方式,也就是汉语词的内部形式仍然仿照原词。比如:honeymoon 蜜月、generation-gap 代沟、hot dog 热狗等。用这种方法吸收的外来词在形式上已经汉化,但所表达的概念还是外来的,所以,仿译的外来词应该归入汉化的外来词,也就是外来概念词。)

21. √(说明:汉语的成语绝大多数都是有出处的,其来源大都可以考证,绝大多数成语都来源于汉民族历史上神话寓言、历史事件、诗文语句和民间俗语,源自外族的成语非常之少。而这些神话寓言、历史事件、诗文语句和民间俗语都是反映汉民族历史上的各种情况的,自然会或多或少地积淀下各种各样的汉民族历史文化信息。)

22. √(说明:惯用语的结构形式灵活多样,富于变化。在音节上,三音节较多,比如:半瓶醋、开倒车,但四、五、六、七、八个音节的也不少,比如:蚂蚁啃骨头、生米煮成熟饭、死马当作活马医、捡到篮子里都是菜等。在结构上,可以随着表达的需要而改变,比如脚踩/踏/登两只船,赶/打/拿鸭子上架;给她小鞋穿,墙脚早已被挖掉了。)

五、术语解释题

　　1. 剩余语素　　2. 别义语素　　3. 半自由语素　　4. 词根与词干
5. 词缀与语缀　6. 中缀与类中缀　7. 离合词　8. 联绵词　9. 区别
性特征　10. 语义场　11. 关系义场　12. 顺序义场　13. 偏义复词　14.
异形词　15. 同源词　16. 内部形式　17. 借代义　18. 语言环境　19. 语
境临时义　20. 港台方言词　21. 外来形式词　22. 类固定短语

答案:

　　1. 在单词中有音有义但不适用替代法的语素。譬如"苹果"、"槐树"中
的"苹"、"槐"。这类语素虽然有音有义,也是最小的音义结合体,但是它们
的构词能力极其有限,只能同某个特定的语素组合,不适宜替换法,只好采
用剩余法来确认。也就是将一个可以自由运用的语言片段中可替换的语素
首先提取,剩下的部分虽然不能被其他语素替换,但只要它有音有义,具有
表义作用,就应该认定也是语素——不可替换的剩余语素。

　　2. 在单词中不表示具体的意义只起别义作用的语素。别义语素的语
义在该语素构成的单词的词义中基本上没有反映,但具有一定的区别作
用。譬如"睡"和"睡觉"的意义差异就是靠别义语素"觉"区别的。一般说
来,别义语素在该单词形成之初曾经表过义,随着词义的变化,现在尽管
也能区别一点语义,但总的看来,只剩下一个形式,只起到构词作用,相当
于一块化石,所以又可以叫化石语素。别义语素所构成的单词都是偏义
复词。

　　3. 能够独立成词,但一般不能同别的语素构成合成词的单音节语素。
半自由语素多为一些表示语气和情感的语素,比如:吗、吧、哩、呗、呐等。这
类语素在现代汉语中数量不多,所占比率很小。自由语素和半自由语素可
以统称为成词语素,以同构词语素(也就是只能用于构词的粘着语素)相
对立。

　　4. 词根是词的词汇意义的主要承担者,是同词缀相对的。词干是词的
形态没有变化前的基本形式,是同词尾相对的。比如英语的 deep 是词根,
deepen 的"en"是词缀,deepened 的"ed"是词尾;相对于词尾"ed",deepen 可
以称为词干。词根属于词汇学的构词法的范畴,词干属于语法学的形态变
化的范畴。

　　5. 附加在词根上表示附加义的是词缀,词缀的位置是固定的。有些书

把附加在词语后面用于构形的粘着成分称为语缀,比如"看着"、"看了"、"看过"中的"着"、"了"、"过","同志们"的"们"等等,所以,语缀是用来构形的。它可以附在词干后面,也可以附在短语后面。词根属于词汇学的构词法的范畴,语缀属于语法学的形态变化的范畴。

6. 必须位于某些单词中间的语义虚化的粘着成分叫作(真)中缀,比如"古里古怪"、"微乎其微"的"里"、"乎"。必须位于某些单词中间的语义类化的粘着成分叫作类中缀,比如"巴不得"、"来得及"中的"不"、"得"。汉语中的中缀数量十分有限。

7. 现代汉语中有些词可以拆开来使用,比如"鞠躬——鞠了一个躬",称之为离合词。只要是离合词,无论是合还是离,都是一个词,不过,合的时候是常式,离的时候是变式,变式是一种为了某种语用需要的特殊的表达形式,使用分离的形式可以使表达更加具体、明确。现代汉语中常用的离合词有四百多个,其中动宾式的占大多数。

8. 由联绵语素构成的单纯词就是联绵词,可以细分为双声、叠韵和其他三个小类。比如:慷慨、蜻蜓、峥嵘。联绵词多是古代汉语沿用流传下来的,而且都是由音得义的,而不是从形得义的,所以一个联绵词往往有不同的书写形式。少数联绵词中的某个音节已经语素化了,比如"麒麟"、"蚂蚁"中的"麟"和"蚁"。还有一些已被人当作合成词使用,比如:慷慨—慷国家之慨,朦胧—朦朦胧胧。不过,总体上看联绵词还是单纯词。

9. 区别性特征是词义构成的最小意义单位,所以又叫区别性语义特征。区别性特征有三个基本的性质:①它是义项的组成成分;②它没有特定的语音形式;③它是比较一组相关的词而分析出来的语义特征。区别性特征在义素分析和语法研究中都具有重要的作用。

10. 语义场就是通过相关的词之间的比较,根据它们在词义上的共同特点而划分出的聚合关系类。属于同一语义场的词都具有共同的义素,但另一方面,它们之间又存在着不同的义素,以显示彼此的差别。语义场内部有不同的层次,上一层次中某个词的义素必然为下一层次的各词所有,而下一层次又必然有自己的特殊义素。

11. 根据这两个成员的关系,二元义场可以分为关系义场和异质义场等。关系义场中的两个词处于某种关系的两端,它们互相依存,互相制约,各方以对方的存在作为自己存在的依据。比如:胖—瘦,整齐—凌乱等。

12. 根据相互之间的语义关系,多元义场可分为类属义场和顺序义场、同义义场等。其中顺序义场的各个成员按照某种固定的顺序排列,比如:小学、中学、大学。顺序义场还可以细分为三种:挨连式、循环式、级次式。

13. 凡是由一个表义语素和一个别义语素构成的联合型复合词,就是偏义复词。偏义复词可以分为两种类,一类是典型的,譬如"窗户"、"国家"等。另一类则存在着同形的联合短语,譬如"兄弟"、"好歹"等,当它们只表示其中某个语素"兄"、"歹"的语义时,是偏义复词;同时表示两个语素的语义时,就是联合短语。

14. 异形词又叫异体词。就是指同一个词具有两种或多种不同的写法。比如:赢利——盈利,伙伴——火伴等。一般情况下,异形词之间只是形体不同,也就是其构词所用的语素不同,但是在意义、读音和用法这三个方面应该是相同的。异形词产生的原因相当复杂,规范和整理异形词,必须遵循通用性、理据性和系统性三项原则。

15. 两个或几个古代语音相同或相近,原始意义相近或相通的词,就是同源词。同源词在历史上曾经来自于同一个语源,常常以某一个概念为中心,形成一个词族。同源词的各个词之间在语音上可以相同,也可以有细微的差别,在语义上则必须有密切的联系。比如:筐——框,满——漫。同源词和同源字既有联系又有区别,应该注意对两者的区分。

16. 任何一个词都是意义与形式的结合体。意义包括词汇意义和语法意义,形式又可以分为内部形式和外部形式两种。所谓内部形式,其实也就是构词方式,比如"国家"的内部形式就是:合成词、复合式、联合型、偏义类。

17. 通过词的借代方法派生出新的意义称之为借代义。借代义重在相关性,比如"千金"借代为小姐,"孔方兄"借代为钱,"饭碗"借代义是工作,"口舌"借代为说话。借代义的形成是修辞格借代在使用中逐渐定型化和词汇化的结果。

18. 语言环境简称语境。大致可以分为两类:狭义的语境,指文章中的上下文和讲话时的前言后语。广义的语境包括交际双方本身的文化教养、知识水平、生活经验、语言风格、方言基础等;交际的时间、场合、背景、目的、牵涉的其他人物及双方的辅助性交际工具,比如表情、姿态、眼神、手势等体态语;交际双方所处的社会性质和时代特点,交际双方的思维方式、文化习惯、民族心态等等。

19. 汉语中有相当一些词出现在一定的语境中,就会增加一些新的临时的义素。比如"观鱼"的"鱼"增添了[＋活]的义素,而"煎鱼"的"鱼"增加了[－活]的义素。这种在特定的语境中才产生或增加的临时义称之为语境临时义。

20. 近二十年来,中国内地从中国香港、中国台湾吸收了许多带有地域色彩新词语,比如:作秀、饮茶、接轨、入围、新登场等,这类词可以称之为港台方言词。从港台引入的这一类词,有相当一些在普通话中没有完全对应的词,比如楼花、按揭等;有些词内地本来就有,只是语义或色彩不同,比如管道、联手等。吸收港台方言词的深层心理基础是崇尚心态和趋新意识。阅读港台书报杂志时应当引起特别注意那些同形异义的港台方言词。

21. 汉化的外来词就是使用汉语的形式反映外来概念的外来词。主要有四种:在表音节的字形上面再加上义符,使原音译词变成了汉语词的添符词。将外来概念同汉语原来固有的事物加以比照,用加类前缀的方式来表示这些概念的来源的类比词。依照原词的意义,利用汉语的构词材料和构词方式创造的意译词。在意译的过程中尽可能地保留原词的字面意思、仿照原词的构词方式的仿译词。

22. 类固定短语主要是指一些准凝固性的四字格短语,当然也可以包括一些非四字格的固定格式。四字格类固定词语的特点是:在结构上既有固定的语型部分,又有可变的替换成分。在意义上固定部分规定了整个短语的格式义和关系义,可变部分表示了整个短语的具体义和实用义;两者配合互补,相辅相成。

六、问答题

1. 对于现代汉语离合词的性质,应该怎样认识?

2. 使用现代汉语联绵词应该注意哪些问题。

3. 名素＋动素构成的偏正式合成词具有哪些值得注意之处?

4. 谈谈词的比喻义和修辞中的比喻之间的区别和联系。

5. 谈谈音节、语素、汉字三者之间的关系。

6. 异质义场和关系义场有何不同?

7. 谈谈方言词[1]和方言词[2]的区别与联系。

8. 汉语从日语借词和从英语借词的主要差异是什么?

9. 谐音的歇后语和喻义的歇后语的区别和相通在哪里?

10. 简要说明语素、词、短语的区别。

11. 略说同音词和多义词的区别和联系。

12. 使用反义词应该注意哪些方面的问题?

13. 说明汉语吸收外来词的特点和需要注意的问题。

14. 确定词的方法有哪些?

答案:

　　1. 现代汉语中有相当一些词可以拆开来使用,对于这一类词,有人认为合在一起是词,拆开来的时候就是短语。其实,这种词无论是合还是离,都是词,只不过离的时候是一种特殊的分离或变换形式而已。也就是说,离合词分离、拆开后基本性质并没有发生变化。比如"洗澡"在语义上同"洗一个热水澡"、"澡还没洗呢"中的"洗·澡"所表达的意思基本一致,没有改变。而且,在句法上"澡"在现代汉语中是一个粘着语素,不能独立充当句法成分,认为"澡"可以单独充当宾语和主语,是讲不通的。再比如"帮忙"同"帮了我一个大忙"、"这个忙我帮定了"中的"帮·忙",意思也一样,而"忙"虽然可以独立成词,但单用的"忙"是形容词,同"帮忙"的"忙"意思不同,功能也不同。所以,分离后尽管在句法功能上相当于一个短语,但是从词汇学的角度看仍然是一个词,只是以一种特殊的结构方式存在着。总之,只要是离合词,无论是合还是离,都是一个词,不过,合的时候是常式,离的时候是变式,变式是一种为了某种语用需要的特殊的表达形式。从历史纵向发展的角度看,这是汉语单词向双音化过渡时的中间状态现象。也就是说,一部分原来的离合词慢慢凝固了,一些新兴的离合词又不断产生了,离合词永远是一个动态的现象。

　　2. 使用现代汉语联绵词,有五个方面值得注意:(1)双声是指两个音节的声母相同,如果两个音节都是零声母,也应该归入双声,比如:犹豫、委蛇。叠韵是指韵相同,而不是韵母相同,也就是介音的有无、同与不同都可以不计较。所以"徘"和"徊","玫"和"瑰",虽然韵母不同,但仍然是叠韵的。现代汉语的"韵"可以有十八韵和十三辙两种不同的标准。两者大多相通,但有时也有不同,比如"朦胧",从十八韵的角度看,不是叠韵,分属庚韵和东韵;从十三辙的角度看,都是中东辙,一般以十三辙为准。(2)所谓双声、叠韵都应是以现代汉语语音为标准的,古代汉语的语音到现在已发生了很大的变化。有些音节古代是双声、叠韵,后来不是了;有的古代是,现在仍然是;少数古代不是,现在反而是了。所以只以现代北京语音为依据。(3)联绵词是由音得义的,而不是从形得义的,所以一个联绵词往往有不同的书写形式。比如:辗转、展转;仓卒、仓猝、仓促。绝大部分联绵词都有不止一种写法,多的甚至有十来种。有些不同的形体用现代语音来读,相距甚远,但在古代是相同或相近的。(4)由于汉字是形音义三位一体的,古人使用联绵词,总是尽量在保持这个词的读音的基础上,替这个字加上相关的形旁,以使其能兼表意义。比如"慷慨"从"心","琉璃"从"玉","朦胧"从"月","汹涌"从"水"。这些后加上去的形旁,对于人们理解和记忆联绵词很有好处。时间一长,一些联绵词就会被人当作合成词看待,将其拆开使用。如:伶俐—伶牙俐齿、慷慨—慷国家之慨;或加以重叠:朦胧—朦朦胧胧、疙瘩—疙里疙瘩。不过总体上看,联绵词还是单纯词。(5)由一个音节加上一个粘着语素构成的联绵词,比如"蝴蝶"、"蜘蛛"、"麒麟"、"蚂蚁"、"蟾蜍"等,仍然是双音节的单纯词。凡是合成词,一定要由两个语素组合而成。

3. 此类偏正式合成词情况比较复杂,而且容易与主谓型相混,值得关注。首先,根据名素和动素的语义关系,还可以分出比况、凭借、时空三种情况。比如,比况(像 N 一样地 V)式:鱼跃、蝉联、蚕食等;凭借(以/用 N 来V)式:笔谈、手谈、言传等;时空(在 N 时/处 V)式:中立、空袭、北上等。其次,要注意与名素+动素主谓式的区别。这一点,关键就是看名素和动素之间的相互关系:是 V 陈述、说明 N 的,还是 N 限定、修饰 V 的。比如,"夏至"是主谓,"夏收"是偏正;"身受"是主谓,"身教"是偏正;"口红"是主谓,"口授"是偏正;"眼热"是主谓,"眼看"是偏正,"体检"是主谓,"体验"是偏正。再次,同样是偏正,还要注意内部语义关系的不同,比如,"水解"是凭借式,"水葬"是时空式;"火葬"是凭借式,"火急"是比况式。甚至一些同音同形词和多义词内部也会有不同结构关系。比如,表示"河流似的人群"的"人流"是比况式,表示"人工流产"是"人流"是凭借式;表示像"火一样烫"的"火烫"是比况式,表示"用火来烫"的"火烫"是凭借式。最后,就句法功能而言,除了上面列举的动词外,还有一部分名+动是名词或名动兼类词,比如:间隙、夜宵、夜盲、春耕、秋收、时鲜等;有些则是区别词,比如水磨、油爆、水煮、鱼贯等。

4. 借用一个词的基本义来比喻另一种事物,所产生的意义就是比喻义。比如"疙瘩",本指皮肤上的突起或肌肉上结成的硬块,现比喻"不容易解开的思想问题";"辫子"本指把头发交叉编成的条条,现比喻"把柄"。再如,高潮:水位上升的最高潮位——事物发展的最高阶段。酝酿:造酒的发酵过程——做好各项准备工作。搁浅:船进入水浅之处,不能行驶——事情遇到阻碍不能进行。跳板:搭在车船边沿供人上下的长板——进一步发展的可以利用的过渡物。比喻义同修辞学上的比喻不是一回事,它们既有联系,又有区别。联系是指比喻义产生的途径就是各种比喻方式修辞格,区别在于比喻义是固定的属于词的一个义项,修辞上的比喻是临时的,只是打比方而已。

5. 音节、语素、汉字之间主要有五种不同的关系。(1)一个音节写成一个汉字,表示一个意义,或表示几个意义,而这些意义是具有内在联系的,这是一个语素同一个汉字的关系。比如"睛"、"工"。(2)一个音节写成不同的汉字,但只表示相同的意义,这是一个语素同几个异体字之间的关系。比如"干"和"乾"。(3)一个音节写成一个汉字,表示几个意义,而这些意义之间没有内在联系,这是几个语素同一个汉字的关系。比如"鲜花"的"花"同"花钱"的"花"。(4)不同的音节写成同一个汉字,表示的是同一个意义,这是一个语素同多音字的关系,比如"血淋淋"的"血"同"血小板"的"血"。(5)不同的音节写成同一个汉字,表示不同的意义,这是几个语素和一个多音多义字的关系。比如"快乐"的"乐"和"音乐"的"乐"。此外,汉语中的一部分"儿"是构词语素,写出来也是一个汉字,但是"儿"附在单音节词根上之后,该合成词仍然是单音节。比如"眼—眼儿"、"信—信儿"。

6. 关系义场和异质义场都是反义义场。但前者是互相矛盾而依存的,后者互相不同而对立。关系义场中的两个词处于某种关系的两端,它们互相依存,互相制约,各方以对方的存在作为自己存在的依据,其相互的关系和程度都是相对的。比如:刚—柔,丈夫—妻子,轻松—繁重等。异质义场中的两个词,其意义是对立的,但是这种对立关系之间并没有互相依存。也就是说,一方的存在并不以另一方的存在为前提。比如:中—西,害虫—益虫,家畜—野兽等。总之,双方的存在都不以对方为前提。譬如"中医"和"西医"尽管性质不同,但既不矛盾,也不依存。西医传入中国之前,中医已有几千年了。甚至中西医有互相结合而存在的情况。不过,这两个词虽然在语义上仅仅是异质,但人们在使用中常将它们当作相对的一对,所以构成了一个异质语义场。

7. 一般所说的方言词有两重含义,一是流行于各个方言地区而没有在普通话中通行的词。另一是指已经被吸收进入普通话带有方言色彩的词。

可以分别称为方言词¹和方言词²。方言词¹和方言词²的区别有两点:其一是读音,前者读方音,后者读标准音。比如"邪气,莫老老"是方言词¹,而"瘪三,尴尬"是方言词²。其二是系统,前者是属某个方言内部的词,具有自己完整的一整套系统性,而后者属共同语中的词,已融入普通话语的语音系统。方言词¹是方言学研究的对象,方言词²才是普通话词汇学研究的对象。方言词¹同方言词²,方言词²同通用词之间并没有一个明确的界线。方言词²都是由方言词¹发展而来,一般都在语音上发生了变化(向普通话靠拢),比如吴方言的"尴尬、蹩脚",现在已经成了方言词²。而方言词²使用时间长了,方言色彩进一步淡化,人人都懂了,大家使用,地域色彩进一步弱化,就成了普通话的通用词甚至基本词,比如"搞"本来是个方言词,现在已经成了普通话中的一个使用频率极高的基本词了。

8. 汉语从日语转借来的词可以分为两类:一类是日本学者借用汉字创制的译名,比如:革命、文明、具体、宪法等,还有一种就是日本人直接利用汉语材料创造的,比如:景气、金融、引渡等。这些词的概念自然是外来的,构词材料却是汉语的,尤其是日本人自创的。日语借词与汉语词在外在形式方面非常接近,而且都是用汉语的语音读的,所以,不懂日语的人一般很难体会到这些词是外来的。汉语从英语借词的特点有二,那就是多样化和汉语化。多样化是指吸收的方式多种多样:意译、音译、仿译、音兼意译、半音半意、音译加注、直接借用等等。汉语化是指借词过程中总是想方设法使之符合汉语的特点,适应汉民族的民族心态和思维方式。首先,不管是音译,还是音兼意译,半音半译,甚至是仿译,一旦进入汉语后就必须按照汉语的方式来读音;分成一个个首尾不相连续的音节,并带上抑扬顿挫的四声。其次,一旦进入汉语,就必须同汉语的特点相一致,舍弃一切与该词有关的性、数、格、体、态、时的形态变化。最后,有一部分进英语词入汉语后语义会发生变化或分化。总之,日语借词基本上都是借形借义不借音,尽管有一部分是重新返回汉语;而英语借词既可以借音借义不借形,也可以只借义不借形和音,少数字母词则是借形借义还借音。

9. 歇后语是由近似谜面、谜底两部分组成的带有隐语性质的口头语。可以分为两类;喻义的和谐音的。喻义的歇后语前一部分是一个比喻,后一部分是对它的解释,后面的解释就是对比喻的直接说明。比如:八仙过海——各显神通,小和尚念经——有口无心,泥菩萨过江——自身难保。谐音的歇后语后一部分借助于与前一部分同音和音近的关系来表达意思,是一种言在此而意在彼的双关修辞方式。比如下面括号中才是真正要表达的意思:和尚打伞——无发(法)无天,外甥打灯笼——照舅(旧)。谐音的歇后语和喻义的歇后语的相通之处在于:无论是喻义的、还是谐音的,歇后语都是由前后两部分互相依存的;歇后语的构成材料大都同汉民族的文化、历史习俗有关,具有较强的民族文化色彩;而且一般都用于口头上和一些通俗的文艺作品中,显得通俗易懂、生动形象、新巧活泼。

10. 语素是语言中最小的音义结合体,是能够区别意义的最小的语言单位。语素的作用和职能主要就是构词。比语素高一级的单位是词,词是最小的能够独立运用的语言单位。短语又称为词组、结构,是词和词组合的语法结构形式。确定一个语言单位是不是词,关键就看该单位是不是最小的能够独立运用的语言形式。如果只看是不是最小的,那么语素比词更小,但语素不能独立运用;如果只看能不能独立运用,那么短语也可以,但短语不是最小的;所以必须把两者结合起来。确定一个单位是不是词,可以从三个角度加以观察。首先,除了少数异读词以外,词的语音形式是固定而单一的。其次,词的意义是明确而融合的。再次,词的功能是定型而完整的。关于词和短语的区别,可以从三个角度去观察。同一个语言形式,作为词时,所表示的概念内容比较单一,而作为短语时,所表示的概念内容相对复杂。词的语音形式是固定而单一的,中间不能出现停顿,而短语中的每一个词必须读本来的语音,中间可以有停顿。词和短语的结构关系非常相似,都可以有复合、附加和重叠等基本类型,而且复合式都有五种基本结构关系。但词内部语素和语素之间是凝固的,不能分开和自由替换,而短语内部的词和词之间是离散的,可以分离和自由替换。比如"大车—大船"、"金笔—金表"、"生姜—生肉",前者是两个语素构成的词,后者是两个词构成的短语。

11. 同音词和多义词都是用同一种词汇形式和同一种语音形式来表示不同意义内容的语言现象。然而,两者之间虽然有一定的共同点,但毕竟存在着本质的区别。这就是:同音词指的是具有相同的语音和形式的两个或几个词,而多义词则是指同一个词具有多项不同的意义。多义词的几个意义之间有明显的、必然的联系,而同音词相互之间虽然读音相同,但意义上缺乏联系,缺乏共同的基础。比如"一朵花"的"花"同"花布"的"花"、"礼花"的"花"和"看花了眼"的"花",虽然意义有所不同,但具有内在的联系,所以是多义关系,而"一朵花"的"花"同"花钱"的"花"、"花时间"的"花"则意义上没有任何联系,所以是同音关系。两者的联系在于:有些多义词在使用的过程中,基本义和主要的引申义保留了下来,而中间的引申环节消失了,这样两者之间就失去了联系,多义词就会转向同音词,或者说引申导致了分化。比如"白吃一顿"的"白"和"白颜色"的"白"在古代是有联系的,但发展到现在,已经成了两个同形同音词了。

12. 反义词在使用中有五个方面的问题值得注意。(1)互补反义和相对反义在特定语境中可以转换。比如互补反义可以当作相对反义用:不死不活;半推半就;死不死,活不活;非左即右;非厚即薄。(2)多义词有几个义项,每个义项都可以有自己的反义词义或反义语素义。同一个词可以有相对的几个反义词。大致有以下三种情况:一个词有多个义项,各义项都有自己的反义词义或反义语素义。一个词可以同一组同义词分别组成反义义场。词义之间可以构成交叉和非交叉、对称和非对称的反义关系。(3)在对举的语言环境中的临时反义不是真正的反义词,是一种修辞现象。(4)相对反义词内部具有不平衡现象。积极义的相对反义词在使用时可以涵盖消极义的相对反义词,而且,积极类词和消极类词在接受否定时也不一样。(5)反义词和同义词是相对的。一般说来,同义词和反义词是相反的,但从另一个角度看,同义词和反义词又是相对的——同义词内部存在着反义关系,反义词内部也有同义关系。

13. 汉语吸收外来词,应该注意的问题有三。(1)音译、意译并存,尽量用意译,不必为了崇洋而硬用音译。比如不用手杖、通行证、弹簧锁,而用斯的克、派司、司必灵锁;不用舞会、饼干、甜饼,偏要用派对、克力架、曲奇。当然能意译就意译,但最好的方法是音、义兼顾,既保留了原词的音,又兼顾了原词的义。比如"霹雳舞"、"霓虹灯"等。(2)不管是音译还是意译,尽量选用通俗易懂、流行普遍、言简意赅的一个。比如用"冰淇淋"、"巧克力"、"迪斯科"、"歇斯底里"、"色拉"、"桑巴",而不要用"冰激淋"、"朱古力"、"的士高"、"歇私德理"、"沙拉"、"姗巴"。(3)对港台吸收的外来词要择善而从。比如:laser、space shuttle、computer、show,港台分别译为镭射、太空梭、电脑、秀。其中"电脑"一词因其简捷而优于"电子计算机","太空梭"也比"航天飞机"译得更加形象;而"秀"、"镭射"则不如"表演"、"激光"。"秀"给人以做戏的感觉,"镭射"则让人感到像一种放射元素。

14. 词是代表一定意义的、有固定语音形式的、能够独立运用的最小的语言单位,从这个性质出发,可以提出如下确定词的几种方法:

（1）看能否单说，能单独回答问题的最小语言单位是词，如：大（这只苹果大不大？——大!）、买（这本书你买吗？——买!）、好（他表现好不好？——好!）。

（2）虽不能单说，不能单独回答问题，但在一定场合能用作句法成分的也是词，如：彩色（彩色电视机、彩色显示器、彩色胶卷、彩色照片、彩色电影、照片是色彩的）。

（3）把语句中所有做句法成分的单位提开，剩下的在对话条件下不能单说，也不是一个词的一部分，它们也是词，大部分的虚词是这么确定的。

（4）运用隔开法，能插入某个语言单位的单位是短语，不能插入的或插入后意义明显变化的是词，如"海带"是词，不能说"海的带"，"大浪"是短语，可以说"大的浪"。

七、填表题

1. 将下列单位按要求填入表内：接、健将、房、郊、白布、言、语、电视、幽默、民、人、天、宏、伟、黑板、黄金、蓝天、感、蹰、蜻、囫、囵、吃饱、说明、大浪、霹、馄、风、回家

短　　语	
词	
只能是语素	
无意义的音节	

2. 将下列各字按要求填入表内：绩、柿、素、眉、蜓、狗、羊、鸭、学、习、鹃、祝、闪、平、虎、狼、的、们、者、翩、猩、志、蝙

成词语素	
不成词语素	
定位语素	
不定位语素	
非语素的音节	

3. 将下列词语按要求填入表内：伶俐、崎岖、尴尬、彷徨、逍遥、丁宁、哆嗦、皑皑、饽饽、姥姥、葡萄、咖啡、安乃近、蟑螂、玲珑、歇斯底里

双声联绵词	
叠韵联绵词	
叠　音　词	
音译外来词	

4. 将下列词语按要求填入表内：江湖、蝴蝶、干净、巧克力、人情、纸张、葡萄糖、阿毛、猩猩、姐姐、纷纷、刚刚、念头、鸳鸯、老鼠、绿油油

单　纯　词	
组合式合成词	
附加式合成词	

5. 将下列词语按要求填入表内：尚书、模特儿、瘪三、底蕴、宰相、精卫、蒙太奇、之、名堂、白兰地、若干、苏打、谓、把戏、太监、因特网、遑论、上网、搞、手机

历史词	
文言词	
方言词	
外来词	
新　词	

6. 将下列简称、略语按其简缩方式分别填入表内：高校、复旦、北约、港澳、七情、归侨、港台、政协、人大、整风、人流、军烈属、解放军、岁寒三友、五讲四美、双百方针、三八作风、三C革命、三座大山、三纲五常、建安七子、国

棉九厂、扬州八怪、"七不"规范、老少边穷地区

词语简称	提取型		数词略语	简括型	
	截取型			联括型	
	共戴型			概括型	
	变序型			附加型	
	概括型			比况型	

7. 将下列各词按照其构造方式分别填入表内:扑通、可耻、慷慨、浪费、窈窕、折腾、更为、脉脉、扩大、夏至、云集、接受、取笑、召集、入迷、肉麻、心扉、妯娌、等等、克隆、司令、邋遢、炭炭、胳膊、团结、英雄榜、巴不得、红彤彤、发烧友、出国热、次大陆、全方位、机关枪、伪科学、流里流气、神乎其神、花里胡哨、气象学家、可怜巴巴、非海洋性

单纯词	联绵词	双声		复合式合成词	联合		附加式合成词	真词缀	前缀	
		叠韵			偏正				后缀	
		其他			主谓				中缀	
	音译				补充			类词缀	前缀	
	象声				动宾				后缀	
	叠音				连动				中缀	
重叠式合成词				兼语			生动后缀			

答案：

1.

短　　语	白布、蓝天、吃饭、大浪、回家
词	接、健将、电视、幽默、人、天、黑板、黄金、风、说明
只能是语素	房、言、语、民、宏、伟、感、郊
无意义的音节	蹰、蜻、囡、囵、霹、馄

2.

成词语素	狗、羊、学、祝、闪、平、狼、的
不成词语素	绩、柿、素、眉、鸭、习、虎、们、者
定位语素	的、们、者
不定位语素	狗、羊、学、祝、闪、平、狼、绩、柿、素、眉、鸭、习、虎
非语素的音节	蜓、蝠、翩、猩、忐、鹃

3.

双声联绵词	玲珑、崎岖、尴尬、伶俐
叠韵联绵词	彷徨、逍遥、丁宁、哆嗦、蟑螂
叠　音　词	皑皑、铮铮、姥姥
音译外来词	葡萄、咖啡、安乃近、歇斯底里

4.

单　纯　词	蝴蝶、巧克力、猩猩、纷纷、鸳鸯
组合式合成词	江湖、干净、人情、纸张、姐姐、刚刚、葡萄糖
附加式合成词	阿毛、念头、老鼠、绿油油

5.

历史词	尚书、太监、宰相、精卫
文言词	底蕴、若干、之、谓、遑论
方言词	瘪三、名堂、把戏、搞
外来词	模特儿、蒙太奇、苏打、白兰地
新　词	因特网、上网、手机

6.

词语简称	提取型	高校　港澳　归侨　港台　整风　人大¹　人流		数词略语	简括型	七情
	截取型	复旦　解放军			联括型	五讲四美　三纲五常
	共戴型	军烈属			概括型	三八作风　三C革命
	变序型	国棉九厂			附加型	双百方针　"七不"规范 老少边穷地区　建安七子
	概括型	北约　政协　人大²			比况型	三座大山　岁寒三友　扬州八怪

7.

单纯词	联绵词	双声	慷慨	复合式合成词	联合	团结	附加式合成词	真词缀	前缀	可耻　更为
		叠韵	窈窕　邂逅		偏正	浪费　英雄榜 云集　机关枪			后缀	折腾
		其他	妯娌　胳膊		主谓	夏至　肉麻			中缀	流里流气 花里胡哨 神乎其神
	音译	克隆			补充	扩大　心扉		类词缀	前缀	伪科学　次大 陆　全方位 非海洋性
	象声	扑通			动宾	取笑　司令　入迷			后缀	发烧友　出国 热　气象学家
	叠音	脉脉　泛泛			连动	接受			中缀	巴不得
重叠式合成词	等等				兼语	召集		生动后缀	红彤彤 可怜巴巴	

八、分析操作题

1. 以"吃"、"狗"、"对"、"银"、"彩色"、"的"、"着"等为例说明确定词的一般方法。

2. 以"美化"、"优秀"、"蝴蝶"、"霹雳"为例说明确定语素的替换法。

3. 指出下列句子中的词和语素(重复不计):伟大的科学家哥白尼说,"科学的精神就在于不断的探索,不管道路多么崎岖、多么坎坷,只要努力,总会成功的。"

4. 找出下列一段话中的词和语素(重复不计):关于这一点,从呼和浩特和包头这两个蒙古语的地名可以得到说明。呼和浩特,蒙古语意思是青色的城;包头的意思是有鹿的地方。

5. 分析下列中的"化"是定位语素,还是不定位语素:美化、绿化、消化、烧化、西化、感化、简化、变化、液化、欧化。

6. 分析下列中的"子"是定位语素,还是不定位语素:条子、棋子、挑子、起子、本子、瓜子、褂子、笛子、弟子、粒子、帘子、莲子。

7. 分析下列中的"头"是定位语素,还是不定位语素:人头、木头、手头、蛇头、碰头、心头、石头、拳头、磁头。

8. 分析下列中的"老"是定位语素,还是不定位语素:遗老、老迈、老兄、古老、老虎、孤老、老总、父老、老鼠。

9. 分析下列中的"家"是定位语素,还是不定位语素:人家、作家、理论家、家庭、国家、艺术家、家人、搬家。

10. 分析说明"民"、"言"、"语"、"宏"、"伟"是不成词语素。

11. 把下列联绵词按声韵情况分成三类:垃圾、惆怅、哆嗦、妯娌、苗条、嘀咕、仓促、玲珑、灿烂、霹雳、崎岖、蝴蝶、蜈蚣。

12. 把下列单纯词分成联绵词、叠音词、外来词三类:马达、纷纷、悄悄、蛐蛐、太太、侥幸、忐忑、弥漫、狼狈、摩托、逻辑、伦敦、茫茫、参差。

13. 分析说明"民"、"言"、"语"、"宏"、"伟"是不定位语素。

14. 从"人"、"风"、"鱼"、"天"、"语"、"伟"、"民"说明词、语素、成词语素、不成词语素的关系。

15. 分析"妈妈"、"馍馍"、"伯伯"、"饽饽"、"姥姥"、"哥哥"、"叔叔"、"秫秫"、"蝈蝈"、"悄悄"等词语的内部结构差异,并由此分成两类。

16. 分析说明"割草机"、"现代汉语"、"革命化"等多语素词的内部构造关系。

17. 分析说明"太空船"、"碰碰车"、"语法学"等多语素词的内部构造关系。

18. 分析下列各词语的构词方式:体制、压缩、气功、车辆、司机、游击、提高、注意、葱绿、年轻、价值、体验、骨肉。

19. 分析下列各词语的构词方式:管家、方圆、密植、币值、窗户、花束、好歹、达标、刚刚、胆怯、偏偏、肉麻、美容。

20. 比较下列词语构词方式有无不同:天蓝—蓝天,紧吃—吃紧,黄金—金黄,肉麻—麻肉,气喘—喘气,火红—红火。

21. 比较下列词语构词方式有无不同:眼馋—馋眼,眼红—红眼,理事—事理,说明—明说,眼花—花眼,心虚—虚心。

22. 比较下列词语构词方式有无不同:性急—急性,内心—心内,父老—老父,证明—明证,火热—热火,证实—实证。

23. 比较下列词语构词方式有无不同:作协—协作,工人—人工,奶牛—牛奶,功用—用功,人情—情人。

24. 比较下列词语构词方式有无不同:国民—民国,感动—动感,情感—感情,弟子—子弟,头领—领头,老王—王老。

25. 比较下列每对词语功能类(词还是短语)的不同:椅子上—天上,门外—海外,桌子下—眼下,箱子里—夜里。

26. 分析下列各词语的构词方式:飞快、痛快、畅快、快活、快速、快慰、快要、赶快、快报、快慢、口快。

27. 分析下列各词语的构词方式:认真、抓紧、刚健、房间、照明、人民、解剖、石林、雪崩、联想。

28. 分析下列各词语的构词方式:无论、体验、衣服、司令、碰壁、丝毫、美好、月亮、辛酸、心酸、心算、口算。

29. 分析下列各词语的构词方式:无论、不论、不管、尽管、突然、偶然、棋子、帘子、莲子、变化、绿化、老人、老王。

30. 分析下列各词语的构词方式:离子、例子、女儿、本儿、父子、鱼子、斧子、白头、石头、欣然、果然。

31. 分析下列各词语的构词方式:健美、腾飞、筛选、倾销、雪白、高见、稿件、病象、有限、投资、春分、霜降、夏至、海啸、往来、忘记、记住、人口、案件。

32. 分析下列各词语的构词方式:心潮、新潮、承包、呈报、动员、自动、白露、眉目、识破、揭发、中肯、借光。

33. 分析下列各词语的构词方式:水手、看重、老弟、可气、拖鞋、学者、囊括、窍门、耐性、多少、抽样、文气、口吃、口齿。

34. 分析下列各词语的构词方式:捐躯、动人、亲家、紧张、卷尺、分子、银两、篇幅、弱小、出神、司炉、老乡。

35. 分析下列各词语的构词方式:片儿、姑姑、兜兜、澄清、朋友、日食、默然、热爱、编译、剪彩、物色、文坛、泰斗。

36. 指出下列各简称的简称方式和原称:简介、长话、北大、三军、五金、大中小学、清华、奥运会、影星、三峡。

37. 指出下列各简称的简称方式和原称:寒暑假、三废、政协、外长、解放军、市话、高校、复旦、人代会、四书。

38. 指出下列各简称的简称方式和原称:家电、扫盲、工农业、四化、同济、浙大、双百、作协。

39. 就颜色词、时间词、表示温度的词等,分析一下词义的模糊性。

40. 英语的"哥哥"和"弟弟"用 brother 一个词表示,"sister"也表示汉语的"姐姐"和"妹妹"两个词,汉语有"早晨"、"上午"之分,英语的"good morning"之"morning"则包含"上午"在内。试分析这反映了词义的什么特性。

41. 分析"兵"、"猪"、"学者"、"勤劳"的本义和基本义的不同。

42. 分析"闻"、"走"、"快"、"权"、"牺牲"等词的本义和基本义的不同。

43. 分析说明"江"、"嘴"、"琴"、"形势"等词的词义演变情况。

44. 分析说明"收获"、"健康"、"堡垒"、"搁浅"等词的词义演变情况。

45. 分析说明"批判"、"为了"、"勾当"、"金"等词的词义演变情况。

46. 分析说明"行李"、"检讨"、"爱人"、"蓝"等词的词义演变情况。

47. 按感情色彩不同给下列词语归类:奉献、牺牲、后果、坚决、坚定、顽强、顽固、大方、小气、虚伪、肮脏、马匹、手套、成果、结果、高大、大、高、团结、勾结、理论。

48. 按感情色彩的不同给下列词语归类:漂亮、和气、丑陋、走狗、马前卒、落水狗、爪牙、特工、结论、脑袋、桌子、烈士、死难者、死者、公正、热爱、酷爱、溺爱、讲台。

49. 按语体色彩的不同给下列词语归类:头部、脑袋、瞧、麇集、见面、眷念、巴不得、神往、凝视、聊天儿、玩儿、会晤、明儿、珍重、看得起。

50. 按语体色彩的不同给下列词语归类:睡眠、身材、打瞌睡、哆嗦、阅读、颤抖、个子、看书、脑袋瓜子、观看、头颅、瞧、措施、法子。

51. 分析下列各词语的意义发展变化情况。

文章:原指刺绣品,现在指文字作品。

嘴:原指鸟嘴,现指所有动物的嘴。

露:本义指露水,现在还可以指用药、果汁等制成的饮料。

丈人:原指老年男人,现指岳父。

卑鄙:原指边远落后、见识短浅,今指品质恶劣、不道德。

52. 按义项的多少给下列词语归类:内因、学、太阳、文化、电子、老、连天、微机、修饰、休眠、深、圆周、浪花、外科、宽。

53. 按义项的多少给下列词语归类:倾注、外因、内科、鸟瞰、飞机、迷雾、水牛、破绽、小麦、风尘、骆驼、苦涩、房屋、计算、中国、运动。

54. 按义项多少给下列词语归类:马、肯定、梧桐、堡垒、鸟、近视、枇杷、渗透、葡萄、失神、瞟、伪装、面粉、刀子。

55. 找出下列词语中有比喻义的词:近视、跑、帽子、肯定、堡垒、运动、结晶、计算、骨干、渗透。

56. 找出下列词语中有比喻义的词:风尘、口、日、泰斗、看、酝酿、死、高峰、暗礁、保管、包袱、小鞋。

57. 指出下列各词词义演变的方式:皮、颜色、污染、包装、起飞、菜单、窗口。

58. 指出下列各词的词义演变方式:瓦、舅、事故、汤、臭。

59. 指出下列各词的词义演变方式:脚、闻、别墅、书记。

60. 分析下列各词的词义跟语素义的关系:高、大、平分、雄壮、哀伤、勇敢、合影、流沙、忘记、幕后、泰山。

61. 分析下列各词的词义跟语素义的关系:老师、爱憎、告老、睡觉、泰斗、长久、控诉。

62. 分析下列各词的词义跟语素义的关系:吉他、梨园、江河、窈窕、作文、遗憾、打听、燃烧。

63. 分析下列各词的词义跟语素义的关系:铁窗、领袖、骨肉、动静、老鼠、反话、掠美、讽刺、文艺、琵琶。

64. 把下列词语中是同音词的归在一起:时务、失误、溢、事物、失物、实物、仪、事务、译、食物、易。

65. 把下列词语中是同音词的归在一起:简朴、优惠、简谱、幽会、人士、正式、人世、政事、人氏、俭朴、正事、人事。

66. 把下列词语中是同音词的归在一起:吉利、视力、著名、元音、极力、势利、著名、势力、原因。

67. 把下列词语中是同音词的归在一起:叙述、家法、尘世、序数、权力、尘事、加工、全力、加法、夹攻、权利。

68. 指出下列各词的同义词:浅显、发生、充满、立即、激烈、期望、顽固、注视。

69. 指出下列各词的同义词:纠集、害怕、责备、逝世、轻视、时代、炫耀、长久。

70. 指出下列各词的同义词:恰当、帮助、称赞、简单、精细、高兴、坚决、繁华。

71. 指出下列各词的同义词:违背、请求、努力、战争、性质、河流、森林、交流。

72. 指出下列各词的同义词:发挥、侵犯、执行、成果、突然、偶然、阻碍、拘泥。

73. 指出下列各词的同义词:安排、愿望、危害、深入、声明、名誉、光荣、缺点。

74. 辨析同义词"夸大—夸张"。

75. 辨析同义词"持续—继续"。

76. 辨析同义词"商量—商榷"。

77. 辨析同义词"周密—严密—精密"。

78. 辨析同义词"鼓励—怂恿"。

79. 辨析同义词"铲除—拔除—根除"。

80. 辨析同义词"突然—忽然"。

81. 辨析同义词"深入—深刻"。

82. 辨析同义词"拘泥—拘谨"。

83. 辨析同义词"父亲—爸爸"。

84. 辨析同义词"脑袋—头部"。

85. 辨析同义词"边疆—边境—边界"。

86. 辨析同义词"失望—绝望"。

87. 辨析同义词"充分—充足—充沛"。

88. 辨析同义词"成果—后果"。

89. 辨析同义词"果断—武断"。

90. 辨析同义词"局面—场面"。

91. 指出下列词语的反义词:和善、温和、分散、坚强、热情、高涨、旺季。

92. 指出下列词语的反义词:高雅、清晰、消费、反对、拘谨、美好、贫困。

93. 指出下列词语的反义词:崎岖、慷慨、浪费、幸福、勤劳、香、粗暴。

94. 指出下列词语的反义词:虚伪、难受、公、后、薄、团结、轻、忙。

95. 指出多义词"开"的不同义项的多个反义词。

96. 指出多义词"好"的不同义项的多个反义词。

97. 指出多义词"快"的不同义项的多个反义词。

98. 指出多义词"困难"的不同义项的多个反义词。

99. 指出多义词"新"的不同义项的多个反义词。

100. 指出下列各词的反义词:自卑、宽阔、轻佻、直率、快乐、严寒、苗条。

101. 指出下列词语的反义词:死板、骄傲、肤浅、难听、特殊、硬、曲。

102. 把下列一般词汇按来源进行分类:底蕴、加仑、太监、搞、蹩脚、拜谒、逻辑、法兰西、橄榄、扑克、微机、别扭、互联网、因特网、磅礴、啤酒、网站、咖啡、驸马、垃圾、电子邮件、瘪三、公主。

103. 把下列一般词汇按来源进行分类:矍铄、把戏、香槟、须眉、入关、休克、软着陆、名堂、瞻仰、瓦斯、尴尬、走穴、模特儿、电教、铭记、计算机、甚、空调。

104. 分析下列外来词的类型:苏维埃、逻辑、夹克、卡介苗、布拉吉、法兰绒、沙文主义、MTV、VCD、BP机、苏打、可口可乐。

105. 分析下列外来词的类型:高尔夫、卡片、蒙太奇、冰淇淋、沙龙、新西兰、维他命、乌托邦、来复枪、沙丁鱼、歇斯底里、比萨饼。

106. 指出下列成语的结构:滥竽充数、光明磊落、世外桃源、认贼作父、包罗万象、毛遂自荐、重于泰山、囿于成见。

107. 指出下列成语的结构:呕心沥血、利令智昏、切磋琢磨、百花齐放、顾全大局、不知所云、凶多吉少、置之度外。

108. 指出下列成语的结构:轻歌曼舞、饱经风霜、无动于衷、横扫千军、庞然大物、推心置腹、口是心非、大显身手。

109. 指出下列成语的结构:后起之秀、傲然屹立、绳之以法、独当一面、问道于盲、逍遥法外、闻风丧胆、病入膏肓。

110. 指出下列成语的结构:流言蜚语、处之泰然、落落大方、暗箭伤人、为非作歹、投其所好、叶公好龙、百家争鸣。

111. 指出下列成语的结构:死灰复燃、一孔之见、笨鸟先飞、嫁祸于人、入木三分、狐假虎威、平分秋色、开门见山、刻舟求剑。

112. 指出下列成语的结构:引狼入室、画地为牢、望洋兴叹、画蛇添足、好为人师、衣冠禽兽、流芳百世、请君入瓮、指鹿为马。

113. 指出下列惯用语的结构:走过场、铁饭碗、下马威、天晓得、扣帽子、放空炮、开倒车、假大空、鬼画符。

114. 指出下列惯用语的结构:吃老本、穿小鞋、马后炮、半瓶醋、鸟兽散、空城计、第三者、小意思、鸡蛋里头挑骨头。

115. 指出下列惯用语的结构:泼冷水、拦路虎、咬耳朵、打圆场、冤大头、门外汉、鬼把戏、一个鼻孔出气。

答案:

1. 根据词的特点,确定词的一般方法可有如下几个:(1)看能否单说,能单说的、能单独回答问题的最小语言单位是词,如"你吃不吃? ——吃。""那是什么? ——狗。""他那样做对不对? ——对!"可见"吃"、"狗"、"对"能单说,是词;(2)虽不能单说,不能单独回答问题,但是在一般场合能用作句法成分的也是词,如"银"在"银手镯"、"银首饰"、"银戒指"等短语中可以做定语,"彩色"在"彩色电视机"、"彩色照相机"、"彩色电影"、"彩色显示器"等短语中做定语,所以"银"、"彩色"是词;(3)把一个语言片段中能单说、能做句法成分的单位都拿走以后,剩下的不是词的一部分的也是词,主要是虚词,如"他的妹妹正上着大学呢。"把句中的"他"、"妹妹"、"上"、"大学"等能单说或单独作句法成分的提出后,剩下的"的"、"着"、"呢"也只能是词,这种"剩余法"是确定虚词的主要方法。

2. 替换法是确定语素的主要方法,即用已知语素替代有待确定是否语素的语言单位,能分别被替代的各是一个语素,如:

美——美化、美丽、美好、美意、美术

化——美化、绿化、深化、西化、欧化

优——优秀、优良、优异、优待、优胜

秀——优秀、谷秀、山清水秀、眉清目秀

"美"、"化"、"优"、"秀"各可以被已知语素替换,所以各是语素;"蝴蝶"的"蝴"可以被替换,如"彩蝶"、"粉蝶",但"蝶"却不能被替换,除"蝴蝶"外,再没有"蝴×"格式,所以"蝴蝶"是一个语素;"霹雳"的两个音节都不能被替换,也是一个语素。替换法还要注意替换前后意义要一致,如"马虎"可以替换为:

马——马虎、老虎、东北虎、华南虎、猛虎

虎——马虎、马鞍、马蹄、马车、马鬃

但替换前后意义完全不一样,不能证明"马虎"是两个语素。

3. 词:伟大、的、科学家、哥白尼、说、科学、精神、就、在于、不断、探索、不管、道路、多么、崎岖、坎坷、只要、努力、总、会、成功;

语素:伟、大、的、科、学、家、哥白尼、说、精、神、就、在、于、不、断、探、索、管、道、路、多、么、崎岖、坎坷、只、要、努、力、总、会、成、功。

4. 词:关于、这、一、点、从、呼和浩特、和、包头、两、个、蒙古语、的、地名、可以、得到、说明、意思、是、青色、城、有、鹿、地方;

语素:关、于、这、一、点、从、呼和浩特、和、包头、两、个、蒙古、语、的、地、名、可、以、得、到、说、明、意、思、是、青、色、城、有、鹿、地、方。

5. "化"是定位语素的有:美化、绿化、西化、液化、简化、欧化;

"化"是不定位语素的有:消化、烧化、变化、感化。

确定"化"是否定位语素主要看"化"的意义是否实在,表示性质、状态改变、变化的是不定位语素,意义实在一些;放在名词、形容词后面表示转变成某种性质或状态的是后缀,即定位语素,意义虚灵一些。

6. "子"是定位语素的有:条子、挑子、起子、本子、褂子、笛子、帘子;

"子"是不定位语素的有:棋子、瓜子、弟子、粒子、莲子。

确定"子"是否定位语素一看意义是否虚灵,定位语素意义虚灵;二看是否读轻声,定位语素读轻声。

7. "头"是定位语素的有:木头、石头、拳头;

"头"是不定位语素的有:人头、手头、蛇头、碰头、心头、磁头。

确定"头"是否定位语素一看意义是否虚灵,定位语素意义虚灵;二看是否读轻声,定位语素读轻声。

8. "老"是定位语素的有:老兄、老虎、老总、老鼠;

"老"是不定位语素的有:遗老、老迈、古老、孤老、父老。

确定"老"是否定位语素要看意义是否虚灵,定位语素意义虚灵。

9. "家"是定位语素的有:作家、理论家、艺术家;

"家"是不定位语素的有:人家、家庭、国家、家人、搬家。

确定"家"是否定位语素要看意义是否虚灵,定位语素意义虚灵。

10. "民"、"言"、"语"、"宏"、"伟"等在现代汉语里一般都不能单说、单独回答问题,或独立做句法成分,因而不是词,也不是成词语素,只能跟别的语素组合成词,充当构词成分。如"民":人民、民众;"言":言语、语言;"语":语言、谚语;"宏":宏大、宽宏;"伟":伟大、雄伟。所以"民"、"言"、"语"、"宏"、"伟"是不成词语素。

11. 双声联绵词:惆怅、仓促、玲珑、崎岖;

叠韵联绵词:哆嗦、苗条、灿烂、霹雳;

非双声叠韵联绵词:垃圾、妯娌、嘀咕、蝴蝶、蜈蚣。

12. 联绵词:侥幸、忐忑、弥漫、狼狈、参差;

叠音词:纷纷、悄悄、蛐蛐、太太、茫茫;

外来词:马达、摩托、逻辑、伦敦。

13. 不定位语素是指语素在构词时的分布位置不固定,可前可后,"民"、"言"、"语"、"宏"、"伟"等语素是不定位语素。如"民":人民、民主;"言":言语、语言;"语":谚语、语录;"宏":宏大、宽宏;"伟":伟大、雄伟。

14. 词是能够独立运用的最小的语言单位,"人"、"风"、"鱼"、"天"都是词;语素是最小的语音语义结合体,不能独立运用,"语"、"民"、"伟"只是语素。但词尤其是单音节的实词多数可以构词,在别的词中成为语素,如"人类"、"台风"、"鲜鱼"、"天空",这些单音节词从语素角度看,本身也是语素,即成词语素;另一些语素只能构词,不能独立成词,是不成词语素,如"语"、"伟"、"民",可以构成"语录"、"伟大"、"民众"等词。所以,语素是用来构成词的,有些语素本身可以独立成词,是成词语素,这部分的单位,既是词也是语素,只是观察角度不同,成词语素和不成词语素都可以用来构词。可见,词、语素、成词语素、不成词语素之间的关系是十分复杂的。

15. "妈妈"、"馍馍"、"伯伯"、"哥哥"、"叔叔"是一类,这些词是由两个相同语素重叠而成的,构词上看是语素重叠法,所以整个词是合成词;

"饽饽"、"姥姥"、"秌秌"、"蝈蝈"、"悄悄"是一类,这些词是由两个相同音节重叠而成,每个音节本身既不能独立,也没有意义,每个音节本身不是语素,整个词是单纯词。

16. 割草机:"割草"支配(动宾)结构,"割草"和"机"是偏正式;

现代汉语:"现代"偏正式,"汉语"偏正式,"现代"和"汉语"之间也是偏正式;

革命化:"革命"支配式,"革命"和"化"之间是"词根＋词缀"式。

17. 太空船:"太空"是偏正式,"太空"和"船"也是偏正式;

碰碰车:"碰碰"是重叠式,"碰碰"和"车"是偏正式;

语法学:"语法"是偏正式,"语法"和"学"是"词根＋词缀"的附加式合成词。

18. 并列式的有:体制、价值、骨肉;

偏正式的有:气功、游击、葱绿;

补充式的有:压缩、车辆、提高;

支配式的有:司机、注意;

陈述式的有:年轻、体验。

19. 并列式的有:方圆、窗户、好歹;

偏正式的有:密植、币值;

补充式的有:花束;

支配式的有:管家、达标、美容;

陈述式的有:胆怯、肉麻;

重叠式的有:刚刚、偏偏。

20. 天蓝—蓝天:都是偏正式;

紧吃—吃紧:"紧吃"是偏正式,"吃紧"是补充式;

黄金—金黄:都是偏正式;

肉麻—麻肉:"肉麻"是陈述式,"麻肉"是支配式;

气喘—喘气:"气喘"是陈述式,"喘气"是支配式;

火红—红火:"火红"偏正式,"红火"是并列式。

21. 眼馋—馋眼:"眼馋"是陈述式,"馋眼"是支配式;

眼红—红眼:"眼红"是陈述式,"红眼"是偏正式;

理事—事理:"理事"是支配式,"事理"是偏正式;

说明—明说:"说明"是补充式,"明说"是偏正式;

眼花—花眼:"眼花"是陈述式,"花眼"是支配式;

心虚—虚心:"心虚"是陈述式,"虚心"是支配式。

22. 性急—急性:"性急"是陈述式,"急性"是偏正式;

内心—心内:都是偏正式;

父老—老父:"父老"是并列式,"老父"是偏正式;

证明—明证:"证明"是补充式,"明证"是偏正式;

火热—热火:"火热"是偏正式,"热火"是并列式;

证实—实证:"证实"是补充式,"实证"是偏正式。

23. 作协—协作:"作协"是简称,是偏正式,"协作"也是偏正式;

工人—人工:都是偏正式;

奶牛—牛奶:都是偏正式;

功用—用功:"功用"是并列式,"用功"是支配式;

人情—情人:都是偏正式。

24. 国民—民国:都是偏正式;

感动—动感:"感动"是补充式,"动感"是偏正式;

情感—感情:都是并列式;

弟子—子弟:都是并列式;

头领—领头:"头领"是并列式,"领头"是支配式;

老王—王老:"老王"是词缀+词根,"王老"是词根+词缀。

25. 椅子上—天上:"椅子上"是方位短语,"天上"是词;

门外—海外:"门外"是方位短语,"海外"是词;

桌子下—眼下:"桌子下"是方位短语,"眼下"是词;

箱子里—夜里:"箱子里"是方位短语,"夜里"是词。

26. 偏正式的有:飞快、快速、快报;

并列式的有:痛快、畅快、快慰、快活、快要、快慢;

补充式的有:赶快;

陈述式的有:口快。

27. 并列式的有:刚健、人民、解剖;

偏正式的有:石林、联想;

补充式的有:认真、抓紧、房间、照明;

陈述式的有:雪崩。

28. 并列式的有:衣服、丝毫、美好、辛酸;

偏正式的有:心算、口算;

支配式的有:无论、司令、碰壁

陈述式的有:体验、月亮、心酸。

29. 并列式的有:变化;

偏正式的有:不论、不管、尽管、棋子、莲子、老人;

支配式的有:无论;

词缀+词根式的有:老王;

词根＋词缀式的有:突然、偶然、帘子、绿化。

30. 并列式的有:女儿、父子;

偏正式的有:离子、鱼子、白头、果然;

词根＋词缀式的有:例子、本儿、斧子、石头、欣然。

31. 并列式的有:健美、往来、忘记;

偏正式的有:腾飞、筛选、倾销、雪白、高见、病象;

补充式的有:稿件、记住、人口、案件;

支配式的有:有限、投资;

陈述式的有:春分、霜降、夏至、海啸。

32. 并列式的有:呈报、眉目、揭发;

偏正式的有:心潮、新潮、白露;

补充式的有:识破;

支配式的有:承包、动员、中肯、借光;

陈述式的有:自动。

33. 并列式的有:多少、口齿;

偏正式的有:囊括、窍门、拖鞋、文气、口吃;

补充式的有:看重;

支配式的有:抽样;

词缀＋词根式的有:老弟、可气;

词根＋词缀式的有:水手、学者、耐性。

34. 并列式的有:篇幅、弱小;

偏正式的有:紧张、卷尺、分子;

补充式的有:银两;

支配式的有:捐躯、动人、出神、司炉;

词缀＋词根式的有:老乡;

词根＋词缀式的有:亲家。

35. 并列式的有:朋友、编译、泰斗;

偏正式的有:热爱、物色、文坛;

补充式的有:澄清;

支配式的有:剪彩;

陈述式的有:日食;

重叠式的有:姑姑;

叠音式的有:兜兜;

词根＋词缀式的有:片儿、默然。

36. 简介:简单介绍,简称方式是紧缩;

长话:长途电话,简称方式是紧缩;

北大:北京大学,简称方式是紧缩;

三军:陆军、空军、海军,简称方式是利用原来词语中的共同部分加数词;

五金:金、银、铜、铁、锡,简称方式是利用原来词语中的共同部分加数词;

大中小学:大学、中学、小学,简称方式是紧缩;

清华:清华大学,简称方式是截缩;

奥运会:奥林匹克运动会,简称方式是紧缩;

影星:电影明星,简称方式是紧缩;

三峡:瞿塘峡、西陵峡、巫峡,简称方式是利用原来词语中的共同部分加数词。

37. 寒暑假:寒假、暑假,简称方式是紧缩;

三废:废气、废水、废渣,利用原来词语中的共同部分加数词;

政协:中国人民政治协商会议,简称方式是紧缩;

外长:外交部长,简称方式是紧缩;

解放军:中国人民解放军,简称方式是截缩;

市话:市内电话,简称方式是紧缩;

高校:高等学校,简称方式是紧缩;

复旦:复旦大学,简称方式是截缩;

人代会:人民代表大会,简称方式是紧缩;

四书:《论语》、《孟子》、《大学》、《中庸》,简称方式是概括原来几个词语的共同属性加数词。

38. 家电:家用电器,简称方式是紧缩;

扫盲:扫除文盲,简称方式是紧缩;

工农业:工业、农业,简称方式是紧缩;

四化:农业现代化、工业现代化、国防现代化、科学技术现代化,简称方式是利用原来词语中的共同部分加数词;

同济:同济大学,简称方式是截缩;

浙大:浙江大学,简称方式是紧缩;

双百:百花齐放、百家争鸣,利用原来词语中的共同部分加数词;

作协:作家协会,简称方式是紧缩。

39. 词义的模糊性是词义的基本性质之一,词义的模糊性就是词义的界限不清楚,是由于词所指的事物边界不清决定的,是客观事物连续性的反映。像"赤"、"橙"、"黄"、"绿"、"清"、"蓝"、"紫"等不同颜色词之间本身边界不清,而且同一颜色群如"淡红"、"粉红"、"红"、"大红"、"深红"之间就更难分清;时间词"中午"跟"上午、下午"之间有没有明确的边界,"黎明"一词不同词典解释不同也是由于词义的模糊性决定的;表示温度的词如"冷"、"寒冷"、"冰冷"或"温热"、"热"、"炎热"等词语之间也没法明确分清。同时,同一个词语在不同场合或对不同人来说词义的具体所指也不一样,如人的体温到 40 度,就是绝对高温了,而炼钢炉里的所谓高温,就绝对不止 40 度了,人的肉眼感受到"红色",跟光谱分析所得到的"红色"也不是一回事,人跑得"很快"、汽车跑得"很快"、飞机飞得"很快"、火箭飞得"很快"等的速度都是"很快",但速度的数字表示绝对不会一样。所以,客观事物本身的边界不清和连续性以及人类认识的不确定性都决定了词义的模糊性。

40. 英语的"哥哥"和"弟弟"用 brother 一个词表示,汉语用两个词表示,"sister"也表示汉语的"姐姐"和"妹妹"两个词,汉语有"早晨"、"上午"之分,英语的"good morning"之"morning"则包含"上午"在内,这反映了词义有民族性。

41. 兵:本义是兵器,基本义是士兵,词义转移了;

猪:本义是小猪,基本义是一种头大,鼻子和腿短,身体肥,供肉食的家畜,词义缩小了;

学者:本义是求学的人,基本义是学术上有一定成就的人,词义缩小了;

勤劳:本义是辛勤劳作,基本义是努力劳动、不怕辛苦,词义转移了。

42. 闻:本义是耳朵听见,基本义是用鼻子辨别气味,词义转移了;

走:本义是跑,基本义是步行,词义转移了;

快:本义是高兴,基本义是速度高、锋利,词义转移了;

权:本义是秤锤,基本义是权利、权力,词义转移了;

牺牲:本义是指为祭祀宰杀的牲畜,基本义是指为了正义的目的而舍弃自己的生命,词义转移了。

43. 江:原来专指长江,后来泛指一切江河;

嘴：原来专指鸟嘴，后来泛指一切动物的嘴以及形状或作用像嘴的东西；

琴：原来是古代某一种乐器的名称，后来泛指一切以弦为主的乐器以及弹奏、打击或吹奏的乐器；

形势：本来只有"地势"的意思，现在又有了事物发展状况的意义。

这组词语词义的发展变化都属于词义的扩大现象。

44. 收获：原来专指农业的收成，现在指一切行为的所得；

健康：由指（人体）生理机能正常、没有缺陷或疾病，扩大到还可以指事情、事态或情况正常，没有毛病、差错；

堡垒：原来指部队为防守而筑的坚固建筑物，现在还可以比喻不易攻破的事物或思想顽固的人；

搁浅：原来专指船舶进入水浅的地方、停滞在泥沙里不能前进，现在可以指称一切事情遭遇到阻碍，停止不前。

这些词的词义演变都属于词义的扩大。

45. 批判：原来含有评论优点、指出错误两个方面，现在只剩下分析、批驳错误一个方面了；

为了：原来含有原因和目的两个方面，现在一般只表示目的；

勾当：原有办事和事情两个意思，现在只专指坏事；

金：本义是五色金属的总称，现在专指黄金。

这些词语的词义演变属于词义缩小。

46. 行李：原指两国往来的使者，现在指出门时所带的提包、箱子等；

检讨：原来的意思是讨论研究，现在指严格地自我批判，对自己的思想、工作、生活等深入检查和总结；

爱人：原来指恋爱中的女性一方，现在指夫妻的任一方；

蓝：原来指一种植物蓼蓝草，后来指像晴天天空的颜色。

这些词的词义演变属于词义的转移。

47. 褒义词有：奉献、牺牲、坚决、坚定、顽强、大方、成果、高大、团结；

贬义词有：后果、顽固、小气、虚伪、肮脏、勾结；

中性词有：马匹、手套、结果、大、高、理论。

48. 褒义词有：漂亮、和气、马前卒、烈士、公正、热爱、酷爱；

贬义词有：丑陋、走狗、落水狗、爪牙、溺爱；

中性词有：特工、结论、脑袋、桌子、死难者、死者、讲台。

49. 口语词有:脑袋、瞧、见面、巴不得、聊天儿、玩儿、明儿、看得起;

书面语词有:头部、麇集、眷念、神往、凝视、会晤、珍重。

50. 口语词有:打瞌睡、哆嗦、个子、看书、脑袋瓜子、瞧、法子;

书面语词有:睡眠、身材、阅读、颤抖、观看、头颅、措施。

51. 文章:原指刺绣品,现在指文字作品。——这是词义的转移。

嘴:原指鸟嘴,现指所有动物的嘴。——这是词义的扩大。

露:本义指露水,现在还可以指用药、果汁等制成的饮料。——这是词义的扩大。

丈人:原指老年男人,现指岳父。——这是词义的转移。

卑鄙:原指边远落后、见识短浅,今指品质恶劣、不道德。——这是词义的转移。

52. 单义词有:内因、太阳、电子、微机、休眠、圆周、外科;

多义词有:学、文化、老、连天、修饰、深、浪花、宽。

53. 单义词有:外因、内科、飞机、水牛、小麦、骆驼、房屋、中国;

多义词有:倾注、鸟瞰、迷雾、破绽、风尘、苦涩、计算、运动。

54. 单义词有:马、梧桐、鸟、枇杷、葡萄、瞟、面粉、刀子;

多义词有:肯定、堡垒、近视、渗透、失神、伪装。

55. 有比喻义的词:近视、帽子、堡垒、结晶、骨干、渗透。

56. 有比喻义的词:风尘、泰斗、酝酿、高峰、暗礁、包袱、小鞋。

57. 皮:原来专指兽皮,现在泛指皮肤;

颜色:原指面颊间的容貌,现在泛指颜料或燃料;

污染:原来指物品沾染上有害物质和有害物质的散布对正常生活造成的危害,现在还可以指不健康的东西对人精神、思想上的危害;

包装:原指用纸、盒等把商品包裹起来,也指包裹商品的东西,现在还可以指企业、演员等的形象塑造,甚至指人的打扮、物品的修饰等;

起飞:原来专指飞机开始飞行,现在也用来比喻经济等方面的振兴、发展。

菜单:原指开列各种菜肴名称的单子,现在又被用于电脑上;

窗口:原来指窗户,后来用来指窗户跟前、墙上开的窗形的口子,比喻渠道和途径,比喻反映或展示精神上或物质上各种现象或状况的地方,现在又可用于电脑上。

这些词的词义演变都是词义的扩大。

58. 瓦:原来泛指陶瓷制品,现在只指铺盖在房顶上的建筑材料;

舅:原指母亲的哥哥和弟弟,丈夫的父亲,现在只有前一种意思了;

事故:原来泛指一切事情,现在专指意外的损失或灾祸;

汤:原本泛指热水,现在指烹调后汁特别多的副食;

臭:原来泛指各种气味,现在只指难闻的气味。

这些词的词义演变都是词义的缩小。

59. 脚:本义是小腿,现在指腿的最下端的部分;

闻:本义是用耳朵听,现在指用鼻子分辨气味;

别墅:本指乡间简陋的房屋,现在专指在郊区或风景区供休养用的或居住用的园林式住宅;

书记:原来指办理文书及缮写工作的人员,现在指党团等各级组织中的主要负责人。

这些词的词义演变属于词义的转移。

60. 高、大:词义等于语素义;

平分、雄壮:词义是词素义之和;

哀伤、勇敢:词义跟构成它的各个语素义都相同;

合影、流沙:词义等于语素义加上隐含的内容;

忘记:词义等于部分语素义;

幕后、泰山:词义是语素义的比喻,词义跟语素义没有直接的关系。

61. 老师:词义等于部分语素义;

爱憎:词义是语素义之和;

告老:词义等于语素义加上隐含的内容;

睡觉:词义等于部分语素义;

泰斗:词义是语素义的比喻,词义跟语素义没有直接的关系;

长久:词义跟构成它的各个语素义都相同;

控诉:词义等于语素义加上隐含的内容。

62. 吉他:词义等于语素义;

梨园:词义跟语素义没有直接的关系;

江河:词义是语素义之和;

窈窕:词义等于语素义;

作文:词义是语素义之和;

遗憾:词义是语素义之和;

打听:词义等于部分语素义;

燃烧:词义跟构成它的各个语素义都相同。

63. 铁窗、领袖、骨肉:词义跟语素义没有直接的关系;

动静、老鼠:词义等于部分语素义;

反话、掠美:词义等于语素义加上隐含的内容;

讽刺、文艺:词义是语素义之和;

琵琶:词义等于语素义。

64. 时务、实物、食物;失误、失物;事物、事务;溢、仪、译、易。

65. 简朴、简谱、俭朴;优惠、幽会;人士、人世、人氏、人事;正式、政事、正事。

66. 吉利、极力;视力、势利、势力;著名、著明;元音、原因。

67. 叙述、序数;家法、加法;尘世、尘事;权力、全力、权利;加工、夹攻。

68. 浅显—肤浅;发生—萌生;充满—充足;立即—立刻;激烈—猛烈;期望—希望;顽固—固执;注视—凝视。

69. 纠集—聚集;害怕—恐惧;责备—批评;逝世—去世;轻视—蔑视;时代—时期;炫耀—自夸;长久—永久。

70. 恰当—恰好;帮助—帮忙;称赞—表扬;简单—简易;精细—精致;高兴—快乐;坚决—坚定;繁华—繁荣。

71. 违背—违反;请求—恳求;努力—竭力;战争—战役;性质—品质;河流—江河;森林—树林;交流—交换。

72. 发挥—发扬;侵犯—侵占;执行—履行;成果—结果;突然—忽然;偶然—偶尔;阻碍—阻止;拘泥—拘谨。

73. 安排—布置;愿望—希望;危害—损害;深入—深刻;声明—申明;名誉—名声;光荣—荣誉;缺点—毛病。

74. 夸大—夸张:都表示"言过其实"的含义。但"夸大"含有批评其不符合事实的意思,色彩上看是贬义词,"夸大"后面可以带宾语,"夸大成果";"夸张"一般指夸张修辞格或夸张表现手法,是中性词,后面不带宾语。"夸大"、"夸张"在感情色彩和用法上有区别。

75. 持续—继续:都有"延续不断"的意思。不过,"持续"含有整个过程一直没有中断的意思;而"继续"含有前后接起来的含义,"继续"还能用做名词,"这是大革命的继续"。"持续、继续"在动作行为特点、用法上有区别。

76. 商量—商榷:都有"交换意见"的意思。但"商量"多用于口语,"商榷"要庄重一些,多用于书面语,还含有为解决较大、较复杂的问题而交换意见的意味。两者在语体色彩和动作行为的支配对象上有不同。

77. 周密—严密—精密:都有"细密,没有漏洞"的含义。但"周密"是考虑问题细致周到的意思;"严密"是结合得很紧不使漏掉的意思;"精密"是精致、准确度高的意思。三者在性状特点上有不同。

78. 鼓励—怂恿:都含有鼓动、促使他人去干什么的意思,但两者感情色彩不同,"鼓励"是褒义词,"怂恿"是贬义词。

79. 铲除—拔除—根除:都含有除掉某种有害东西的含义。但在动作行为的特点上有不同,"铲除"还可能留着根,"拔除"不留根,"根除"是彻底除掉的意思,三者语意轻重不同。

80. 突然—忽然:都有动作变化快、出人意料的意思,也都可以做状语。但"忽然"只能做状语,"突然"除了可以做状语外,还可以做谓语、定语、受"很"修饰:事情很突然、很突然的事儿。可见,两者在句法功能上有区别。

81. 深入—深刻:都有"深"的意思,不过两者在适用对象上有所不同,"深入"多与表动作行为的词搭配:深入地开展三讲教育、深入地批判,"深刻"多与表示抽象事物的词搭配:深刻的印象、深刻的思想。

82. 拘泥—拘谨:都有拘束的含义。但,"拘泥"是动词兼形容词,"拘谨"只是形容词,词性有差别,句法功能也有差别。

83. 父亲—爸爸:意思一样,但语体色彩不同,"父亲"是书面语词,"爸爸"是口语词。

84. 脑袋—头部:意思一样,但语体色彩不同,"脑袋"是口语词,"头部"是书面语词。

85. 边疆—边境—边界:都指远离内地靠近国境的地方。但所指范围不同,"边疆"大于"边境","边境"大于"边界"。

86. 失望—绝望:都有无望的意思,但性状特征不同,"绝望"的程度要重于"失望"。

87. 充分—充足—充沛:都含有"满、够"的意思,但适用、搭配对象不同,"充足"多与自然界或物质方面的事物搭配,"充分、充沛"多与比较抽象的事物搭配。

88. 成果—后果:都有结果的意思,不过"成果"是褒义词,"后果"是贬义词,两者在感情色彩上不同。

89. 果断—武断:都有做事利落、不犹豫的意思。但"果断"是褒义词,"武断"是贬义词,两者在感情色彩上不同。

90. 局面—场面:都指一定的情景,但两者所指范围不同,"局面"大于"场面"。

91. 和善—凶恶;温和—暴躁;分散—集中;坚强—软弱;热情—冷淡;高涨—低落;旺季—淡季。

92. 高雅—通俗;清晰—模糊;消费—积累;反对—赞成;拘谨—自然;美好—丑恶;贫困—富裕。

93. 崎岖—平坦;慷慨—吝啬;浪费—节约;幸福—痛苦;勤劳—懒惰;香—臭;粗暴—温柔。

94. 虚伪—诚实;难受—舒服;公—私;后—前;薄—厚;团结—分裂;轻—重;忙—闲。

95. 开—谢;开—关;开—闭;开—合。

96. 好—坏;好—错;好—糟;好—烂。

97. 快—慢;快—钝;

98. 困难—容易;困难—富裕。

99. 新—旧;新—老;新—陈。

100. 自卑—自信;宽阔—狭窄;轻佻—庄重;直率—委婉;快乐—痛苦;严寒—酷暑;苗条—肥胖。

101. 死板—灵活;骄傲—谦虚;肤浅—深奥;难听—悦耳;特殊—普通;硬—软;曲—直。

102. 历史词和文言词:底蕴、太监、拜谒、磅礴、驸马、公主;
方言词:搞、蹩脚、橄榄、别扭、垃圾、瘪三;
外来词:加仑、逻辑、法兰西、扑克、因特网、啤酒、咖啡;
新词:微机、互联网、网站、电子邮件。

103. 历史词和文言词:矍铄、须眉、瞻仰、铭记、甚;
方言词:把戏、名堂、尴尬;
外来词:香槟、休克、瓦斯、模特儿;
新词:入关、软着陆、走穴、电教、计算机、空调。

104. 译音:苏维埃、逻辑、夹克、布拉吉、苏打;
译音兼译义:可口可乐;
半译音半译义:卡介苗、法兰绒、沙文主义;

字母外来词：MTV、VCD、BP 机。

105．译音：高尔夫、蒙太奇、沙龙、歇斯底里；

译音兼译义：维他命、乌托邦；

半译音半译义：卡片、冰淇淋、新西兰、来复枪、沙丁鱼、比萨饼。

106．滥竽充数、毛遂自荐：主谓结构；光明磊落：联合结构；世外桃源：偏正结构；认贼作父：兼语结构；包罗万象：述宾结构；重于泰山、囿于成见：述补结构。

107．呕心沥血、凶多吉少、切磋琢磨：联合结构；利令智昏：兼语结构；百花齐放：主谓结构；顾全大局、不知所云：述宾结构；置之度外：述补结构。

108．轻歌曼舞、推心置腹、口是心非：联合结构；饱经风霜、横扫千军、大显身手：述宾结构；无动于衷：述补结构；庞然大物：偏正结构。

109．后起之秀、傲然屹立：偏正结构；绳之以法、问道于盲、逍遥法外：述补结构；闻风丧胆：连动结构；病入膏肓：主谓结构；独当一面：述宾结构。

110．流言蜚语、为非作歹：联合结构；处之泰然：述补结构；落落大方：偏正结构；暗箭伤人、叶公好龙、百家争鸣：主谓结构；投其所好：述宾结构。

111．死灰复燃、笨鸟先飞、狐假虎威：主谓结构；一孔之见：偏正结构；嫁祸于人、入木三分：述补结构；平分秋色：述宾结构；开门见山、刻舟求剑：连动结构。

112．引狼入室、画地为牢、请君入瓮、指鹿为马：兼语结构；望洋兴叹、画蛇添足：连动结构；好为人师：述宾结构；衣冠禽兽：偏正结构；流芳百世：述补结构。

113．走过场、扣帽子、放空炮、开倒车：述宾结构；铁饭碗、下马威：偏正结构；假大空：联合结构；鬼画符、天晓得：主谓结构。

114．吃老本、穿小鞋：述宾结构；马后炮、半瓶醋、空城计、小意思：偏正结构；鸟兽散、鸡蛋里头挑骨头：主谓结构；第三者：（前缀＋词根）＋后缀。

115．泼冷水、咬耳朵、打圆场：述宾结构；冤大头、门外汉、鬼把戏、拦路虎：偏正结构；一个鼻孔出气：主谓结构。

五、"语法"部分综合训练

一、填空题

1. 语法这一术语可有三种含义:语法规律、(　　　)、语法著作。

2. 分析语句的结构和功能的目的在于(　　　)。

3. 语法分析有两种基本的方法,一是把大类分成小类,另一是(　　　)。

4. 对现代汉语的词进行语法分类,必须以词的(　　　)为依据。

5. 词的语法功能是指词的(　　　)。

6. 词的分类是逐级进行的,首先根据能否作句法结构成分,可以把词分为(　　　)和虚词两大类。

7. 根据组合能力的不同可以把实词分为体词、(　　　)、加词三类;

8. 现代汉语特殊的词类有两类,一是(　　　),另一是拟声词。

9. 量词包括名量词、(　　　)、时量词。

10. 不能带宾语的和只能带施事宾语或处所宾语的动词一般叫(　　　)。

11. 加词包括(　　　)和区别词两类。

12. 副词的语法特点是一般只能充当(　　　)。

13. (　　　)功能就是代词的主要语法功能。

14. 代词可以分为人称代词、(　　　)、疑问代词。

15. 助词包括结构助词、(　　　)以及"所、似的"等其他助词。

16. 词与词的组合包括实词与实词、实词与虚词的组合,可统称为(　　　),也有叫词组的。

17. 在句法结构中承担结构关系的关系项叫做句法结构成分,简称(　　　)。

18. 介词不能单独作句子成分,它和词或短语构成介词短语,主要作(　　　)的修饰语。

19. 从语义关系上看,主语可以分为(　　　)、受事主语、关涉主语。

20. 在偏正短语中,起限制或描写作用的成分叫修饰语,修饰语主要指(　　　)两种句法成分,被修饰的成分是中心语。

21. 句子是能够表达一个相对完整意思的语言单位,每一个句子都有一定的(　　　),表示不同的语气。

22. 句子的特殊成分有( )和插说语两种。

23. 复说语有称代式复说语和( )两种。

24. 根据结构关系,单句首先可分为主谓句和( )两大句型。

25. 非主谓句主要有名词句、( )、形容词句和叹词拟声词句四种。

26. 根据主谓句中谓语的性质和特点可以把主谓句分为四种,即名词性谓语句、( )、形容词谓语句和主谓谓语句。

27. 由连动短语充当谓语的句子称连动句,由兼语短语充当谓语的句子是( )。

28. 表示存在、出现、消失的句子一般叫( )。

29. 复句一般可以分为( )和偏正复句两类。

30. 因果复句可以分为( )、推论结果的因果复句、说明目的的因果复句三类。

31. 假设条件复句可以分为充分条件句、必要条件句和( )三类。

32. 在复句中用来连接分句并表明分句之间关系的连词、副词和短语,统称( )。

33. 倒装句是有一定特点的句子,首先倒装的部分可以( ),其次在语音上后置部分往往轻读。

34. 省略是条件限制的,首先有( ),即省略了的成分都可以确定地补出来,其次,省略必须在一定的条件下才能实现。

35. 句子的语气一般分为陈述、疑问、( )、感叹四种。

36. 根据结构特点,疑问句可以分为是非问、( )、选择问和正反问。

37. 就词性来说,"偶然"是形容词,"偶尔"是( )。

38. 谓词的主要功能是做( ),一般能受"不"修饰。

39. 就词性来说,"刚刚"是副词,"刚才"则是( )。

40. 就词性来看,"着、了、过"是助词中的( )。

41. 对句法结构的分析,可以从内部结构关系和外部( )两个方面入手。

42. 从结构关系看,汉语短语的基本类型有主谓、( )、述补、偏正、联合五种,另有连动短语、兼语短语、同位短语等类型。

43. 从结构关系看,"你自己、东岳泰山、校长杨福加"等是( )。

44. 从外部结构功能看,短语可以分为体词性、( )、加词性三类。

45. 从外部功能看,介词短语属于( )。

46. 时间名词、处所名词具有双重性,一是( ),一是事物性,因而时地名词有做主语和状语两种可能。

47. 按构成宾语的词语的性质可以把宾语分为体词性宾语和( )。

48. 根据述补关系情况和补语的自身特点,补语可以分为结果补语、趋向补语、可能补语、情态补语、程度补语、( )等类。

49. 句子分析不能满足于找出句子的结构层次、结构成分、结构关系和结构功能。句子分析还应当揭示句子的格局,归纳出( )。

50. 汉语中有一部分句子在结构上比较特殊,或者有特殊标志,这种以句子结构上某些特征为标志命名的句子类型叫( )。

51. 语气的表达有不同的手段,首先是( ),其次是语气词。

52. 是非问句的结构形式和( )完全相同。

53. 词类是以全部词为对象分类的结果,词性是以( )为对象归类的结果。

54. 双音节动词的重叠方式一般为( ),例如"讨论讨论"。

55. "我什么地方也不想去"中的"什么"是疑问代词的( )用法。

56. "你看着我,我看着你,大家一下子都傻眼了"中的"你,我"是人称代词的( )用法。

57. 定语和状语的区分涉及到三个方面:即修饰语本身,它所修饰的中心语,以及( )。

58. 确定句型时从上位句型到下位句型依次确定,说明句型是有( )的。

59. "那个人不错。"和"据说,那个人不错。"两个句子句型相同,说明( )不影响句型。

60. "孩子学习努力。"和"我们的孩子学习很努力。"两个句子句型相同,说明( )不影响句型。

61. 从研究者采用的方法看,语法可以分为( )语法和( )语法。从研究者的理论背景看,有( )语法、( )语法和( )语法,从研究对象的范围看,有( )语法和( )语法之分。

62. 对于语法的性质,可以从( )性、( )性和( )性三个方面来认识。

63. 汉语中常用的四种语法手段是:( )、( )、( )、( )。

64. 语气词在句中的位置主要有三个:( )之间、( )之间和

（　　　　）之内。

65. 象声词的功能大致包括（　　　　）功能、（　　　　）功能、（　　　　）功能和（　　　　）功能四个方面。

答案：

1. 语法科学；　**2.** 区别异同、辨明正误；　**3.** 把整体切分成部分；　**4.** 语法功能；　**5.** 组合能力；　**6.** 实词；　**7.** 谓词；　**8.** 叹词；　**9.** 动量词；　**10.** 不及物动词；　**11.** 副词；　**12.** 状语；　**13.** 代替；　**14.** 指示代词；　**15.** 动态助词；　**16.** 短语；　**17.** 句法成分；　**18.** 动词和形容词或谓词性短语；　**19.** 施事主语；　**20.** 定语和状语；　**21.** 语调；　**22.** 复说语；　**23.** 总分式复说语；　**24.** 非主谓句；　**25.** 动词句；　**26.** 动词性谓语句；　**27.** 兼语句；　**28.** 存现句；　**29.** 联合复句；　**30.** 说明因果的因果复句；　**31.** 无条件句；　**32.** 关联词语；　**33.** 复位（或还原）；　**34.** 可还原性；　**35.** 祈使；　**36.** 特指问；　**37.** 副词；　**38.** 谓语；　**39.** 时间名词；　**40.** 动态助词（或时态助词、体助词）；　**41.** 结构功能；　**42.** 述宾（或动宾）；　**43.** 同位短语；　**44.** 谓词性；　**45.** 加词性短语；　**46.** 时地性；　**47.** 谓词性宾语；　**48.** 数量补语；　**49.** 句型；　**50.** 句式；　**51.** 语调；　**52.** 陈述句；　**53.** 个别词；　**54.** ABAB；　**55.** 任指；　**56.** 虚指；　**57.** 修饰语跟中心语所组成的偏正短语；　**58.** 层级；　**59.** 增添特殊成分；　**60.** 扩展；　**61.** 比较、描写、传统、结构主义、转换生成、普通、语别；　**62.** 概括、层次、民族；　**63.** 语序、虚词、语调、重叠；　**64.** 句子成分、句法成分、句法成分；　**65.** 独用、组合、重叠、拟音。

二、单项选择题（在各备选项中只有一项是正确的）

1. "几乎、尤其、有点儿"是（　　　　）。

　　A. 表示情态、方式的副词　　　　B. 表示时间、频率的副词

　　C. 表示语气的副词　　　　　　　D. 表示程度的副词

2. "我明明看见的"中的"明明"是（　　　　）。

　　A. 形容词　　　B. 副词　　　C. 助动词　　　D. 区别词

3. "我们半夜 12 点钟到的上海"中的"的"应看作是（　　　　）。

　　A. 肯定副词　　B. 动态助词　　C. 语气词　　　D. 结构助词

4. 属于多层短语的是（　　　　）。

A. 前途很光明　B. 科学和技术　C. 学习汉语　　D. 伟大而质朴

5. 形容词和动词的主要区别是(　　)。

　　A. 形容词同时具备受程度副词修饰、不能带宾语两个语法功能,动词不能

　　B. 形容词都可以受程度副词修饰,动词不能

　　C. 形容词都不带宾语,动词都带宾语

　　D. 形容词可以做定语、状语,动词不能

6. (　　)是联合短语。

　　A. 祖国富强　　B. 见解独特　　C. 支持鼓励　　D. 买卖商品

7. "大力、大肆、大举"是(　　)。

　　A. 动词　　　　B. 形容词　　　C. 区别词　　　D. 副词

8. "怎么样、怎样、什么样"是(　　)。

　　A. 副词　　　　B. 人称代词　　C. 疑问代词　　D. 指示代词

9. 下列(　　)组词都不是副词。

　　A. 偶然、忽然　B. 突然、忽然　C. 突然、偶尔　D. 偶然、突然

10. 下面一段话中有(　　)个副词(重复的按一个计):一个念头忽然跳进我的脑子里,我得到一幅画的构想。如果用最浓最艳的朱红,画一大朵含露乍开的童子面茶花,岂不正可以象征着祖国的面貌?

　　A. 6　　　　　　B. 8　　　　　　C. 7　　　　　　D. 5

11. 下列复杂的偏正短语中含有递加修饰语的是(　　)。

　　A. 放在桌子上的纸张　　　　　B. 小王的一辆新自行车

　　C. 美丽而富饶的宝岛　　　　　D. 科学的春天的到来

12. 多重复句是(　　)。

　　A. 由两个以上的小复句组成的复句

　　B. 有两个以上的层次的复句

　　C. 由两个以上的分句组成的复句

　　D. 有 N 个复句,就有"N－1"层复句

13. (　　)句是复句。

　　A. 无论在什么情况下,我们都要完成任务。

　　B. 就是世界上最快的马也要落在背后。

　　C. 即使在西藏高原上也打出油来了。

　　D. 不管小王来不来,会都要按时开幕。

14. 下列句子属于连动句的是(　　)。

　　A. 老王还没有说完话就迎了出去。

　　B. 我们有人去做这活儿。

　　C. 他走到海边后又转向了街市。

　　D. 他违反纪律挨了批评。

15. 下列(　　)句是连动句。

　　A. 母亲打算派人去接他。　　　　B. 她一边思索一边写作。

　　C. 老师有话问她。　　　　　　　D. 我们决定去看她一次。

16. 下列(　　)句是兼语句。

　　A. 我们知道老王会来的。　　　　B. 我们证明老王来过。

　　C. 我们认为老王会来。　　　　　D. 我们会叫老王来的。

17. 下列(　　)句是被动句。

　　A. 蔬菜给虫子吃光了。　　　　　B. 虫子把蔬菜吃光了。

　　C. 虫子吃光了蔬菜。　　　　　　D. 虫子连青草都吃光了。

18. 下列(　　)句是双宾语句。

　　A. 我羡慕你有这样的好条件。　　B. 我希望你能当选学生会主席。

　　C. 我交给学生一项任务。　　　　D. 我打算请一位名师给学生讲课。

19. 下列复句属于联合复句的是(　　)。

　　A. 有的人想请我去坐上席,还怕我不肯赏脸。

　　B. 说实在的,有人给我送礼,我还觉得光荣呢。

　　C. 外面有了响动,还有喁喁的私语声。

　　D. 他这一招不行,还有下一招呢。

20. (　　)句是连动句。

　　A. 我的决心就是干好这件事。

　　B. 我们下决心干好这件事。

　　C. 我们决心干好这件事。

　　D. 要干好这件事我们必须下大决心。

21. (　　)是名词性偏正短语。

　　A. 他是会来的　　　　　　　　　B. 他的话正确

　　C. 他的准时到来　　　　　　　　D. 跑来上海一趟

22. 下列短语属于偏正短语做定语的是(　　)。

　　A. 我儿子的同学　　　　　　　　B. 一位新来的同事

　　　C. 一种新式玩具　　　　　　　D. 前天刚买的一本新书

23. "咬一口、打一拳、踢一脚"等短语中的"口、拳、脚"是(　　　)。

　　　A. 个体量词　B. 名量词　　　C. 名词　　　　　D. 动量词

24. "三斤的鱼"和"三斤鱼"的区别在(　　　)。

　　　A. 含义不同,前者指"鱼的大小",后者指"鱼的重量"

　　　B. 结构不同,前者是偏正结构,后者是同位结构

　　　C. 语义关系不同,前者是修饰关系,后者是说明关系

　　　D. 功能不同,前者是名词性短语,后者是加词性短语

25. "上海大学"和"上海的大学"的区别在(　　　)。

　　　A. 功能不同,前者是名词性短语,后者是加词性短语

　　　B. 含义不同,前者专有名称,专指一所大学,后者指设在上海的所
　　　　　有大学

　　　C. 语义关系不同,前者是修饰关系,后者是说明关系

　　　D. 结构不同,前者是同位结构,后者是偏正结构

26. (　　　)组词语不是方位短语。

　　　A. 桌子上、箱子里、车厢下面

　　　B. 晚上、心里、海外

　　　C. 五十以下、松树旁、比赛中间

　　　D. 两米之内、政治上、大门前

27. 下列表述中,(　　　)组中的数词是序数词。

　　　A. 一月、二月、三月、四月　　　B. 一天、两天、三天、四天

　　　C. 一年、两年、三年、四年　　　D. 一刻、两刻、三刻、四刻

28. (　　　)不能作为时量词用。

　　　A. 周　　　　B. 天　　　　　C. 月　　　　　　D. 年

29. 必须带宾语的动词(即粘宾动词)是(　　　)。

　　　A. 做、写、买、卖　　　　　　B. 休息、玩耍、睡觉、交际

　　　C. 来、去、走、跑　　　　　　D. 姓、加以、给以、从事

30. 既能受程度副词修饰又能带宾语的词是(　　　)。

　　　A. 形容词　　B. 心理动词　C. 助动词　　　　D. 及物动词

31. (　　　)组是能带施事宾语的动词。

　　　A. 实现、知道、觉得、感到　　　B. 爱、害怕、明白、喜欢

　　　C. 游行、结婚、打针、咳嗽　　　D. 来、进来、出去、离开

32. (　　)组名量词组成量词短语后可以放在形容词前面。

A. 个、只、群、批　　　　　B. 股、堆、本、张

C. 套、副、条、件　　　　　D. 斤、克、里、点

33. (　　)组是区别词。

A. 义务、阶级　B. 初级、医务　C. 劳务、低级　D. 高级、家务

34. (　　)组词是区别词。

A. 金、银　　　　B. 锡、铝　　　　C. 钢、钙　　　　D. 铜、铁

35. (　　)组词都是区别词。

A. 副、简单、金子、女　　　　B. 大型、中型、中级、低级

C. 民用、国产、特等、初等　　D. 男、银子、初级、正

36. (　　)组词是副词。

A. 从前、过去、将来、往常　　B. 陆续、时常、猛然、正在

C. 自然、突然、偶然、显然　　D. 刚才、平常、相同、经常

37. (　　)组都不是副词。

A. 总共、刚、相继、永远　　　B. 刚才、平时、经常、彻底

C. 到底、刚刚、已经、仍然　　D. 向来、即将、往往、一齐

38. (　　)里"白"是副词。

A. 黑纸白字　B. 白条子　　　C. 白纸　　　　D. 白跑一趟

39. (　　)里的"怪"是副词。

A. 很怪的事情　　　　　　　　B. 怪事

C. 怪可怜的　　　　　　　　　D. 别怪老王

40. (　　)里的"没有"不是副词。

A. 没有钱花的同学很多　　　　B. 没有吃饭的同学还有很多

C. 小王还没有来客人　　　　　D. 没有来的人也还不少

41. (　　)组不是指示代词。

A. 另、其余、其他　　　　　　B. 每、各、某

C. 这么、那么、这样　　　　　D. 什么、多少、怎样

42. (　　)组都是动介兼类词。

A. 以、于、除了　　　　　　　B. 在、对、比

C. 按、自从、从　　　　　　　D. 至于、关于、对于

43. (　　)组不是动介兼类词。

A. 拿、到、跟　　　　　　　　B. 让、对、向

    C. 往、朝、用   D. 自从、关于、对于

44. (　　)组是助词和语气词同形词。

    A. 的、了   B. 啊、吧   C. 似的、着   D. 呢、吗

45. 下列各组中都属于名形兼类词的是(　　)。

    A. 明白、困难、密切、端正   B. 决定、总结、明确、丰富

    C. 经济、矛盾、道德、科学   D. 翻译、代表、通知、领导

46. 下列各组词语都属于动名兼类词的是(　　)。

    A. 民主、左、深入、丰富   B. 纯洁、端正、麻烦、少

    C. 右、自由、精神、明白   D. 领导、代表、工作、编辑

47. 下列词语都属于动形兼类词的是(　　)。

    A. 工作、通知、卫生、计划   B. 方便、繁荣、明白、深入

    C. 左、领导、锁、锈   D. 科学、道德、麻烦、矛盾

48. 下列短语属于偏正短语的是(　　)。

    A. 经理王祥、看一次、祖国伟大

    B. 明确方向、想清楚、调试电视

    C. 起来想、下去干、任务明确

    D. 伟大祖国、好天气、一碗豆腐

49. 下列短语属于联合短语的是(　　)。

    A. 青岛济南、又哭又闹、赞成或反对

    B. 低着头想、山东济南、坐着不走

    C. 南岳衡山、老王同志、校长蔡元培

    D. 跳下去、认真地对待、说下去

50. 下列短语属于主谓短语的是(　　)。

    A. 明天见、来人、今年二月

    B. 走走看、打电话去、老王亲戚

    C. 街上净人、明天 15 号、态度很好

    D. 叫他走、站着说、15 号晚上

51. 下列短语属于述宾短语的是(　　)。

    A. 觉得有趣、懂得方法、晓得道理

    B. 说得很累、写得明白、跑得快

    C. 做得好、听得清楚、玩得高兴

    D. 怕得很、想得慌、走得太慢

52. 下列短语属于述补短语的是(　　　)。

A. 知道错了、懒得参加、乐得不去

B. 走下去、写得太潦草、跑过来

C. 聪明人、想不干了、感到麻烦

D. 怕流汗、活泼开朗、学习做人

53. 下列短语都属于连动短语的是(　　　)。

A. 又打又骂、喜欢打球、派小王上前线

B. 让他明白、叫他来、赞成或弃权

C. 知道要失败、追上去、站起来

D. 站着不动、去商店买东西、倒杯茶喝

54. 下列短语属于兼语短语的是(　　　)。

A. 给小王一本词典、把他送上车、有条件做这事

B. 动员老乡转移、指挥全军作战、派手下去请

C. 乐意他去、相信他会同意、赞成小王做这件事

D. 去北京玩、到大连看海去、知道老李能处理好这件事

55. 下列短语属于同位短语的是(　　　)。

A. 明天星期一、茅盾浙江人、昨天这时候

B. 说不说、我去不行、边走边谈

C. 当代著名作家王蒙、张局长、博士生导师张先生

D. 柴米油盐酱醋茶、今后十年、小王大眼睛

56. 下列短语都属于体词性短语的是(　　　)。

A. 孩子们的到来、狮子的愚蠢、我们的老朋友张辉

B. 孩子们都来了、狮子愚蠢、张辉是我们的老朋友

C. 马路上挤满了小商贩、家里没人、那只狐狸三条腿

D. 星期一15号、老李不是山东人、小张黄头发

57. 下列短语属于谓词性短语的是(　　　)。

A. 打短工的、所见所闻、他的出现

B. 老王心地善良、不想去、多快好省

C. 对于老人、高速度、兔子的聪明

D. 关于收入、超大型、大规模

58. 下列短语属于加词性短语的是(　　　)。

A. 为孩子着想、想去、不久的将来

B. 去看看、关键时刻、房子朝南

C. 首都北京、省会合肥、不怕苦

D. 远距离、高速度、关于孩子

59. (   )句是施事主语句。

A. 作业已经做好了。   B. 他不姓李。

C. 王刚去了北京。   D. 这件事跟王刚无关。

60. (   )句是受事主语句。

A. 作业孩子们已经做好了。

B. 孩子们还没有做好作业。

C. 作业是昨天布置给孩子们的。

D. 孩子们把作业做好了。

61. 句首时间、处所名词是主语的句子是(   )。

A. 北方冬天经常下雪。   B. 在南方一般不下雪。

C. 昨天老王回到了家乡。   D. 从 12 号起放假两天。

62. 句首时间、处所名词不是主语的句子是(   )。

A. 墙上写着好几条标语。

B. 在那儿我生活过好几年。

C. 夜里小区里发生了一桩惨案。

D. 这一带过去没有花草。

63. 下列(   )组动词只能带谓词性宾语。

A. 懂得、成为、打击、排除   B. 关爱、喜欢、知道、讨论

C. 予以、禁止、感到、严加   D. 赞成、研究、了解、反对

64. (   )动词后的数量词是宾语。

A. 去了两次   B. 旅游了三天   C. 看了一趟   D. 买了一斤

65. (   )动词后的数量词是补语。

A. 看了前两章   B. 看了一本

C. 看了两页   D. 看了三遍

66. (   )"得"后成分是宾语。

A. 吃得很饱   B. 觉得很饱   C. 看得清楚   D. 做得很好

67. (   )"得"后成分是补语。

A. 看得很累   B. 懒得看   C. 懂得看   D. 值得看

68. 偏正短语作修饰语的短语是(   )。

A. 一辆崭新的别克牌小轿车

B. 伟大、光荣、正确的中国共产党

C. 他同学爸爸的上级的孩子

D. 我的那位开出租车的好朋友

69. ( )句不是主谓谓语句。

A. 苏州,我知道那是天堂一样的地方。

B. 苏州风景很美。

C. 苏州我去年去过。

D. 我苏州还没去过呢。

70. ( )句是连动句。

A. 游击队撤退到山区后就停了下来。

B. 我军接到命令撤回待命。

C. 他一来就不断地指手画脚。

D. 小船驶过海湾,在暗礁中穿梭。

71. ( )句不是兼语句。

A. 他们让老王担任这项工作。

B. 他们派老王去担任这项工作。

C. 他们同意老王担任这项工作。

D. 他们请老王来担任这项工作。

72. ( )句的"是"是副词。

A. 这件是昨天在商店里买的。 B. 那是小王的。

C. 这孩子是老王家的。 D. 老王下午是会来的。

73. "电视剧小王向来是不看的"中的"向来"和"是"的词性分别是
( )。

A. 名词……副词 B. 副词……动词

C. 副词……副词 D. 名词……动词

74. 有三句话:(1)"孩子要吃饭",(2)"孩子要吃的",(3)"孩子要了一碗饭"中的三个"要"分别是( )。

A. 动词、动词、助动词 B. 助动词、动词、动词

C. 动词、助动词、动词 D. 助动词、助动词、动词

75. "兴趣"、"兴致"、"兴奋"词性分别是( )。

A. 名词、形容词、形容词 B. 形容词、形容词、形容词

C. 名词、名词、形容词   D. 名词、名词、名词

76. "相反"和"相对"的词性应该是(　　)。

A. 形容词……区别词   B. 区别词……形容词

C. 形容词……形容词   D. 副词……区别词

77. "他会英语"、"他会说英语"、"他会认错的"中三个"会"的词性分别是(　　)。

A. 动词、助动词、助动词   B. 助动词、动词、动词

C. 助动词、助动词、动词   D. 动词、助动词、动词

78. 助动词的语法特点可以归结为以下几点,其中区别于一般动词的是(　　)。

A. 可以单独做谓语   B. 可以用"X 不 X"格式表示询问

C. 不能带助词"着、了、过"   D. 可以单独回答问题

79. 有四个句子:

(1) 我不知道这把伞是谁放在那儿的。

(2) 这件事不知是谁告诉过他。

(3) 我才来的时候谁都不认识。

(4) 我看你们双方谁也说服不了谁。

这四个句子中的"谁"属于实指用法(疑问用法)的是(　　)。

A. (1)句   B. (2)句   C. (3)句   D. (4)句

80. 下面四句中字体加黑的词不是副词的是(　　)。

A. 掌声**忽然**响了起来。   B. 掌声**突然**响了起来。

C. 掌声**猛然**响了起来。   D. 掌声**果然**响了起来。

81. "小王是卖菜的"和"这样说是可以的"中的"的"分别是(　　)。

A. 语气词……语气词   B. 助词……语气词

C. 语气词……助词   D. 助词……助词

82. "孩子们在操场上玩"、"孩子们在课桌上写字"、"孩子们在干着活"中的三个"在"分别是(　　)。

A. 副词、介词、副词   B. 介词、副词、动词

C. 动词、介词、介词   D. 介词、介词、副词

83. "物理和和物理相关的学科"中的两个"和"分别是(　　)。

A. 连词……连词   B. 连词……介词

C. 介词……连词   D. 介词……介词

84. "上完了课就去学校了"中的两个"了"的词性是(　　　)。

　　A. 助词和助词　　　　　　　B. 助词和语气词

　　C. 语气词和助词　　　　　　D. 语气词和语气词

85. "态度很端正"和"端正了态度"中的两个"端正","打了一斤油"和"打这儿往西"中的两个"打"分别是词的(　　　)。

　　A. 兼类现象和同音现象　　　B. 同音现象和兼类现象

　　C. 兼类现象和活用现象　　　D. 活用现象和兼类现象

86. "小芹的漂亮在刘家峡是出名的"中的"小芹的漂亮"是(　　　)。

　　A. 体词性句法结构　　　　　B. 谓词性句法结构

　　C. 加词性句法结构　　　　　D. 主谓短语

87. "命令他去"和"希望他去"这两个短语是(　　　)。

　　A. 述宾短语;兼语短语　　　B. 述宾短语;述宾短语

　　C. 兼语短语;兼语短语　　　D. 兼语短语;述宾短语

88. "有饭吃"和"有人吃"这两个短语分别是(　　　)。

　　A. 连动短语;连动短语　　　B. 兼语短语;连动短语

　　C. 连动短语;兼语短语　　　D. 兼语短语;兼语短语

89. "想进了城看灯"和"进了城想看灯"分别是(　　　)。

　　A. 连动短语;述宾短语　　　B. 述宾短语;连动短语

　　C. 连动短语;连动短语　　　D. 述宾短语;述宾短语

90. 有两个复杂短语:

新研制成功的北京出的洗衣粉　　北京出的洗衣粉的功效
　　　①　　　　②　　　　　　　　　③　　　　　④

按"从大到小"的分析方法,下面两个短语的"第一刀"应该切的地方是(　　　)。

　　A. ②③　　　B. ①③　　　C. ①④　　　D. ②④

91. 按"从大到小"的分析方法,短语"著名剧作家曹禺创作的剧本《雷雨》"的第一层结构关系应该是(　　　)。

　　A. 同位关系　　B. 偏正关系　　C. 主谓关系　　D. 述宾关系

92. "米酒一杯"和"一杯米酒"分别是(　　　)。

　　A. 主谓短语、偏正短语　　　B. 偏正短语、偏正短语

　　C. 述补短语、偏正短语　　　D. 偏正短语、述补短语

93. "米酒一杯"、"米酒吃一杯"、"一杯米酒够了"分别是(　　　)。

A. 动词性短语、动词性短语、名词性短语

B. 名词性短语、动词性短语、动词性短语

C. 名词性短语、动词性短语、形容词性短语

D. 动词性短语、动词性短语、动词性短语

94. "小王去请"、"去请小王"、"请小王来"分别是(　　)。

A. 主谓短语、连动短语、主谓短语

B. 主谓短语、兼语短语、连动短语

C. 连动短语、连动短语、兼语短语

D. 主谓短语、连动短语、兼语短语

95. "想得很"和"想得十全十美"中补语的类型分别是(　　)。

A. 程度补语、可能补语　　　　B. 程度补语、情态补语

C. 程度补语、结果补语　　　　D. 结果补语、程度补语

96. "做得不好"和"做不好"中补语的否定形式分别是(　　)。

A. 可能补语、程度补语　　　　B. 结果补语、可能补语

C. 情态补语、结果补语　　　　D. 可能补语、情态补语

97. "卖了一车煤"和"卖了一趟煤"中的两个短语表示的关系分别是
(　　)。

A. 述补;述宾　B. 述补;述补　C. 述宾;述补　D. 述宾;述宾

98. "除夕晚上在体育馆里我们举办了舞会"中的主语是(　　)。

A. 我们　　　　　　　　　　B. 除夕晚上

C. 在体育馆里　　　　　　　D. 除夕晚上在体育馆里

99. "小王给我一本茅盾写的《子夜》"这个句子的谓语部分是(　　)。

A. 兼语短语　B. 述宾短语　　C. 偏正短语　　D. 同位短语

100. "他打算去买菜"和"他买菜去"中的谓语部分分别是(　　)短语。

A. 述宾、连动　B. 连动、连动　C. 述宾、述宾　D. 连动、述宾

101. "礼堂里,六月一日有时装表演"和"六月一日,礼堂里有时装表
　　　　①　　　　②　　　　　　　　　　③　　　④
演"两句中的主语分别是(　　)。

A. ①、③　　　B. ①、④　　　C. ②、③　　　D. ②、④

102. "他的出席使大家感到高兴"和"他出席这件事使大家感到高兴"
中的主语分别是(　　)。

A. 偏正短语、主谓短语　　　　B. 偏正短语、同位短语

C. 述宾短语、述宾短语　　　　D. 述宾短语、主谓短语

103. "他浪费了**一个小时**"和"他干了**一个小时**"中的字体加黑部分分别是(　　)。

A. 补语、补语　　B. 宾语、宾语　　C. 宾语、补语　　D. 补语、宾语

104. "小张的聪明在年级里是有名的"中的主语是(　　)。

A. 小张　　　　　　　　　　B. 聪明

C. 小张的聪明　　　　　　　D. 小张的聪明在年级里

105. "老李,你来得可真是时候。"中的"老李"是(　　)。

A. 主语　　　　　　　　　　B. 复说语

C. 插说语　　　　　　　　　D. 和"你"是同位语

106. 下面四个句子中,字体加黑的词是复说语的是(　　)。

A. 他们知道**你**,那些中学生们。　　B. **他们**知道你,那些中学生们。

C. 他们知道你,**那些中学生们**。　　D. 他们知道**你**! 那些中学生们。

107. 下面四个句子中,字体加黑的词不是插说语的是(　　)。

A. **我想**他肯定会参加的。　　B. 这公园**至少**有二十公顷大。

C. **你说**,这还不简单吗?　　D. **说不定**厂长已经回家了。

108. 下面五个句子中,属于主谓谓语句的是(　　)。

① 对于那件事大家的心里都有数。　　② 这菜的味道真香。

③ 他考试成绩很好。　　　　　　　　④ 小王的演讲水平很高。

⑤ 听说这种样式的唐装小李最喜欢。

A. ②、④　　　B. ①、③　　　C. ③、⑤　　　D. ④、⑤

109. 下列句子中不属于兼语句的是(　　)。

① 大伙儿都称他爆破能手。　　　　② 老王给了儿子三本书。

③ 老李有个女儿在北京读大学。　　④ 这孩子叫我批评了几次。

⑤ 他托我办一件事。

A. ①、③、⑤　　B. ①、②、④　　C. ②、③、④　　D. ②、④、⑤

110. 下列句子中,属于连动句的是(　　)

① 这些书留着有用。　　　　　　　② 老王每天读书写字。

③ 树林里有只百灵鸟在唱歌。　　　④ 公园里有大型游戏机玩。

⑤ 大剧院已停止上演了。

A. ②、⑤　　　B. ①、④　　　C. ③、⑤　　　D. ②、④

答案：

　　1. D；　2. B；　3. B；　4. A；　5. A；　6. C；　7. D；　8. C；　9. D；　10. A；　11. B；　12. B；　13. D；　14. D；　15. C；　16. D；　17. A；　18. C；　19. C；　20. B；　21. C；　22. A；　23. D；　24. A；　25. B；　26. B；　27. A；　28. C；　29. D；　30. B；　31. D；　32. D；　33. B；　34. A；　35. C；　36. B；　37. B；　38. D；　39. C；　40. A；　41. D；　42. B；　43. D；　44. A；　45. C；　46. D；　47. B；　48. D；　49. A；　50. C；　51. A；　52. B；　53. D；　54. B；　55. C；　56. A；　57. B；　58. D；　59. C；　60. A；　61. A；　62. B；　63. C；　64. D；　65. D；　66. B；　67. A；　68. C；　69. A；　70. B；　71. C；　72. D；　73. C；　74. B；　75. C；　76. A；　77. A；　78. C；　79. A；　80. B；　81. B；　82. D；　83. B；　84. B；　85. A；　86. A；　87. D；　88. C；　89. B；　90. C；　91. A；　92. A；　93. C；　94. D；　95. B；　96. C；　97. D；　98. A；　99. B；　100. A；　101. B；　102. B；　103. C；　104. C；　105. C；　106. C；　107. A；　108. C；　109. B；　110. B。

三、多项选择(5 个备选项中至少有两个以上是正确的)

　　1. 下列句子属于正反问句的有(　　　)。

　　　　A. 奖金发了没有?　　　　　　B. 是不是发了奖金?

　　　　C. 奖金还发不发?　　　　　　D. 是发奖金还是不发奖金?

　　　　E. 奖金发了多少?

　　2. 下列句子属于双宾语句的有(　　　)。

　　　　A. 王老师教我唱歌。

　　　　B. 王老师叫我唱歌。

　　　　C. 经理告诉秘书他下午要去开会。

　　　　D. 经理嘱咐秘书看好电话。

　　　　E. 经理通知我们明天爱卫会来检查卫生。

　　3. 下列句子属于双宾语句的有(　　　)。

　　　　A. 老李要小王不去上海了。

　　　　B. 老李答应小王他不去上海了。

　　　　C. 老李转告小王他不去上海了。

　　　　D. 老李希望小王不去上海了。

E. 老李想知道小王去不去上海了。

4. 短语"同意不同意他的意见"的第一层切分正确的是( )。

    A. 同意不同意他|的意见　　　　B. 同意|不同意他的意见

    C. 同意不|同意他的意见　　　　D. 同意不同意他的|意见

    E. 同意不同意|他的意见

5. 下列句子中"和"是介词的有( )。

    A. 小王和小李都是党员。　　　　B. 小王和小李谈过一次话。

    C. 小王明天和小李去上学。　　　　D. 小王和小李是好朋友。

    E. 昨天小王没和小李去看戏。

6. 下列句子中有特殊成分的是( )。

    A. 喂,小朋友,你快吃吧!

    B. 那个小朋友,我认识他。

    C. 你瞧,我是认识这个小朋友的。

    D. 我认识那个小朋友。

    E. 说实在话,我并不认识那个小朋友。

7. 下列句子属于复句的有( )。

    A. 中国要富强昌盛,这是十几亿中国人民的愿望。

    B. 我回家的时候,小章已经走了。

    C. 他有两个可爱的儿子:小兵和小武。

    D. 他有两个可爱的儿子:一个在家乡工作,一个在外地读书。

    E. 小兵和小武,他的两个儿子,都在北京读书。

8. 下列句子属于兼语句的有( )。

    A. 经理告诉大家已经开会了。　　B. 经理告诉大家去开会。

    C. 经理通知大家去吃饭。　　　　D. 经理通知大家已经开饭了。

    E. 经理告诉大家吃完饭不开会了。

9. 下列问句属于特指问的有( )。

    A. 你们班有多少学生?　　　　B. 你十五岁了,那么小王呢?

    C. 他还来不来啦?　　　　　　D. 你来了,小王呢?

    E. 你来了,小王也来了吧?

10. 下列句子属于主谓谓语句的有( )。

    A. 这种保险买的人不多。　　　　B. 大米拿我们家的吧。

    C. 好人好事要有人夸。　　　　　D.《红与黑》小王读过好几遍了。

E. 这类事同学们有经验。

11. 下列句子属于紧缩句的有(   )。

A. 他感到他一站起来就会倒下。

B. 他一站起来就会倒下。

C. 他知道他再说也没有用处。

D. 他再说也没有用处。

E. 这件事非他出马不可。

12. 下列句子不是连动句的有(   )。

A. 大家希望一起去。

B. 小王走到海边也就停了下来。

C. 这些日子里我们也就是看看书、读读报。

D. 小同学们跳着跑了过来。

E. 我们有事要和你商量。

13. 下列语句中语序的变化不会引起含义或结构变化的有(   )。

A. 饭在锅里—锅里有饭

B. 客人来了—来了客人

C. 老王或者老李去—老李或者老王去

D. 小张不跟小李说话—小李不跟小张说话

E. 小张跟小李是好朋友—小李跟小张是好朋友

14. 名词跟动词的语法功能不同表现在(   )。

A. 名词能做主语、宾语,动词却不能做主语、宾语

B. 名词一般能受数量词修饰,动词不能受数量词修饰

C. 名词一般不能做谓语,动词主要功能是做谓语

D. 名词可以做定语,动词不能做定语

E. 名词一般不能受副词修饰,动词可以受副词修饰

15. 动词跟形容词的语法功能不同表现在(   )。

A. 除心理活动动词和助动词外,动词不能受程度副词修饰,形容词多数可以

B. 动词多数可以带宾语,形容词不能带宾语

C. 动词主要功能是做谓语,形容词不能做谓语

D. 动词不能做定语,形容词能做定语

E. 动词可以重叠,形容词不能重叠

16. 名词跟形容词的语法功能不同表现在( )。

    A. 名词可以做主语、宾语,形容词却不能做主语、宾语。

    B. 名词一般不能受副词修饰,形容词可以受副词修饰

    C. 名词一般不能做谓语,形容词可以做谓语

    D. 名词一般不能重叠,形容词多数可以重叠

    E. 名词不能做定语,形容词可以做定语

17. 下列词语中属于区别词的有( )。

    A. 自然、偶然、现在、刚才   B. 陆续、努力、经常、伟大

    C. 长久、平常、高级、低级   D. 初级、中级、家用、小型

    E. 欧式、国产、特等、平装

18. 下列复句属于因果复句的有( )。

    A. 要不是天下大雨,我早就来了。

    B. 我们出去玩一会儿吧,省得你一个人闷在家里难受

    C. 既然你们已经决定了,我就不再说三道四了。

    D. 就算小王是不对的,我们也不能得理不让人吧。

    E. 临时取消了升学考试,以至孩子们一直闷闷不乐。

19. 区别词的语法特点是( )。

    A. 可以受"不"修饰   B. 只能做名词的修饰语

    C. 可以受数量词修饰   D. 表示否定的时候用"非"

    E. 不能充当主语、宾语、谓语

20. 下面各组中加粗的词是代词的是( )。

    A. 大扫除**每**月一次   B. **每**逢佳节倍思亲

    C. 大家畅所欲言,**各**抒己见   D. 全国**各**民族人民团结起来

    E. 我们班男女生**各**一半

21. 介词的语法特点可以归结为( )。

    A. 介词都是从古代汉语的动词演变而来的

    B. 介词经常与名词、代词组成介词短语

    C. 介词短语主要用来修饰动词和形容词

    D. 介词短语经常用作主语

    E. 介词短语经常用作述语

22. 下列各组加粗的词中不属于兼类词的是( )。

    A. **方便**了顾客;使顾客得到了**方便**

B. **了解**是十分重要的;我太**了解**他了

C. 你怎么**光**说不做;这个人就喜欢**光**着膀子干活

D. 参加这次会议的有百**把**人吧;**把**被子弄脏的是谁

E. 你说的太**对**了;**对**他来说这问题太容易了

23. "对教育改革提出的设想"就短语的类型来说,属于( )。

    A. 名词性短语   B. 动词性短语

    C. 介词短语   D. 偏正短语

    E. 述宾短语

24. "培养学生分析问题和解决问题的能力"就短语的类型来说,属于( )。

    A. 名词性短语   B. 动词性短语

    C. 介词短语   D. 偏正短语

    E. 述宾短语

25. 下列短语中,属于名词性短语的是( )。

    A. 非常精彩的一场球赛   B. 兔子的聪明

    C. 工作如何努力   D. 对于文学的论争

    E. 家电很畅销

答案:

    1. A、B、C; **2.** A、C、D; **3.** B、C; **4.** B、D、E; **5.** B、C、E; **6.** A、B、C、E; **7.** A、D; **8.** B、C; **9.** A、B、D; **10.** A、D、E; **11.** B、D、E; **12.** A、B、C; **13.** C、E; **14.** B、C、E; **15.** A、B; **16.** B、C、D; **17.** D、E; **18.** B、C、E; **19.** B、D、E; **20.** A、D; **21.** B、C; **22.** B、C、D、E; **23.** A、D; **24.** A、D、B、E; **25.** A、B。

四、是非判断题

1. "快出来吧,你这孩子","在不知不觉中,我被他说服了",前一句是倒装句,后一句子不是倒装句。( )

2. 语气的表达主要依靠语气词。( )

3. "他还真不简单呢!""你说到底是谁呢?"中所用的语气词"呢"虽然一样,但表示不同的语气。( )

4. 语气词可以连用,但连用必须按照一定的规则排列。( )

5. 肯定与否定一般是就陈述句说的,所以其他语气的句子没有肯定与否定的说法。(   )

6. 陈述句的否定形式通常用"不"、"没(没有)"来表示,例如,"他学语言学"的否定形式是"他不学语言学"和"他没学语言学",可见,"不"和"没"表示否定时是没有区别的。(   )

7. 语法体系和语法学体系说的是同一回事,它们是语法学中客观与主观的统一。(   )

8. 主谓句和非主谓句是根据句子的谓语的性质划分的。(   )

9. "把"字句和"被"字句是根据句子的特征划分出来的。(   )

10. 同一句型可以是不同的句类,同一句类可以是不同的句型。(   )

11. 能带双宾语的动词在句子中必须带两个宾语。(   )

12. 句子都是由主语和谓语构成的。(   )

13. 动词所带的宾语都是名词性的。(   )

14. "他多次获得优秀学生的称号,统计起来,已有三次"中的"三次"是动量词,所以"三次"是补语。(   )

15. "祖国的山河多壮丽啊,我为她感到自豪"中,虽然后面有指示代词指称,但仍属于复句。(   )

16. "三斤重"和"思想解放"都是主谓短语。(   )

17. 量词短语总是体词性的,因此也可以看作是体词性句法结构。(   )

18. 在现代汉语中,名词是不能充当谓语的。(   )

19. 我们可以说"一封信",不能说"一封的信",可以说"两个人",不能说"两个的人",可见量词短语修饰名词时是不能带"的"的。(   )

20. 程度副词是不能修饰所有的形容词的。(   )

21. 我们可以说"很幸福",因为"幸福"是形容词,不可以说"很离开",因为"离开"是动词,所以程度副词"很"不能修饰所有的动词。(   )

22. 区别词的否定形式不能用"不"字。(   )

23. "我"、"你"、"他"分别表示第一、第二、第三人称,"这里"、"那里"分别指称处所,所以,代词的语法功能相当于名词。(   )

24. 连词不但可以连接词和短语,还可以连接分句。(   )

25. 叹词和拟声词是特殊的词类,是因为这两类词都不跟别的词发生

关系。（　　）

26. "**这本书的出版**很及时"中的字体加黑部分是个谓词性句法结构。
（　　）

27. "进来**一个穿红衣服的**"中的字体加黑部分是个加词性句法结构。
（　　）

28. "培养学生分析问题和解决问题的能力"是述宾短语。（　　）

29. 动词、形容词为中心语的句法结构不一定是谓词性句法结构。
（　　）

30. "只生一个孩子好"是一个主谓短语。（　　）

答案：

1. √（说明：前一句是倒装句，是常见的主谓倒装句；后一句不是倒装句，因为"在不知不觉中"是一个介词短语，位于句首，不能成为倒装句。）

2. ✕（说明：语气的表达有不止一种的手段，首先是语调，其次是语气词，另外某些词语和结构格式也能表示语气。）

3. √（说明：同一个语气词可以表示不同的语气，"呢"可以用在陈述语气中，用于指明某种事实，有时带有夸张意味；"呢"也可以用于疑问语气，带有深究的意味。）

4. √（说明：语气词分为三类，"的"、"了"是第一类，"吗"、"呢"、"吧"是第二类，"啊"是第三类。连用是必须按照1＋2＋3的顺序排列，中间可以缺项，但次序不能颠倒。）

5. ✕（说明：其他语气的句子也有肯定和否定的说法，只是跟陈述句略有不同罢了。）

6. ✕（说明："不"和"没"在表示否定的时候是有区别的："不"带有一定的主观性，暗示某种举动是有意识的；"没"带有一定的客观性，只是对某种事情的客观否定。）

7. ✕（说明：语法体系和语法学体系是两个不同的概念，语法体系也就是语法规律，语法学体系也就是语法科学。）

8. ✕（说明：主谓句和非主谓句是根据是否能分析出主语和谓语来区分的。）

9. √（说明："把"字句和"被"字句都是现代汉语常见的句式，所谓句式，就是有特殊标记的句子。）

10. √（说明：同是名词谓语句，可以是陈述句：今天星期一。也可以是疑问句：今天星期一？同样，同是陈述句，可以是名词谓语句，也可以是动词谓语句：今天去了很多地方。还可以是形容词谓语句：今天很高兴。）

11. ×（说明：双宾句中的动词，都可以带双宾语，但有的可以只出现两个宾语中的任何一个，如动词"问"、"教"等，有的可以单留一个近宾语，如"送"、"赔"等，有的可以单出现远宾语，如"借"、"欠"等。）

12. ×（说明：主谓句可以分析出主语和谓语，非主谓句分析不出主语和谓语。）

13. ×（说明：一部分动词只能带谓词性宾语，如"主张"、"值得"等，有一部分动词既能带体词性宾语，又能带谓词性宾语，如"喜欢"、"害怕"等。）

14. ×（说明：动词"有"后的量词短语，不管是名量词，还是动量词，一般都看作宾语。）

15. √（说明：后面尽管有代词指称，但因为"祖国的山河多壮丽啊"是一个谓词性句法结构，不能作为插说语看待，全句仍应看作为复句。）

16. √（说明：这两个短语都是主谓短语，其中"三斤重"中，量词短语"三斤"做主语，形容词"重"做谓语。）

17. ×（说明：量词短语并非都是体词性的，例如"说一次"、"去三趟"中的"一次"、"三趟"是动量词，在动词后面做补语，是谓词性的。）

18. ×（说明：名词属于体词，体词经常做主语、宾语，一般不做谓语。但名词做谓语的情况也是有的：名词与名词性短语做谓语的句子称为名词谓语句，如："昨天**晴天**"；"小伙子**山里人**"等句子中加粗的词就是名词或名词性短语。）

19. ×（说明：量词短语即我们平时说的数量词修饰名词时，有的不能带"的"，有的可以带"的"，如时量词修饰名词时可以带"的"："一年的时间"、"三天的计划"等。）

20. √（说明：有些形容词本身带有表示程度的语素，如"雪白"、"笔直"、"通红"等形容词，就不能受程度副词修饰，如不能说"很雪白"、"非常笔直"等。）

21. ×（说明：一般来说，我们是用"很"做鉴别词，来区别动词和形容词的。但是，有一部分表示心理活动的动词，如"喜欢"、"害怕"、"了解"等，既可以带宾语，又可以受"很"修饰。）

22. √（说明：区别词不能受"不"修饰，不能说"不大型的工厂"、"不国营的企业",而要用"非"表示否定,如"非大型的工厂"、"非国营的企业"等。)

23. ╳(说明:从所举例子看,代词替代的是确实是名词,因此过去有人干脆把代词称为"代名词",其实,有的代词替代的恰恰是谓词,如:"你**怎么啦?**"、"**就这样吧**"中加粗的代词。)

24. √(说明:连词中有的可以连接词或短语的,如"和"、"跟"、"同"、"与"、"及"等,有的则连接分句的,如"除非"、"不管"、"如果"、"因为"、"以便"等,有的既能连接词和短语,又能连接分句,如"并且"、"而且"、"或者"等。)

25. ╳(说明:叹词和拟声词确实是特殊的词类,其中拟声词除了与叹词一样,能独立成句或充任插说语外,还能充任定语或状语,这时候就和句子中其他成分发生关系了。)

26. ╳(说明:"这本书的出版"中的中心词"出版"是谓词性的,但整个短语是体词性的句法结构,在句子中主要做主语、宾语。)

27. ╳(说明:加词性的句法结构的功能与加词相当,经常用作定语和状语,一般不做主语、宾语、谓语,"一个穿红衣服的"是"进来"的宾语,所以不是加词性句法结构。)

28. ╳(说明:这个短语是有多义的:培养/学生分析问题和解决问题的能力:述宾短语;培养学生分析问题和解决问题的/能力:偏正短语。)

29. √(说明:动词、形容词为中心语的句法结构可以是谓词性句法结构,如:赶紧打扫、非常舒服;也可以是体词性句法结构,如:这本书的出版、狐狸的狡猾。)

30. √(说明:"只生一个孩子"是述宾短语,整个述宾短语做"只生一个孩子好"这个短语的主语,所以,从短语的第一层次看,应先处理为主谓短语。)

五、术语解释题

　　1. 语法;　　2. 词类;　　3. 词的语法功能;　　4. 实词和虚词;　　5. 量词;　　6. 区别词;　　7. 助词;　　8. 动态助词;　　9. 词的兼类;　　10. 句法结构;　　11. 直接成分;　　12. 句法成分;　　13. 谓词性宾语;　　14. 趋向补语;　　15. 句子;　　16. 复说语;　　17. 插说语;　　18. 句型;　　19. 句子分析;　　20. 句式;　　21. 主谓句;　　22. 非主谓句;　　23. 主谓谓语句;　　24. 连动句;　　25. 兼语句;　　26. 存现句;　　27. "把"字句;　　28. "被"字

句；　**29.** 复句；　**30.** 关联词语；　**31.** 倒装句；　**32.** 省略；　**33.** 紧缩句；　**34.** 名词谓语句；　**35.** 双宾语句；　**36.** 联合复句；　**37.** 偏正复句；　**38.** 词性；　**39.** 方位短语；　**40.** 名量词；　**41.** 动量词；　**42.** 体词；　**43.** 谓词；　**44.** 加词；　**45.** 结构助词；　**46.** 词的活用；　**47.** 短语的结构关系；　**48.** 短语的结构功能；　**49.** 体词性句法结构；　**50.** 谓词性句法结构；　**51.** 加词性句法结构；　**52.** 层次分析；　**53.** 谓词性主语；　**54.** 体词性宾语；　**55.** 句类；　**56.** 语法意义；　**57.** 语法手段；　**58.** 语法特征；　**59.** 复合量词；　**60.** 列举助词。

答案：

1. 语法这一术语有三种含义：语法规律、语法科学、语法著作。语法规律是客观存在的语言中词组成短语、词或短语组成句子的各种规律,语法科学是人们对语法规律研究的结果,把研究的结果加以提取,得到的是语法著作。

2. 词类是指词在语言结构中表现出来的由语法功能决定的类别。语法上给词分类,为的是说明语句结构的规则,指明词的用法。对汉语的词进行分类,必须以词的语法功能为依据。

3. 词的语法功能就是词的组合能力,表现为：(1)能充当什么结构成分,不能充当什么结构成分；(2)能跟什么词组合,不能跟什么词组合,组合后表示什么样的意义和关系。

4. 能充当句法结构成分的词是实词,如名词、动词、形容词、数词、量词、代词、副词、区别词等；不能充当句法结构成分只在句法结构中起附着或连接作用的词是虚词,如介词、连词、助词、语气词等。

5. 量词是用来计算事物或动作的单位的词,包括名量词、动量词、时量词。

6. 区别词是指只能修饰名词表示事物的特征和分类的词。

7. 助词是指附着在词或短语上表示某种附加意义的虚词,大都念轻声,像结构助词、动态助词等即是。

8. 动态助词是附着在谓词后表示某一过程中动作变化的状态的词,如"着"、"了"、"过"等。

9. 词的兼类是指少数词具有两类或两类以上词的语法功能的现象,即该词既具备甲类词的特点,又具有乙类词的特点。兼类词主要存在于名词、动词和形容词之间。如"报告"、"联系"等是名动兼类词,"困难"、"矛盾"是名形兼类词,"端正"、"丰富"是动形兼类词。

10. 句法结构是指词和词按一定的语义关系和结构关系构成的结构体,包括实词跟实词的组合,也包括实词跟虚词的组合,也叫短语或词组。

11. 直接成分是指直接组成某一句法结构同一结构层次的两个组成成分。

12. 句法成分是指在句法结构中承担结构关系的关系项,即句法结构成分的简称。

13. 谓词性宾语是指由谓词性词语充当的宾语。

14. 趋向补语是指由趋向动词充任的补语,如"走上去"、"跑出"中的"上去"、"出"就是趋向补语。

15. 句子是由词或短语构成的能够表示一个相对完整意思的语言单位,形式上每一个句子都有一定的语调,表示不同的语气,句末有较大的停顿,书面上要用句号、问号、叹号等句末标点。

16. 两个词语同指一个事物,这两个词语一个用在句首或句末,另一个用在主语或谓语里,这句首或句末不属于主语或谓语的那个词语就是复说语,复说语是句子的特殊成分之一。

17. 插说语是句子的特殊成分之一,它用在句子里表示呼应、感叹、提醒、强调、推测、估计、依据、来源、总括等各种附加意义,但在结构上跟句子的其他成分不发生结构关系,位置也较为灵活。

18. 句型是句子的格局,是从句子句法结构角度归纳出的句子类型。

19. 句子分析是指对句子的结构和格局的分析,通过句子分析以了解句子的结构层次、结构成分、结构关系、结构功能等结构规则,归纳和掌握句型、句式。

20. 句式是指依据句子结构上某些特殊结构或特殊标志划分出的句子类型。

21. 主谓句是指由主谓短语构成的句子。

22. 非主谓句是指由单个的词或者主谓短语以外的其他短语构成的句子。

23. 主谓谓语句是指由主谓短语做谓语构成的句子。

24. 连动句是指由连动短语充当谓语的句子,构成"名＋动１＋动２"结构,连动短语是指两个或两个以上的动词性词语连用,且它们之间没有主谓、述宾、述补、偏正、联合等关系的那种短语。

25. 由兼语短语充任谓语的句子叫兼语句,兼语短语中有前后两个动词,前一个动词同后面的名词构成述宾关系,这个名词又跟后一个谓词发生主谓关系,即短语中有宾语兼主语的成分。

26. 存现句是指表示事物存在、出现、消失的句式,其基本结构是:处所词(或时间词)+动词+名词。

27. "把"字句是用介词"把"将动词支配、关涉的对象放到动词前边的一种句式。

28. "被"字句是受事做主语,用介词"被"引进施事做状语或只用"被"字施事不出现的一种句式。

29. 复句是由两个或两个以上分句组成的句子。

30. 在复句中用来连接分句并表明分句之间关系的连词、副词和短语,统称关联词语。

31. 汉语句法结构中成分的位置比较固定,可是在一定条件下,句中有的句法成分的位置可以倒过来,如变成谓语在前主语在后、宾语在动词前、中心语在修饰语前,而且原来的主谓关系、述宾关系、修饰关系不变,这就是倒装现象,有这种现象的句子就是倒装句。

32. 省略是指句子里原来该有的成分在一定条件下没有出现的现象,是对语言理解而言的。

33. 紧缩句是由复句紧缩而成的,紧是指复句内部的语音停顿取消了,分句间的联系更紧密了,缩是指有些成分给缩略掉了,或者形成一些固定格式,结果就产生了一种既不同于复句,又不同于单句的特殊句子,即紧缩句。

34. 由名词和名词性短语做谓语的句子叫名词谓语句。

35. 谓语动词带两个可以同时跟动词发生述宾关系的宾语的句子叫双宾语句,这两个宾语之间不能发生结构关系。

36. 由两个或两个以上的分句不分主次平等地连接起来的复句叫联合复句。

37. 由具有主从关系的分句构成的复句是偏正复句。

38. 词性是一类词的语法特性,也就是一类词所具有的语法功能。词性和词类都是以词的语法功能为基础的,是既有联系,又有区别的两个基本概念:词性是词的归类的结果,是以个别词为对象进行归类的结果;词类是词的分类的结果,是以全部词为对象进行分类的结果。

39. 方位词用在其他词语或短语后,组成的就是方位短语,可以表示处所,如"桌子上"、"学校旁",表示时间,如"开学前"、"放假后",可以表示某个方面,如"思想上"、"工作上",可以表示界限,如"五十上下"、"春节前后"等。

40. 名量词表示事物的量,组成的量词短语一般用在名词前边,包括个体名量词,如"个"、"只"、"条"、"张"等,有表示集体概念的名量词,如"副"、"双"、"对"、"群"等,有度量衡名量词,如"斤"、"吨"、"亩"、"元"等。

41. 动量词表示动作的量,组成的量词短语一般用在动词的后边,主要的量词有"次"、"回"、"趟"、"遍"、"阵"、"番"、"下"等。

42. 体词包括名词、数词、量词,体词经常做主语、宾语,一般不做谓语。

43. 谓词包括动词和形容词,谓词的主要功能是作谓语,一般能受"不"的修饰。

44. 加词包括副词和区别词,加词不能做主语、宾语,也不能做述语,只能做名词或动词、形容词的修饰语。

45. 结构助词:助词是附着在词或短语上,表示附加意义的虚词,在句中大都念轻声。结构助词是助词中的一种,主要有"的"、"地"、"得"三个。"的"经常用在定语和中心语之间,"地"用在状语和中心语之间,"得"用在动词或形容词后面,它后边的词语是补语。"的"还可以附在其他词或短语的后面共同构成一个具有名词功能的"的"字短语。

46. 词的活用是由于修辞的需要,把甲类词临时当作乙类词来用。如"这个人太本位主义了"中的"本位主义",在这个句子中临时用作形容词。词的活用与词的兼类是不同的。

47. 从结构的内部关系分析,汉语短语的基本类型有主谓、述宾、述补、偏正、联合五种,这五类类型反映了汉语里五种基本的结构关系。除联合结构外,其他几种结构都由两项组成。除这五种基本类型的短语外,还有连动短语、兼语短语和同位短语。

48. 一个句法结构可以从整体上考察它同别的词或短语组合的能力,这就是它的外部结构功能。句法结构的功能可以分为体词性句法结构、谓词性句法结构和加词性句法结构三类。

49. 体词性句法结构的语法功能和体词相当,主要作主语、宾语,一般不能作述语。体词性句法结构包括以体词为中心的偏正短语、带有定语的以谓词为中心的偏正短语、由各类体词组成的联合短语、同位短语和"的"字短语。

50. 谓词性句法结构主要用作谓语,功能与谓词相当。谓词性句法结构包括述宾短语、述补短语、连动短语、兼语短语、动词与形容词组成的联合短语、带有状语的偏正短语和主谓短语。

51. 加词性句法结构经常用作定语和状语,一般不作主语、宾语或谓语。介词短语是加词性的,"大规模"、"高速度"一类实词加实词的组合也是加词性句法结构。

52. 复杂的句法结构里的若干个词,逐层组合起来的:先是一个词和另一个词组合成较大的成分,然后跟其他的词组合成更大的成分,一层一层组合起来。逐层、顺次地找出句法结构的直接成分,这种分析方法就是层次分析。

53. 由谓词充当主语的就是谓词性主语,汉语里动词和形容词都可以充当主语,如"说说容易,做起来难"、"骄傲使人失败"中的主语都是谓词性主语。

54. 由体词充当宾语的就是体词性宾语,汉语里体词和体词性短语都可以充当宾语,这是常见的。

55. 句类是按句子的语气划分出来的句子类别,可以分为陈述句、疑问句、祈使句和感叹句四种。

56. 语法意义是对语法形式而言的,语法意义与语法形式的统一,构成了语法范畴和语法类别。语法意义就是通过一定的形式表现出来的各类语言单位的关系意义和功能意义。语法意义是同词汇意义相对而言的。两者既有区别又有联系。实词的语法意义是伴随着词汇意义而存在的,虚词一般只有语法意义没有词汇意义。语法意义都是抽象、概括的,而且总是处于严格的对立、互补的系统之中。

57. 语法手段是把语法形式的共同点加以归纳而成的。语法手段种类很多,常用的四种是:语序、虚词、语调、重叠。语序就是通过词和词结合时排列的先后顺序来表达不同的语法意义。不同虚词在语法结构中可以表示各种语法意义。语调在书面上只能借助标点符号,在口语中具有表义作用。不同的词类、不同的重叠方式可以表示不同的语法意义。

58. 词的语法特征指的是:充当句法成分的能力;词与词的组合能力;词的重叠、粘附能力。前两项又统称为词的语法功能。同一类别的词大体有相同的语法特征和功能,所以可以将语法特征作为划分词类的依据。

59. 复合量词有两类:一类是相乘复合:架次、人次、吨公里、秒立方米等。比如"平均每天出动飞机 300 架次以上。"可以是 20 架飞机出动 15 次，也可以是其他情况。一类是选择复合：件套、台套、篇部等。比如"赠送 50 台套医疗器械。""医疗器械"有的要用"台"，有的要用"套"，譬如激光手术刀，所以必须用复合量词"台套"。

60. 用于帮助列举或列举后煞尾的助词。主要有"等"、"等等"、"云"、"云云"、"之类"、"一类"、"的"[3]、"什么的"等。大多数列举助词既可以表列举未尽，也可以表列举穷尽后的煞尾。比如"唐朝大诗人李白、杜甫、白居易等"、"英、法、西、俄、中、阿拉伯等六种语言为联合国工作语言"。前句是列举未尽后的替代，后句是列举穷尽后的煞尾。

六、问答题

1. 略述语法单位所涉及的不同层面的种种关系。
2. 划分词类的依据是什么？
3. 名词、动词、形容词各有哪些特点？
4. 数词和量词各有哪些特点？
5. 区别词和副词各有哪些特点？
6. 以"突然"和"忽然"为例说明形容词和副词在语法功能上的同异。
7. 以"刚才"和"刚刚"为例说明时间名词和时间副词在语法功能上的同异。
8. 举例说明如何区别介词和动词？
9. 什么是助词？有几类？
10. 举例说明句法结构的功能类跟结构关系类的关系。
11. 举例说明句法结构层次切分的三个原则。
12. 主语和宾语从语义关系上看主要可以概括为哪几类？
13. 时间名词和处所名词在什么情况下可以做主语？
14. 哪些动词可以带谓词性宾语？
15. 哪些动词可以带双宾语？
16. 如何区分结果补语的可能式和情态补语？
17. 什么是语气和语气词？语气词按表达的不同可以分为几类？
18. 如何区分宾语和补语？
19. 举例说明递加修饰语跟偏正短语做修饰语的不同。
20. 如何归纳句型？哪些跟句子有关的因素不影响句型划分？

21. 什么是倒装？倒装句有哪些特点？

22. 什么是主谓谓语句？有哪些类型？

23. 如何区分兼语句和主谓短语做宾语的句子？

24. 存现句有哪些特点？

25. 对"是……的"句,如何区分表示判断的"是"和表示强调的"是"？

26. "把"字句和"被"字句各有哪些特点？

27. 举例说明关联词语的单用、连用、叠用情况。

28. 省略有哪些特点？有哪些类型？

29. 紧缩句有哪些特点？

30. 语序这种语法手段是不是只在短语中才能体现？

31. "欲望"、"盼望"意义相近,是根据什么把前者看成是名词,而把后者看成是动词呢？

32. "漂亮"和"关心"都可以受程度副词的修饰(很漂亮/很关心),为什么将"漂亮"归为形容词,将"关心"归入动词？

33. 如何辨析副词和助动词的异同？

34. "二"和"两"在用法上有什么区别？

35. 兼属介词和连词的有哪些词,应该怎样辨析它们？

36. "端正"可以带宾语(端正态度),也可以加"很"(态度很端正),所以我们把"端正"看成是形容词兼动词;"了解"也可以带宾语(了解问题),同时也可以加"很"(很了解),但我们却又不把"了解"作为兼类词处理,这是什么原因？

37. "读一篇课文"和"读一遍课文"的内部结构关系是否一致,如果不同,应该如何辨析？

38. 动词后如果既有宾语,又有补语,那么这些短语内部的结构关系应该如何确定？

39. "称他们英雄"和"称他们是英雄"这两个短语中,动词"称"后面的宾语部分是否都能算作双宾语？

40. 是不是所有的实词加上语调后在一定的语境下都能成为简单句子呢？

41. "**他的两个弟弟**,一个是教师,一个是医生。"和"**他有两个弟弟**,一个是教师,一个是医生。"中字体加黑的部分,都是句中的复说语吗？

42. 必须用"把"字句和必须不用"把"字句的有什么一般性的规律？

43. 主谓谓语句"我国的矿产蕴藏量十分丰富"可以变换成一般主谓句"我国的矿产的蕴藏量十分丰富",但主谓谓语句"这个人什么活儿都会干"却不能变换成任何形式的一般主谓句,这其中有什么规律可循?

44. 四种偏正复句之间有什么联系和区别?

45. 请谈谈紧缩句和连动谓语句的区别。

答案:

1. 语法单位涉及到不同层面的关系,这包括:(1)语法单位和语法单位之间的关系,如主谓关系、述宾关系等;(2)语法单位和客观对象之间的关系,如施事、受事、与事等;(3)语法单位与说话人之间的关系,如陈述、说明、疑问、话题、焦点等。

2. 词类是词在语言结构中表现出来的类别,是词语法分类,分类的依据只能是词的语法功能。词的语法功能是指词的组合能力,表现为:(1)能充当什么结构成分,不能充当什么结构成分;(2)能跟什么词组合,不能跟什么词组合,组合后发生什么样的关系。

3. 名词能用数量词修饰,不能用副词"不"修饰,能直接用在介词后面组成介词短语,经常做主语和宾语,不能重叠。动词和形容词都能做谓语,受副词"不"修饰。动词多数可以带宾语,这是及物动词,不能带宾语的和只能带施事宾语或处所宾语的是不及物动词,动词多数可以按 AA 或 ABAB 式重叠,重叠后表示时量短或动量小的语法意义;而形容词不能带宾语,多数能受程度副词修饰,多数能按 AA 或 AABB 式重叠,重叠后表示亲热、适中或程度加深的语法意义。

4. 数词的语法特点是经常和量词组合成量词短语,充当句法成分;量词能用在数词或指示代词"这"、"那"后面组成量词短语,同时不少量词可以重叠,表示"每一"的语法意义。

5. 区别词和副词都是加词,不能做主语、宾语、谓语,只能做名词或动词、形容词的修饰语。区别词只能在名词前面做定语,也不受数量词修饰,否定时用"非";副词一般修饰动词和形容词,只能做状语。

6. 形容词和副词在语法功能上有相同之处,都可以做状语,不同的是副词只能做状语,形容词除了可以做状语以外,还可以做其他成分。像"忽然"是副词,只能做状语,如"天忽然刮起了大风";"突然"也能做状语,如"天突然刮起了大风",但"突然"还可以做定语:"突然的事故",还可以做谓语,并可以受程度副词修饰:"事情很突然",所以,"突然"是形容词。

7. 时间名词和时间副词在语法功能上有相同之处,都可以做状语,不同的是时间副词只能做状语,时间名词除了可以做状语以外还可以做其他成分。像"刚刚"只能做状语:"我们刚刚吃完饭",是副词;"刚才"也能做状语:"他刚才还在这儿呢",但"刚才"还可以做定语:"刚才的事儿是你不对",可以做主语:"刚才来了几位客人",做介词的宾语:"就在刚才我还看见小王呢",所以,"刚才"是时间名词。

8. 介词主要的功能是用在名词和代词前面组成介词短语做修饰语,介词和介词短语都不能做谓语或谓语中心,也不能单说或单独回答问题;动词的主要功能是做谓语或谓语中心,能单说或单独回答问题。介词和动词语法功能的差别正是区别介词和动词的主要方法。至于有些兼属介词和动词的词也要着眼于语法功能的差异来区分,如"在":"小王在家"、"小王在不在家"的"在"是动词,"小王在家吃饭"的"在"是介词。

9. 助词是附着在词或短语上、表示附加意义的虚词,大都念轻声。助词可以分为:(1)结构助词:的、地、得;(2)动态助词:着、了、过;(3)其他助词:所、似的。

10. 句法结构的功能类跟结构关系类是从不同角度对句法结构的分类,所以分类结果没有必然的一致关系,但功能类和关系类也有一定的联系,如以体词为中心的偏正短语、由各类体词组成的联合短语、同位短语、"的"字短语等跟体词有关的短语一般是体词性短语;而述宾短语、述补短语、连动短语、兼语短语、动词和形容词组成的联合短语、带有状语的偏正短语、主谓短语等跟谓词有关的短语往往是谓词性短语;介词短语往往是加词性短语。但,也有不一致的,如"他的到来"、"孩子的痛苦"、"小王的突然出现"等以谓词为中心的偏正短语在功能上是体词性短语,"大规模"、"高速度"、"远距离"等形容词+名词短语在功能上是加词性短语。

11. 句法结构的层次切分要根据句法结构组合的实际情况来切分,切分中要注意如下三个原则:(1)一个句法结构切分出来的直接成分都应该是音义结合的语言单位,也就是说,它们或者是词,或者是短语,否则切分就有问题,如"富饶的故乡"只能切分为"富饶的"和"故乡"两个直接成分,若切分成"富饶"和"的故乡",则"的故乡"不是音义结合的语言单位。(2)一个句法结构切分下来的直接成分应该能够搭配,如"矮小的木头房子"不能切分成"矮小的木头"和"房子",因为"矮小"不能修饰"木头",就是说"矮小的"跟

"木头"不搭配,所以只能切分成"矮小的"和"木头房子"。(3)一个句法结构切分下来的直接成分搭配起来的意义要符合整个句法结构的原意,如"穿黄衣服"只能切分为"穿"和"黄衣服",不能切分为"穿黄"和"衣服",而"穿好衣服"则可以有两种切分可能:"穿好"和"衣服"、"穿"和"好衣服",不过在"不早了,快点吧,快穿好衣服上学去"里,一般只能是前一种切分,在"明天是儿童节,小朋友们应该穿好衣服来上学,不要穿旧衣服"里,一般应是后一种切分。这里是由意义决定的。

12. 主语从语义关系上看有:(1)施事主语,如"我们一起去上学"的"我们";(2)受事主语,如"饭我们还没吃完"的"饭";(3)关涉主语(中性主语),如"明天国庆节"的"明天"、"他很聪明"的"他"。

宾语从语义关系上看有:(1)受事宾语,如"他吃了一大碗饭"的"一大碗饭";(2)施事宾语,如"他家来客人了"的"客人"、"一锅饭吃三个人"的"三个人";(3)关涉宾语(中性宾语),如"他是浙江人"的"浙江人"、"他姓陈"的"陈"。

13. 时间名词和处所名词具有双重性,一是时地性,一是事物性。当时间名词和处所名词表示事情发生的时间、处所条件时,体现时地性,做状语。当时间名词、处所名词在句子中是谓语说明的对象时,体现事物性,做主语,如:明天国庆节、今天是星期三、大兴安岭我去过、北京是首都;在表示事物或事件存在的句子里,句首没有介词引导的时间名词和处所名词是主语,如:台上坐着主席团、以前也发生过这样的事。做主语的时间名词和处所名词不能受介词引导,否则就是状语了;动词前有普通体词的句子,时间名词、处所名词若不是动词的支配对象,一般也看作状语,如:去年我去了大兴安岭。时间名词和处所名词同时在句首都符合做主语的条件时,优先考虑处所名词做主语。

14. 带谓词性宾语的动词占动词的少数,如"感到"、"主张"、"打算"、"希望"、"禁止"等动词可以带单个动词、形容词或各种谓词性短语作宾语;"进行"、"给以"、"受到"、"严加"、"从事"等动词所带的谓词性宾语一般应是双音节单个动词或以动词为中心的偏正短语;"同意"、"赞成"、"反对"、"喜欢"、"担心"等动词可以带谓词性宾语,也可以带体词性宾语。

15. 从语义特征上看,可以带双宾语的动词一是含有取得意义的动词,如:拿、取、赚、占、抢、赢、偷、收等;一是有给予意义的动词,如:送、给、寄、交、还、输、赔偿等;"借"、"租"等则是取得或给予有歧义;再是有称呼意义的动词,如:管、称、叫、骂、当、简称;还有询问、言说意义的动词,如:问、询问、请教、告诉等。

16. 可以从三个方面来区分结果补语的可能式和情态补语。第一,否定式不同,如"做得好",作为结果补语的肯定式之否定式是"做不好",而作为情态补语的否定式则是"做得不好";第二,疑问形式不同,如"做得好",作为结果补语的疑问形式是"做得好做不好",作为情态补语的疑问形式是"做得好不好";第三,扩展式不同,"做得好"作为情态补语可以扩展为"做得很好",而作为结果补语则不能这样扩展。

17. 语气是指说话人根据句子的不同用途所采取的说话方式和态度,句子的语气一般分为陈述、疑问、祈使、感叹四种。语气词是用在句末帮助表示语气的虚词,现代汉语的语气词按表达的不同可以分为四类:

表示陈述语气的:的、了、呢、罢了、啊;

表示疑问语气的:吗、呢、啊;

表示祈使语气的:吧、了、啊;

表示感叹语气的:啊。

18. 宾语和补语都在动词之后,因而容易相混。区分宾语和补语应该注意以下几点:

(1)动词之后的体词和体词性短语是宾语,动词之后若是数量词,则物量词即名量词是宾语,动量词和时量词是补语。

(2)带"得"或能带"得"的是补语,因为"得"是补语的标志,不过"觉得"、"懂得"、"晓得"、"值得"等后的"得"是构词成分,不是补语标志。

(3)宾语一般可以用"把"引导置于动词前构成"把"字句,这对确定动词后时量词的句法功能尤其重要。多数动词后时量词是补语,但少数时量词是动词的支配对象,则是宾语,如"花费了三小时"、"用了三天时间"、"浪费了两个钟头",这些时量词或时间名词可以由"把"引导置于动词前构成"把"字句或构成"被"字句:三小时被花费了、把三天时间用完了、把两个钟头浪费掉了。

(4)动词后无介词的处所词语是宾语,若介词跟动词组成特殊的述补短语再带处所词语,处所词语则是述补短语的宾语。

19. 递加修饰语是每个修饰语依次和后面在中心语相联系,形成多层修饰语的递加,如"一辆新式奥迪牌轿车",其修饰关系是"{一辆+[新式+(奥迪牌+轿车)]}";而偏正短语做修饰语跟递加修饰语不同,是修饰语本身是偏正短语,如"我的孩子的老师的孩子",其修饰关系是"{([我的＋孩子的]＋老师的)＋孩子}"。

20. 句型是句子的格局,是句子的结构类型。句型是有层级的,应根据句子的结构,从上位句型到下位句型依次确定,比如对单句,根据结构关系,首先可以分为主谓句和非主谓句;主谓句的下位句型是根据谓语的性质和功能确定的,可以分为体词谓语句、动词谓语句、形容词谓语句、主谓谓语句;非主谓句的下位句型是根据其整体功能确定的,可以分为名词句、动词句、形容词句、叹词句和拟声词句;每类下位句型尤其动词谓语句的下位句型还可以根据结构上的特点划分出更下位句型来。

句型是以语言中全体句子为对象进行归纳的,一个具体的句子可能包含一些跟句型无关的因素,这些跟句子有关的因素不影响句型的划分:

(1) 语气的因素不影响句型;

(2) 增添的特殊成分如复说语、插说语不影响句型;

(3) 扩展不影响句型;

(4) 省略和倒装不影响句型。

21. 现代汉语句子的句法成分的位置比较固定,但在一定条件下,句子的句法成分也可以倒置,如主语到了谓语的后面、宾语到了动词的前面、修饰语到了中心语的后面,但句法结构不变,这种句子的句法成分颠倒位置的现象就是倒装,发生倒装现象的句子就是倒装句。句子倒装是有特点的,首先,倒装的成分可以复位,复位后句子的意义和结构都不变;其次,语音上,后置成分往往轻读,书面上倒装的部分往往用逗号跟其他成分隔开;最后,倒装句往往是说话人情绪激动时,把要强调的意思脱口而出,然后再追述原来应该先说的部分,因此,表达重心在前置的部分,而后置的部分则带有一种"申述"或"追补"的意味。

22. 由主谓短语做谓语的句子叫主谓谓语句。根据全句主语(大主语),同谓语中的主语(小主语)和谓语(小谓语)的关系,主谓谓语句可分为如下几类:

(1) 大主语与小主语有隶属关系。大主语表示人或事物,小主语是这个人或事物的某一部分,或者大主语有领属关系。如:大象鼻子很长、这出戏主角是小花。

(2) 大主语是动词的受事,小主语是施事。如:那本书我已经看完了、造成这个事故的原因,我们已经调查清楚了。

（3）大主语是动词的施事，小主语是受事。如：他一句话也不说、他这些书早读过了。

（4）大主语表示范围、对象和关涉的事物。如：电子计算机，我是个外行。

23. 兼语句和主谓短语做宾语的句子首先在句子的第一个动词不同，兼语句的第一个动词多是具有使令意义的动词，如"使"、"让"、"派"、"请"、"请求"等，而主谓短语做宾语的句子句中第一个动词没有使令意义，如"相信、希望、知道、同意"等；第二，两种句子的语音停顿位置和插入状语位置不同，兼语句的第一个动词后面不能停顿，只能在动词之后的名词后停顿和插入状语，如"他们派老王担任这个职务"一句，只能在"老王"后停顿或插入状语：他们派老王今后担任这个职务，所以"他们派老王担任这个职务"是兼语句，而主谓短语做宾语的句子，可以在第一个动词后停顿和插入状语，如"他们同意老王担任这个职务"，可以在"同意"后面停顿和插入状语：他们同意今后老王担任这个职务，所以"他们同意老王担任这个职务"一句是主谓短语做宾语的句子。

24. 存现句是表示事物存在、出现、消失的句子，它的基本结构是"处所词＋动词＋名词"。存现句有以下特点：

（1）句首有表示处所或时间的词语，如：台上坐着主席团、明天开全校大会。

（2）谓语动词是表示存在或隐现的动词。

（3）从语义看，宾语大都是施事或系事，表示不确定的人或事物，受数量词修饰，如：这里发生过几件命案、前面走来了一伙人。

25. "是……的"句的"是"可能是判断动词，"的"是"的"字短语标志；"是"也可能是表示强调的副词，"的"是语气词。如何区分表示判断的"是"和表示强调的"是"呢？当"是"动词，"的"字短语是"是"的宾语时，"的"字后面可以添加个名词，"的"字和"是"字也不能省去，如"这些是小王买的"可以说成"这些是小王买的书"，不能说成"这些是小王买"或"这些小王买"；如果"是"是副词，"的"是语气词，则"的"后不能添加名词，"是"字和"的"字可以省去，如"明天是会到来的"不能说成"明天是到来的一天"，可以说成"明天会到来"。

26. "把"字句是用介词"把"将谓语动词支配、关涉的对象放到动词前的句式，"把"字句有如下特点：

（1）动词不能是光杆动词，尤其不能是单音节光杆动词，动词前后总有别的成分；

（2）"把"后边的词语代表确定的事物，应该是已知的、有定的；

（3）助动词、否定副词一般要用在"把"字前边。

"被"字句是受事做主语，用介词"被"引进施事做状语或只用"被"字施事不出现的一种句式。"被"字句有如下特点：

（1）谓语动词必须是及物动词，后边需要有别的词语，一般要求带"着、了、过"或表示结果、情态、趋向的补语，有时要带宾语；

（2）"被"字后面名词在一定条件下可以不出现；

（3）助动词和表示时间、否定的状语一般在"被"字的前面。

27. 关联词语有些是只能成对使用，如"不是……而是"、"与其……不如"、"宁可……也"、"除非……才"等；有些则只能单用，如"可见"、"以至"、"以便"、"以免"、"为的是"、"省得"、"于是"等。大部分关联词语是既可配对使用，也可以单用，而且单用时往往在后一分句单用一个关联词语，如："小王没来参加会议，但是他寄来了会议论文。""小李已经来了，而且是第一个到的。""小张没来参加会议，却寄来了会议论文"，偏正复句若偏句在后时也往往在偏句上单用一个关联词语，如"小张没有被选上，因为他最近身体不好。""小张没有被选上，虽然他学习成绩一直第一。"

有时在同一分句里可以连用一对表关联的连词，再用一个副词关联，如："他们来参加会议了，不但带来了学术价值很高的论文，而且大会上的发言也显示了他们良好的学术素养和扎扎实实的学风。""雨虽然下了好几天，但大雨却未能割断他们的深厚友谊。"

关联词语的叠用是指同一个关联词语在几个分句里反复使用，如："虽然下了几天的大雨，虽然道路被冲垮了不少，虽然山体滑坡了，但英勇的人民解放军还是按命令要求抢先到达目的地。"

28. 省略是指句子里原来该有的成分在一定条件下没有出现的现象，是对语言理解而言的。省略有如下特点：

第一，可还原性，即省略了的成分都可以确定的补出来；

第二，省略必须在一定的条件下才能实现。

根据省略主语或谓语的不同条件，省略可有如下类型：

（1）承前省，被省略的词语在上文出现过；

（2）蒙后省，被省略的词语可以在下文找到；

（3）对话省,双方对话时,常省略双方共知的内容;

（4）自述省,在书信、日记、教案、发言稿等具有"自述"性质的语言环境中,说话主体"我"经常省略。

29. 紧缩句是由复句紧缩而成的,紧是指复句内部的语音停顿取消了,分句间的联系更紧密了,缩是指有些成分给缩略掉了,或者形成一些固定格式,结果就产生了一种既不同于复句,又不同于单句的特殊句子,即紧缩句。紧缩句可有如下特点:

（1）紧缩句中各个部分之间不是句子成分的关系,而是分句间的关系,也常用关联词语来连接,构成了一些固定格式,如"不……也"、"一……就"、"越……越"等,这使得紧缩句区别于单句;

（2）紧缩句中各个部分之间没有语音停顿,有些成分还有缩略,这使得紧缩句区别于复句。

30. 语序是汉语里的重要语法手段,这种语法手段在不同的语法单位上都能体现:

（1）同样的语素,次序不同,构成不同的词,如"前门"和"门前","上边"和"边上"。

（2）同样的词,次序不同,组成不同的短语和句子,如"计划经济"不同于"经济计划","方便群众"不同于"群众方便","一吨煤用不了一个月"不同于"一个月用不了一吨煤"。

（3）句法成分的次序一般是固定的,即主语在前,谓语在后;动词在前,宾语在后。为了适应语用上的需要,有时可以改变语序,如"我没有什么印象"和"我什么印象也没有",这里的变动是为了强调宾语。

31. 要对具体的词的词性作出区别,通常的方法是选用一些"鉴定词"作为区别性特征的语法功能,这些"鉴定词"具有与甲类词组合的能力,而又缺乏与乙类词组合的能力。例如名词的"鉴定词"可以列为:①有～;②数量词～;③介词～。动词的"鉴定词"可以列为:①不～;②～过;③～了。因此,"欲望"、"盼望"二词在下表中的分布状况:

	有～	数量词～	介词～	不～	～过	～了
欲望	＋	＋	＋	－	－	－
盼望	－	－	－	＋	＋	＋

"欲望"可以说成"有欲望"、"一种欲望"、"对欲望的(追求)",而不能说"不欲望"、"欲望过"、"欲望了";相反,"盼望"则只能说成"不盼望"、"盼望过"、"盼

望了",而不能说"有盼望"、"一种盼望"、"对盼望"。这样,对下列一组词词性的辨别也就不难了:

① 障碍　制度　进展　效能

② 妨碍　制定　进行　效法

我们把这些词放入辨别名词、动词的测定框架中去,就可知道①组是名词,②组是动词。

32. 区别形容词和动词可以用两条标准,①能否带上宾语;②能否受程度副词"很"修饰。具有前面一条标准的是动词,具有后面一条标准的是形容词,但事实上的情况还要复杂一些。形容词的内部成员比较单纯,一致性较强,所以例外情况较少。但动词的内部成员较多,表现出来的语法特点也不很一致,这首先表现在能否带宾语这一点上。教材中谈到动词的语法特点时,只是说到"绝大多数"都能带宾语,那么"少数"的这一部分就是不能带宾语的,习惯上把这一部分不能带宾语的叫做"不及物动词",因此,不及物动词是既不能受"很"修饰,也不能带上宾语,如"休息"就是。其次,动词中有些成员是可以受"很"修饰的,但只要能带上宾语的,就是动词。

另外,我们还能用一些辅助手段来辨析动词和形容词,比如对双音节的动词和形容词,可以用重叠方式来区别,动词的重叠是ABAB,如"关心关心、休息休息",而形容词的重叠方式是AABB,如"干干净净、漂漂亮亮"等。

33. 助动词是动词中的一个小类,这类词在句子中也经常占据状语这个语法位置,做动词、形容词的修饰语,因此与副词之间就常有"纠缠不清"的问题出现,例如"我应该去"中的"去"是助动词,"我立刻去"中的"立刻"是副词。如何辨析呢?

首先,助动词既然属于动词中的一员,它就具有动词的语法特点,首要的一点是可以做谓语,例如"我也可以","这就不应该了";而副词就不能说"我已经了","这很"。

其次,副词是不能单独回答问题的(除了少数的如"不"、"也许"等),例如"这钢笔很贵吗?"就不能回答"很";而助动词是可以单独回答问题的,例如"你敢去吗? ——敢!""我能吃了吗? ——能。"

第三,助动词可以用肯定加否定这种方法表示疑问,和一般动词相同;而副词则缺乏这种功能,因此我们可以说"要不要去?""应该不应该说?"而不能说"很不很漂亮?""已经不已经去?"

这三点差异,反映出了副词和助动词的不同,尤其是第三点,是反应最强烈的"试剂",用它来测试是副词还是助动词,速度最快,效果最好,所以一般先用第三点来测试,因为前面两种差异中还会有例外的情况。

34. 序数只能用"二",不能用"两"("两点钟"除外)。基数可以用"二",也可以用"两"。在表示度量衡的量词前可以用"两",也可以用"二",如"二斤肉"、"两斤鱼"等,只是"二两油"不能说成"两两油"。在一般量词前用"两",不用"二",如"两个人"、"两本书"、"两只鸟",不说成"二个人"、"二本书"、"二只鸟"。

35. 兼属介词和连词的词并不多,我们可以把它们分成两组,一组是"和"、"跟"、"同"、"与"等词,一组是"为了"、"因为"、"由于"等词,这两组词的区别方法并不完全相同。

"和"、"跟"、"同"、"与"的鉴别方法有两个:

(1) 连词连接的两个成分可以前后互换而意义不变,但介词连接的成分前后却不能互换,互换后意义就会有所改变。例如:

老张和老李都去北京了——老李和老张都去北京了(意义未变,"和"是连词)

这个问题,老张跟老李谈过好几次了——这个问题,老李跟老张谈过好几次了(意思已变,发出"谈话"这个动作的主动者变了,"跟"是介词)

(2) 介词短语前可以有其他修饰语,但连词前面却不能有任何修饰语。如:

这个问题,老张已经跟老李谈过好几次了(可以加修饰语"已经",是介词)

老张已经和老李都去过北京了(加上"已经"不通,去掉"都",成为"老张已经和老李去过北京了",句子是通的,但此时的"和"已成为介词)

"和"、"跟"、"同"、"与"用作介词或连词,还有一个问题需要注意:在一篇文章中,特别在同一个句子里,如果既要用上连词"和(同)",又要用上介词"连(同)",那么为了意思明确,可以让它们有一定的分工。一般的做法是让"和"作连词,"同"作介词。例如下句:

中国人民同(介词)帝国主义和(连词)封建主义进行了长期的斗争,并取得了胜利。

"为了"、"因为"、"由于"等词鉴别方法,是看这些词后面的词语是不是名词或名词性短语,如果是,算是介词;如果不是,则看成连词。例如:

因为天气的关系,春游顺延一天("天气的关系"是名词性短语,"因为"

是介词)

因为天气不好,春游顺延一天("天气不好"是非名词性短语,"因为"是连词)

为了明天的幸福,我们要加倍努力("明天的幸福"是名词性短语,"为了"是介词)

为了明天更加幸福,我们要加倍努力("明天更加幸福"是非名词性短语,所以"为了"是连词)

36. 要回答这个问题,得先从什么是兼类词谈起。

词的兼类是指一个词经常具备两类词的语法功能。这句话有两层含意:

(1)兼类词所具有的不同词类的语法特点必须是经常性的,而不是临时的,出于某种修辞需要的"活用";

(2)兼类词虽然同时具备两类词的语法特点,但在具体的语句中,却不能同时具有两类词的语法特点。只是在某一场合具有甲类词的特点而不具备乙类词的特点,而在另一个场合,则只具备乙类词的特点而不具备甲类词的特点。

因此,我们说"端正"、"丰富"、"繁荣"等是形容词兼动词,首先在于它们具备的形容词和动词的语法功能是经常性的。任何一种形容词或动词的用法,都不必依靠特殊的环境;其次还在于这几个词如果作动词用,带上宾语之后,就失去了作形容词的资格,就不能带上"很";同样,这几个词作形容词用,加上"很"后,便又失去了作动词的资格,不能带上宾语了。所以,我们不能说"很端正态度"、"很丰富生活"、"很繁荣市场"等。

但是,像"了解"、"思念"、"希望"这类词,既能带宾语,又能加"很",同时这两个特点又不互相排斥,可以同时出现,如我们可以说"很了解这个人"、"很思念故乡"、"很希望他回来",所以这种情况就不能算是兼类,这些词都是动词。

37. "读一篇"和"读一遍"两个短语的意思不难理解,许多人都懂,但两个短语的内部结构关系的差异,却有不少人一下子难以说清。其实,"读一篇"是个述宾短语,而"读一遍"则是个述补短语。那么,在这种情况下,宾语和补语应该如何区别呢?我们可以从下面三点看出二者的不同来:

第一,充当宾语和补语的成分功能不同。充当宾语的大多数是体词和体词性短语,补语则主要由谓词或谓词性短语担任。这样,如果遇上"动词＋数量词"这种组合时,如果这个数量词是表示事物的数量,只能用在名词前边的"数＋物量"词时,那么它就是宾语。反之,如果这个数量词是表示动作的数量,只能用在动词后边的"数+动量"词时,那么它就是补语。"读一篇"中的"一篇"是"数+物量"词,所以是宾语,"读一遍"中的"一遍"是"数+动量"词,所以是补语。同样,"说一句"是述宾短语,"说一下"是述补短语。

第二,能否变换成"把"字句的功能不同。"把"是介词,后面可以带体词或体词性短语组成介词短语。因此,如果一个句子可以变换成"把"字句,那么动词后面的词语就是宾语;如果一个句子不能变成"把"字句,那么动词后面的词语就是补语,用这种方法可以区别"数+时量词"这种组合中的宾语和补语。例如:"浪费了两个钟头"和"休息了两个钟头",前面一句可以变换成"把两个钟头浪费了",这里的"两个钟头"是宾语,后面一句不能变换成"把两个钟头休息了",所以这里的"两个钟头"就是补语。可以变成"把"字句的"数+时量词",说明时间本身,也可以移到句首作为全句的主语,如:

浪费了两个钟头→把两个钟头浪费了→两个钟头浪费了

不能变换成"把"字句的"数+时量词",只是说明动作的持续时间,当然也就不能成为全句的主语。如:

休息了两个钟头→※把两个钟头休息了→※两个钟头休息了

第三,能否加上结构助词"得"的功能不同。"得"可以看作是补语的标志,除了一些带"得"的双音节动词,即"得"作为一个构词成分时,后面跟的当然是宾语,如"取得成绩、获得胜利、觉得温暖、懂得道理、值得表扬、求得谅解、赢得时间"等等,"得"后的词无论是体词性的,还是谓词性的,都作为宾语看待。其他的情况下,动词后能加上"得"的,后面的词语是补语;不能加上"得"的,后面的词语是宾语。例如"看电影→※看得电影"、"看清楚→看得清楚",所以,"电影"是宾语,"清楚"则是补语。

38. 动词后面可以带上宾语,也可以同时带上补语,可能会出现下面三种情况。

(1) 动词+宾语+补语。例如"他找了我三次"、"她看了我两眼"一类句子中的谓语部分就是这样的组合,分析这样的组合,应该首先分析出述补关系,第二层再分析出述宾关系,即"(动+宾)+补"。用框式图解法表示,应如下:

找了我三次
|述||补|
|述||宾|

(2)动词＋补语＋宾语。例如"我笑痛了肚皮"、"他看清楚了这个问题"一类句子中的谓语部分就是这样的组合。分析这样的组合,应该首先分析出述宾关系,第二层再分析出述补关系,即"(动＋补)＋宾"。用框式图解法表示,应如下:

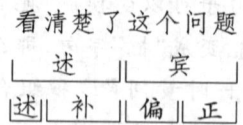

(3)动词＋宾语＋动词＋补语。例如"他洗衣服洗得满头大汗","他写文章写得得心应手"一类句子的谓语部分。这种句子是由两个单句加接在一起,而成为一个新的单句,如:他洗衣服＋他洗得满头大汗→他洗衣服洗得满头大汗。这是一种属于句子变化的格式。这种组合应作如此分析,即把两个部分"动＋宾"和"动＋补"看成是并列的成分,这样,就可以在第一层次上分析出这个组合内部结构有联合的关系,然后再在第二层次上分别分析出述宾关系和述补关系。如下:

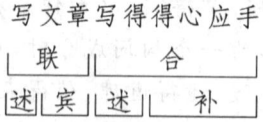

39. "称他们英雄"中的"他们英雄"是双宾语,整个短语是述宾短语;"称他们是英雄"中的"称"后面不是宾语,整个短语是一个兼语短语。"称"是一个表示称谓义的动词,可以有两种不同的用法,这两种用法究竟有什么区别呢? 我们可以从下面三点看出二者的不同:

(1)从语义上看,双宾语两个宾语各自和动词发生关系,它们互相之间没有结构上的关系,如上例中"他们"和"英雄"都只与"称"发生关系,而"他们"与"英雄"之间不能构成任何结构关系,如既不是偏正关系,也不能是同位关系。而兼语短语中动词后的两个体词性成分之间是一种主谓关系,和动词之间是一个述宾短语和一个主谓短语的套叠。

(2)从形式上看,双宾语里两个体词性成分之间不能有其他成分出现,而兼语短语两个体词性成分之间一定要出现一个动词。因此,"称他们英雄"在"他们"和"英雄"间加上"是、为"等,就改变了结构关系。再比如,"教他英语"和"教他学英语"也是不同的,后面一例是一个兼语短语,因为"他"

和"英语"之间有动词"学"。

（3）从动词的性质看,兼语短语中的动词,常带有使令义,而能带双宾语的动词,无论是表示给予义的,还是表示取得义的,都不带有使令意义。一般说来,这两类动词是不会发生混淆的,有纠葛的只是一部分,如"称、叫、骂"一类带有称谓义的动词("教"是一个较特殊的表示给予义的动词,所以也可能出现既能做双宾语的动词,也能做兼语短语中的动词这两种情况)。用上述（1）（2）两种辨析方法,基本上就能区别出这些称谓义动词在双宾语句和兼语句中的不同了。

40. 也并非如此。下列两组词都是实词:

　　（1）加以　善于　主张　雪白　通红　闹哄哄
　　（2）大型　初级　袖珍　很　究竟　再三

第四组、第五组的词也是实词,但它们也都缺乏独立成句的能力。第一组中的"加以、善于、主张"一类动词,是一种粘宾动词,这种动词的出现总是和它们的宾语连在一起的,它们通常不能单独使用,当然也就不可能独立成句了。第四组中的"雪白、通红、闹哄哄"是形容词,是一种表示状态的形容词,这部分形容词通常也缺乏独立成句的能力,一般情况下它们总是与后面的"的"一起出现。例如:

　　——你喜欢哪一种颜色。
　　——雪白的。("雪白"（×）)
　　——教室里太吵了,我要出去一会。
　　——是啊,闹哄哄的!("闹哄哄"（×）)

至于第二组,是属于加词中的区别词和副词。加词只能作名词、动词、形容词的修饰语,除少数几个,如"不"、"也许"等,一般都不能独立成句,这在讨论加词的语法特点时已经有所提及。

　　所以我们可以这么认为,加上语调后在一定语境下能成为句子的,只是一部分实词。

41. 要回答这个问题,首先得知道复说语的构成条件:第一,复说语必须用在句首或者句尾,并且有逗号、破折号或冒号与句子的另一部分分开;第二,在另一部分里,必须有一个词语在主语位置或者在谓语位置上复指复说语所指称的事物,除上述两个条件外,作为复说语,还必须由排除了主谓短语之后的词或短语担任,反过来说,主谓短语是不能充当复说语的。这也可以看成是复说语的一个构成条件。为什么不能让主谓短语充当复说语呢？因为主谓短语结构完整,位于句首或句尾,往往就"升级"成为复句中的一个分句。因此,不管是称代式复说语还是总分式复说语,都不能是主谓短语。例如:

他来看望我们,这使我们受到了极大的鼓舞。(主谓短语作复句中的分句)

他的到来,这使我们受到了极大的鼓舞。(名词性偏正短语,是称代式复说语)

参加决赛的有两个队,一个是美国队,一个是挪威队。(主谓短语作复句中的分句)

参加决赛的两个队,一个是美国队,一个是挪威队。(名词性偏正短语,是总分式复说语)

42.（1）必须用或者最好用"把"字句的,常常是由于意义上的要求和结构上的要求造成的。这样的句子意义上要求动词对其后的受事宾语必须有积极影响,动词必须要有"处置"的意思。结构上要求动词除了带上受事宾语外,还应带上其他的后置成分,这种后置成分包括下面几种情况:(1)带上其他宾语。如:"他把这本书借给我三天了。"(2)述补式复合动词带上处所宾语。如:"我们把介绍信带在身边。"(3)动词后有带"得"的情态补语。如:"他把话说得很清楚。"(4)动词带趋向补语后带宾语。如:"老张把菜端上了桌子。"(5)动词带结果补语再带宾语。如:"他把小说改编成电影剧本"。

（2）必须用非"把"字句的。这种句子的使用条件主要取决于动词和受事宾语的情况。从动词说,如果缺乏较强的动作性,不能带结果补语和宾语的,一般都只能用于非"把"字句。这些动词有三类:(1)联系动词:"有"、"在"、"存在"、"是"、"偏"、"姓"、"属于"等等;(2)感受心理动词:"赞成"、"知道"、"同意"、"觉得"、"相信"、"希望"、"主张"、"要求"、"看见"、"听见"、"记得"、"晓得"、"认得"等等;(3)趋向动词:"上"、"下"、"进"、"出"、"上来"、"下去"、"离开"、"到达"、"接近"等等。因此,下列句子的变换都不能成立。

我知道他的名字→※我把他的名字知道
我离开北京→※我把北京离开

从受事宾语的情况看,"把"后面的受事宾语,如果不是确指的,或者说话人

对宾语所指的范围是不明确的,也只能用非"把"字句。因此,下列句子的变换也是不成立的:

　　　　你带上一支铅笔→※你把一支铅笔带上

只能说"你把这支铅笔带上"。

　　43. 能够变换成一般主谓句的主谓谓语句,主要是下面三种类型的:

　　一种是领属性主谓谓语句,这种主谓谓语句的大主语和小主语之间有领属关系。例如:

　　　　这出戏主角是小花→这出戏的主角是小花
　　　　我心里有底→我的心里有底

主谓谓语句和变换式在结构上是不同的。变换式里多了一个结构助词"的",这就使得两种句式在添加修饰语时有不同的表现:变换式只能加在小谓语的动词前,如"这出戏的主角可能是小花",而主谓谓语句则既可加在小谓语动词前,也可以加在小主语前,成为"这出戏主角可能是小花"、"这出戏可能主角是小花。"

　　如果大主语位置上出现时间名词、处所名词,尽管它们有相应的变换式,如"今天作业很多→今天的作业很多"、"图书馆里外语书不少→图书馆里的外语书不少"。但这样的句子不算领属性主谓谓语句,时间名词、处所名词作状语处理。

　　第二种是受事性主谓谓语句,这种主谓谓语句中的大主语在意念上是句中某个动词的受事,也有相应的变换式。例如:

　　　　你那个看法我认为有些片面→我认为你那个看法有些片面
　　　　这个人我认识→我认识这个人
　　　　这种式样的家具要的人不多→要这种式样的家具的人不多

通过变换关系,我们可以看出,大主语可以是谓语动词的直接宾语,也可以是谓语动词宾语中的一部分,还可以是句子中其他动词的宾语。

　　第三种是关涉性主谓谓语句,这种主谓谓语句的大主语作为关涉对象,可以在它们前面加上介词进行变换。如:

　　　　这件事中国人民的经验太多了→关于这件事中国人民的经验太多了
　　　　电子计算机我是外行→对于计算机我是外行

这类主谓谓语句的大主语既非施事,也非受事,跟小主语之间的语义关系比较远。在大主语前加上介词,"介 + 大主语"组成的介词短语就成为句首状语。

能够变换成一般主谓句的主要是上述三种主谓谓语句,其他类型的还有大主语是施事的施事性主谓谓语句(他什么都懂),以及平时不多见的工具性主谓谓语句(这把刀我切肉),周遍性主谓谓语句(什么他都不吃),名词性主谓谓语句(对虾多少钱一斤)等等,则都没有相对应的一般主谓句的变换式。

44. 四种偏正复句是指因果复句、假设条件复句、转折复句和让步复句。这四种复句之间既有联系,又有区别。下面先说说"联系",搞清楚了联系,区别也就清楚了。为了说明的方便,我们把前一分句称作 A 句,后一分句称作为 B 句。

四种偏正复句的联系每每表现在其中两个复句之间,这可以从四个方面分析:

(1) A 和 B 是已经实现或已经证实的,也就是说前后是一种事实关系。如:

因为天气不好,所以运动会推迟举行。
虽然天气不好,运动会还是举行。

(2) A 和 B 是尚未实现或尚未证实的,也就是说前后是一种假设关系。如:

如果天气不好,运动会就推迟举行。
即使天气不好,运动会也会举行。

(3) A 和 B 的关系是相承的,也就是说从 A 可以推出 B,A 和 B 是一致的。如:

因为水很浅,所以船开不进来。
如果水很浅,船就开不进来。

(4) A 和 B 的关系是转折的,也就是说从 A 不可以推出 B,B 往往是 A 的对立面。如:

虽然水很浅,船还是开了进来。
即使水很浅,船还是开进来。

上述四种关系,可以用下列四边形表示:

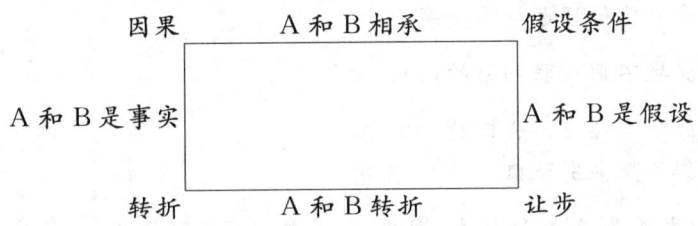

因果　　　　A 和 B 相承　　　假设条件

A 和 B 是事实　　　　　　　　　A 和 B 是假设

转折　　　　A 和 B 转折　　　让步

我们可以通过这个四边形来加以分析。区别可以分两种,一是根本性的区别,两个复句之间没有相同之处,我们可称作为大区别;一种是相对性的区别,两个复句之间有相同之处,但也有相异之处,我们可称之为小区别。在这个四边形中,处在对角线位置的两种复句之间的区别是大区别,例如因果复句和让步复句,假设条件复句和转折复句,它们之间没有相同之处,因此,虽然区别大,但意义上的差别比较明显,在辨析和运用时一般不会搞错。处在同一边位置上的两种复句之间的是小区别,例如因果复句同假设条件复句、转折复句之间都是小区别,让步复句同假设条件复句、转折复句之间也是小区别。只有小区别的复句之间意义上的差别不是十分明显,很容易搞错。进行辨析的最好方法一是根据上下文的意思,二是看关联词语。

45. "他上街买水果了"和"他一上街就买水果"这两个句子在结构上是不同的,前者是连动谓语句,后者是紧缩句,如何进行区别呢? 可以通过下面三种方式:

(1) 紧缩句大多都用关联词语,一般有如下情况:

A. 用成对的关联词语,如下列句子中加粗的词:

这个人是**不**达到目的**不**罢休。

一个人能力**再**大**也**是有限的。

这话**非**你说**不**可。

其他的还有"一……就"、"不……也"、"越……越"等等。

B. 两个谓语中间用一个副词作关联词,如:

他看见了**却**装作没看见。

你去了**就**知道是怎么回事。

到了这种时候**才**能告诉你。

吃什么**都**没有味道。

你有优待证**也**得挨次序。

　C. 少数不用关联词语的,如:

她个子矮当不成模特。

你不想去别硬撑。

紧缩句中大多是 A 类和 B 类,因此,如果看到有关联词语,一般应把它们看作是紧缩句。连动谓语句中很少出现关联词语,特别不会出现成对的关联词语。

　(2) 紧缩句中大多隐含着类似于复句的那种逻辑关系,如"这个人不达到目的不罢休"表示假设条件关系;"她个子矮当不成模特"表示因果关系;"你有优待证也得挨次序"表示让步关系等等。而连动谓语句中前后动作之间,大多表示动作方式或目的的关系,如"他过去关上门"中,后一动作是前一动作的目的;"下基层调查"中,前一动作是后一动作的方式或手段。因此,紧缩句大多能复原为一般复句。上述 C 类句子,尽管没有关联词,但因为可以复原为一般复句,所以还得看成是紧缩句。而连动谓语句不可能再进行扩展,扩展后也不能成为复句。

　(3) 连动谓语句中两个动词或动词性成分连用。这两个谓语必须是同一个主语。如:

他走过去关上门＝他走过去＋他关上门

老王下基层调查＝老王下基层＋老王调查

而紧缩句中可以出现两个谓语分属不同主语的情况。下面句子分别表示转折关系和让步关系:

我启发了他半天也不说话＝我启发了他半天＋他不说话

你不请我也来＝你不请＋我也来

因此,如果遇到两个谓语分属不同主语的句子,这个句子就不可能是连动谓语句。

七、填表题

1. 把下列词语按所属词类的不同填入表内:

条、亩、桌子、漂亮、私营、四、我们、些、辆、其他、这、去、欧式、十、笔直、特等、那样、哪儿、何尝、回想、中级、通红、银、大型、正在、一致、一概、女、担心、遇到、精装、喷香、非常、经常、什么、大陆性、几、思想、那、远距离、个、次、是、时期、下来、那会儿、丈、经验、姓、遍、突然、忽然、条件、自己、态度、一百、现在、二、从前、第四、刚刚、偶然、偶尔、平时、初六、笔、红彤彤

实词	1. 名词：	8.代词
	2. 数词：	
	3. 量词：	
谓词	4. 动词：	
	5. 形容词：	
加词	6. 区别词：	
	7. 副词：	

2. 把下列词语按所属词类的不同填入表内：

但是、并且、即使、吗、被、及、呢、啊、打从、或、所、得、吧、或者、地、对于、把、了、尽管、对、用、而、关于、着、而且、朝、过、似的、比

连 词	
介 词	
助 词	
语气词	

3. 将下列短语按结构关系类填入表内：

大家一同去、支持或者反对、叫小张来、著名语法学家吕叔湘、老王心肠很好、美丽的草原、害怕老张、明天六一儿童节、金梭和银梭、十分困难、讲清楚、同意我们去北京、死了一个犯人、东岳泰山、去拜访老同学、让他走、累得一身汗、指派老李参加、微笑着演讲、他自己、上街吃晚饭

主谓短语	
述宾短语	
述补短语	
偏正短语	
联合短语	
连动短语	
兼语短语	
同位短语	

4. 将下列短语按功能类填入表内:

不久的将来、对于文学思潮、高兴地说、十分愉快、关于住房问题、大规模、边唱边跳、清理操场的、便携式电脑、首都北京、喜欢孩子、孩子们的快乐、超大型、去买东西看望老人、老狼的凶狠、高速度

体词性短语	
谓词性短语	
加词性短语	

5. 将下列述补短语按补语的类型填入表内:

交代清楚、干不了、高兴得不得了、踹了一脚、钻进去、摔得很重、快活死了、吃不得、搞懂、好看极了、爬上、吃得、讲不明白、累得浑身一点力气都没有、跳下去、去一趟、跑快、赶上、处得来、做得不太好、住了三年

结果补语	
趋向补语	
可能补语	
情态补语	
程度补语	
数量补语	

6. 将下列句子按句型的不同填入表内:

什么东西? 冬天。跑! 慢! 多好看的姑娘呀! 老王离开了上海。禁止

吸烟！哎呀！刮大风了。明天星期四。前台坐着主席团。外面很冷很冷。那个小男孩已经四岁了。周庄风景优美。孩子们又停了下来。他的身体比我好多了。这本书我没看过。

主谓句	名词谓语句：	
	动词谓语句：	
	形容词谓语句：	
	主谓谓语句：	
非主谓句	名词句：	
	动词句：	
	形容词句：	
	叹词句：	

7. 将下列特殊句式按要求填入表内：

坏人被我们打跑了。这孩子没把作业做完。领导派我担任这项工作。公路上飞速行驶着一辆小汽车。他有能力担任这个职务。他是上级派去的。战士们赠给希望小学一批图书。

把字句	
被字句	
连动句	
兼语句	
存现句	
是字句	
双宾语句	

8. 将下列复句按要求填入表内(用序号表示)：

(1) 不是我们不让你去,而是天气不好不能去。

(2) 老李刚一出门,孩子就追了过来。

(3) 太阳出来了,雨也停了,外面的空气也格外清新。

(4) 忙碌了好几天也没有收获,于是老张真的有些灰心了。

(5) 连死都不怕,还畏惧坐牢吗！

(6) 你是留北京工作呢,还是回广州工作呢?

(7) 这项工作不仅学生要参与,而且所有教师也要积极参与。

(8) 一到星期六,他不是泡在歌厅里,就是同几个朋友聊天。

并列复句	
连贯复句	
递进复句	
选择复句	

9. 将下列复句按要求填入表内(用序号表示):

(1) 既然我们已经来了,就安心好好干吧。

(2) 要是你不能来,我们就请老王来做这项工作。

(3) 尽管天色已晚,但商店里依然人来人往,热闹非常。

(4) 为了工程的早日竣工,许多工人放弃了节日休息。

(5) 纵然累死,我们也要保质保量完成工作。

(6) 谁不努力,谁就会落后。

(7) 小王来了,可是一天里他什么事也没做。

(8) 即使我们变得贫穷了,我们也不能丧失骨气。

因果复句	
假设条件复句	
转折复句	
让步复句	

10. 把下列疑问句按要求填入表内(用序号表示):

(1) 同学们来了吗? (2) 我的钢笔呢? (3) 老王到底还来不来?
(4) 今天不出车了? (5) 明天放假还是后天放假? (6) 这些事你知道不? (7) 是你的正确还是他的正确? (8) 小王什么时候去的美国?

是非问	
特指问	
选择问	
正反问	

答案：

1.

实词	1. 名词：桌子、思想、时期、经验、条件、态度、现在、从前、平时、笔	8.代词：我们、其他、这、那样、哪儿、什么、几、那、那会儿、自己
	2. 数词：四、十、一百、二、第四、初六	
	3. 量词：条、亩、些、辆、个、次、丈、遍	
谓词	4. 动词：去、回想、担心、遇到、是、下来、姓	
	5. 形容词：漂亮、笔直、通红、一致、喷香、经常、突然、偶然、红彤彤	
加词	6. 区别词：私营、欧式、特等、中级、银、大型、女、精装、大陆性、远距离	
	7. 副词：何尝、正在、一概、非常、忽然、刚刚、偶尔	

2.

连词	但是、并且、即使、及、或、或者、尽管、而、而且
介词	把、被、打从、对于、对、用、关于、朝、比
助词	所、得、地、了、在、着、过、似的
语气词	吗、呢、啊、吧、了

3.

主谓短语	大家一同去、老王心肠很好、明天六一儿童节
述宾短语	害怕老张、同意我们去北京、死了一个犯人
述补短语	讲清楚、累得一身汗
偏正短语	美丽的草原、十分困难
联合短语	支持或者反对、金梭和银梭
连动短语	去拜访老同学、微笑着演讲、上街吃晚饭
兼语短语	叫小张来、让他走、指派老李参加
同位短语	著名语法学家吕叔湘、东岳泰山、他自己

4.

体词性短语	不久的将来、清理操场的、便携式电脑、首都北京、孩子们的快乐、老狼的凶狠
谓词性短语	高兴地说、十分愉快、边唱边跳、喜欢孩子、去买东西看望老人
加词性短语	对于文学思潮、关于住房问题、大规模、超大型、高速度

5.

结果补语	交代清楚、搞懂、讲不明白、跑快
趋向补语	钻进去、爬上、跳下去、赶上
可能补语	干不了、吃不得、吃得、处得来
情态补语	高兴得不得了、摔得很重、累得浑身一点力气都没有、做得不太好
程度补语	快活死了、好看极了
数量补语	踹了一脚、去一趟、住了三年

6.

主谓句	名词谓语句：明天星期四。那个小男孩已经四岁了。
	动词谓语句：前台坐着主席团。孩子们又停了下来。老王离开了上海。
	形容词谓语句：他的身体比我好多了。外面很冷很冷。
	主谓谓语句：周庄风景优美。这本书我没看过。
非主谓句	名词句：什么东西？冬天。多好看的姑娘呀！
	动词句：跑！禁止吸烟！刮大风了。
	形容词句：慢！真漂亮啊！
	叹词句：哎呀！

7.

把字句	这孩子没把作业做完。
被字句	坏人被我们打跑了。
连动句	他有能力担任这个职务。
兼语句	领导派我担任这项工作。
存现句	公路上飞速行驶着一辆小汽车。
是字句	他是上级派去的。
双宾语句	战士们赠给希望小学一批图书。

8.

并列复句	(1)、(3)
连贯复句	(2)、(4)
递进复句	(5)、(7)
选择复句	(6)、(8)

9.

因果复句	(1)、(4)
假设条件复句	(2)、(6)
转折复句	(3)、(7)
让步复句	(5)、(8)

10.

是非问	(1)、(4)
特指问	(2)、(8)
选择问	(5)、(7)
正反问	(3)、(6)

八、操作分析题

1. 比较"北京大学"和"北京的大学"、"爸爸妈妈"和"爸爸的妈妈"、"一斤鱼"和"一斤的鱼"、"买菜"和"买菜的"、"中国医学的研究"和"中国的医学研究",说明"的"字用与不用的不同。

2. 比较"三天来一次"和"一次来三天"、"客人来了"和"来客人了",说明语序的作用。

3. 比较"他在北京住了三年"和"他在北京住了三年了",说明句尾有无"了"字的不同。

4. 下列各组词语都是名词,但每组内部名词之间的语法特点有差别,请比较每组内部名词之间语法特点的不同:

(1) a. 山、水、鸟儿、人家、钢铁、书; b. 朋友、老师、青年、乡亲、同志

(2) a. 衣物、书籍、车辆、人口、树木; b. 感情、火气、境界、作风、气氛

（3）a．山、书、鸟儿、朋友、同志；　b．衣物、书籍、感情、树木、作风

5．按名量词、动量词、时量词的区分，给下列量词归类：个、天、日、下、对、点、阵、年、克、股、季、张、本、小时、次、斤、分钟、夜、里、遍、回、秒、条

6．分别指出下列量词或量词短语重叠的语法意义：封封信都饱含真情、饭应当一口一口地吃、马路上奔驰着一辆一辆的新式汽车、我说的句句是实话、条条大路通罗马、字应当一个一个地写、一阵阵春风吹向祖国大地、天一天天热起来了、孩子们一个个都很要强、幅幅画儿都凝聚着画家的真情、事情应该一件一件地做

7．在括号里填适当的量词：

两（　　）桌子、　一（　　）鞭炮、　一（　　）新闻、　三（　　）小时、
一（　　）队伍、　五（　　）黄牛、　三（　　）草坪、　一（　　）新月、
一（　　）风景、　一（　　）交易、　一（　　）斜阳、　一（　　）善意、
一（　　）云彩、　一（　　）心事、　一（　　）邪气、　一（　　）胡子、
一（　　）大楼、　一（　　）台灯、　一（　　）炊烟、　一（　　）情思、
一（　　）清水

8．指出下列动词中的及物动词和不及物动词：服务、咳嗽、营业、加以、来、懂得、休息、实现、瞌睡、制造、结婚、胜诉、以为、给以、拼命、等于、搏斗、玩耍、死、成为、交际、觉得、显得、开幕、离婚、失踪、逃跑、是、像、在于、睡觉、从事、游行、旅行、具有、值、进行、展望、展览、播音、断定、道歉、居住、散步、请假、牺牲、喜欢、怕、思念、打架、玩命、送行、漫步、担任、指派、指挥、乐于、鼓掌、欢迎、纯洁、鼓励、走、进、出、会面、拜会、访问、往来、认识、认为、知道、闭幕、胜利、洗澡、出访、当作、逃亡、定居、恋爱

9．在下列动词中找出必须带宾语的动词：爱、进行、做、造、遭遇、加以、前进、给以、予以、写、作、姓、碰面、知道、当、了解、成为、研究、帮助、好似、好像、标志着、跑、意味着、害怕、在于、懂得、善于、说、乐于、听、等于、吃、觉得、长于、感觉、归于、属于、显得、恨、免得、怀念、懒得、使、佩服、实现、煮、让、促使、导致、打开、有劳、充满、回去、从事、着(脚不着地)、起来

10．性质形容词和心理动词都可以受程度副词修饰，请举例说明如何区分性质形容词和心理动词，并指出下列词语的词性(心理动词或形容词)：想、高大、想念、伟大、优秀、思念、良好、怀念、爱、怕、生动、美丽、恨、喜爱、奇怪、爱慕、动人、羡慕、虚心、相信、谦虚

11．比较"高级"和"初级"、"金"和"金子"、"速度"和"高速度"、"特

殊"和"特等"、"金"和"铜"、"男"和"男子"、"简单"和"简装"语法功能的差异。

12. 在下列词语中区别出形容词和副词:一直、一致、一起、一齐、一概、一律、一切、一同、一贯、一定、一般、一向、一再、突然、忽然、偶然、猛然、依然、自然、天然、全然、非常、经常、时常、何尝、常常、平常、简直、简单、共同、总共、相同、不同、连忙、忙、远、永远、遥远、久远、始终、一直、紧、赶紧、努力、竭力、大力、幸亏、幸福、旧、依旧、立刻、马上、快、大、太、稍微、轻微

13. 比较"现在"和"正在"、"从前"和"从来"、"刚刚"和"刚才"、"将来"和"将要"、"过去"和"曾经"、"往常"和"时常"语法功能的差异。

14. "在"、"跟"、"把"、"怪"、"多"、"的"等字都兼属几类词的用法,请举例说明。

15. 双音节形容词有两种重叠,请举例说说这两种形容词语法特点的差异。

16. 指出下列各词的词性:使用、实用、食用、适用、试用、施用、作用、效用、用功、用途、服务、服装、服用、服帖、衣服、服饰、希望、欲望、盼望、期望、果断、水果、果品、断定、判断、果敢、敢于、饱满、充满、充分、满足、充沛、充足、饱和、疾苦、痛苦、苦恼、疾病、痛恨、仇恨、疼痛、勇敢、勇气、气概、气愤、气氛、英勇、英雄、英烈、限度、限制、限于、有限、热爱、可爱、爱护、疼爱、溺爱、恋爱、爱情、热心、智慧、智力、聪慧、聪明、慧眼、开发、开通、开明、开挖、发展、发挥、通力、腐烂、腐朽、腐败、败坏、腐蚀、毁坏、兴奋、奋斗、兴趣、趣味、斗争、高兴、坚决、坚定、决心、决定、坚固、容易、再三、干脆、仍然、彻底、终于、最近、向来、即将、平时、平素、目前、过火、过失、失去、火气、难过、丧失、答案、作案、案件、答应、回答、搭理、战争、战斗、作战、战役、战士、战场、青年、年轻、年青、年少、少年、学习、学问、学者、大学、学历、学、着想、设想、思想、继续、持续、相继、继承、陆续

17. 指出下列各句中"和"、"跟"、"同"、"与"的词性:

(1) 校长和书记都赞同这一意见。

(2) 王经理同小张谈过一次话了。

(3) 等我跟女朋友协商一下再告诉你吧。

(4) 南端与苏州河相连。

(5) 小张没跟小李一齐来。

(6) 小张和小李都是北方人。

（7）你去跟小李说说吧。

（8）小李跟小王都来过我家。

（9）你同小李都是安徽人吗?

（10）你不要经常同小李来往。

（11）北部与蒙古接壤。

（12）中国与埃及都有悠久的文化。

18. 请举例分析"对"字和"活"字的不同词性和用法。

19. 比较下列句子中"过"的语法功能：

（1）他这个人很会过日子。

（2）我们吃过晚饭了。

（3）小马终于学会了过河。

20. 比较下列句子中"锈"的语法功能：

（1）镰刀生锈了。

（2）镰刀已经锈坏了一把。

21. 比较下列句子中"别"的语法功能。

（1）请把校徽别上去。

（2）别动!

22. 指出下列各兼类词的词性：编辑、组织、明确、标准、教育、巩固、深入、错误、经济、道德、计划、矛盾、团结、繁荣、端正、充实、方便、创作、参谋、精神、困难、科学、文明、卫生、代表、民主、通知、冰、密切、决定

23. 把下列词按词性不同分为三类：功劳、研究、整齐、友谊、准许、准确、性质、发展、休息、勤劳、慰劳、雪白、品行、宏大、今天、准则

24. 比较下列句子里"是"的语法功能：

（1）那是他的同学。

（2）我是不同意的。

（3）最可怕的不是无知,而是以不知为知。

（4）南泥湾遍地都是牛羊。

（5）溅得我浑身是水。

（6）这本书是昨天买的。

（7）他是不会来的。

25. 指出下列短语的结构类型：明天更美好、吃了一碗饭、王刚校长、光明的前途、看明白、边走边谈、狐狸的狡猾、攀登高峰、金色的秋天、理想王

国、获得丰收、健康长寿、身体内部、时代洪流、走向深渊、生于 1962 年、1962年生、研究一下、天天忙、多走走、看孩子、为人民服务、面向大众、语法修辞、汉语词典、站着不动、有个姑娘叫小芳、有钱摆阔、你们几位、听了很高兴、伟大而质朴、读了一遍、分析的精确、文艺演出、技术革新、他们的估计、铁人王进喜、春秋两季、又甜又大、经济的发展、科学的进步、水平的提高、提高水平、想念伟人、粮食大丰收、青春美好、春风吹绿江南、遇到困难、应该去、浙江人、长期合作、高兴死了

26. 分别指出下列歧义短语的结构类型:出租汽车、学习文件、进口汽车、热爱人民的军队、哥哥和妹妹的朋友、几个记者和编辑、规定地点、准备两年的粮食、下放干部、出口商品、河北和内蒙古的部分县市、表演节目、咬伤了他的狗、反对拍马屁的老李、想起来

27. 分别指出下列歧义短语的结构类型和功能类型:研究方法、考查成绩、咬死了猎人的狗、学生家长、领导群众、热爱人民的总理、对售货员的意见、看打乒乓球的儿子、爸爸和妈妈的学生、想起来

28. 指出下列短语的功能类型:理发的、站柜台的、所知道、王刚书记、勤劳而朴素、大规模、所认识、哆嗦了一下、急得像热锅上的蚂蚁、关于这个问题、高速度、至于小李、桌子上面、在政策的保护下、三个或五个、走累了、他的骄傲、他人的精明、数学测验、流行歌曲《小芳》、嫂子的婚姻、妹妹的出嫁、关键时期、宏伟的蓝图、内心的痛苦、他和弟弟、省城杭州、了解清楚、多快好省、暗暗地想、坐车去、电灯的发明、让小王帮忙、过路的、参考答案、修辞学习、去不去、相当快、为了孩子、送他上学、超大型、关于未来、未来世界、水上乐园、给他许多钱、笑着说、觉得有理、和他相似、不像他、心肠好、大屏幕、超一流、明年春天、今天除夕

29. 指出下列短语的功能类型和结构类型:又说又笑、客人不断、派我们去、品行高尚、高尚品行、远距离、对于经济、关于婚姻、跑得快、走进去、愿意去、希望去、要求他来、给他敬礼、和她订婚、自从春天、讨饭吃、孩子的希望、祖国的期待、明天的召唤

30. 分析下列短语的结构层次和结构关系:

(1) 基地建设人员的营地　　　(2) 给我留下了深刻的印象

(3) 想出了一个好办法　　　　(4) 没有来客人

(5) 总结概括一下大意　　　　(6) 最满意的方案

(7) 做一个有创新意识的学者　(8) 走自己的路

(9) 为小朋友服务　　　　　　　(10) 上海的新兴产业

(11) 大熊猫的故乡中国　　　　　(12) 研究语法的方法

(13) 一件崭新的衬衫　　　　　　(14) 一扇新式大铁门

(15) 我孩子的同学　　　　　　　(16) 学校老师的孩子

(17) 朋友送的一对花瓶　　　　　(18) 一只朋友送的花瓶

(19) 未来战争的策略　　　　　　(20) 他的一件新买的大衣

(21) 健康长寿的灵芝草　　　　　(22) 看不准形势

(23) 帮小王一下　　　　　　　　(24) 台上坐着主席团

(25) 说清楚问题　　　　　　　　(26) 坐车回家

(27) 求他帮忙　　　　　　　　　(28) 指挥群众转移

(29) 多快好省　　　　　　　　　(30) 去广州找小王办事

(31) 要求我们俩按时去广州　　　(32) 他喜欢吃西餐

(33) 首都北京的风貌　　　　　　(34) 必须说明词类的用法

(35) 小张的孩子和小王的孩子　　(36) 面向四个现代化

(37) 给他许多钱　　　　　　　　(38) 给小张送行

(39) 向战士敬礼　　　　　　　　(40) 激战无名高地

(41) 那些关于我们民族历史的教科书(42) 我的老邻居张大爷

(43) 他被坏人打了　　　　　　　(44) 他把逃犯抓回来了

(45) 他同意我们去　　　　　　　(46) 有个年轻人叫小辉

31. 分析歧义短语的结构关系和结构层次:

(1) 他的爸爸和妈妈的三位朋友　(2) 热爱群众的军队

(3) 三个报社的记者和编辑　　　(4) 看打乒乓球的儿子

(5) 对老张的意见　　　　　　　(6) 咬伤了他的狗

(7) 反对拍马屁的老王　　　　　(8) 许多同学送来的礼物

(9) 他们三个人一组　　　　　　(10) 我做不好

(11) 忘了喂孩子的奶　　　　　　(12) 我们没有学习文件

(13) 一个工人的想法　　　　　　(14) 江苏和浙江的部分地区

(15) 关于批判继承问题的讨论

32. 指出句子所属的句式:

(1) 昨天来了几位客人。

(2) 在上个月这里逃走了两个嫌疑犯。

(3) 公园里栽着几棵大香樟树。

（4）电影院里挤满了观众。

（5）现在班上又来了两个新生。

（6）草坪上撑开了几把五颜六色的伞。

（7）这道题你们不应该忘记。

（8）校长笑着和我们握手。

（9）小王抱怨妻子走得太慢了。

（10）她不相信万里长城就能压着她丈夫的身体。

（11）现在你有时间学习。

（12）他买票请张顺看电影。

（13）部长同志经常深入铁路现场办公。

（14）他离开美国赴英国留学。

（15）我昨天赊了他两斤盐。

（16）县长告诉了我们那个消息。

（17）我已经通知小王开会。

（18）大家都骂他马屁精。

（19）老师叫我唱一首歌。

（20）老师教我们一首新歌。

（21）骄傲很容易使人失败。

（22）一种必胜的信心促使他战胜难以克服的困难。

（23）小张流着眼泪对我诉说衷肠。

（24）他的欺诈行为终于被警察发现了。

（25）他的意见被接受了。

（26）旧社会不把人当人。

（27）小张脾气很好。

（28）今天的课你来上。

（29）走的时候他一句话也没说。

33. 指出下列句子特殊成分及其类型：

（1）新疆,我们知道那是一个充满神奇的地方。

（2）他只有两个好朋友:李芳和张兵。

（3）归根结底,我们是一定会取得胜利的。

（4）你们呀,看样子还没有找到工作吧。

（5）钱,不用说,是你赚得多。

(6) 他买了两本小说:《红楼梦》和《围城》。

(7) 老人家,您找谁呀?

(8) 这些问题,有的是过去积攒下来的,有的就是最近的工作失误造成的。

(9) 在西方看来,所谓人权是高于主权的。

(10) 城市男青年有四大难题:位子、房子、票子、妻子。

(11) 这次选拔,正如主管部门所言,是非常苛刻的。

(12) 你的那个朋友,说句公道话,我看并不怎样。

34. 指出每组的两个句子是否同一句型:

(1) a. 张华已经回来了。　　　　　b. 已经回来了,张华。

(2) a. 老李离开了吗?　　　　　　b. 老李离开了。

(3) a. 苏州风景很优美。　　　　　b. 苏州的风景很优美。

(4) a. 我们的队伍壮大了。　　　　b. 我们壮大了队伍。

(5) a. 衣服已经破了。　　　　　　b. 小王的衣服已经破了。

(6) a. 孩子去看电影了。　　　　　b. 孩子没有去看电影。

(7) a. 我买了一本《红与黑》。　　　b. 他也买了一本。

(8) a. 台上坐着主席团。　　　　　b. 主席团坐在台上。

(9) a. 我们打败了对手。　　　　　b. 我们把对手打败了。

(10) a. 青菜五毛钱一斤。　　　　　b. 青菜一斤五毛钱。

(11) a. 嫌疑犯失踪了。　　　　　　b. 据说,嫌疑犯失踪了。

(12) a. 我们去看望了老师。　　　　b. 刚才,我们去看望了老师。

(13) a. 考场里走出了一些学生。　　b. 从考场里走出了一些学生。

35. 指出下列句子句首时间词语和处所词语充当什么句法成分:

(1) 明后天人民广场有演出。

(2) 明天是她的生日。

(3) 教室里又来了一位新同学。

(4) 黑板上老师写了许多练习题。

(5) 在我们那里每个星期天都有讲座。

(6) 下星期天小张要回家了。

(7) 今天在主席台上坐着许多客人。

(8) 那一年邢台发生了大地震。

(9) 明天中午我等你的回话。

36. 指出下列句子主语的语义类型:

(1) 论文我还没写好。

(2) 这部小说主题鲜明。

(3) 张兴正埋头苦读。

(4) 一天才 24 个小时呀!

(5)《子夜》我们最近没有卖过。

37. 指出下列句子宾语的语义类型:

(1) 树上掉下来一个桃子。

(2) 一个标准间可以住 3 个客人。

(3) 敦煌文献的发现有着极其重要的学术价值。

(4) 孩子们已经做好作业了。

(5) 警察已经抓住了盗窃犯。

(6) 他家来几位客人了。

38. 指出句子里的宾语是体词性宾语、谓词性宾语,还是双宾语:

(1) 同学们都喜欢他。

(2) 司务长通知我们食堂开饭了。

(3) 你打算明天去哪里呢?

(4) 大家赞成这个计划。

(5) 大家赞成他出国留学。

(6) 武警战士赠送给他许多书。

39. 指出句子里的宾语或补语:

(1) 那位同学来自云南。　　(2) 小王馒头能吃三个。

(3) 他来看望我一次。　　(4) 孩子们拿起书来了。

(5) 这孩子出生于 1970 年。　　(6) 汽车停在操场上。

(7) 今年他已经去广州三趟了。

40. 按条件造句:(1)连动短语套兼语短语句;(2)兼语短语套连动短语句;(3)以"有"为主要动词造出连动句、兼语句;(4)表示判断的"是"字句;(5)表示强调的"是"字句。

41. 把下列一般主谓句变换为主谓谓语句:

(1) 这孩子把打工赚来的钱都交给妈妈了。

(2) 我们认为这个方案不切实际。

(3) 这个人的品行很好。

(4) 在这次英语考试中,他得了第一名。

（5）他们不同意小李去海南。

42. 指出下列句子是单句还是复句：

（1）老师在这堂课上，主要讲了语言的起源。

（2）不管谁都不能不遵守规章制度。

（3）只要不下大雨，我就去接你。

（4）无论世界风云如何变化，我们都要坚持改革开放的国策。

（5）路两边，你瞧，都是近来栽种的小白杨树。

（6）老王有两个孩子，一个在国内工作，另一个在美国读书。

（7）一切为人民服务，是我们的行动准则。

（8）早晨，他背起书包，沿着蜿蜒曲折的小路上学去了。

（9）行李太多，得向脚夫交些小费才过得去。

（10）李老师带着一群小学生，很艰难地向山顶爬去。

（11）这件事，照西方的观点看，是有点不可理解。

（12）未来是美好的，这是我们大多数人的良好愿望。

（13）离别的歌声，是回忆的歌声，祝福的歌声，极为热烈的互相勉励的歌声。

（14）职位无论高低，都是为人民服务的。

（15）只有言之无物的文章，才会没有读者。

（16）这孩子喜欢自学，喜欢一个人思考问题，喜欢问各种离奇的话。

（17）这种发明，不仅在国内，就是在国外，也是难得一见的。

（18）即使有了钱，也不能随便花。

（19）升学考试是他承受了巨大的压力。

（20）那是个晴朗的上午，没有一丝云。

43. 指出复句的类型：

（1）家乡的水是甜的，家乡的山是美的，家乡的人更是善良的。

（2）他打起背包，挤上小火车，只身来到了大都市。

（3）他不但能吟诗、作画，而且还能唱京剧，甚至厨艺据说也很高。

（4）他不在车间，就在办公室，要不就在门市部里。

（5）天气暖和起来了，孩子们又出来做游戏了。

（6）老人们都玩得很开心，更不必说孩子们了。

（7）或者你到上海，或者他到南京，或者你们都回来。

（8）他是忘了不来，还是故意不来？

（9）你这样做太慢了,还不如他那样做来得快。

（10）你这样做不但不能解决问题,反而会影响团结。

（11）不管谁来,他都按制度办事。

（12）假如你认为有用的话,我立即去办。

（13）因为他有丰富的知识做基础,所以他的课上得精彩。

（14）纵然你不能亲自来,总应该给我们打个电话吧。

（15）就算我不是什么栋梁之材,可也是北京大学的毕业生呀。

44. 分析多重句:

（1）我们不管读什么书,都必须认真地去读,不仅了解书的内容,而且要通过书的内容去了解其反映的时代和社会,否则就不能算读懂读透。

（2）他后来还托他的父亲带给我一包贝壳和几支很好看的鸟毛,我也曾送他一两次东西,但从此没有再见面。

（3）如果没有氧气,光有氢气,或者光有氢气,没有氧气,都不能生成水。

（4）如果我们只把过去的一些文件逐字逐句照抄一通,那就不能解决任何问题,更谈不上正确地解决什么问题。

（5）大约潭是很深的,故能蕴蓄着这样奇异的绿;仿佛蔚蓝的天融了一块在里面似的,这才这般的鲜润呀。

（6）如果我们既放下了包袱,又开动了机器,既是轻装,又会思索,那我们就会胜利。

（7）虽然是满月,天上却有一层淡淡的云,所以不能朗照;但我以为这是到了好处。

（8）即使人们疑心,也只能怀疑他是新到城里来的乡下佬儿,大概不认识路,所以讲不出价钱来。

（9）今日虽然是五月初一,但高山中的夜晚仍有点轻寒侵人,所以着一堆火也使周围的人们感到温暖和舒服。

（10）朋友,天山的丰美景物何止这些,天山绵延几千里,不论高山、深谷,不论草原、森林,不论溪流、湖泊,处处有丰饶的物产,处处有奇丽的美景,你要我说可真说不完。

（11）广聚见他的话头又不对了,也不敢强叫,可是又想听听他们谈些什么,因此也不愿走开,就站在圈外。

（12）这个院子，虽然并不气派，甚至连一条平坦的路也没有，下雨天到处是水塘和泥坑，但却时有漂亮的卧车驶入，都是找人事局那位科长的。

（13）一篇好的文章或一篇演说，如果是重要的带指导性质的，总得要提出一个什么问题，接着加以分析，然后综合起来，指明问题的性质，给以解决的办法，这样，就不是形式主义的方法所能济事。

（14）唱歌的时候，一队有一个指挥，指挥多半是多才多艺的，既能使自己的队伍唱得整齐有力，唱得精彩，又有办法激励别的队伍唱了再唱，唱得尽兴。

45. 比较下列各组内带点的词，请注明词性。

（1）比任何人有说服力　　　　将心比心

（2）竞赛将分区进行　　　　　将书递给我

（3）精神抖擞　　　　　　　　我挺精神的

（4）思想非常矛盾　　　　　　他俩有矛盾

（5）卡车通过了关口　　　　　通过了解情况

（6）本厂的先进典型　　　　　典型事例

（7）这话没有道理　　　　　　天气没有暖和

（8）功效提高了一倍多　　　　他的手多巧啊

（9）不为表象所迷惑　　　　　拜他为师

（10）那是另外的问题　　　　　另外补充了几点

（11）技术比较熟练　　　　　　请比较一下异同

（12）一边是花园，一边是球场　一边唱歌，一边跳

（13）他在图书馆　　　　　　　黄河在咆哮　　在学习上要刻苦

（14）书跟本子都在包里　　　　跟老王打个招呼

（15）那本书他根本就没有　　　才过十二点，食堂就没有吃的了

（16）她早就去了　　　　　　　开会了，我们听完了报告再说吧

（17）他吃了午饭就去图书馆了　他说过不要去北京了

（18）她长得越来越漂亮了　　　这么说，你是不想干了？

46. 下列各组中带点的词是：(1)同音词；(2)兼类词；(3)词类活用；(4)形同音异；(5)其他情况。

（1）这是一个很深刻的教训/他动不动就教训别人

（2）把校徽别起来/别没说话就红脸/别了，母校

（3）你也太实用主义了/实用主义不好

(4) 他打北京来/打了满满一桶水/买了一打袜子

(5) 今天晚上咱们先开个会/你会说上海话吗?

(6) 我真的很佩服/佩服她的机智

(7) 小王的立场很坚定/我们必须坚定他的信念

(8) 买了一样礼物/妈妈和女儿一样都是这所学校毕业的/你怎么跟木头人一样?

(9) 我瞧了瞧弟弟的背/弟弟背了一个大背包

(10) 我家的窗户对着马路/我对学习一向抓得很紧/妈妈买来一对新枕头

47. 比较下列短语的结构类型。

(1) 会议召开　召开会议　会议的召开　召开的会议

(2) 词汇丰富　丰富词汇　词汇的丰富　丰富的词汇

(3) 老师同学　老师的同学　老师和同学　老师或同学

(4) 我们学生　我们的学生　我们学校　我们的学校

(5) 一百三十斤够了　一百三十斤　买一百三十斤

(6) 高兴的笑了　高兴地笑　高兴得笑了　笑得很高兴

(7) 吃得好　很好吃　吃很好(睡不行)　好吃得很

(8) 北京到了　到了北京　到北京的(很多)　到过北京

(9) 过去了三年　过去三年了　三年过去了　过去的三年

(10) 敲了三下　唱了三首　饿了三天　浪费了三小时

(11) 走在街上　在街上走　上街走走　走上街头

(12) 叫我去　叫人难受　叫人取笑　叫困难吓倒

(13) 说说笑笑　笑了笑说　边说边笑　笑着说

(14) 拿笔写字　替人写字　请人写字　念书写字

(15) 读书上学　上学读书　讨口水喝

48. 用框式图解法分析下列复杂短语。

(1) 花儿为什么这样红

(2) 你去动员他留下来看戏

(3) 不知道他会不会答应让你去

(4) 浓郁的充满乡土味的生活气息

(5) 学校里希望张先生参加去北京的旅游团

(6) 我认真地看两遍

（7）思想教育他十分重视

（8）上街打扫环境做好事

（9）组织上调他来这儿工作

（10）我们一定和他们搞好团结

（11）小李小张两人把教室打扫干净

（12）一篇具有说服力的好文章

（13）为我们提供了唯一正确的认识客观世界的立场、观点和方法

49. 分析下列多义(歧义)短语。

（1）反对压迫自己的人

（2）拿五块钱出来

（3）许多朋友送来的礼物

（4）哥哥和弟弟的朋友

（5）对她的无限深情

（6）准备了两年的食物

（7）关于他的事情

（8）赞扬青年学生的作品

（9）三个商店的营业员

（10）其他学校和单位负责人

50. 确定下列句子的句型。

（1）在学校西南角一片树林里发现了一种不知名的菌类植物。

（2）我总觉得他这么处理是有问题的。

（3）文科大楼是学校五年前盖的。

（4）多么激动人心的场面啊！

（5）看起来这部汽车终于发动起来了。

（6）雨后的空气格外新鲜。

（7）在去草原途中喝的都是湖中的水。

（8）老王劝他赶快骑车去请医生。

（9）他的话意味深长。

（10）孩子娇生惯养不好

（11）雨后的天空一片云彩。

（12）在大会上发言的人一个接着一个。

（13）每一个同学都希望自己成为对四化建设有贡献的人。

（14）他按照实际情况把事情的经过又说了一遍。

（15）我们平凡而又伟大的战士！

51. 用划线法分析下列多重复句(分句前标上分句号,用分句号代替分句)。

（1）我们提倡的事情,即使完全正确,大量成功,如果不经过群众认真

的讨论并作出决定,群众也会有不满,而事实上总会有一部分失败或效果不好,所以没有经过群众讨论,就更难免遭到群众的埋怨。

(2)就算你的阳春白雪,这暂时既然是少数人享用的东西,而群众还是在那里唱下里巴人,那么如果你不去提高他,而只顾骂人,那就不管怎样骂,也都是空的。

(3)车摇慢了,线抽快了,线就会断头;车摇快了,线抽慢了,毛卷、棉条就会拧成绳,线就会打结。

(4)你永远那么青翠,永远那么挺拔,风吹雨打,从不改色,刀砍火烧,从不低头,所以,这正是英雄的井冈山人,也是亿万中国人民的革命气节和革命精神。

(5)只有充分地利用我国的人力物力资源,尽快缩短我国生产技术水平和世界先进技术水平的差距,才能最迅速地提高整个社会的劳动生产率,加速四个现代化的进程。

(6)这种作风,拿了律己,则害了自己;拿了教人,则害了别人;拿了指导革命,则害了革命。

(7)捣鬼有术,也有效,然而有限,所以以此成大事者,古来无有。

(8)别人说得对的,我们就应该欢迎,并要向别人的长处学习;别人说得不对,也应该让别人说完,然后慢慢加以解释。

(9)马克思列宁主义是从客观实际中产生又在客观实际中获得了证明的最科学的革命真理,但是许多学习马克思主义的人却把它看成是死的教条,这样就阻碍了理论的发展,害了自己,也害了别人。

(10)只讲民主,不讲集中,那就会走向极端民主化,走向破坏纪律的自由放任主义;只讲集中,不讲民主,就会走向官僚主义,搞"一言堂"和命令主义。

答案:

1."北京大学"是专指某一所大学,无"的"字是专有名称;"北京的大学"不是专指某一所大学,而是指设立在北京的所有大学。说明"的"字用与不用,虽然句法结构相同,但含义不同。

"爸爸妈妈"是联合结构;"爸爸的妈妈"是偏正结构。这说明"的"字的有无,结构往往不同,意义也同样不同。

"一斤鱼"一般指鱼的重量;"一斤的鱼"一般指鱼的大小。这说明有无"的"字,虽然结构一样,但含义不同。

　　"买菜"是述宾结构,是谓词性短语;"买菜的"是"的"字结构,是体词性短语。这说明有无"的"字,往往结构不同、功能不同、意义也不同。

　　"中国医学的研究"指国内外对中国医学的研究,不包括对外国医学的研究;"中国的医学研究"则指中国国内对古今中外的医学的研究,区别于外国对医学的研究。这说明"的"字的位置不同,所指范围不同,"中国的医学研究"是"中国对医学的研究","中国医学的研究"是"对中国医学的研究"。

　　2. "三天来一次"是说某一时段(三天)里来某处一次;"一次来三天"指的是每一次来某处停留的时间(三天)。语序的不同,句子语义不同。

　　"客人来了"的"客人"是心目中的客,是已知的、有定的,同时整个结构是主谓结构;"来客人了"的"客人"是不速之客,是未知的、无定的,同时整个结构是述宾结构。这说明语序的不同引起句法结构和含义的不同。

　　3. "他在北京住了三年"是指"他"在北京住过"三年",至于"他"现在在不在北京却不得而知;"他在北京住了三年了"指"他"在北京已经住了三年,而且现在还住在北京,句尾的"了"有延续功能。这说明句尾有无"了"字会引起句子某些含义的细微差别。

　　4. (1) "山"、"水"、"鸟儿"、"人家"、"钢铁"、"书"等是表示事物的名词,不能后附"们"表示"群"的语法意义;"朋友"、"老师"、"青年"、"乡亲"、"同志"等是普通指人名词,可以后附"们"表示"群"的语法意义,如:朋友们、老师们、青年们、乡亲们、同志们。

　　(2) "衣物"、"书籍"、"车辆"、"人口"、"树木"等是表示集体意义的名词,可以受表示群体意义的数量词修饰,如:两箱子衣物、一批书籍、一些车辆、一部分人口、一批树木;"感情"、"火气"、"境界"、"作风"、"气氛"等是抽象意义的名词,一般只能受"种"、"点"、"些"等量词修饰,数词一般是"一",如:一种感情、一点火气、一种境界、一种作风、一种气氛。

　　(3) "山"、"书"、"鸟儿"、"朋友"、"同志"等是可以计个体量的,因而可以受计量的数量短语的修饰,如:两座山、三本书、三只鸟儿、几位朋友、三个同志;"衣物"、"书籍"、"感情"、"树木"、"作风"等是不可计量的名词,因而不能受计量的数量词修饰,可以受不计个体量的数量词修饰,如:一批衣物、一些书籍、一种感情、几种树木、一种作风。

　　5. 名量词有:个、对、点、克、股、张、本、斤、里、条;

　　动量词有:下、阵、次、遍、回;

　　时量词有:天、日、年、季、小时、分钟、夜、秒。

6. 封封信都饱含真情:"封封"表示"每一"的意义,即"每一封信";

饭应当一口一口地吃:"一口一口"表示"一个接着一个"的意义,即"一口接着一口";

马路上奔驰着一辆一辆的新式汽车:"一辆一辆"表示"多"的意义,即"很多辆";

我说的句句是实话、条条大路通罗马:重叠表示"每一"的意义,即"每一句、每一条";

字应当一个一个地写:重叠表示"一个接着一个"的意思,即"一个字接着一个字";

一阵阵春风吹向祖国大地:重叠表示"多"的意思,即"许多阵";

天一天天热起来了:重叠表示"一个接着一个"的意思,即"一天接着一天",实际上这里含有"一天比一天"的意思;

孩子们一个个都很要强:重叠表示"每一"的意思,即"每一个""都";

幅幅画儿都凝聚着画家的真情:重叠表示"每一"的意思,即"每一幅";

事情应该一件一件地做:重叠表示"一个接着一个"的意思,即"一件接着一件"。

7. 两(张)桌子、一(串)鞭炮、一(则/条)新闻、三(个)小时、一(支)队伍、五(头)黄牛、三(块)草坪、一(弯)新月、一(道)风景、一(桩)交易、一(抹)斜阳、一(丝)善意、一(片/抹)云彩、一(桩)心事、一(股)邪气、一(撮)胡子、一(幢)大楼、一(盏)台灯、一(缕)炊烟、一(缕)情思、一(汪)清水

8. 及物动词有:成为、觉得、显得、是、像、加以、在于、懂得、实现、制造、以为、给以、从事、具有、值、进行、展望、展览、断定、喜欢、怕、思念、担任、指派、指挥、乐于、欢迎、纯洁、鼓励、拜会、访问、认识、认为、知道、出访、当作。

不及物动词有:死、交际、开幕、离婚、失踪、逃跑、服务、咳嗽、营业、来、休息、瞌睡、结婚、胜诉、拼命、搏斗、玩耍、睡觉、游行、旅行、播音、道歉、居住、散步、请假、牺牲、打架、玩命、送行、漫步、鼓掌、走、进、出、会面、往来、闭幕、胜利、洗澡、逃亡、定居、恋爱

9. 必须带宾语的动词有:进行、加以、给以、予以、作、姓、成为、好似、好像、标志着、意味着、在于、善于、乐于、等于、长于、归于、属于、显得、免得、懒得、使、叫、让、促使、导致、有劳、充满、从事、着(脚不着地)

10. 性质形容词和心理动词都可以受程度副词修饰,但性质形容词不能带宾语,而心理动词是可以带宾语,如"想她、怀念过去、恨那个人"。可

见,结合受"很"和带宾语两个条件就可以区分性质形容词和心理动词。

心理动词有:想、想念、思念、怀念、爱、怕、恨、喜爱、爱慕、羡慕、相信

形容词有:高大、伟大、优秀、良好、生动、美丽、奇怪、动人、虚心、谦虚

11. "高级"能受程度副词"很"修饰、能做谓语、否定时用"不",如"很高级"、"这种仪器很高级"、"不高级",可见,"高级"是形容词;"初级"不能受"很"修饰、不能做谓语、只能做定语、否定时用"非",如"初级中学"、"非初级(班)",可见,"初级"是区别词。

"金"只能做定语,不受数量词修饰,如"金首饰"、"金项链",所以"金"是区别词;"金子"能受数量词修饰,如"二两金子",能做主语、宾语,如"金子能做首饰、不少人偏爱金子",所以,"金子"是名词。

"速度"能受数量词修饰、能做主语和宾语,如"一小时五百米的速度、一种速度、宇宙飞船的速度快、比干劲比速度",所以"速度"是名词;"高速度"只能做定语,如"高速度的发展、高速度的新型火车",所以"高速度"加词性短语。

"特殊"能受程度副词修饰,能做谓语,如"很特殊、这项工作很特殊","特殊"是形容词;"特等"只能做定语,如"特等英模、特等勋章","特等"是区别词。

"金"和"铜"在"金银铜铁锡"并列使用时,语法功能相同;一般情况下,"金"只能做定语,如"金首饰、金项链","金"是区别词;而"铜"可以受数量词修饰、可以做主语和宾语,如"一块铜、一公斤铜、铜可以用来制造许多机器","铜"是名词。

"男"只能做定语,如"男人、男服务员","男"是区别词;"男子"可以受数量词修饰,如"一名男子","男子"是名词。

"简单"能受"很"修饰、能做谓语,如"很简单、道理十分简单","简单"是形容词;"简装"只能做定语,如"简装书","简装"是区别词。

12. 形容词有:一致、一切、一贯、一定、一般、突然、偶然、自然、天然、经常、平常、简单、共同、相同、不同、忙、远、遥远、久远、紧、努力、幸福、旧、快、大、轻微

副词有:一直、一起、一齐、一概、一律、一同、一向、一再、忽然、猛然、依然、全然、非常、时常、何尝、常常、简直、总共、连忙、永远、始终、一直、赶紧、竭力、大力、幸亏、依旧、立刻、马上、太、稍微

13. "现在"能做定语、主语、宾语,能放在介词后面组成介词短语,如:现在的年轻人、我们从早上一直等到现在、从现在看、现在是90年代了,所

以"现在"是名词,即时间名词,时间名词"现在"也可以做状语;"正在"只能做状语,如:孩子们正在吃饭,所以"正在"是副词。

"从前"能做定语、主语、宾语,能放在介词后面组成介词短语,如:从前的年轻人、要是还在从前我们早就饿死了、现在比从前好多了,所以"从前"是名词,即时间名词,时间名词"从前"也可以做状语;"从来"只能做状语,如:这孩子从来就不吃稀饭,所以"从来"是副词。

"刚才"能做定语、主语、宾语,能放在介词后面组成介词短语,如:刚才的事儿是我不对、就在刚才这里发生了一桩命案、刚才是三点半钟,所以"刚才"是名词,即时间名词,时间名词"刚才"也可以做状语;"刚刚"只能做状语,如:孩子们刚刚吃完饭,所以"刚刚"是副词。

"将来"能做定语、主语、宾语,能放在介词后面组成介词短语,如:将来的社会、关于将来我们可以设想很多、为了将来他现在十分努力,所以"将来"是名词,即时间名词,时间名词"将来"也可以做状语;"将要"只能做状语,如:孩子们将要远行了,所以"将要"是副词。

"过去"能做定语、主语、宾语,能放在介词后面组成介词短语,如:过去的生活、在过去他生活很苦、回忆过去展望未来,所以"过去"是名词,即时间名词,时间名词"过去"也可以做状语;"曾经"只能做状语,如:他曾经去过北京,所以"曾经"是副词。

"往常"能做定语、主语、宾语,能放在介词后面组成介词短语,如:往常的事儿我不记得、从往常看、往常都是这样的,所以"往常"是名词,即时间名词,时间名词"往常"也可以做状语;"时常"只能做状语,如:孩子们时常去看望老人,所以"时常"是副词。

14. 在:(1)副词:孩子们在吃饭;(2)动词:老王在家;(3)介词:老王在黑板上写字。

把:(1)介词:中国队把对手打败了;(2)动词:你一定要把好关;(3)量词:一把锄头、两把锁。

怪:(1)形容词:这个孩子很怪;(2)动词:我们不怪他;(3)副词:小王怪可怜的。

跟:(1)连词:我跟老王一块儿去的济南;(2)介词:跟妈妈走;(3)动词:跟上爸爸、跟着爸爸。

多:(1)动词:也不多他一个人;(2)形容词:动物很多;(3)代词:金茂大厦有多高?(4)数词:十多个同学。

的:(1)结构助词:小王的课本、卖菜的;(2)语气词:明天是会到来的、他会去的;(3)动态助词:他 10 年前去的广州。

15. 双音节形容词(AB)有两种重叠形式,一是 AABB 式,如:干干净净、普普通通、安安静静,另一是 ABAB 式,如:乌黑乌黑、碧绿碧绿、雪白雪白。前者是表示性质的形容词,能受程度副词修饰,如:很干净、很普通、很安静;后者是表示状态的形容词,本身也表示了程度,不能受程度副词修饰。

16. 名词:作用、效用、用途、服装、衣服、服饰、欲望、水果、果品、疾苦、疾病、勇气、气概、气氛、英烈、限度、爱情、智慧、智力、慧眼、兴趣、趣味、决心、最近、平时、目前、过失、火气、答案、案件、战争、战役、战士、战场、青年、少年、学问、学者、大学、学历、思想

动词:使用、适用、试用、施用、服务、服用、盼望、断定、敢于、充满、饱和、痛恨、限制、限于、热爱、爱护、疼爱、溺爱、开发、开挖、发展、发挥、腐烂、败坏、腐蚀、毁坏、奋斗、斗争、失去、丧失、作案、答应、回答、搭理、作战、学习、学、着想、继续、持续、继承

形容词:实用、服帖、果断、果敢、饱满、充分、充沛、充足、痛苦、苦恼、勇敢、气愤、英勇、有限、可爱、聪慧、聪明、开明、腐朽、腐败、兴奋、坚决、坚定、坚固、容易、干脆、彻底、过火、难过、年轻、年青、年少

副词:通力、再三、仍然、终于、向来、即将、平素、相继、陆续

区别词兼动词:食用

形容词兼动词:用功、满足、热心、开通、高兴

动词兼名词:希望、判断、仇恨、恋爱、决定、战斗、设想

形容词兼名词:疼痛、英雄

17. (1) 校长和书记都赞同这一意见:"和"是连词。

(2) 王经理同小张谈过一次话了:"同"是介词。

(3) 等我跟女朋友协商一下再告诉你吧:"跟"是介词。

(4) 南端与苏州河相连:"与"介词。

(5) 小张没跟小李一齐来:"跟"是介词。

(6) 小张和小李都是北方人:"和"是连词。

(7) 你去跟小李说说吧:"跟"是介词。

(8) 小李跟小王都来过我家:"跟"是连词。

(9) 你同小李都是安徽人吗:"同"是连词。

(10) 你不要经常同小李来往:"同"是介词。

（11）北部与蒙古接壤："与"是介词。

（12）中国与埃及都有悠久的文化："与"是连词。

18. 对：(1)形容词：老王的意见对；(2)量词：一对好兄弟；(3)介词：对他这个人我们大家实在没有什么好办法了；(3)动词：学校大门对着马路。

活：(1)形容词：他思想很活；(2)动词：我们还想多活上几年呢；(3)副词：小王活像他爸爸。

19. (1)他这个人很会过日子："过"是动词。

(2)我们吃过晚饭了："过"是动态助词。

(3)小马终于学会了过河："过"是动词。

20. (1)镰刀生锈了："锈"是名词。

(2)镰刀已经锈坏了一把："锈"是动词。

21. (1)请把校徽别上去："别"是动词。

(2)别动："别"是副词。

22. 兼名词和动词：编辑、组织、教育、计划、创作、参谋、代表、通知、决定

兼形容词和动词：明确、巩固、深入、团结、繁荣、端正、充实、方便、密切

兼名词和形容词：标准、错误、经济、道德、矛盾、精神、困难、科学、文明、卫生民主、冰

23. 名词有：功劳、友谊、性质、品行、今天、准则

动词有：研究、准许、发展、休息、慰劳

形容词有：整齐、准确、勤劳、雪白、宏大

24. (1)那是他的同学："是"动词。

(2)我是不同意的："是"是副词。

(3)最可怕的不是无知，而是以不知为知："是"是动词，但跟"不"和"而"组合，已具有关联词语的功能。

(4)南泥湾遍地都是牛羊："是"是动词。

(5)溅得我浑身是水："是"是动词。

(6)这本书是昨天买的："是"是动词。

(7)他是不会来的："是"是副词。

25. 主谓短语：明天更美好、粮食大丰收、青春美好、春风吹绿江南

述宾短语：吃了一碗饭、攀登高峰、获得丰收、走向深渊、生于1962年、看孩子、面向大众、提高水平、想念伟人、遇到困难

　　偏正短语:光明的前途、狐狸的狡猾、金色的秋天、理想王国、身体内部、时代洪流、1962 年生、天天忙、多走走、为人民服务、汉语词典、分析的精确、文艺演出、技术革新、他们的估计、经济的发展、科学的进步、水平的提高、应该去、浙江人、长期合作

　　述补短语:看明白、研究一下、读了一遍、高兴死了

　　联合短语:边走边谈、健康长寿、语法修辞、伟大而质朴、又甜又大

　　同位短语:王刚校长、你们几位、铁人王进喜、春秋两季

　　兼语短语:有个姑娘叫小芳

　　连动短语:有钱摆阔、站着不动、听了很高兴

　　26. 出租汽车——偏正短语/述宾短语;学习文件——偏正短语/述宾短语;进口汽车——偏正短语/述宾短语;热爱人民的军队——偏正短语/述宾短语;哥哥和妹妹的朋友——联合短语/偏正短语;几个记者和编辑——偏正短语/联合短语;规定地点——偏正短语/述宾短语;准备两年的粮食——偏正短语/述宾短语;下放干部——偏正短语/述宾短语;出口商品——偏正短语/述宾短语;河北和内蒙古的部分县市——偏正短语/联合短语;表演节目——偏正短语/述宾短语;咬伤了他的狗——偏正短语/述宾短语;反对拍马屁的老李——偏正短语/述宾短语;想起来——述宾短语/述补短语。

　　27. 研究方法——(1)偏正短语/体词性短语,(2)述宾短语/谓词性短语;

　　考查成绩——(1)偏正短语/体词性短语,(2)述宾短语/谓词性短语;

　　咬死了猎人的狗——(1)偏正短语/体词性短语,(2)述宾短语/谓词性短语;

　　学生家长——(1)联合短语/体词性短语,(2)偏正短语/体词性短语;

　　领导群众——(1)联合短语/体词性短语,(2)述宾短语/谓词性短语;

　　热爱人民的总理——(1)偏正短语/体词性短语,(2)述宾短语/谓词性短语;

　　对售货员的意见——(1)偏正短语/体词性短语,(2)介词短语/加词性短语;

　　看打乒乓球的儿子——(1)偏正短语/体词性短语,(2)述宾短语/谓词性短语;

　　爸爸和妈妈的学生——(1)联合短语/体词性短语,(2)偏正短语/体词

性短语；

　　想起来——(1)述宾短语/谓词性短语,(2)述补短语/谓词性短语。

　　28. 体词性短语:理发的、站柜台的、所知道、所认识、王刚书记、桌子上面、三个或五个、他的骄傲、他人的精明、流行歌曲《小芳》、嫂子的婚姻、妹妹的出嫁、关键时期、宏伟的蓝图、省城杭州、电灯的发明、过路的、内心的痛苦、他和弟弟、参考答案、修辞学习、未来世界、水上乐园、明年春天

　　谓词性短语:勤劳而朴素、哆嗦了一下、急得像热锅上的蚂蚁、走累了、数学测验、了解清楚、多快好省、暗暗地想、坐车去、让小王帮忙、去不去、相当快、送他上学、给他许多钱、笑着说、觉得有理、和他相似、不像他、心肠好、今天除夕

　　加词性短语:大规模、关于这个问题、至于小李、高速度、在政策的保护下、为了孩子、超大型、关于未来、大屏幕、超一流

　　29. 又说又笑——联合短语/谓词性短语;客人不断——主谓短语/谓词性短语;派我们去——兼语短语/谓词性短语;品行高尚——主谓短语/谓词性短语;高尚品行——偏正短语/体词性短语;远距离——偏正短语/加词性短语;对于经济——介词短语/加词性短语;关于婚姻——介词短语/加词性短语;跑得快——谓词性短语/述补短语;走进去——谓词性短语/述补短语;愿意去——谓词性短语/偏正短语;希望去——谓词性短语/述宾短语;要求他来——谓词性短语/兼语短语;给他敬礼——谓词性短语/偏正短语;和她订婚——谓词性短语/偏正短语;自从春天——加词性短语/介词短语;讨饭吃——谓词性短语/连动短语;孩子的希望——体词性短语/偏正短语;祖国的期待——体词性短语/偏正短语;明天的召唤——体词性短语/偏正短语。

　　30. (1) 基地 建设 人员的 营地

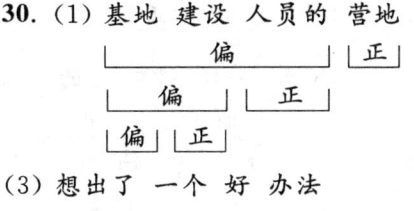

(2) 给我 留下了 深刻的 印象

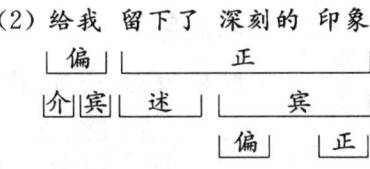

(3) 想出了 一个 好 办法

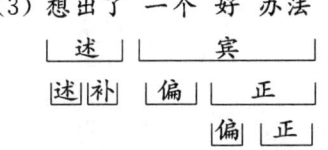

(4) 没有 来 客人

（5）总结　概括　一下　大意
　　　　|___述___|　|_宾_|
　　　|___述___|_补_|
　　　|_联_|_合_|

（6）最　满意的　方案
　　　|_偏_|　|_正_|
　　　|偏_|_正_|

（7）做　一个　有　创新　意识的　学者
述	_____宾_____
_偏_	_____正_____
___偏___|　|_正_
述_	_宾_
偏_	_正_

（8）走　自己的　路
　|述|　|_宾_|
　　|偏_|_正_|

（9）为　小朋友　服务
　　|__偏__|　|_正_|
　|介|_宾_|

（10）上海的　新兴　产业
　　　|_偏_|　|__正__|
　　　　　|偏_|_正_|

（11）大熊猫的　故乡　中国
　　　　|__同__|　|_位_|
　　　|_偏_|　|_正_|

（12）研究　语法的　方法
　　　　|__偏__|　|_正_|
　　　|述_|_宾_|

（13）一件　崭新的　衬衫
　　　|_偏_|　|__正__|
　　　　　|_偏_|_正_|

（14）一扇　新式　大　铁门
_偏_		__正__
_偏_	_正_
偏_	_正_

（15）我　孩子的　同学
　　　|_偏_|　|_正_|
　　　|偏_|_正_|

（16）学校　老师的　孩子
　　　|__偏__|　|_正_|
　　　|偏_|_正_|

（17）朋友　送的　一对　花瓶
　　　|__偏__|　|___正___|
　　　|主_|_谓_|　|_偏_|_正_|

（18）一只　朋友　送的　花瓶
_偏_		___正___
__偏__		_正_
主_	_谓_

(19) 未来 战争的 策略
　　　 偏　　　　　 正
　　偏　 正

(20) 他的 一件 新 买的 大衣
　　偏　　　　　　　 正
　　　　偏　　　　 正
　　　　　　 偏　　 正
　　　　　偏 正

(21) 健康 长寿的 灵芝草
　　　 偏　　　　 正
　　联　 合

(22) 看 不 准 形势
　　　 述　 宾
　　述 补
　　偏 正

(23) 帮 小王一下
　　　 述　 补
　　述 宾

(24) 台上 坐着 主席团
　　 主　　 谓
　　　　 述　 宾

(25) 说 清楚 问题
　　　 述　　 宾
　　述 补

(26) 坐 车 回家
　　　 连　 动
　　述 宾 述 宾

(27) 求 他 帮忙
　　述 宾
　　　 主 谓

(28) 指挥 群众 转移
　　　 述　 宾
　　　　 主 谓

(29) 多 快 好 省
　　联　　　 合

(30) 去 广州 找 小王 办事
　　　 连　　　 动
　　述 宾 述 宾
　　　　　 主 谓

(31) 要求 我们 俩 按时 去 广州
　　　 述　 宾
　　　　 主　　　 谓
　　　 同 位 偏　　 正
　　　　　　 述 宾

(32) 他 喜欢 吃 西餐
　　主　　 谓
　　　 述　 宾
　　　　 述 宾

(33) 首都 北京的 风貌
　　　 偏　　　 正
　　同 位

(34) 必须 说明 词类的 用法
　　　 偏　　　 正
　　　 述　　　 宾
　　　　 偏　　 正

(35) 小张的 孩子 和小王 的孩子
　　　└─联─┘　　　└─合─┘
　　 偏　　正　　　偏　　正

(36) 面向 四个 现代化
　　 述 │ 宾
　　　　偏 │ 正

(37) 给 他 许多 钱
　　 述 │ 宾
　　 述 宾 偏 正

(38) 给 小张 送行
　　 偏 │ 正
　　 介 │ 宾

(39) 向 战士 敬礼
　　 偏 │ 正
　　 介 宾

(40) 激战 无名 高地
　　 述 │ 宾
　　　　偏 │ 正

(41) 那些 关于 我们 民族 历史的 教科书
　　 偏 │ 　　　　　正
　　　　 偏 　　　　　正
　　　　 介 │ 　宾
　　　　　　 偏 │ 正
　　　　　　 偏 │ 正

(42) 我的 老 邻居 张大爷
　　　　同　　　　位
　　 偏 │ 正
　　　　偏 │ 正

(43) 他 被 坏人 打了
　　 主 │ 谓
　　　　偏 │ 正
　　　　介 │ 宾

(44) 他 把 逃犯 抓 回来了
　　 主 │ 谓
　　　　偏 │ 正
　　　　介 宾 述 补

(45) 他 同意 我们 去
　　 主 │ 谓
　　　　述 │ 宾
　　　　　　主 谓

(46) 有 个 年轻人 叫 小辉
　　 述 │ 宾
　　　　主 │ 谓
　　　　偏 正 述 宾

31. (1) a. 他的爸爸和妈妈的三位朋友

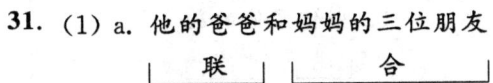

b. 他的爸爸和妈妈的三位朋友

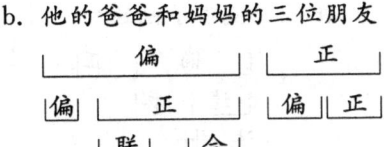

(2) a. 热爱群众的军队

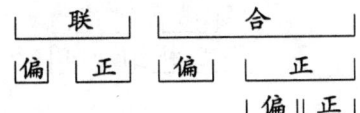

b. 热爱群众的军队

述｜宾　偏｜正

(3) a. 三个报社的记者和编辑

偏｜正　偏｜正　联｜合

b. 三个报社的记者和编辑

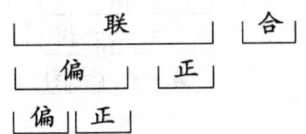

c. 三个报社的记者和编辑

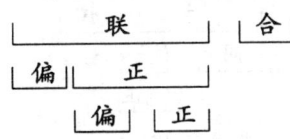

d. 三个报社的记者和编辑

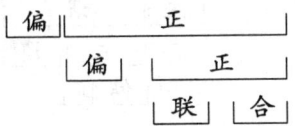

e. 三个报社的记者和编辑

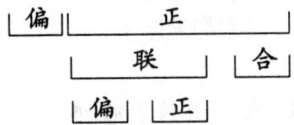

(4) a. 看打乒乓球的儿子

述｜宾　偏｜正　述｜宾

b. 看打乒乓球的儿子

偏｜正　述｜宾　述｜宾

(5) a. 对老张的意见

介｜宾　偏｜正

b. 对老张的意见

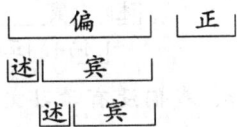

(6) a. 咬伤了他的狗
　　　 |　偏　| |　正　|
　　　 |　述　| 宾 |
　　　 |述||补|

b. 咬伤了他的狗
　　　 |　述　| |　宾　|
　　　 |述||补| |偏| |正|

(7) a. 反对拍马屁的老王
　　　 | 述 || 　宾 　|
　　　　 |　偏　| |　正　|

b. 反对拍马屁的老王
　　　　 |　偏　| |　正　|
　　　 | 述 || 宾 |

(8) a. 许多同学送来的礼物
　　　 |　　偏　　| |　正　|
　　　 |　主　|| 谓 |
　　　 |偏||正||述||补|

b. 许多同学送来的礼物
　　　 |　偏　| |　正　|
　　　　 |　偏　| |　正　|
　　　　 |主||谓|
　　　　　 |述||补|

(9) a. 他们三个人一组
　　　 |　主　|| 　谓 　|
　　　　 |　主　|| 谓 |
　　　　 |偏|正|

b. 他们三个人一组
　　　 |　　主　　| 谓 |
　　　 |同| |位|
　　　　 |偏|正|

(10) a. 我做不好
　　　 |主|| 谓 |
　　　　 |述||补|
　　　　 |偏|正|

b. 我做不好
　　　 |主|| 谓 |
　　　 |主||谓||偏|正|

(11) a. 忘了喂孩子的奶
　　　 |述| |　宾　|
　　　　 |述|| 宾 |
　　　　 |　偏　| |　正　|

b. 忘了喂孩子的奶
　　　 |述|| 　宾 　|
　　　　 |　偏　| |　正　|
　　　　 |述||宾|

(12) a. 我们没有学习文件
　　　 |　主　|| 　谓 　|
　　　　 |　偏　|| 正 |
　　　　　 |述||宾|

b. 我们没有学习文件
　　　 |　主　|| 　谓 　|
　　　　 |　述　|| 　宾 　|
　　　　　 |　偏　|| 正 |

(13) a. 一个工人的想法
　　　 |　偏　|| 　正 　|
　　　　 |　偏　|| 正 |

b. 一个工人的想法
　　　 |　偏　| |　正　|
　　　 |偏||正|

（14）a. 安徽和山东的部分地区　　b. 安徽和山东的部分地区

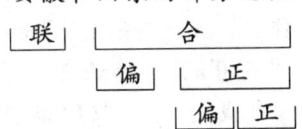　　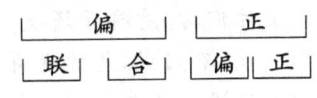

（15）a. 关于批判继承问题的讨论　　b. 关于批判继承问题的讨论

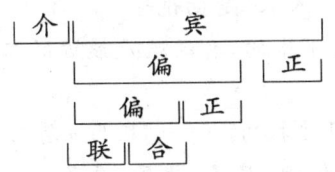　　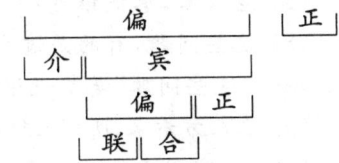

32. （1）昨天来了几位客人。（2）在上个月这里逃走了两个嫌疑犯。（3）公园里栽着几棵大香樟树。（4）电影院里挤满了观众。（5）现在班上又来了两个新生。（6）草坪上撑开了几把五颜六色的伞。——以上是存现句

（7）这道题你们不应该忘记。（27）小张脾气很好。（28）今天的课你来上。（29）走的时候他一句话也没说。——以上是主谓谓语句

（8）校长笑着和我们握手。（11）现在你有时间学习。（12）他买票请张顺看电影。（13）部长同志经常深入铁路现场办公。（14）他离开美国赴英国留学。（23）小张流着眼泪对我诉说衷肠。——以上是连动句

（9）小王抱怨妻子走得太慢了。（17）我已经通知小王开会。（19）老师叫我唱一首歌。（21）骄傲很容易使人失败。（22）一种必胜的信心促使他战胜了难以克服的困难。——以上是兼语句

（15）我昨天赊了他两斤盐。（18）大家都骂他马屁精。（16）县长告诉了我们那个消息。（20）老师教我们一首新歌。——以上是双宾语句

（24）他的欺诈行为终于被警察发现了。（25）他的意见被接受了。——以上是"被"字句

（10）她不相信万里长城竟能压着她丈夫的身体。——主谓短语做宾语句

（26）旧社会不把人当人。——"把"字句

33. （1）新疆，我们知道那是一个充满神奇的地方。——"新疆"是复说语

（2）他只有两个好朋友：李芳和张兵。——"李芳和张兵"是复说语

（3）归根结底，我们是一定会取得胜利的。——"归根结底"是插

说语

（4）你们呀,看样子还没有找到工作吧。——"看样子"是插说语

（5）钱,不用说,是你赚得多。——"不用说"是插说语

（6）他买了两本小说:《红楼梦》和《围城》。——"《红楼梦》和《围城》"是复说语

（7）老人家,您找谁呀?——"老人家"是插说语

（8）这些问题,有的是过去积攒下来的,有的就是最近的工作失误造成的。——"这些问题"是复说语

（9）在西方看来,所谓人权是高于主权的。——"在西方看来"是插说语

（10）城市男青年有四大难题:位子、房子、票子、妻子。——"位子、房子、票子、妻子"是复说语

（11）这次选拔,正如主管部门所言,是非常苛刻的。——"正如主管部门所言"是插说语

（12）你那个朋友,说句公道话,我看并不怎样。——"说句公道话"是插说语

34. （1）a. 张华已经回来了。b. 已经回来了,张华。——是同一句型,倒装不影响句型。

（2）a. 老李离开了吗? b. 老李离开了。——是同一句型,语气因素不影响句型。

（3）a. 苏州风景很优美。b. 苏州的风景很优美。——不是同一句型,a句是主谓谓语句,b句是一般主谓句。

（4）a. 我们的队伍壮大了。b. 我们壮大了队伍。——不是同一句型,a句是形容词谓语句,b句是动词(述宾)谓语句。

（5）a. 衣服已经破了。b. 小王的衣服已经破了。——是同一句型,成分的扩展不影响句型。

（6）a. 孩子去看电影了。b. 孩子没有去看电影。——是同一句型,成分的扩展不影响句型。

（7）a. 我买了一本《红与黑》。b. 他也买了一本。——是同一句型,省略不影响句型。

（8）a. 台上坐着主席团。b. 主席团坐在台上。——不是同一句型,a句是存现句,b句是一般动词谓语句。

（9）a. 我们打败了对手。b. 我们把对手打败了。——不是同一句型,

a 句是一般动词谓语句,b 句是"把"字句。

(10) a. 青菜五毛钱一斤。b. 青菜一斤五毛钱。——是同一句型,词语的替换不影响句型。

(11) a. 嫌疑犯失踪了。b. 据说,嫌疑犯失踪了。——是同一句型,增添特殊成分不影响句型。

(12) a. 我们去看望了老师。b. 刚才,我们去看望了老师。——是同一句型,扩展不影响句型。

(13) a. 考场里走出了一些学生。b. 从考场里走出了一些学生。——不是同一句型,a 句是存现句,b 句是非主谓句。

35. (1) 明后天人民广场有演出。——"明后天"是状语,"人民广场"是主语。

(2) 明天是她的生日。——"明天"是主语。

(3) 教室里又来了一位新同学。——"教室里"是主语。

(4) 黑板上老师写了许多练习题。——"黑板上"是状语。

(5) 在我们那里每个星期天都有讲座。——"在我们那里"是状语,"每个星期天"是主语。

(6) 下星期天小张要回家了。——"下星期天"是状语。

(7) 今天在主席台上坐着许多客人。——"今天"是主语,"在主席台上"是状语。

(8) 那一年邢台发生了大地震。——"那一年"是状语,"邢台"是主语。

(9) 明天中午我等你的回话。——"明天中午"是状语。

36. (1) 论文我还没写好。——受事主语

(2) 这部小说主题鲜明。——关涉主语(中性)

(3) 张兴正埋头苦读。——施事主语

(4) 一天才 24 个小时呀!——关涉主语(中性)

(5)《子夜》我们最近没有卖过。——受事主语

37. (1) 树上掉下来一个桃子。——施事宾语

(2) 一个标准间可以住 3 个客人。——施事宾语

(3) 敦煌文献的发现有着极其重要的学术价值。——关涉宾语

(4) 孩子们已经做好作业了。——受事宾语

(5) 警察已经抓住了盗窃犯。——受事宾语

(6) 他家来几位客人了。——施事宾语

38. (1) 同学们都喜欢他。——体词性宾语

(2) 司务长通知我们食堂开饭了。——近宾语是体词性宾语,远宾语是谓词性宾语,双宾语

(3) 你打算明天去哪里呢?——谓词性宾语

(4) 大家赞成这个计划。——体词性宾语

(5) 大家赞成他出国留学。——谓词性宾语

(6) 武警战士赠送给他许多书。——体词性宾语/双宾语

39. (1) 那位同学来自云南。——"云南"是宾语。

(2) 小王馒头能吃三个。——"三个"是宾语。

(3) 他来看望我一次。——"我"是宾语,"一次"是补语。

(4) 孩子们拿起书来了。——"书"是宾语,"起……来"是补语。

(5) 这孩子出生于 1970 年。——"1970 年"是宾语。

(6) 汽车停在操场上。——"操场上"是宾语(案:"来自云南"、"生于 1970 年"、"停在操场上"等,不少著作认为"自云南"、"于 1970 年"、"在操场上"等是介词短语做补语)。

(7) 今年他已经去广州三趟了。——"广州"是宾语,"三趟"是补语。

40. (1) 连动短语套兼语短语句:老王乘飞机去上海请王教授来做报告。

(2) 兼语短语套连动短语句:经理派小芳去商店买礼物。

(3) "有"字连动句:华亭路市场有许多小商品出售。"有"字兼语句:高家庄有个姑娘叫高玲。

(4) 表示判断的"是"字句:茅盾是浙江人。

(5) 表示强调的"是"字句:小王是没有说过这类话。

41. (1) 这孩子把打工赚来的钱都交给妈妈了。——打工赚来的钱这孩子都交给妈妈了。

(2) 我们认为这个方案不切实际。——这个方案我们认为不切实际。

(3) 这个人的品行很好。——这个人品行很好。

(4) 在这次英语考试中,他得了第一名。——这次英语考试他得了第一名。

(5) 他们不同意小李去海南。——小李去海南他们不同意。

42. (1) 老师在这堂课上,主要讲了语言的起源。——单句

(2) 不管谁都不能不遵守规章制度。——单句

(3) 只要不下大雨,我就去接你。——复句

（4）无论世界风云如何变化,我们都要坚持改革开放的国策。——复句

（5）路两边,你瞧,都是近来栽种的小白杨树。——单句

（6）老王有两个孩子,一个在国内工作,另一个在美国读书。——复句

（7）一切为人民服务,是我们的行动准则。——单句

（8）早晨,他背起书包,沿着蜿蜒曲折的小路上学去了。——复句

（9）行李太多,得向脚夫交些小费才过得去。——复句

（10）李老师带着一群小学生,很艰难地向山顶爬去。——复句

（11）这件事,照西方的观点看,是有点不可理解。——单句

（12）未来是美好的,这是我们大多数人的良好愿望。——复句

（13）离别的歌声,是回忆的歌声,祝福的歌声,极为热烈的互相勉励的歌声。——单句

（14）职位无论高低,都是为人民服务的。——单句

（15）只有言之无物的文章,才会没有读者。——单句

（16）这孩子喜欢自学,喜欢一个人思考问题,喜欢问各种离奇的话。——复句

（17）这种发明,不仅在国内,就是在国外,也是难得一见的。——单句

（18）即使有了钱,也不能随便花。——复句

（19）升学考试使他承受了巨大的压力。——单句

（20）那是个晴朗的上午,没有一丝云。——复句

43.（1）家乡的水是甜的,家乡的山是美的,家乡的人更是善良的。——并列复句

（2）他打起背包,挤上小火车,只身来到了大都市。——连贯复句

（3）他不但能吟诗、作画,而且还能唱京剧,甚至厨艺据说也很高。——递进复句

（4）他不在车间,就在办公室,要不就在门市部里。——选择复句

（5）天气暖和起来了,孩子们又出来做游戏了。——连贯复句

（6）老人们都玩得很开心,更不必说孩子们了。——递进复句

（7）或者你到上海,或者他到南京,或者你们都回来。——选择复句

（8）他是忘了不来,还是故意不来?——选择复句

（9）你这样做太慢了,还不如他那样做来得快。——选择复句

（10）你这样做不但不能解决问题,反而会影响团结。——递进复句

（11）不管谁来,他都按制度办事。——假设条件复句

(12) 假如你认为有用的话,我立即去办。——假设条件复句

(13) 因为他有丰富的知识做基础,所以他的课上得精彩。——因果复句

(14) 纵然你不能亲自来,总应该给我们打个电话吧。——让步复句

(15) 就算我不是什么栋梁之材,可也是北京大学的毕业生呀。——让步复句

44. (1) 我们不管读什么书,‖ 都必须认真地去读,‖‖ 不仅了解书的
　　　　　　　　　　　假设条件　　　　　　　　　　　　并列
内容,‖‖‖ 而且要通过书的内容去了解其反映的时代和社会,| 否则就不能
　　递进　　　　　　　　　　　　　　　　　　　　　　　　　假设条件
算读懂读透。

(2) 他后来还托他的父亲带给我一包贝壳和几支很好看的鸟毛,‖ 我
　　　　　　　　　　　　　　　　　　　　　　　　　　　　　并列
也曾送他一两次东西,| 但从此没有再见面。
　　　　　　　　转折

(3) 如果没有氧气,‖‖‖ 光有氢气,‖ 或者光有氢气,‖‖‖ 没有氧气,
　　　　　　　　并列　　　　　　选择　　　　　　　　并列
| 都不能生成水。
假设条件

(4) 如果我们只把过去的一些文件逐字逐句照抄一通,| 那就不能解
　　　　　　　　　　　　　　　　　　　　　　　　假设条件
决任何问题,‖ 更谈不上正确地解决什么问题。
　　　　递进

(5) 大约潭是很深的,‖ 故能蕴蓄着这样奇异的绿;| 仿佛蔚蓝的
　　　　　　　　　因果　　　　　　　　　　　连贯
天融了一块在里面似的,‖ 这才这般的鲜润呀。
　　　　　　　　连贯

(6) 如果我们既放下了包袱,‖‖‖ 又开动了机器,‖ 既是轻装,‖‖‖ 又
　　　　　　　　　　　　并列　　　　　　　　并列　　　　　　并列
会思索,| 那我们就会胜利。
　　　假设条件

(7) 虽然是满月,‖‖‖ 天上却有一层淡淡的云,‖ 所以不能朗照;|
　　　　　转折　　　　　　　　　　因果　　　　　　　转折
但我以为这是到了好处。

(8) 即使人们疑心,| 也只能怀疑他是新到城里来的乡下佬儿,‖‖‖
　　　让步　　　　　　　　　　　　　　　　　　　　　　连贯
大概不认识路,‖ 所以讲不出价钱来。
　因果

(9) 今日虽然是五月初一,| 但高山中的夜晚仍有点轻寒侵人,‖
　　　　　　　　　　　　转折　　　　　　　　　　　　　因果
所以着一堆火也使周围的人们感到温暖和舒服。

(10) 朋友,天山的羊美景物何止这些,| 天山绵延几千里,‖‖‖ 不论
　　　　　　　　　　　　　　　连贯　　　　　　　　连贯

高山、深谷，不论草原、森林，不论溪流、湖泊，处处有丰饶的物产，‖‖‖ 处处
有奇丽的美景，‖ 你要我说可真说不完。

（11）广聚见他的话头又不对了，‖ 也不敢强叫，｜ 可是又想听听他
们谈些什么，‖ 因此也不愿走开，‖‖‖ 就站在圈外。

（12）这个院子，虽然并不气派，‖ 甚至连一条平坦的路也没有，‖‖‖
下雨天到处是水塘和泥坑，｜ 但却时有漂亮的卧车驶入，‖ 都是找人事
局那位科长的。

（13）一篇好的文章或一篇演说，如果是重要的带指导性质的，　　‖
总得要提出一个什么问题，‖‖‖ 接着加以分析，‖‖‖ 然后综合起来，‖‖‖ 指明
问题的性质，‖‖‖‖ 给以解决的办法，｜ 这样，就不是形式主义的方法所能济
事。

（14）唱歌的时候，一队有一个指挥，｜ 指挥多半是多才多艺的，‖
既能使自己的队伍唱得整齐有力，‖‖‖‖ 唱得精彩，‖‖‖ 又有办法激励别的队
伍唱了再唱，‖‖‖‖ 唱得尽兴。

45.（1）介词、动词；（2）副词、介词；（3）名词、形容词；（4）形容
词、名词；（5）动词、介词；（6）名词、形容词；（7）动词、副词；（8）
助词、副词；（9）介词、动词；（10）代词、副词；（11）副词、动词；
（12）名词、副词；（13）动词、副词、介词；（14）连词、介词；（15）动
词、动词；（16）助词＋语气词、语气词、助词；（17）助词、语气词、语气
词；（18）助词＋语气词、助词＋语气词。

46.（1）第一个"教训"是名词，第二个是动词，意义上有联系，是兼类
词。

（2）第一个"别"是动词，第二个副词，第三个也是动词，但这三个"别"
在意义上没有联系，是同音词。

（3）"实用主义"是名词，第一句中活用为形容词，属于词类活用。

（4）第一个"打"是介词，第二个是动词，前两个是同音词；第三个"打"
是量词，念"dá"，与前两个是形同音异的关系。

(5) 第一个"会"是名词,第二个是动词,意义上没有联系,是同音词。

(6) "佩服"这类动词既可以带宾语,又可以受"很"修饰,是其他情况。

(7) 第一个"坚定"是形容词,第二个是动词,意义上有联系,是兼类词。

(8) 第一个"一样"是个量词短语,和后两个"一样"不同,只能属于其他情况;第二个"一样"是形容词,第三个是助词,二者在意义上也有联系,是兼类词。

(9) 第一个"背"念"bèi",第二个念"bēi",虽然意义上有联系,但因为读音不一样,不是兼类词,只是形同音异。

(10) 第一个"对"是动词,第二个是介词,二者在意义上也有联系,是兼类词;第三个"对"是量词,与前两个"对"意义上没有联系,是同音词。

47. (1) 主谓短语、述宾短语、偏正短语、偏正短语

(2) 主谓短语、述宾短语、偏正短语、偏正短语

(3) 联合短语、偏正短语、联合短语、联合短语

(4) 同位短语、偏正短语、偏正短语、偏正短语

(5) 主谓短语、量词短语、述宾短语

(6) 主谓短语、偏正短语、述补短语、述补短语

(7) 述补短语、偏正短语、主谓短语、述补短语

(8) 主谓短语、述宾短语、"的"字短语、述宾短语

(9) 述宾短语、述宾短语、主谓短语、偏正短语

(10) 述补短语、述宾短语、述补短语、述宾短语

(11) 述宾短语、偏正短语、连动短语、述宾短语

(12) 兼语短语、兼语短语、兼语短语或偏正短语、偏正短语

(13) 联合短语、连动短语、联合短语、连动短语

(14) 连动短语、偏正短语、兼语短语、联合短语

(15) 联合短语、连动短语、连动短语

48. (1) 花儿为什么这样红

(2) 你去动员他留下来看戏

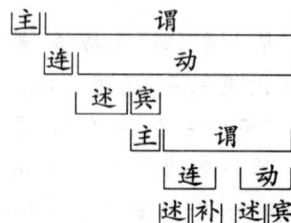

（3）不知道他会不会答应让你去

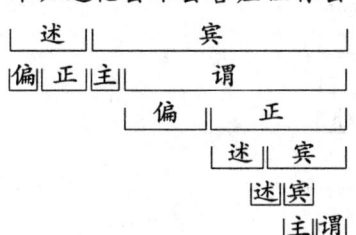

（4）浓郁的充满乡土味的生活气息

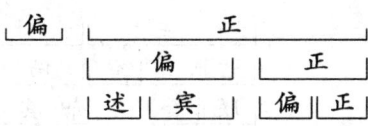

（5）学校里希望张先生参加去北京的旅游团

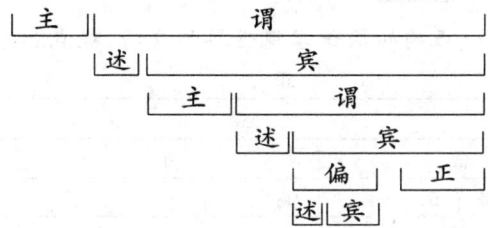

（6）我认真地看两遍

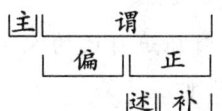

（7）思想教育他十分重视

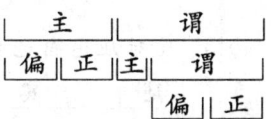

（8）上街打扫环境做好事

（9）组织上调他来这儿工作

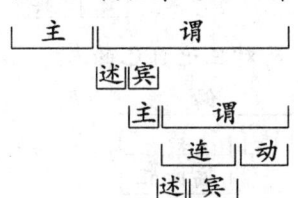

（10）我们一定和他们搞好团结

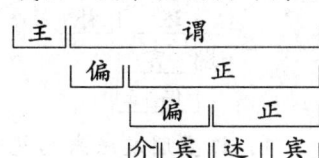

(11) 小李小张两人把教室打扫干净

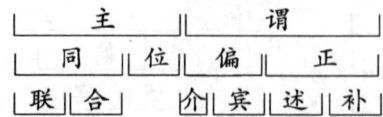

（主：同位（联合）、偏（介宾）、谓：正（述、补））

(12) 一篇具有说服力的好文章

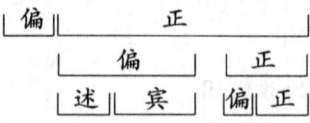

（偏、正：偏（述、宾：偏正）、正）

(13) 为我们提供了唯一正确的认识客观世界的立场、观点和方法

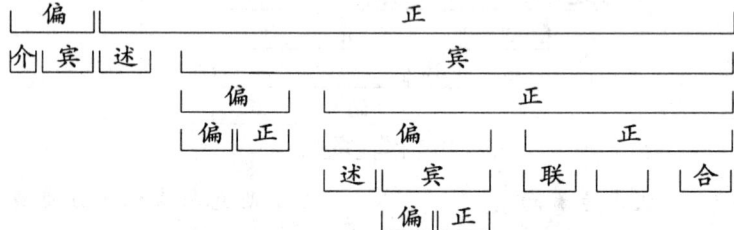

49. (1) a. 反对压迫自己的人　　b. 反对压迫自己的人

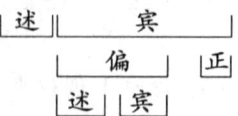　　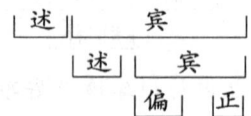

c. 反对压迫自己的人

（偏、正：述、宾：偏正）

(2) a. 拿五块钱出来　　b. 拿五块钱出来

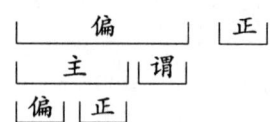　　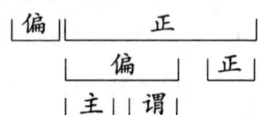

(3) a. 许多朋友送来的礼物　　b. 许多朋友送来的礼物

（4）a. 哥哥和弟弟的朋友　　　　　　b. 哥哥和弟弟的朋友
　　　　　[偏]　[正]　　　　　　　　　[联]　[合]
　　　　[联]　[合]　　　　　　　　　　　[偏]　[正]

（5）a. 对她的无限深情　　　　　　　　b. 对她的无限深情
　　　　[介]　[宾]　　　　　　　　　　[偏]　[正]
　　　[偏]　[正]　　　　　　　　　[介][宾]　[偏]　[正]
　　　　[偏]　[正]

（6）a. 准备了两年的食物　　　　　　　b. 准备了两年的食物
　　　　[偏]　[正]　　　　　　　　　　[述]　[宾]
　　　[述]　[补]　　　　　　　　　　　　[偏]　[正]

（7）a. 关于他的事情　　　　　　　　　b. 关于他的事情
　　　　[介]　[宾]　　　　　　　　　　[偏]　[正]
　　　[偏]　[正]　　　　　　　　　　[介][宾]

（8）a. 赞扬青年学生的作品　　　　　　b. 赞扬青年学生的作品
　　　　[偏]　[正]　　　　　　　　　　[述]　[宾]
　　　[述]　[宾]　　　　　　　　　　　　[偏]　[正]
　　　　[偏]　[正]　　　　　　　　　　　[偏]　[正]

（9）a. 三个商店的营业员　　　　　　　b. 三个商店的营业员
　　　　[偏]　[正]　　　　　　　　　　[偏]　[正]
　　　　[偏]　[正]　　　　　　　　　　[偏]　[正]

（10）a. 其他学校和单位负责人　　　　b. 其他学校和单位负责人
　　　　[偏]　[正]　　　　　　　　　　[偏]　[正]
　　　　　[偏]　[正]　　　　　　　　　[联]　[合]
　　　　[联]　[合]　　　　　　　　　[偏]　[正]

　　c. 其他学校和单位负责人　　　　d. 其他学校和单位负责人
　　　　[联]　[合]　　　　　　　　　　[偏]　[正]
　　　[偏]　[正]　[偏]　[正]　　　　[偏]　[正]
　　　　　　　　　　　　　　　　　　　[联]　[合]

50. （1）非主谓句/动词句　　　　（2）动词谓语句

（3）动词谓语句　　　　　　　（4）非主谓句/名词句

（5）动词谓语句（述宾）　　　（6）形容词谓语句

（7）动词谓语句　　　　　　　（8）动词谓语句（兼语）

（9）主谓谓语句　　　　　　　（10）形容词谓语句

（11）名词谓语句　　　　　　　（12）主谓谓语句

（13）动词谓语句　　　　　　　（14）动词谓语句（述补）

（15）非主谓句/名词句

51.

（1）①‖②‖‖③丨④‖⑤‖⑥
　　（让步）（假设条件）（转折）（因果）（假设条件）

（2）①‖②丨③‖④丨⑤‖⑥‖‖⑦
　　（让步）（转折）（因果）（转折）（假设条件）（假设条件）

（3）①‖‖②丨（假设条件）③‖④‖⑤（假设条件）⑥‖‖⑦
　　（并列）（假设条件）（并列）（并列）（假设条件）（并列）

（4）①‖‖②‖‖③丨④‖⑤丨⑥丨⑦‖⑧
　　（并列）（并列）（转折）（并列）（转折）（因果）（并列）

（5）①‖②丨③‖④
　　（并列）（假设条件）（并列）

（6）①（假设条件）②（并列）③（假设条件）④丨⑤‖⑥
　　（假设条件）（并列）（假设条件）（并列）（假设条件）

（7）①‖‖②丨③丨④
　　（并列）（转折）（因果）

（8）①‖②丨③丨④‖⑤丨⑥
　　（假设条件）（递进）（并列）（让步）（连贯）

（9）①丨②‖③丨④‖‖⑤
　　（转折）（因果）（并列）（并列）

（10）①‖‖②‖③丨④‖‖⑤‖⑥⑦
　　（并列）（因果）（转折）（并列）（因果）（并列）

九、改错题

1. 他又十分技巧地把接头暗号送了出去。

2. 只有打通这条路,河南才能真正相连接安徽。

3. 你应当珍贵我们来之不易的友谊。

4. 经理已经过目了这个新的改革方案。

5. 伊朗和解了伊拉克。

6. 我对来信的同学非常感谢,感谢你们纠正了我的错误。

7. 这次学术讨论会9月25日由学会会长主持下进行。

8. 片中对狐狸的狡黠、老狼的残暴、青年猎人的怯懦、老猎人的机智勇敢,也由于美术片的艺术特点,都惟妙惟肖地得到了充分的表现。

9. 山西铜的蕴藏量是我国最丰富的地区之一。

10. 没想到他连我也不认识。

11. 天亮以后,突然下起了一场狂风暴雨。

12. 神农、黄帝、尧、舜等是夏朝以前传说中的我国古代有名的帝王。

13. 天天电脑广场今日展销世界各种品牌、价位的电脑一应俱全。

14. 他把"文革"期间的遭遇启发同学们的改革开放觉悟。

15. 他把一本书买回来了。

16. 我们仍然有一些同志继续战斗在北大荒上。

17. 我们被困难不能吓倒。

18. 这次去旅游,或者坐火车,或者乘飞机,大家还没有商量好。

19. 这部作品尽管写的是农民,却也比较好地表现了广大农民的愿望。

20. 作者把文章写得零零散散,没有突出的中心思想,因而没有把握好主题思想。

21. 如果遇上不好的天气,你们也要照常工作。

22. 王老师买了许多笔、纸、橡皮擦、尺子和文具送给家庭经济情况不好的学生。

23. 这幢房子一共只有两层,我家住两楼,他家住底楼。

24. 上海港是一个天然河港口,港域长六十公里,码头总长一万两千米左右。

25. 建设现代化的祖国,要靠你们这一些青年一代。

26. 这些材料都是刚才整理过和分了类的。

27. 远处教学大楼还闪着灯光,他便向那里走来。

28. 智力测试对诸如艺术和科研等需要独创性的领域中,它是不胜任的。

29. 上次从你校借来的讲义,目前正在进行打印,大约星期一前可以发到同学手中。

30. 通过他的教学经验的报告,使我深切地感到教育事业是崇高的。

31. 在人类掌握了最新的科学技术的今天,已经能够揭穿月球的奥秘了。

32. 同学们争分夺秒,坚持不懈地为祖国早日实现四个现代化。

33. 天安门的灯火辉煌,更显得雄伟壮丽。

34. 祖国的山河,汹涌澎湃。

35. 东风吹来,月光、树影一齐晃动起来。

36. 人民解放军的英勇善战,是世界上第一流的军队。

37. 我们应提倡为四化而发奋学习的精神和做法。

38. 今年下半年,我们学校光荣退休了两位老教师。

39. 我们要搞好交通安全月的宣传工作,达到保障交通安全。

40. 大家所提的意见,被他完全接受了。

41. 在奥运会上,被他打破了三项世界记录。

42. 一位解放军战士急忙脱下他的上装裹在被救起的孩子身上。

43. 黄山的云海迷住游客摄下了一幅幅奇特的景象。

44. 迅速提高学生的写作水平,这是一个语文教师普遍关心的问题。

45. 这部新闻纪录片映出了二千年前新出土的珍贵文物。

46. 外宾对我国的民间艺术,特别是工艺美术的成就,高度给予评价。

47. 你只要沿着肇嘉浜路林阴大道朝西,就可以到达上海气象台。

48. 他几十年如一日,把毕生的精力倾注在党的教育事业上了。

49. 我厂试制的新产品,已被投放到市场上了。

50. 他们开创了建筑施工的新局面,半年竣工一座二十八层的高层建筑。

51. 在抢险防洪的战斗中,经过四个多小时惊心动魄地和洪水搏斗,同志们奋不顾身地跳进了汹涌澎湃的激流,保住了大坝,战胜了洪水。

52. 硝酸见光容易发生分解,因此为了避免见光引起分解,所以把它放在棕色瓶子里。

53. 他把我们带到了家里,受到了热情款待。

54. 李自成乘着敌人惊慌,接着又射一箭,从那个走在前边的小校的喉咙穿过,登时倒下马去。

55. 全厂没有一个人不认为今年能全面完成国家计划不是干部群众共同奋斗的结果。

答案:

1. 他又十分技巧地把接头暗号送了出去。——"技巧"是名词,不能做状语,也不能受程度副词"十分"修饰,可改为"巧妙"。

2. 只有打通这条路,河南才能真正相连接安徽。——"相连接"不能带宾语,整句可改为"只有打通这条路,河南才能跟安徽真正相连接"。

3. 你应当珍贵我们来之不易的友谊。——"珍贵"是形容词,不能带宾语,可改为"珍惜"。

4. 经理已经过目了这个新的改革方案。——"过目"是不及物动词,不能带宾语,可改为"审阅"。

5. 伊朗和解了伊拉克。——"和解"是不及物动词,不能带宾语,整句可改为"伊朗和伊拉克和解了"。

6. 我对来信的同学非常感谢,感谢你们纠正了我的错误。——把"你们"改为"他们",这里暗中更换了人称。

7. 这次学术讨论会 9 月 25 日由学会会长主持下进行。——"由……下"不能搭配,可去掉"下",另外,"进行"最好改为"召开"。

8. 片中对狐狸的狡黠、老狼的残暴、青年猎人的怯懦、老猎人的机智勇敢,也由于美术片的艺术特点,都惟妙惟肖地得到了充分的表现。——"对"引导的状语过长,以至忘记了主语,使句子缺少主语,可去掉"对"字。

9. 山西铜的蕴藏量是我国最丰富的地区之一。——"最"和"之一"矛盾,应删去一个,同时"蕴藏量"跟"地区"不能构成判断的前后项,因而整句可改为"山西是我国铜的蕴藏量最丰富的地区"。

10. 没想到他连我也不认识。——句子有歧义,整句可改为"没想到连我也不认识他"。

11. 天亮以后,突然下起了一场狂风暴雨。——宾语中的"狂风"跟"下起"不能搭配,整句可改为"天亮以后,突然刮起了狂风,下起了一场暴雨"。

12. 神农、黄帝、尧、舜等是夏朝以前传说中的我国古代有名的帝王。——"传说中"修饰的应该是"夏朝以前的我国古代有名的帝王",定语的语序位置不对,整句可改为"神农、黄帝、尧、舜等是传说中夏朝以前的我国古代有名的帝王"。

13. 天天电脑广场今日展销世界各种品牌、价位的电脑一应俱全。——该句把"天天电脑广场今日展销世界各种品牌、价位的电脑"和"天天电脑广场世界各种品牌、价位的电脑一应俱全"两个句子杂糅到一起,可只保留一句,也可改为"天天电脑广场今日展销世界各种品牌、价位的电脑,世界各种品牌、价位的电脑一应俱全"。

14. 他把"文革"期间的遭遇启发同学们的改革开放觉悟。——适应"把"字句的动词应该是动作性很强的动词,"启发"动作性较弱,可将"把"改为"用"。

15. 他把一本书买回来了。——"把"字句中"把"后的名词应是有定的,可将"一本"删去。

16. 我们仍然有一些同志继续战斗在北大荒上。——"仍然"的位置不对,应放在"继续"前面。

17. 我们被困难不能吓倒。——"被"字句中的否定词应放在"被"前面,所以"不能"应移到"被"字前面。

18. 这次去旅游,或者坐火车,或者乘飞机,大家还没有商量好。——本句隐含疑问,不能用"或者……或者"表示选择,"或者坐火车,或者乘飞机"应改为"是坐火车,还是乘飞机"。

19. 这部作品尽管写的是农民,却也比较好地表现了广大农民的愿望。——分句间不构成转折关系,应改为"这部作品写的是农民,比较好地表现了广大农民的愿望"。

20. 作者把文章写得零零散散,没有突出的中心思想,因而没有把握好主题思想。——"没有把握好主题思想"是原因,这里却用为结果,整句可改为"因为没有把握好主题思想,作者把文章写得零零散散,没有突出的中心思想"。

21. 如果遇上不好的天气,你们也要照常工作。——分句间不是充分条件关系,而是让步关系,可将"如果"改为"即使"。

22. 王老师买了许多笔、纸、橡皮擦、尺子和文具送给家庭经济情况不好的学生。——"笔"、"纸"、"橡皮擦"、"尺子"跟"文具"不能构成并列关系,它们实际上是包含关系,可将"和"改为"等"。

23. 这幢房子一共只有两层,我家住两楼,他家住底楼。——"两楼"改为"二楼",表序数。

24. 上海港是一个天然河港口,港域长六十公里,码头总长一万两千米左右。——大小单位连用,最小单位用"二",把"两"改为"二"。

25. 建设现代化的祖国,要靠你们这一些青年一代。——删"这一些"。量词不当。

26. 这些材料都是刚才整理过和分了类的。——联接动词用"并",把"和"改为"并"。

27. 远处教学大楼还闪着灯光,他便向那里走来。——趋向动词"来"改为"去"。

28. 智力测试对诸如艺术和科研等需要独创性的领域中,它是不胜任的。——介词"对"和方位词"中"不搭配,代词"它"复指"智力测试"也是不必要的,删去句子中的"中"和"它"。

29. 上次从你校借来的讲义,目前正在进行打印,大约星期一前可以发到同学手中。——成分多余,删去"进行"一词。

30. 通过他的教学经验的报告,使我深切地感到教育事业是崇高的。——"通过……"和"使……"都是介词短语,不能充当主语,删掉其中一个介词。

31. 在人类掌握了最新的科学技术的今天,已经能够揭穿月球的奥秘了。——介词短语不能单独充当主语,将介词"在"放在"人类"之后。

32. 同学们争分夺秒,坚持不懈地为祖国早日实现四个现代化。——缺少谓语,"为……"不能做谓语,在句后加"而努力"。

33. 天安门的灯火辉煌,更显得雄伟壮丽。——"灯火"不能"雄伟壮丽",主谓搭配不当,全句改为"天安门雄伟壮丽,灯火辉煌"。

34. 祖国的山河,汹涌澎湃。——主谓搭配不当,"山河"不能"汹涌澎湃",宜改为"雄伟壮丽"。

35. 东风吹来,月光、树影一齐晃动起来。——主谓搭配不当,"月光"不能"晃动",删去,全句改为"东风吹过,月光下的树影晃动起来"。

36. 人民解放军的英勇善战,是世界上第一流的军队。——"是"前后的成分搭配不当,改为"英勇善战的人民解放军,是世界上第一流的军队"。

37. 我们应提倡为四化而发奋学习的精神和做法。——"提倡"后应带谓词性宾语,改为"我们应提倡要为四化而发奋学习"。

38. 今年下半年,我们学校光荣退休了两位老教师。——"退休"不能带宾语,改为"今年下半年,我们学校有两位老教师光荣退休了"。

39. 我们要搞好交通安全月的宣传工作,达到保障交通安全。——"达到"要求带体词性宾语,改为"我们要搞好交通安全月的宣传工作,达到保障交通安全的目的"。

40. 大家所提的意见,被他完全接受了。——"被"字句运用不当,改为"大家所提的意见,完全被他接受了"。

41. 在奥运会上,被他打破了三项世界记录。——"被"字句运用不当,改为"在奥运会上,他打破了三项世界记录"。

42. 一位解放军战士急忙脱下他的上装裹在被救起的孩子身上。——结构杂糅,改为"一位解放军战士急忙脱下他的上装,把上装裹在被救起的孩子身上"。

43. 黄山的云海迷住游客摄下了一幅幅奇特的景象。——结构杂糅，改为"游客被黄山的云海所迷住，摄下了一幅幅奇特的景象"。

44. 迅速提高学生的写作水平，这是一个语文教师普遍关心的问题。——语序不当，改为"迅速提高学生的写作水平，这是语文教师普遍关心的一个问题"。

45. 这部新闻纪录片映出了二千年前新出土的珍贵文物。——语序不当，改为"这部新闻纪录片映出了新出土的二千年前的珍贵文物"。

46. 外宾对我国的民间艺术，特别是工艺美术的成就，高度给予评价。——语序不当，改为"外宾对我国的民间艺术，特别是工艺美术的成就，给予高度评价"。

47. 你只要沿着肇嘉浜路林阴大道朝西，就可以到达上海气象台。——介词短语不能作述语，改为"你只要沿着肇嘉浜路林阴大道朝西走，就可以到达上海气象台"。

48. 他几十年如一日，把毕生的精力倾注在党的教育事业上了。——"精力"不能"倾注"，改为"他几十年如一日，把毕生的精力放在党的教育事业上了"。

49. 我厂试制的新产品，已被投放到市场上了。——"被"字句运用不当，改为"我厂试制的新产品，已投放到市场上了"。

50. 他们开创了建筑施工的新局面，半年竣工一座二十八层的高层建筑。——"竣工"不能带宾语，改为"他们开创了建筑施工的新局面，一座二十八层的高层建筑半年就竣工了"。

51. 在抢险防洪的战斗中，经过四个多小时惊心动魄地和洪水搏斗，同志们奋不顾身地跳进了汹涌澎湃的激流，保住了大坝，战胜了洪水。——是连贯复句，但次序混乱，应改为："在抢险防洪的战斗中，同志们奋不顾身地跳进了汹涌澎湃的激流，经过四个多小时惊心动魄的搏斗，终于战胜了洪水，保住了大坝。"

52. 硝酸见光容易发生分解，因此为了避免见光引起分解，所以把它放在棕色瓶子里。——第二个分句是多余的，删去"因此……分解"分句。

53. 他把我们带到了家里，受到了热情款待。——后一分句与前一分句主语不同，后一分句加上主语，全句改为"他把我们带到了家里，我们受到了热情款待"。

54. 李自成乘着敌人惊慌,接着又射一箭,从那个走在前边的小校的喉咙穿过,登时倒下马去。——最后一个分句缺少主语,全句改为"李自成乘着敌人惊慌,接着又射一箭,从那个走在前边的小校的喉咙穿过,那小校登时倒下马去"。

55. 全厂没有一个人不认为今年能全面完成国家计划不是干部群众共同奋斗的结果。——三重否定,除去一个否定词,全句改为"全厂没有一个人认为今年能全面完成国家计划不是干部群众共同奋斗的结果"。

六、"修辞"部分综合训练

一、填空题

1. 修辞要研究的是如何有效地运用语言,运用语言的最基本的要求是( ),也就是把话说明白。

2. 说话写文章,是简是繁,是直陈还是婉言,是白描还是彩绘,都要依据( )加以选择,目的不明确,一味在词句上雕琢,只能贻笑大方。

3. 修辞这一术语,有时指修辞活动,有时指修辞规律,有时还指( )。

4. 修辞效果的好坏是以适应( )为第一原则的。

5. 语体可以分为两大类:( )和书面语体。

6. 文句的关联,从内容上讲应该有连贯性,语句内容的连贯有几种基本方式:凌空鸟瞰的方式、依次观览的方式、( )、互相依存的方式等。

7. 说话要突出重点,在句子里,新信息的重点叫( )。

8. 焦点有三种:( )、对比焦点、特指焦点。

9. 音长构成的节奏主要表现在声音的速度和( )上。

10. 用语音停顿划分出来的语言单位叫音步,在汉语里有两种不同性质的音步:奇音步和( )。

11. 音色构成的节奏主要表现在( )上。

12. 对偶有起句和对句两部分,这两部分要求( )、意义相关、结构相同或相似。

13. 错综主要有三种方式:更换字面、变更语序、( )变换。

14. "北国风光,千里冰封,万里雪飘。""将军百战死,壮士十年归。"等语句中,把完整的意思拆开叙述,理解时要把分述的部分看成整体,这种修辞方式一般叫( )。

15. 修辞格的综合运用可分为兼用、( )和套用。

16. 比喻一般由本体、( )和比喻词语组成。

17. 文句的关联,从内容上讲应该有连贯性,从形式上讲,必须是( )。

18. 平声和仄声的特点分别为( ),平仄相间,声调抑扬顿挫,听起来十分悦耳。

19. 音长构成的节奏主要表现在声音的( )和停顿方面。

20. 借喻的基础是事物之间的相似性,借代的基础是事物之间的( )。

21. 抓住事物特征,故意言过其实,做夸大或缩小的描写,以提高表达效果,这种辞格叫做( )。

22. 在一定的语言环境中,借助语言或语义的联系,使语句同时关涉两种事物,这种言在此而意在彼的修辞方式叫( )。

23. 层递要求并列的几项之间有层层( )的关系。

24. 排比要求并列的几项之间( )相同或相似。

25. 在现成词语的比照下,更换词语的某个词或词素,临时仿造出新词语的修辞方式叫( )。

答案:

1. 达意; 2. 交际目的; 3. 修辞学; 4. 题旨情景; 5. 口头语体; 6. 以点代面的方式; 7. 焦点; 8. 句末焦点(常规焦点); 9. 停顿; 10. 偶音步; 11. 押韵; 12. 字数相等; 13. 句式; 14. 互文; 15. 连用; 16. 喻体; 17. 上下文衔接; 18. "长而缓"和"短而促"; 19. 时间长短; 20. 相关性; 21. 夸张; 22. 双关; 23. 递升或递降; 24. 结构和字数; 25. 仿词。

二、单项选择题(在各备选项中只有一项是正确的)

1. 语言交际中对语言材料进行选择,要以( )为基本原则。

　　A. 平实准确　　　　　　　　B. 适应题旨情景

　　C. 追求新奇　　　　　　　　D. 辞藻华丽

2. "我娘家姓赵……出嫁了,把名字也嫁了,人家叫我阿洪家的。"这段话加点处是(   )格。

    A. 仿词   B. 顶真   C. 夸张   D. 拈连

3. 比喻的本体和喻体之间具有(   )。

    A. 统一性   B. 相关性   C. 相似性   D. 一致性

4. 借代的本体和借体之间具有(   )。

    A. 统一性   B. 相关性   C. 相似性   D. 一致性

5. "这种作风,拿了律己,则害了自己;拿了教人,则害了别人;拿了指导革命,则害了革命。"这句话运用的修辞格是(   )。

    A. 排比   B. 层递   C. 对比   D. 对偶

6. "只要想想,天地是厂房,深谷是车间,幕天席地,群星环拱,世界上哪个纺织厂有那样的规模呢?"这段话中连用了(   )修辞格。

    A. 对偶、反问   B. 排比、比喻   C. 比喻、反问   D. 对比、排比

7. "我是来工作的,不要在我和干部群众当中砌上一堵墙。"这一句中含有(   )格。

    A. 借喻   B. 借代   C. 比拟   D. 反语

8. "这时天已大亮,家人和街坊都已起床了。于是,她尽情地刷牙漱口,她发出的声音非常之大响,好像一列火车开进了她们的院子。而她洗脸的声音又好像哪吒闹海。"这段话兼用了(   )格。

    A. 对比、比喻   B. 比喻、夸张   C. 衬托、夸张   D. 比喻、对偶

9. "秋水如神玉为骨,词源如海笔如椽"一对(   )。

    A. 只是辞格的兼用

    B. 只是辞格的连用

    C. 既含有辞格的兼用,又含有辞格的连用

    D. 既不是兼用,也不是连用

10. "刘局长放声大笑,那笑声震得桌子上的公文、窗上的玻璃直至窗外的小叶杨树,都窸窸嗦嗦地发抖。"这一句含有(   )。

    A. 兼用借代的夸张   B. 兼用拟人的夸张

    C. 兼用比喻的夸张   D. 兼用衬托的夸张

11. "有一些特产丰美、名胜古迹多的地区,更是宾客盈门,高朋满座。一二把手有时变成的'内交家',自愿地或被迫地生活在彬彬有礼、客客气气的应酬活动中……"这段话含有(   )格。

A. 借代　　　B. 借喻　　　C. 仿词　　　D. 拟物

12. "韩老六的大老婆应声走出来,这是一个中间粗、两头尖枣核样的女人……大枣核存心把剩下的钱往少处说。"这段中加点词语是(　　)格。

A. 借代　　　B. 双关　　　C. 比拟　　　D. 借喻

13. "洗了家伙,到自己屋中坐下,一气不知吸了多少根'黄狮子'。"这句中含有(　　)格。

A. 借代　　　B. 借喻　　　C. 引用　　　D. 夸张

14. "看吧,狂风紧紧抱起一层层巨浪,恶狠狠地将它们甩到悬崖上,把这些大块的翡翠摔成尘雾和碎末。"这句话含有(　　)格。

A. 比拟、借代　B. 借喻、夸张　C. 比拟、借喻　D. 夸张、拈连

15. "芦柴棒着急地要将大锅子里的稀饭烧滚,但是倒出来的青烟,引起了她一阵猛烈的咳嗽。"加点处含有(　　)。

A. 借代　　　B. 双关　　　C. 比拟　　　D. 借喻

16. "小船在他的指挥下,像一条小梭鱼一样飞速荡行。"这句用的是(　　)格。

A. 借喻　　　B. 明喻　　　C. 暗喻　　　D. 非比喻

17. "不知凭意义还是凭想像,当月亮照进来时,那个字也一下子发起光来,顿时照得满室通亮。"这句话含有(　　)。

A. 兼用拟物的夸张　　　　　B. 兼用对比的夸张
C. 兼用借代的夸张　　　　　D. 兼用拟人的夸张

18. 副词是修饰动词或形容词的,但表示情态的副词一般修饰的是(　　)动词或形容词。

A. 单音节　　　　　　　　　B. 双音节
C. 三音节　　　　　　　　　D. 单音节或双音节

19. (　　)句的焦点是对比焦点。

A. 这本书我五天就读完了,他却读了八天。
B. 王冕七岁上死了父亲。
C. 上海是 1949 年解放的。
D. 我们那天是在学术讨论会上认识的。

20. "一条修长的石路,右边尽是水田,左边是一条清澈的小河,隔河是个村庄,村庄的背后是一联青翠的山岗。这条石路,原来就是所谓'山阴道上应接不暇'的山阴道。"这段话语句的衔接连贯方式是(　　)。

　　A. 依次观览的方式　　　　B. 以点代面的方式

　　C. 互相依存的方式　　　　D. 凌空鸟瞰的方式

21. 在比喻中,被比方的事物和用来打比方的事物必须是(　　　)。

　　A. 性质不同的事物

　　B. 性质相同的事物

　　C. 性质不同的事物,但二者之间有相似之点

　　D. 性质相同的事物,而且二者之间有相似之点

22. 比喻的表达作用可以归纳为以下几点,不适合比喻的是(　　　)。

　　A. 可以使语言形象化

　　B. 可以把深奥的道理说得浅显易懂

　　C. 可以揭示事物的本质

　　D. 可以使语言含蓄,耐人寻味

23. 借喻和借代都是借别的事物来代替本体,下面说法正确的是
(　　　)。

　　A. 借喻考虑的是事物之间的相关性,借代考虑的是事物之间的相
　　　似性

　　B. 借喻考虑的是事物之间的相同性,借代考虑的是事物之间的相
　　　异性

　　C. 借喻考虑的是事物之间的相似性,借代考虑的是事物之间的相
　　　关性

　　D. 借喻考虑的是事物之间的相异性,借代考虑的是事物之间的相
　　　同性

24. 下面的说法正确的是(　　　)。

　　A. 双关是利用词语的多义性、同音构成的修辞格式

　　B. 双关是利用词语的多义性、比喻性构成的修辞格式

　　C. 双关是利用词语的比喻性、同音构成的修辞格式

　　D. 双关是利用词语的多义性、单义性构成的修辞格式

25. 下面的说法正确的是(　　　)。

　　A. 排比是把一对结构相同,字数相等的句子连接在一起的修辞格式

　　B. 排比是把三个或更多结构相似,字数大体相等的句子连接在一
　　　起的修辞格式

　　C. 排比要求结构上均衡,语音上协调,注意平仄

D. 排比不能有反复的词语,尽量避免字面上的重复

26. "在大多数人的心目中,老薛就是工会,工会就是老薛。"这句话中运用的修辞手段是(   )。

  A. 暗喻   B. 借代   C. 回环   D. 顶针

27. "申花队客场保准能取胜吗? 说不准,说不准,真的说不准。"句中运用的修辞手段是(   )。

  A. 反复   B. 排比   C. 顶针   D. 回环

28. "你不要一遇到困难就轮胎放炮——泄气了,那还行吗?"句中运用的修辞手段是(   )。

  A. 比喻   B. 双关   C. 对比   D. 夸张

29. "记忆是抹不去的,抹不去的是记忆。"句中运用的修辞手段是(   )。

  A. 顶针   B. 反复   C. 回环   D. 对比

30. "树上有只鸟,鸟嘴衔小草,小草落地上,地上长麦苗。"这首儿歌中运用的修辞手段是(   )。

  A. 回环   B. 反复   C. 排比   D. 顶针

31. "春天来了,百花拉着手,清风唱着歌,歌唱着生命和活力。"句中运用的修辞手段是(   )。

  A. 比喻   B. 夸张   C. 借代   D. 比拟

32. "茅台尚未沾唇,人先醉了三分。"句中运用的修辞手段是(   )。

  A. 夸张、借代 B. 夸张、比喻 C. 借代、对比 D. 比喻、拟人

33. "一盏盏灯火扑来,像流萤飞去;一重重山岭闪过,似浪涛奔涌。"这句话运用的修辞手段是(   )。

  A. 对偶、比喻、夸张   B. 对偶、比喻、比拟

  C. 比喻、比拟、夸张   D. 借代、对偶、比喻

答案:

  1. B; **2.** D; **3.** C; **4.** B; **5.** B; **6.** C; **7.** A; **8.** B; **9.** C;
10. B; **11.** C; **12.** D; **13.** A; **14.** C; **15.** D; **16.** B; **17.** A;
18. B; **19.** A; **20.** D; **21.** C; **22.** D; **23.** C; **24.** A; **25.** B;
26. C; **27.** A; **28.** B; **29.** C; **30.** D; **31.** D; **32.** A; **33.** B。

三、多项选择题(5 个备选项中至少有两个以上是正确的)

1. 下列句子中含有比喻的( )。

　　A. 他低着头不做声,好像在想着什么。

　　B. 祖国交给我们的任务好像一副千斤重担。

　　C. 用大兵团进剿等于高射炮打蚊子。

　　D. 老张看上去是个粗人,其实倒是个好脾气。

　　E. 叶子出水很高,好像亭亭的舞女的裙。

2. "有人在县里'抓点',索取土特产品价值一百一十万元……群众说:'这哪里是抓点,明明是吃点、喝点、拿点啊!'"这段话含有( )格。

　　A. 排比　　　B. 对比　　　C. 仿词　　　D. 反语　　　E. 衬托

3. "缝啊缝啊,春分绕着长线荡漾,暖流跟着针眼流淌。这破洞曾收进了多少风寒,此刻,又缝进了多少温暖!"这段话里含有( )。

　　A. 对偶　　　B. 比喻　　　C. 对比　　　D. 拈连　　　E. 反复

4. 下列句子含有比喻的有( )。

　　A. 街上仿佛没有人,道路好像忽然加宽了许多,空旷而没有一点凉气,白花花的令人害怕。

　　B. 大地是母亲,人民用辛勤的汗水浇灌着她。

　　C. 问君能有几多愁?恰似一江春水向东流。

　　D. 生活不是一架准确的天平。

　　E. 中国最多的却是枉道:不打落水狗,反被狗咬了。

5. 下列语句中含有借喻的有( )。

　　A. 然而,圆规很不平,显出鄙夷的神色。

　　B. 郑大官人便是此间状元桥下卖肉的屠户,绰号镇关西。

　　C. 这地方,一阴天,我心里就堵上了大疙瘩。

　　D. 决定历史命运的不是秦皇汉武,唐宗宋祖,而是人民自己……

　　E. 茅台他够不上,专喝"啤酒",有瓶的不喝零的,有"青岛"不喝"北京"。

6. "友谊、青春的波涛,一代一代地流动着,奔涌着,永远不会老,永远不会淡漠,永远不会中断。"句中运用的修辞手段是( )。

　　A. 对偶　　　B. 排比　　　C. 比喻　　　D. 比拟　　　E. 夸张

7. "小鸟在欢唱,溪水在奔流,人们在嬉笑。"句中运用的修辞手段是( )。

　　　A. 比喻　　　B. 对偶　　　C. 比拟　　　D. 排比　　　E. 夸张

　　8. "盼望着,盼望着,春天的脚步近了,春天的歌声来了,春天的面纱撩起来了。"句中运用的修辞手段是(　　　)。

　　　A. 反复　　　B. 排比　　　C. 比拟　　　D. 比喻　　　E. 借代

　　9. "树缠藤,藤缠树,他们两家的关系,就如同这树和藤一样,恩恩怨怨永远纠缠在一起。"句中运用的修辞手段是(　　　)。

　　　A. 夸张　　　B. 比喻　　　C. 比拟　　　D. 排比　　　E. 反复

　　10. "茵茵牧草绿山坡,山坡畜群似云朵,云朵游动响笛声,笛声悠扬卷浪波。"句中运用的修辞手段是(　　　)。

　　　A. 顶针　　　B. 比喻　　　C. 回环　　　D. 对偶　　　E. 比拟

答案:

　　1. B、C、E；　**2.** A、C；　**3.** A、D、E；　**4.** B、C、D、E；　**5.** A、C；　**6.** B、D；　**7.** C、D；　**8.** A、B、C；　**9.** B、C、E；　**10.** A、B、E。

四、是非判断题

　　1. 修辞是从语言运用效果角度来研究语言的,不是语言的要素,因而跟语音、词汇、语法无关。(　　　)

　　2. 夸张要以客观实际为基础,但又要超出客观实际。(　　　)

　　3. 仿词和被仿的词一定要在言语中同时出现。(　　　)

　　4. 构成排比格的语言形式可以是句子、分句,也可以是句子成分。(　　　)

　　5. 借喻和借代的主要区别在于它们的客观基础不同,借喻的本体和喻体之间有相似性,借代的本体和借体之间有相关性。(　　　)

　　6. 评价修辞的好坏主要看是否适合题旨情景。(　　　)

　　7. 现代汉语句子里旧信息一般在前,新信息一般在后,所以作为新信息重点的焦点只能在句末。(　　　)

　　8. 疑问句的焦点是随疑问点的变化而变化的。(　　　)

　　9. 修辞主要站在表达者的立场上,听者和读者只能被动地接受。(　　　)

　　10. 语体的差别主要表现在语体风格上,在用词上没有什么差异。(　　　)

答案：

1. ✕（说明：修辞是从语言运用效果角度来研究语言的，不是语言的要素，但语言的语音、词汇、语法等语言要素甚至文字都为修辞手段的选用、为修辞效果的体现提供了条件，语言要素正是修辞的基础和手段，修辞要调动、加工的就是语言材料。因而修辞跟语音、词汇、语法有着密切的关系。）

2. ✓（说明：夸张要以客观实际为基础，否则不能给人真实感；但又要超出客观实际，要故意言过其实，对客观事物作扩大或缩小的描述，夸张要明确、显豁，不能既像夸张，又像真实。）

3. ✕（说明：仿词和被仿的词往往在言语中同时出现，这样，仿词在意义上就有所依托，形成反义关系，收到互相映衬、启人联想的作用；但如果被仿的词较为常见，仿词也可以单独出现。）

4. ✓（说明：构成排比格的语言形式多数是句子或分句，但也可以是句子成分。）

5. ✓（说明：借喻和借代都有代的作用，但它们的客观基础不同，借喻的本体和喻体之间有相似性，借代的本体和借体之间有相关性。）

6. ✓（说明：修辞不仅仅是语言技巧问题，修辞活动是受题旨情景即交际目的、交际环境限制的。可见，选择什么样的表达方式，达到什么样的表达效果，并非只是语言形式问题，评价修辞的好坏主要看是否适合题旨情景。）

7. ✕（说明：就一般规律来看，现代汉语句子里旧信息在前，新信息在后，所以作为新信息重点的焦点一般在句末。但焦点除了句末焦点外，还有对比焦点和特指焦点，它们就不一定在句末了。）

8. ✓（说明：疑问句的焦点就是疑问点，疑问点在疑问句中并不是固定的。如：是不是你昨天去了上海？你是不是昨天去了上海？你昨天是不是去了上海？你昨天去的是不是上海？可见，疑问句的焦点是随疑问点的变化而变化的。）

9. ✕（说明：说话、写文章是一种社会行为，话总是在一定的语言环境中说的，文章总是写给某些人读的。所以，表达得明确不明确，是由说话人或阅读者来鉴定的，抒发的感情恰当不恰当，也不能由说话人或作者单方面认定。）

10. ✕（说明：不同的语体在用词方面也有比较大的差异，如"月、月亮"是通用词，而"月球"则带科学色彩；"儿童"是通用词，"孩儿"则是口头色彩的词，不同语体常使用带有一定语体色彩的词。）

五、术语解释题

1. 修辞；　2. 语境；3. 焦点；4. 节律和节奏；5. 音步；6. 比拟；7. 借代；8. 移就；9. 错综；10. 比喻；11. 夸张；12. 双关；13. 对偶；14. 排比；15. 顶针

答案：

1. 修辞，严格地说有三种互相联系的含义，一是指有效运用语言的方法、技巧和规律，即修辞规律；二是指说话和写作中积极调整语言的行为，即修辞活动；三是指以加强表达效果的方法、规律为研究对象学问和著作，即修辞学和修辞学著作。

2. 语境，即语言环境，一般指在语言运用中对言语交际有影响的情景、情况和关系等因素，这些因素可以分为：主观语境因素，指交际双方的自身情况，客观语境因素，指交际过程中涉及的社会背景、时间、地点、场合等。

3. 在句子里，新信息的重点就是焦点，焦点是说话者需要突出的部分。

4. 事物的重复和变化就构成的节奏，语言的节奏表现在平仄、押韵、速度、停顿、重音等许多方面；节奏的规律就是节律。

5. 音步是用语音停顿划分出来的语言单位。

6. 比拟是把甲事物当作乙事物来描写的修辞方式，包括拟人和拟物。

7. 借代是用与人或事物有关的别的事物来代替人或事物的修辞方式。

8. 把描写甲事物的词语移来描写乙事物的修辞方式就是移就。

9. 为避免语言的呆板和单调，特意使字面更换、语序变化、句式变换的修辞方式就是错综。

10. 比喻是根据不同类型的事物之间所具有的某种相似点，而用甲事物来描摹或说明乙事物的一种修辞手法。基本要素为本体、喻体和喻词，基本类型为明喻、暗喻和借喻。

11. 夸张是运用丰富的想像力，以远远超越客观事实的说法来渲染或强调某事物，以求给人突出印象的一种修辞手法。有扩大夸张、缩小夸张、超前夸张等等。

12. 双关是利用语言的声音或意义上的联系，使词语或句子具有双重含义的修辞手法。有语义双关和谐音双关两种。

13. 对偶是用一对字数相等、结构相同的语句来表达相同、相关或相反的意思的修辞手法。有正对、反对和流水对三种形式。

14. 排比用几个结构相似的并列语句,把相关的意思连续地说出来的修辞手法。构成排比的一组语句往往带有共同的或相近的提示语。

15. 顶针:是指前后的几个语句之间,由相同的语言成分衔接上下两句,以上递下接,首尾蝉联,而使结构紧密,语义连贯,声音流畅的一种修辞手法。

六、问答题

1. 举例说明有几种焦点。

2. 歧义产生的原因有哪些?

3. 举例说明消除歧义的方法。

4. 比喻和比拟有何不同?

5. 对偶和映衬有何区别?

6. 对偶和排比有什么不同?

7. 有人说,修辞就是"咬文嚼字",是"文字游戏",这种说法对不对?

8. 修辞与语音、词汇是什么样的关系?

9. 节拍与意群的停顿有无区别?

10. 散文中对平声和仄声的运用有何讲究?

11. 词语的选用为什么要注意声音和意义两个方面?

12. 移就和拈连如何区分?

13. 怎样区分移就和拟人?

14. 错综的修辞效果和方法是什么?

15. 借喻和借代有什么不同?

答案:

1. 在句子里新信息的重点叫焦点,在汉语中焦点有三种:一是句末焦点,一般来说,句子的信息分布是旧信息在前、新信息在后,那么新信息中的焦点就出现在句末,如"王冕七岁上死了父亲"一句"父亲"是焦点,"王冕在七岁的时候父亲死了"一句"死了"是焦点;第二是对比焦点,从对比中来显示焦点,如"上大学时,他喜欢语法,我喜欢古代文学","语法"和"古代文学"就是对比焦点,再如"我三天就读完了这本书,他却读了十天","三天"和"十天"分别是对比焦点;第三是特指焦点,常用的是用副词"是"来指示焦点,如"我是前天在上海看见他的"的"前天"就是特指焦点,口语中特别重读的词语往往是特指焦点。

2. 一个句子有两种或两种以上的理解,这就产生了歧义,造成歧义的原因很多,主要有以下几种:

(1) 词义不明确。句子中的多义词如果有不止一种理解,就产生了歧义,如"他走了两个小时了","走"可理解为"行走",也可理解为"离开"或"死"。

(2) 句法结构不固定。如"下午我们要学习材料","学习材料"有偏正关系和动宾关系两种理解。

(3) 语义关系含糊。如"开刀的是他父亲",因为"他父亲"是开刀的医生(施事)还是病人(受事),不能确定,因而有歧义。

(4) 层次不分明。如"我们三个一组",既可能是"我们三个|一组",也可能是"我们|三个一组",不同的层次切分产生歧义。

(5) 指代不明。代词的先行词不明确也可能造成歧义,如"小王把这一问题汇报给了主任。第二天他向校长作了汇报。"

3. 说话场景、轻重音及上下文都可以帮助消除歧义,同时为避免歧义的产生,人们还可以通过改写语句的方式消除歧义,如:(1)更换词语,如"几个学校的领导"有歧义,而更换成"几位学校的领导"就没有歧义了;(2)调整次序,"几个学校的领导"调整成"学校的几个领导"就没有歧义了;(3)增添词语,如"鸡不吃了"变成"鸡,不吃它吧"或"鸡,它不吃了"就没有歧义了;(4)重新组织句子,如"有人在火车上写标语"改写成"有人把标语写在火车上"就没有歧义了。

4. 比喻和比拟都是两事物相比,但比喻重在喻,即以乙事物喻甲事物,甲乙两事物一主一次;比拟重在拟,将甲事物当作乙事物来描写,甲乙两事物彼此交融,浑然一体。

5. 在内容上,对偶的两部分语义上有联系,但没有主次之分;而映衬是用陪衬事物来衬托被陪衬事物(主体事物),两者有主次之分,陪衬事物是用来突出被陪衬事物的。在形式上,两者差别更大,对偶要求两部分字数相等、结构上相同或基本相同;而映衬的两部分在形式上没有特别的要求。

6. 构成对偶的是两部分,而且两部分要字数相等、结构上相同或基本相同,尽量避免字词的重复;排比要求三个或三个以上的语言形式的排列,字数和结构只要大体相似即可,且排比的几个语言形式往往有共同的提示语。

7. 有人以为修辞就是咬文嚼字，是单纯地追求华丽的词藻。这种看法是不对的。修辞学研究的虽然是语言的表达形式，但是语言的表达形式是为思想内容服务的，这里的原则仍然是内容决定形式，讲究修辞，追求理想的表达效果，必然要求形式和内容要有完美的统一。因此，讲究修辞同不顾内容而片面地讲究形式美，单纯地追求华丽的词藻的错误作法是根本不同的。

8. 先看修辞与语音的关系。语音是以语言声音的结构规律为研究对象。修辞是研究运用语言规律提高表达效果的，所以修辞自然要研究谐音、叠音、拟声、双声、叠韵、字调、语调、押韵、儿化韵等语音问题，研究这些语音现象所表现出来的感情色彩、音律美和鲜明的民族风格。

修辞和词汇也有密切的关系。词汇研究的是词义、词的构成以及词汇的组成、发展和规范等问题。修辞是从词语的同义手段选用的角度出发去研究词汇的，其中包括同义词的选用，词的多义关联以及词语的活用等。

9. 按照常规，形式与内容吻合，节拍表示的就是意群。比如，四字成语通常由两个双音节单位组成，读出来则在当中稍作停顿，如"风调——雨顺"、"称心——如意"、"屈指——可数"，这里的停顿就是意群的切分。但是节拍与意群的停顿不能混为一谈。因为节拍的划分是着眼于声音上的间歇，即语音上的停顿，所以往往与词语意义的划分有不一致的地方。由于节奏的需要，有一个词语要剖开分属到两个节拍里去。例如下列成语的意群划分是：

无——可非议　不——动声色
一衣带——水　呆——若木鸡
病——从口入　如——出一辙

但人们照旧在当中停顿，而不管这个停顿是否反映意群关系。所以说，节拍与意群的停顿虽然常常是一致的，但并不是一回事儿。

10. 旧格律诗用字讲求平仄，必须依照一定的规律。散文虽没有这种严格的要求，但是有两点值得注意。

第一，句子要避免连用较多的平声或仄声。也就是说，要力求平仄协调。比如报纸上的一个标题"观众感赞剧目新"的声调安排是"平仄仄仄仄仄平"，中间仄声字太多。如果把"感赞"改为"赞扬"，全句成为"平仄仄平仄仄平"，就平仄协调，合乎节律了。

第二,在语段中,各个句子的最后一字的声调要错落有致。一般地说,句末总接连出现同样的字。例如接连几句的末尾都用"了"或用"的"收尾,就宜加改变。虽然不出现同样的字,接连出现同音字,也宜避免。因为散文不是韵文,押韵反而显得不伦不类。

11. 词语是声音和意义的结合体,意义是其内容,声音是其形式,两者是密不可分,相辅相成的。因此,由词语组成的句子就有个声音的配合问题。声音配合得好,不仅能使语言铿锵悦耳,朗朗上口,给人以音乐美,而且对表达思想、抒发感情,也有很大的作用。反过来说,词语声音的配合讲究节奏鲜明、声韵和谐、音节匀称、平仄协调。这种语言的声音美又与词语的选择密切相关。老舍曾说:"字虽同义,而声音不同,我们就须选用那个音义俱美的"。因此,在选用词语时,不仅要掌握意义、辨别色彩,而且还要注意声音这个因素。这样,才能收到音义兼美、声情并茂的表达效果。

12. 移就是把原属于形容甲事物的修饰语移用于乙事物。如:

　　① 那是怎样的宁静而幸福的夜啊!
　　② 然而悲惨的皱纹,却也从他的眉头和嘴角出现了。

移就的基本特点是:(1)从内容上看,移就所"移"的一般是表示人的情状的词语(如"幸福"、"悲惨"等)。(2)从结构上看,移就所关涉的两项一般构成限定关系(如"幸福的夜"、"悲惨的皱纹")。

　　拈连的基本特点也可以概括为两点:(1)是"拈",将某一词语从可以那么用的环境里"拈"到一般不可以那么用的环境里来,(2)是"连",两种不同的语气环境都出现,一前一后地"连"在一起。如:

　　① 蜜蜂是在酿蜜,又是在酿造生活。
　　② 在高山的土地上种下一株株的树秧,也就是种下了一个美好的希望。

由上面的讨论我们可以看出,移就和拈连虽然都是将适用于甲事物的词语移用到乙事物,但它们各自的特点,足以让我们把它们区别开来。

13. 拟人和移就都是词语的移用,拟人所移用的词语有动词(一般用作谓语),有形容词(可用作谓语,也可用作修饰语)。如:

　　① 太阳还不能从云里面挣扎出来。
　　② 肥壮而显得挺大方的蒲公英开了,温柔而敦厚的马兰花啊,也

　　在路旁讨人喜欢哩。

因为移就一般只是把形容词用作事物名词的修饰语,所以拟人中与移就易混淆的只是用作修饰语的那部分。即例②中的"挺大方"、"温柔而敦厚"是移就还是拟人有时似难区别。我们可以从两方面来看:一、从内容上看,移就的作用在于使人的情绪、状态同一定事物联系起来,着重表现人的情绪或状态;拟人是让事物人格化,即赋予事物以人的特性,作用在增添语气的生动性。二、从结构上看,虽然二者都是用作修饰语,但因为拟人是使事物人格化,所以拟人化的词语可以根据需要在结构上再加上修饰语"有点"、"有些"、"好像"、"似乎"什么的,如"似乎挺大方的蒲公英"、"有点温柔敦厚的马兰花"。移就一般不能被这些词修饰,比如不能说"有点幸福的夜"、"有些愤怒的火焰"。

　　我们分析两个实例。例如"那是怎样的宁静而幸福的夜呵","幸福"说的是人,不是指"夜",因此不能被"好像"、"有点"等修饰,这是移就。"温柔而敦厚的马兰花啊"的"温柔而敦厚"是把马兰花人格化,不是指人,所以能作"有点"之类的词语修饰,还可以改为主谓结构而意思不变:"马兰花啊,温柔而敦厚",这是拟人。

　　14. 为了避免语句的单调、呆板,为了使叙述活泼有变化,使文章波澜起伏,有意识地把原来可以写得整齐匀称的语句写得参差不齐,错落有致。这种修辞手法就是"错综"。其方法大致有:

　　(1) 句子结构的错综。即在原可用同一结构类型的两个分句间用不同的结构类型。如:

　　　　千年铁树开了花,万年磐石把身翻!

如果把"开了花"改成"把花开",或者把"把身翻"改成"翻了身",结构是整齐了,但韵味就差多了。

　　(2) 句子语气的错综。即把前后两个原可用同一语气的句子特意用上不同的语气。如:

　　　　如此的迫害,怎能忍受? 如此的恶毒,绝不能轻饶!

如果前后两个分句都用陈述语气或都用反问语气也可以,这里运用错综,是为了使语言有变化。

　　(3) 文白句式的错综。即在现代汉语句式中适当使用文言句式。如:

阿 Q 又很自尊,所有本庄的居民,全不在他眼睛里,甚至于对于两位"文童"也有以为不值一笑的神情。夫文童者,将来恐怕要变成秀才者也;赵太爷,钱太爷大受居民的尊敬,除了钱之外,就因为是文童的爹爹……

"夫文童者……者也"是文言句式,用在这里使语言诙谐幽默。

15. 借代和借喻既有相同的一面又有区别。它们都是本体事物不出现,借另一事物代替本体。就是说,在"借"这一点上它们是相同的。

借代和借喻之间又有区别,主要表现有三点:

第一,借代与借喻的客观基础不同。借代是借同本体有密切关系的事物代本体,构成借代的基础是事物的相关性。借喻是比喻的一种,是借与本体事物有相似点的另一事物打比方,构成比喻的客观基础是事物的相似性。

第二,借代与借喻的变换格式不同。借喻虽然不出现本体,但因属于比喻,所以变换成明喻。比如"银鹰在蓝天飞翔"可以说成"飞机像银鹰一样在蓝天飞翔"。借代是借体对本体的"换一种说法"、"换一个名字",二者之间无法构成明喻格式。比如"一群红领巾走了过来"不能说成"一群少先队员象红领巾似的走了过来"。

第三,借代与借喻虽然都有形象化作用,但又各有侧重。借代重在揭示特征,借喻重在描绘意境。如"红领巾"以其鲜明特征引人注目,"银鹰"则让人联想到矫健的山鹰。

七、操作分析题

1. 指出话语中的修辞格:

(1) 只要想想,天地是厂房,深谷是车间,幕天席地,群山环拱,世界上哪个地方哪个纺织厂有那样的规模呢?

(2) 鲁迅在一篇文章里,主张打落水狗。他说,如果不打落水狗,它一旦跳起来,就要咬你,最低限度也要溅你一身的污泥。

(3) 让我们对土地倾注更强烈的感情吧!因为大地母亲的镣铐解除了,现在就看我们怎样为我们的大地母亲好好工作了。

(4) 白玉兰花略微有点残,娇黄的迎春却正当时,那一片春色啊,比起滇池的水来不知还要深多少倍。

(5) 苏小姐双颊涂的淡胭脂下面忽然晕出红来,像纸上沁的油渍,顷刻布到满脸,腼腆得迷人。

（6）叶子出水很高，像亭亭的舞女的裙。

（7）春风放胆来梳柳，夜雨瞒人去润花。

（8）那肥大的荷叶下面，有一个人的脸，下半截身子长在水里。那不是水生吗？

（9）时雨点红桃千树，春风吹绿柳万枝。

（10）你们这车苹果，也不必秤了，一百张"大团结"，我全留下了。

（11）中国人民中间，实在有成千上万的"诸葛亮"，每个乡村，每个市镇，都有那里的"诸葛亮"。

（12）江山如此多娇，引无数英雄竞折腰。

（13）林先生早已汗透棉袍。虽然累得那么着，林先生心里却很愉快。

（14）农民在土地上种下一粒粒种子，也就是种下了一个个美好的希望。

（15）可是当兵一当三四年，打仗总打了百十回吧，身上一根汗毛也没碰断。

（16）姓陶不见桃结果，姓李不见李花开，姓罗不见锣鼓响，三个蠢材哪里来？

（17）促进改革开放，是党中央的伟大战略决策，而我们少数同志的一些行为却表明他是在促退改革开放。

（18）两个黄鹂鸣翠柳，一行白鹭上青天。

（19）坐着、躺着，打两个滚，踢几脚球，赛几趟跑，捉几回迷藏，风轻悄悄的，草软绵绵的。

（20）延安的歌声是黑夜的火把，雪天的煤炭，大旱的甘露。

2. 指出下列句子的焦点所在：

（1）他把那件衣服送给了灾民。

（2）他送给灾民一些衣服。

（3）我在北京读书，他在武汉读书。

（4）小王七点吃早饭，小张八点吃早饭。

3. 比较下列句子的焦点所在：(1)他在南京打工。(2)是他在南京打工。(3)他是在南京打工。(4)他在南京是打工的。

4. 指出下列句子造成歧义的原因，并改为单义句：

（1）下午我们小组讨论。

（2）他干了一天活。

（3）我们打算试验改良品种。

（4）关心的是他的母亲。

（5）这个人谁都不认识。

（6）大家要关心青少年的问题。

（7）主要演员和导演都参加了会议。

（8）车上睡不好。

5. 指出下列语句中借代的类型：

（1）这回不是 It is a cat 了，而是 der Mann, die Weib, das Kind(按，德文)。

（2）一个雷锋倒下去，千百万个雷锋又站起来了。

（3）早晨，警察到门，吩咐道"挂旗!"……各家……撅起一块斑驳陆离的洋布。

（4）我拿了新闻看，长腿装着无聊的脸，坐在安乐椅子上。

（5）你历年卖诗卖画，我也积聚下三五十两银子，柴米不愁没有。

（6）和你差不多的"三八式"，许多人也学到了初中、高中文化水平。

（7）到底读过几年"人之初"，这字写得多秀气，多有劲。

6. 指出下列语句中含有的修辞格：

（1）一伙人，一天拥到他家里，赖着不走，胡说了一个下午，逼迫他，他们抽了不知多少包香烟，熏得那客厅的上半层云雾缭绕，乌云密布，好像随时都可以发出闪电和雷霆一样。

（2）谁家办喜事，他登门祝贺；谁家遭不幸，他安慰周济；谁家屋漏，逢雨季他必去检查。

（3）这是一个巨大的劳动场面：一条高大整齐的"山岭"把两个山头联在一起，一条条巨蟒似的卷扬机趴在大坝上，砂土、石头像长了腿，自动地流到坝顶上。坝上、坝下到处是人，汽车、推土机匆忙地奔跑着。

（4）指出下列语句中含有的修辞格：我在公坑寺天成禅院曾看过一副对联："肚大能容，容天下难容之事；口开常笑，笑世间可笑之人"。

7. 指出下列语句中比拟的类型：

（1）什么都看到了的月亮带着永久性的沉默，一次次来，一次次去，那么世故，那么刁滑。

（2）我到了自家的房外，我的母亲早已迎着出来了，接着便飞出了八岁的侄儿宏儿。

（3）解放军把土匪打得夹着尾巴逃跑了。

（4）牵也牵不住的小雨丝哪，总在我心深处，挑着、刺绣着缠绵的乡愁。

8. 指出话语中的修辞格：

（1）咱们老实，才有恶霸，咱们敢动刀，恶霸就得夹着尾巴跑。

（2）将那三春看破，桃红柳绿待如何？（《红楼梦》）

（3）矮小而年高的垂柳，用苍绿的叶子抚摸着快成熟的庄稼。

（4）老舍在重庆，脚不停，口不停，笔不停。

（5）1945 年为庆祝抗战胜利，有人写了这么一副对联：中国捷克日本，南京重庆成都。

（6）草原是这样无边的平展，就像风平浪静的海洋。

（7）剩下的那只小鸟，我是下了决心的，一定要把它变成语言大师。

（8）泥鳅有须又无鳞，小妹有口又无心，花言巧语来哄我，云遮日头是假晴。

（9）孩子不足两岁，塌鼻子，眼睛两条斜缝，眉毛高高在上，跟眼睛远隔得彼此要害相思病。

（10）他不贫于无学，不孤于无优，不苦于无识，更不贱于无守，单单欠缺处世之道。

（11）六月十五那天，天热得发了狂，太阳刚一出来，地上已经像着了火。

（12）好哇，大风，你就使劲地刮吧。你现在刮得越大，秋后的雨水就越充足。刮吧，使劲地刮吧，刮来个丰收的好年景，刮来个富裕的好日子。

（13）繁星般的豆儿，艳如红玉，明似珍珠，颗颗饱满，粒粒喜人。

（14）桃树、杏树、梨树，你不让我，我不让你，都开满了花赶趟儿。红的像火，粉的像霞，白的像雪。

（15）啊，镀锌的秤盘竟像死鱼睁大的眼睛，秤钩是个大问号，秤砣是黑透了铁心。秤杆呢？毋庸辩驳，确是我没有跳跃过的道德横杆。

（16）那黄河和汶河又恰似两条飘舞的彩绸，正有两只看不见的大手在耍着；那连绵不断的大小山岭都又像许多条灯笼，一齐滚舞——整个山河都在欢腾啊。

（17）她要把这封不要脸的信撕掉，投到汤河的快乐的绿水中。

（18）我们可以承担一个浩大的战争，可以承担重建家园的种种艰辛，可是承担不了如此沉重的离情。

（19）我不知上了多少石级，一级又一级，是乐趣也是苦趣。

（20）小俞已经意识到事情的不妙，她和道静两个同哭了。夜是这样的黑暗、阴沉，似乎要起暴雨。多么难挨的漫长夜呵！（《青春之歌》）

9. 指出下面带点的词语都用了什么修辞手法：

（1）希望大家积极支持文字改革工作，促进这一工作，而不是"促退"这一工作。

（2）老两口常常打内战，小两口也时时进行常规战争，这一家少有和平时期。

（3）用马列主义武装头脑，用双手建设社会主义。

（4）在"文化大革命"的时候，我们不能走"白专道路"，只能走"白痴道路"。

（5）你就和我们一起过吧，好歹，稀的干的有什么吃什么。

（6）结婚的条件愈来愈高了，前些时还在讲多少轮盘多少脚呢，现在又时兴全鸡全鸭了。

（7）我对书法，谈不上什么成就，只不过是业余爱好，闭门造车，无师不通。

（8）别看他喜欢耍嘴弄笔的，其实肚里没多少墨水，经不起考试。

（9）她待我像一家子，可是我所希望的，是要永远一家子，真正的一家子。

（10）老栓看看灯笼，已经熄了。按一按衣袋，硬硬的还在。

（11）他在他自己的身上也投了点资，搞了点"基本建设"，看上去再不像夹着皮包满街乱窜的跑街，而颇有点像个经理的模样了。

（12）作娘的，又难免要把自己当作处理女儿婚姻问题方面的"负责干部"。

答案：

　1.（1）比喻、反问；　（2）比喻；　（3）比拟、比喻；　（4）比喻；　（5）比喻；　（6）比喻；　（7）比拟、对偶；　（8）比拟；　（9）比拟、对偶；　（10）借代；　（11）借代；　（12）借代；　（13）借代；　（14）拈连；　（15）夸张；（16）排比、双关；　（17）仿词；　（18）对偶；　（19）排比；　（20）比喻、排比。

　2.（1）他把那件衣服送给了灾民。——"灾民"是焦点；

(2) 他送给灾民一些衣服。——"一些衣服"是焦点。

(3) 我在北京读书,他在武汉读书。——"北京"和"武汉"分别是焦点。

(4) 小王七点吃早饭,小张八点吃早饭。——"七点"和"八点"分别是焦点。

3. (1) 他在南京打工。——焦点是"打工";

(2) 是他在南京打工。——焦点是"他";

(3) 他是在南京打工。——焦点是"在南京";

(4) 他在南京是打工的。——焦点是"打工"。

4. (1) 下午我们小组讨论。——层次切分不固定,"我们小组讨论"有两种切分:我们小组|讨论、我们|小组讨论。可改为"我们下午小组讨论"或"我们小组下午讨论"。

(2) 他干了一天活。——层次不分明,"干了一天活"可以切分为"干了|一天活"或"干了一天|活",就是说"一天"可能是活的量,"一天"做"活"的定语,也可能是干活的时间,做"干"的补语。可改为"他干活干了一天"或"一天的活他干完了"。

(3) 我们打算试验改良品种。——句法关系不稳定,"改良品种"有述宾关系和偏正关系两种可能。可改为"我们打算对改良品种进行试验"或"我们打算试验改良这个品种"。

(4) 关心的是他的母亲。——语义关系含糊,"他的母亲"可能是"关心"的施事,也可能是"关心"的对象。可改为"他关心母亲"或"母亲关心他"。

(5) 这个人谁都不认识。——语义关系含糊,"这个人"或"谁"都有施事和受事两种可能的语义关系,可改为"这个人不认识谁"或"谁都不认识这个人"。

(6) 大家要关心青少年的问题。——"青少年的问题"可以理解为"问题是有关青少年的"也可以理解为"问题是青少年提出的"。可改为"大家要关心青少年的有关问题"或"大家要关心青少年提出的问题"。

(7) 主要演员和导演都参加了会议。——层次关系不分明,"主要演员和导演"有两种切分:主要|演员和导演、主要演员|和导演。可改为"导演和主要演员都参加了会议"或"主要演员和主要导演都参加了会议"。

(8) 车上睡不好。——层次不分明,句法关系也模糊,"车上睡不好"切分为"车上|睡不好",整句是主谓关系,"睡不好"是述补关系,"不好"是补

语;切分为"车上睡 | 不好",整句虽然也是主谓关系,但"不好"是谓语。可改为"睡在车上不好"或"在车上是睡不好的"。

5. (1) 部分代整体; (2) 专名代通名; (3) 质料代成品; (4) 特征代本体; (5) 部分代整体; (6) 年代代本体; (7) 部分代整体。

6. (1) 含有夸张、比喻; (2) 含有排比; (3) 含有比喻、比拟; (4) 含有引用、顶真、对偶。

7. (1) 拟人; (2) 拟物; (3) 拟物; (4) 拟物。

8. (1) 比拟; (2) 双关; (3) 比拟; (4) 排比; (5) 双关、对偶; (6) 比喻; (7) 比喻; (8) 双关; (9) 夸张; (10) 排比; (11) 含有夸张、比喻; (12) 含有比拟、拈连; (13) 含有比喻、对偶; (14) 比拟、排比、比喻; (15) 含有排比、比喻; (16) 含有比拟、比喻; (17) 移就; (18) 拈连; (19) 仿词; (20) 双关。

9. (1) 词语的仿用; (2) 词语的移用; (3) 借代; (4) 词语的仿用; (5) 借代; (6) 借代; (7) 词语的仿用; (8) 借代; (9) 借代; (10) 借代; (11) 词语的移用; (12) 词语的移用。

第四部分 "现代汉语"教学参考资料与有关文献

一、形声字读音类推表

(1) zh 和 z,ch 和 c,sh 和 s 代表字类推表

zh 声母

丈——zhàng 丈、仗、杖。

专——zhuān 专、砖,zhuǎn 转(转身),zhuàn 转(轮子转动)、传(传记)、啭。(传又念 chuán[宣传])

支——zhī 支、枝、肢。(翅念 chì)[1]

止——zhǐ 止、芷、址、趾。(耻念 chǐ)

中——zhōng 中(中央)、忠、钟、盅、衷,zhǒng 种(种子)、肿,zhòng 中(中暑)、种(种植)、仲。(冲念 chōng[冲锋],又念 chòng[冲床])

长——zhāng 张,zhǎng 长(生长)、涨(涨潮),zhàng 胀(头昏脑胀)、帐、涨(豆子泡涨了)。(长又念 cháng[长短])

主——zhǔ 主、拄,zhù 住、注、炷、柱、疰、驻、蛀。

正——zhēng 正(正月)、怔、征、症(症结),zhěng 整,zhèng 正(真正)、证、政、症(症候)。(惩念 chéng)

占——zhān 占(占卦)、沾、毡、粘(粘贴标语),zhàn 占(占据)、战、站。(砧念 zhēn)

---

〔1〕 汉字中,用同一声旁构成的字在读音上往往有一定联系。根据这一点,我们编制了本表。但是,同声旁的字读音并不一样,用"支"做声旁的字就有多种读法,如:1. zhī 支、枝、肢;2. chì 翅;3. zī 吱;4. jì 技、妓、伎;5. qí 歧、岐等。由于本表是利用汉字偏旁作适当类推以帮助记忆字音的声、韵组别的,因此,超出同一组别的字本表一律不列。例如"支",只列 1、2 两组里的字,不列 3、4、5 三组的字。下同。

只——zhī 只（两只手）、织，zhí 职，zhǐ 只（只有），zhì 帜。（识念 shí［识别］，炽念 chì）

召——zhāo 招、昭，zhǎo 沼，zhào 召（号召）、诏、照。（召又念 shào［姓］）

执——zhí 执，zhì 贽、挚、鸷；zhé 蛰。

至——zhí 侄，zhì 至、郅、致、窒、蛭。（室念 shì）

贞——zhēn 贞、侦、祯、桢、帧。

朱——zhū 朱、诛、侏、洙、茱、珠、株、铢、蛛。（姝、殊念 shū）

争——zhēng 争、挣（挣扎）、峥、狰、铮、筝，zhèng 诤、挣（挣脱）。

志——zhì 志、痣。

折——zhē 折（折跟头）、蜇（被蝎子蜇了），zhé 折（折磨）、哲、蜇（海蜇），zhè 浙。（折又念 shé［棍子折了］，誓念 shì）

者——zhě 者、赭、锗；zhū 诸、猪、潴，zhǔ 渚、煮，zhù 著、箸。（楮、储、褚念 chǔ）

直——zhí 直、值、植、殖，zhì 置。

知——zhī 知、蜘，zhì 智。（痴念 chī）

珍——zhēn 珍，zhěn 诊、疹。（趁念 chèn）

真——zhēn 真，zhěn 缜，zhèn 镇。（慎念 shèn）

振——zhèn 振、赈、震。（辰、宸、晨念 chén）

章——zhāng 章、漳、彰、獐、嫜、璋、樟、蟑，zhàng 障、嶂、幛、瘴。

啄——zhuō 涿，zhuó 诼、啄、琢。

z　声母

子——zī 孜，zǐ 子、仔（仔细）、籽，zì 字。

匝——zā 匝，zá 砸。

宗——zōng 宗、综（综合）、棕、踪、鬃，zòng 粽。（淙、琮念 cóng，崇念 chóng）

卒——zú 卒（小卒）；zuì 醉。

责——zé 责、喷、帻、箦。（债念 zhài）

则——zé 则；cè 侧、厕、测、恻。（铡念 zhá）

兹——zī 兹（兹定于）、滋、孳。

祖——zū 租，zǔ 诅、阻、组、祖、俎。

资——zī 咨、姿、资、趑，zì 恣。

造——zào 造、簉、慥。（糙念 cāo）

尊——zūn 尊、遵、樽、鳟。

曾——zēng 曾（姓）、憎、增、缯，zèng 赠。（曾又念 céng[曾经]）

赞——zǎn 攒（积攒）、趲，zàn 赞。（攒又念 cuán[攒在一处]）

澡——zǎo 澡、藻，zào 噪、燥、躁。（操念 cāo，懆念 cǎo；臊念 sāo[臊气]，又念 sào[害臊]）

ch 声母

叉——chā 叉（鱼叉）、杈（一种农具），chá 叉（叉住），chǎ 叉（叉开）、衩（裤衩），chà 杈（树杈）、衩（衣衩）；chāi 钗。

斥——chì 斥；chè 坼；chāi 拆（拆信）。

出——chū 出，chǔ 础、chù 绌、黜。（拙念 zhuō，茁念 zhuó）

池——chí 池、弛、驰。

产——chǎn 产、浐、铲。

场——cháng 场（场院）、肠，chǎng 场（会场），chàng 畅。

成——chéng 成、诚、城、盛（盛东西）。（盛又念 shèng[茂盛，姓]）

抄——chāo 抄、吵（吵吵）、钞，chǎo 吵（吵架）、炒。

辰——chén 辰、宸、晨；chún 唇。

呈——chéng 呈、程、酲，chěng 逞。

昌——chāng 昌、阊、菖、猖、锠、鲳，chàng 倡、唱。

垂——chuí 垂、陲、捶、棰、锤。

啜——chuò 惙、啜、辍。

春——chūn 春、椿，chǔn 蠢。

除——chú 除、滁、蜍、篨。

绸——chóu 惆、绸、稠。

馋——chān 搀，chán 馋、谗。

朝——cháo 朝（朝前、朝鲜）、潮、嘲（嘲笑）。（朝又念 zhāo[朝霞]）

揣——chuāi 揣（揣在怀里），chuǎi 揣（揣测），chuài 揣（挣[zhèng]揣）；chuǎn 喘。

筹——chóu 俦、畴、筹、踌。

厨——chú 厨、橱、蹰。

c　声母

才——cái 才、材、财。(豺念 chái)

寸——cūn 村,cǔn 忖,cùn 寸。

仓——cāng 仓、伧(伧俗)、沧、苍、鸧、舱。(伧又念 chen[寒伧];创、怆、疮的声母为 ch)

从——cōng 苁、枞(枞树),cóng 从、丛。

此——cī 疵,cǐ 此。(柴念 chái)

采——cǎi 采(采访)、彩、睬、踩,cài 采(采地)、菜。

参——cān 参(参观),cǎn 惨;cēn 参(参差)。(参又念 shēn[人参],渗念 shèn)

挫——cuò 挫、锉。

曹——cáo 曹、漕、嘈、槽、蟝。

崔——cuī 崔、催、摧,cuǐ 璀。

窜——cuān 撺、蹿,cuàn 窜。

差——cī 差(参差);cuō 搓、磋。(差又念 chā[差别],chà[差不多];chāi[出差])

慈——cí 慈、磁、鹚、糍。

粹——cù 卒(卒中)、猝;cuì 淬、悴、萃、啐、瘁、粹、翠。

蔡——cā 擦、嚓(象声词);cài 蔡。(察念 chá)

醋——cù 醋;cuò 措、错。

sh　声母

山——shān 山、舢,shàn 讪、汕、疝。

少——shā 沙(沙土)、莎、纱、痧、砂、裟、鲨,shà 沙(沙一沙,动词);shǎo 少(少数),shào 少(少年)。(娑念 suō)

市——shì 市、柿、铈。

申——shēn 申、伸、呻、绅、砷,shén 神、钟,shěn 审、谂、婶。

生——shēng 生、牲、笙、甥,shèng 胜。

召——sháo 苕(红苕)、韶,shào 召(姓)、邵(姓)、劭、绍。(召又念 zhào[号召],沼念 zhǎo)

式——shì 式、试、拭、轼、弑。

师——shī 师、狮、狮;shāi 筛。(蛳念 sī)

抒——shū 抒、纾、舒。

诗——shī 诗,shí 时、塒、鲥,shì 侍、恃。(寺念 sì)

叔——shū 叔、淑、菽。

尚——shǎng 赏,shàng 尚、绱,shang 裳(衣裳)。(徜念 cháng[徜徉],裳又念 cháng[古代指裙子])

受——shòu 受、授、绶。

舍——shá 啥;shē 猞,shě 舍(舍己救人),shè 舍(宿舍)。

刷——shuā 刷(刷子),shuà 刷(刷白);shuàn 涮。

珊——shān 删、姗、珊、栅(栅极)、蹒(蹒跚)。(册念 cè,栅又念 zhà[栅栏])

扇——shān 扇(动词)、煽,shàn 扇(扇子)。

捎——shāo 捎、梢、稍(稍微)、筲、艄、鞘(鞭鞘),shào 哨、稍(稍息)。

孰——shú 孰、塾、熟(熟悉)。(熟又念 shóu[用于口语])

率——shuāi 摔,shuài 率(率领)、蟀(蟋蟀)。

善——shàn 善、鄯、缮、膳、蟮、鳝。

暑——shǔ 暑、署、薯、曙。

s 声母

四——sì 四、泗、驷。

司——sī 司,sì 伺(伺敌)、饲、嗣。(词、祠念 cí,伺又念 cì[伺候])

孙——sūn 孙、荪、狲。

松——sōng 松(惺忪)、凇、淞,sòng 颂。(忪又念 zhōng[怔忪])

思——sāi 腮、鳃;sī 思、锶。

叟——sǎo 嫂;sōu 溲、搜、嗖、馊、飕、螋、艘,sǒu 叟。(瘦念 shòu)。

素——sù 素、愫、嗉。

唆——suān 狻、痠、酸;suō 唆、梭。

桑——sāng 桑,sǎng 搡、嗓、颡。

遂——suí 遂(半身不遂),suì 遂(遂心)、隧、燧、邃。

散——sā 撒(撒手),sǎ 撒(撒种);sǎn 散(散漫)、馓,sàn 散(散会)。

斯——sī 斯、厮、澌、撕、嘶。

锁——suǒ 唢、琐、锁。

(2) ·r 和 l 代表字类推表(供对照)

l　声母

lan 　　兰——拦、栏、烂。

　　　　阑——澜、谰。

　　　　蓝——篮、滥、褴、览、揽、缆、榄。

　　　　赖(lài)——懒(lǎn)。

lang 　　良(liáng)——郎、廊、锒、琅、稂、狼、朗、浪、榔、螂。

lao 　　劳——捞、唠、痨、崂、涝。

　　　　老——姥、铑、栳、佬。

　　　　烙——酪、络(络子)。

leng 　　菱(líng)——棱、崚(leng)。

long 　　龙——拢、珑、聋、笼、茏、陇、垄、砻、咙、胧。

　　　　隆——窿、癃。

lou 　　娄——搂、楼、喽、蝼、偻、髅、篓、镂、瘘。

lu 　　卢——芦、炉、泸、庐。

　　　　鲁——噜、橹。

　　　　鹿——漉、辘、麓。

　　　　录——渌、禄、碌、箓、绿(绿林)。

　　　　路——潞、璐、鹭、露。

luan 　　峦——孪、栾、滦、銮。

luo 　　罗——逻、萝、锣、偻、猡、啰。

　　　　洛——落、络、珞、骆。

lei 　　雷——擂、镭、蕾。

　　　　累——缧、缥、螺(luó)。

lun 　　仑——抡、沦、轮、纶、岽、囵、伦、论。(纶又念 guān[纶巾])。

lü 　　屡——缕、褛、偻(伛偻)。

　　　　吕——闾、榈、铝、侣。

r　声母

ran 　　然——燃。

　　　　冉——苒、髯。

rang 嚷——攘、壤、瓤、让(讓)。

rao 绕——饶。

reng 仍——扔。

ren 人——认。

壬——任、妊、衽、荏。

刃——忍、仞、纫、韧。

rong 容——蓉、榕、溶、熔。

荣——嵘、蝾。

戎——绒。

rou 柔——揉、蹂、绕、鞣、糅。

ru 如——茹、洳。

儒——濡、襦、孺、嚅、蠕。

辱——缛、蓐、褥、溽。

ruo 若——偌、箬。

rui 芮——蚋、枘、汭。

run 闰——润。

(3) n 和 l 代表字类推表

n 声母

乃——nǎi 乃、奶、芴、氖。

奈——nài 奈、萘;nà 捺。

内——nèi 内;nè 讷;nà 呐、纳、衲、钠。

宁——níng 宁(宁静)、拧、咛、狞、柠,nìng 宁(宁可)、泞。

尼——ní 尼、泥、呢(呢绒)、伲,nì 泥(拘泥)。(呢又念 ne)

倪——ní 倪、霓、猊、輗。

奴——nú 奴、孥、驽,nǔ 努、弩,nù 怒。

农——nóng 农、浓、脓、侬。

那——nǎ 哪(哪里),nà 那(那里);nuó 挪、娜(婀娜)。

纽——niū 妞;niǔ 扭、忸、纽、钮。

念——niǎn 捻,niàn 念、埝。

南——nán 南、喃、楠。

虐——nüè 虐、疟、谑。

诺——nuò 诺、喏、锘;nì 匿。

懦——nuò 懦、糯。

捏——niē 捏,niè 涅。

聂——niè 聂、蹑、镊、嗫。

脑——nǎo 恼、瑙、脑。

l 声母

力——lì 力、荔;liè 劣;lè 勒(勒索);lēi 勒(勒紧),lèi 肋。

历——lì 历、沥、雳、呖、枥。

立——lì 立、粒、笠;lā 拉(拉车)、垃、啦;lá 拉(拉了一道口子);lǎ 拉
　　(半拉)。

厉——lì 厉、励、疬、蛎。

里——lí 厘、狸,lǐ 里、理、鲤;liáng 量(测量),liàng 量(重量)。

利——lí 梨、犁、蜊,lì 利、俐、痢、莉、猁,li 蜊(蛤蜊)。

离——lí 离、漓、篱,li 璃(玻璃)。

仑——lūn 抡,lún 仑、伦、沦、论(《论语》)、轮,lùn 论(理论)。

兰——lán 兰、拦、栏,làn 烂。

览——lǎn 览、揽、缆、漤、榄。

蓝——lán 蓝(蓝色)、篮,làn 滥,lan 蓝(苤蓝)。

龙——lóng 龙、咙、聋、笼(笼子)、胧、珑,lǒng 陇、垄、拢、笼(笼罩)。

隆——lóng 隆、漋、癃,long 窿(窟窿)。

卢——lú 卢、泸、栌、颅、鸬、胪、鲈、舻、轳。

录——lù 录、禄、碌、绿(绿林);lù 绿(绿色)、氯。

鹿——lù 鹿、漉、麓、辘。

鲁——lǔ 鲁、橹。

路——lù 路、鹭、露、潞、璐。

令——líng 伶、玲、铃、羚、聆、蛉、零、龄,lǐng 岭、领、令(一令纸),lìng
　　令(命令);lěng 冷;lín 邻;lián 怜。

菱——líng 凌、陵、菱、绫、鲮、棱(穆棱县);léng 棱(棱角)。

乐——lè 乐(快乐);lì 砾、栎(栎树)。

老——lǎo 老、佬、姥。

劳——lāo 捞,láo 劳、痨、崂、唠,lào 涝。

列——liē 咧(大大咧咧),liě 咧(咧嘴),liè 列、烈、裂;lì 例。

吕——lǚ 吕、侣、铝。

虑——lù 虑、滤。

良——liáng 良、粮;láng 郎、廊、狼、琅、榔、螂,lǎng 朗,làng 浪。

两——liǎng 两、俩(伎俩)、魉,liàng 辆;liǎ 俩(咱俩)。

凉——liáng 凉(凉快),liàng 谅、晾、凉(把水凉一下);lüè 掠。

梁——liáng 梁、粱。

连——lián 连、莲、涟、鲢,liǎn 琏,liàn 链。

炼——liàn 练、炼。

恋——liàn 恋;luán 峦、娈、孪、鸾、滦。

脸——liǎn 脸、敛,liàn 殓、硷、潋。

廉——lián 廉、濂、镰。

林——lín 林、淋(淋漓)、琳、霖,lìn 淋(淋病);lán 婪。

鳞——lín 嶙、磷、璘、辚、麟。

罗——luó 罗、逻、萝、锣、箩。

洛——luò 洛、落(落后)、络、骆;lào 烙、酪、落(落枕);lüè 略;là 落(丢三落四)。

娄——lóu 娄、喽、楼,lǒu 搂、篓,lǚ 缕、屡。

剌——lǎ 喇,là 剌、辣、瘌;lài 赖、癞、籁。

腊——là 腊、蜡;liè 猎。

柳——liǔ 柳;liáo 聊。

流——liú 流、琉、硫。

留——liū 溜(滑溜),liú 留、馏、榴、瘤,liù 溜(一溜烟)、遛。

累——léi(累赘),lěi(积累),lèi 累(劳累);luó 骡、螺,luǒ 瘰,luò 漯、摞。

雷——léi 雷、擂(擂鼓)、镭,lěi 蕾,lèi 擂(擂台)。

(4) f 和 h 代表字类推表

f 声母

凡——fān 帆,fán 凡、矾、钒。

反——fǎn 反、返,fàn 饭、贩、畈。

番——fān 番(番茄)、蕃、藩、翻。

方——fāng 方、芳、坊(牌坊)、钫，fáng 坊(作坊)、防、妨、房、肪，fǎng 访、仿、纺、舫，fàng 放。

夫——fū 夫、肤、麸，fú 芙、扶、呋。

父——fǔ 斧、釜，fù 父。

付——fú 符，fǔ 府、俯、腑、腐，fù 付、附、驸，fu 咐。

弗——fú 弗、拂、氟、佛(仿佛)；fó 佛(佛教)；fèi 沸、狒、费、镄。

伏——fú 伏、茯、袱。

甫——fū 敷，fǔ 甫、辅，fù 傅、缚。

孚——fū 孵，fú 孚、俘、浮。

复——fù 复、腹、蝮、馥、覆。

福——fú 幅、福、辐、蝠，fù 副、富。

分——fēn 分(分配)、芬、吩、纷，fěn 粉，fèn 分(水分)、份、忿。

愤——fén 坟(墳)，fèn 愤。

乏——fá 乏；fàn 泛。

发——fā 发(发达)，fà 发(头发)；fèi 废。

伐——fá 伐、阀、筏、垡。

风——fēng 风、枫、疯，fěng 讽。

非——fēi 非、菲、啡、绯、扉、霏，fěi 诽、匪、榧、斐、蜚、翡，fèi 痱。

蜂——fēng 峰、烽、锋、蜂。

h 声母

火——huǒ 火、伙、钬。

禾——hé 禾、和(和平)，hè 和(唱和)；huó 和(和面)；huò(和药)；hú 和(牌和了)。

或——huò 或、惑。

户——hù 户、沪、护、戽、扈。

乎——hū 乎、呼、滹。

虎——hǔ 虎、唬、琥。

忽——hū 忽、惚、唿。

胡——hú 胡、湖、葫、猢、瑚、糊(糊涂)、蝴，hù 糊(糊弄)。

狐——hú 狐、弧。

化——huā 花、哗(哗啦)，huá 华(繁华)、哗、铧，huà 化、华(姓)、桦；

huò 货。

话——huà 话;huó 活。

灰——huī 灰、恢、诙。

回——huí 回、茴、蛔;huái 徊。

会——huí 会(开会)、绘、烩。

挥——huī 挥、辉;hūn 荤,hún 浑、珲。

悔——huǐ 悔,huì 海、晦。

惠——huì 惠、蕙。

红——hóng 红、虹、鸿。

洪——hōng 哄(哄动)、烘,hóng 洪,hǒng 哄(哄骗),hòng 哄(起哄)。

怀——huái 怀,huài 坏。

还——huán 还(归还)、环;hái 还(还有)。

奂——huàn 奂、涣、换、唤、焕、痪。

昏——hūn 昏、阍、婚。

混——hún 馄、混(混水摸鱼),hùn 混(混合)。

荒——huāng 荒、慌,huǎng 谎。

皇——huáng 皇、凰、湟、惶、徨、煌、蝗、隍。

晃——huǎng 恍、晃(晃眼)、幌,huàng 晃(摇晃)。

黄——huáng 黄、璜、癀、蟥、磺、簧。

(5) en 和 eng,in 和 ing 代表字类推表

en　韵母

门——mēn 闷(闷热),mén 门、们(图们江)、扪,mèn 闷(闷闷不乐)、焖,men 们(我们)。

刃——rěn 忍,rèn 刃、仞、纫、韧、轫。

分——pén 盆;fēn 分(分析)、芬、吩、纷、氛、酚、雰,fén 汾、棼,fěn 粉,fèn 分(身分)、份、忿。

壬——rén 壬、任(姓),rěn 荏,rèn 任(任务)、饪、妊、衽。

本——běn 本、苯,bèn 笨。

申——shēn 申、伸、呻、绅、砷,shén 神、钟,shěn 审、谂、婶。

珍——zhēn 珍,zhěn 诊、疹;chèn 趁。

贞——zhēn 贞、侦、祯、桢、帧。

艮——gēn 根、跟,gèn 艮、茛;kěn 垦、恳;hén 痕,hěn 很、狠,hèn 恨。

辰——zhèn 振、赈、震;chén 辰、宸、晨;shēn 娠,shèn 蜃。

枕——zhěn 枕;chén 忱;shěn 沈。

肯——kěn 肯、啃。

参——cēn 参(参差);shēn 参(人参),shèn 渗。

贲——bēn 贲;pēn 喷(喷泉),pèn 喷(喷香);fèn 愤。

甚——zhēn 斟;shèn 甚(甚至)、葚(桑葚);rèn 葚(桑葚儿)。

真——zhēn 真,zhěn 缜,zhèn 镇;chēn 嗔;shèn 慎。

eng　韵母

风——fēng 风、枫、疯,fěng 讽。

正——zhēng 正(正月)、怔、征、症(症结),zhěng 整,zhèng 正(真正)、
　　证、政、症(急症);chéng 惩。

生——shēng 生、牲、甥、笙,shèng 胜。

成——chéng 成、诚、城、盛(盛东西);shèng 盛(盛会)。

争——zhēng 争、挣(挣扎)、峥、狰、睁、铮、筝,zhèng 诤、挣(挣脱)。

丞——zhēng 蒸,zhěng 拯;chéng 丞。

亨——pēng 烹;hēng 亨、哼。

更——gēng 更(更正),gěng 埂、绠、哽、梗、鲠,gèng 更(更加);jīng
　　粳;yìng 硬。

呈——chéng 呈、程、醒,chěng 逞。

庚——gēng 庚、赓。

奉——pěng 捧;fèng 奉、俸。

朋——bēng 崩、绷(绷带),běng 绷(绷着脸),bèng 蹦、绷(绷硬);
　　péng 朋、棚、硼、鹏。

孟——měng 勐、猛、锰、蜢、艋,mèng 孟。

峰——péng 蓬、篷;fēng 峰、烽、蜂,féng 逢、缝(缝衣),fèng 缝(门
　　缝)。

乘——chéng 乘;shèng 乘(史乘)、剩、嵊。

曾——zēng 曾(姓)、憎、增、缯,zèng 赠;céng 层(層)、曾(曾经)、嶒,
　　cèng 蹭;sēng 僧。

彭——péng 彭、澎、膨。

楞——léng 楞、楞，lèng 愣。

登——dēng 灯(燈)、登、蹬，dèng 凳、澄(把水澄清)、磴、镫、瞪；chéng 澄(澄清混乱)。

朕——téng 誊、腾、滕、藤。

蒙——mēng 蒙(蒙骗)，méng 蒙(蒙蔽)、濛、檬、曚、朦(朦胧)、艨，měng 蒙(蒙古)、蠓。

in 韵母

心——qìn 沁；xīn 心、芯(灯芯)，xìn 芯(芯子)。

今——jīn 今、衿、矜，jìn 妗；qīn 衾，qín 琴、芩；yín 吟。

斤——jīn 斤，jìn 近、靳；qín 芹；xīn 忻、昕、欣、新、薪。

民——mín 民、岷，mǐn 泯、抿。

因——yīn 因、洇、茵、姻、氤、铟。

阴——yīn 阴；yìn 荫。

尽——jǐn 尽(尽管)，jìn 尽(尽力)、浕、烬。

辛——qīn 亲(亲戚)；xīn 辛、莘(莘庄)、锌。(莘又念 shēn[莘莘学子]，亲又念 qìng[亲家])

林——bīn 彬；lín 林、淋(淋漓)、琳、霖，lìn 淋(淋病)。

侵——jìn 浸；qīn 侵，qǐn 寝。

宾——bīn 宾、傧、滨、缤、槟、镔，bìn 摈、殡、鬓；pín 嫔。(槟又念 bīng)

董——jǐn 谨、僅、瑾、槿；qín 勤；yín 鄞。

禽——qín 禽、擒、噙。

禁——jīn 禁(禁受)、襟，jìn 禁(禁止)、噤。

嶙——lín 邻(鄰)、鄰、遴、嶙、璘、辚、鳞、麟。

ing 韵母

丁——dīng 丁、仃、疔、盯、钉(钉子)、酊(碘酊)，dǐng 顶、酊(酩酊)，dìng 订、钉(钉扣子)；tīng 厅、汀。

并——bǐng 饼、屏(屏除)，bìng 并；píng 瓶、屏(屏风)。(拼、姘念 pīn，骈、胼念 pián)

宁——níng 宁(安宁)、拧(拧绳子)、咛、狞、柠，nǐng 拧(拧螺丝钉)，nìng 宁(宁可)、泞、拧(拧脾气)。

丙——bǐng 丙、炳、柄,bìng 病。

平——píng 平、评、苹、坪、枰、萍。

令——líng 伶、泠、苓、玲、瓴、铃、鸰、聆、蛉、翎、零、龄,lǐng 令(一令纸)岭、领,lìng 令(命令)。(邻念 lín)

名——míng 名、茗、铭,mǐng 酩。

廷——tíng 廷、庭、蜓、霆,tǐng 挺、梃、铤、艇。

形——jīng 荆;xíng 刑、邢、形、型。

京——jīng 京、惊、鲸;qíng 黥。

定——dìng 定、腚、碇、锭。

英——yīng 英、媖、瑛、锳。

茎——jīng 泾、茎、经,jǐng 到、颈,jìng 劲(劲敌)、胫、径、痉;qīng 轻、氢。(劲又念 jìn[干劲],颈又念 gěng[脖颈子])

青——jīng 菁、睛、精,jìng 靖、静;qīng 青、清、蜻、鲭,qíng 情、晴、氰,qǐng 请。

冥——míng 冥、溟、螟、瞑。

亭——tíng 亭、停、渟、葶、婷。

凌——líng 凌、陵、菱、崚、绫。

竟——jìng 竟、境、镜。

营——yīng 莺,yíng 荧、莹、萤、营、萦、潆。

婴——yīng 婴、撄、嘤、缨、樱、鹦。

敬——jǐng 儆、警,jìng 敬;qíng 擎。

景——jǐng 景、憬;yǐng 影。

(6) ü 韵母部分字类推表

于——yū 迂、纡,yú 于、盂、竽,yǔ 宇,yù 芋,吁(呼~),xū 讦、圩,吁(象声词)。

於——yū 於、淤。

余——yú 余、馀、狳。

与——yú 与,yǔ 与、屿,yù 与(参~)。

臾——yú 臾、萸、腴、谀,yǔ 瘐、庾。

鱼——yú 鱼、渔。

禺——yú 禺、隅、喁、嵎、愚,yù 遇。

俞——yú 俞,榆,逾,渝,愉,揄,觎,yù 喻,谕,愈。

予——yù 予,预,豫,xù 序。

禹——yǔ 禹,jǔ 踽,qǔ 龋。

语——yǔ 语,圄,鋙。

玉——yù 玉,钰,jué 珏。

域——yù 域,蜮。

元——yuán 元,园,芫,沅,鼋,yuǎn 远,yuàn 院,垸。

爰——yuán 爰,援,媛,媛。

鸳——yuān 鸳,涴,yuàn 苑,怨。

原——yuán 原,源,螈,羱,yuàn 愿。

袁——yuán 袁,猿,辕。

员——yuán 员,圆,yǔn 陨,yùn 殒,xūn 勋,埙。

云——yún 云,芸,耘,yùn 运,酝。

匀——yún 匀,筠,yùn 韵,jūn 均,钧。

句——jū 拘,驹,jù 句,qú 劬。

居——jū 居,据(拮～),裾,jù 倨,剧,据,锯,踞。

局——jū 锔,jú 局,侷,跼。

菊——jū 鞠,jú 菊。

巨——jù 巨,jǔ 柜,矩,jù 拒,炬,苣,距,qú 渠,蕖。

具——jù 具,惧,犋,飓。

捐——juān 捐,娟,涓,鹃,绢。

卷——juǎn 卷,锩,juàn 卷,倦,圈(猪～),quān 圈,quán 鬈,蜷,quǎn 绻。

军——yùn 恽,郓,jūn 军,皲。

君——jūn 君,qún 群,裙。

区——qū 区,岖,驱,躯。

全——quán 全,佺,诠,荃,铨,痊。

宣——xuān 宣,萱,喧,瑄,揎,暄,xuàn 渲,楦。

玄——xuán 玄,痃,眩,炫,铉。

旬——xún 旬,郇,询,荀,峋,枸,xùn 徇,殉。

二、方言浊声母和普通话清声母对应例字表

方 言 声 母	[b]	
普通话声母	p[p']	b[p]
例 字	爬扒	罢
	牌排	败稗
	盘爿	伴拌绊办
	旁螃庞	傍棒蚌(蚌壳)
	袍咆	抱鲍刨暴爆(爆炸)
	培陪赔裴	倍被
	盆	笨
	皮疲琵啤脾	币敝弊毙避痹
	便(便宜)	便(便利)辨辩辫
	瓢嫖朴	鳔
	平评瓶	病
方 言 声 母	[d]	
普通话声母	t[t']	d[t]
例 字	台抬苔(青苔)	殆怠袋贷代待(等待)
	谈痰潭坛弹(弹琴)	淡氮蛋但弹(弹片)惮
	堂膛螳棠唐塘糖搪醣	荡宕
	逃桃陶淘啕萄	道稻导盗悼
	誊滕藤腾	邓
	提题啼蹄	地弟第递
	田填甜恬	佃电殿奠甸淀垫
	条调(调和)迢	掉调(调动)
	亭停廷蜓庭霆	定锭
	同桐铜童瞳僮	洞动
	头投	豆逗痘窦
	徒屠途图涂	杜肚度渡镀
	团抟	段缎锻断
	囤(囤积)臀	钝盾遁

（续表）

方 言 声 母	[dʑ][ʑ][z]等	
普通话声母	q[tɕʻ]	j[tɕ]
例　　　　字	齐脐奇崎骑其棋琪麒旗祁鳍岐	荠技妓忌
	前钱潜钳箝掮虔	践贱健键渐件
	强(坚强)墙蔷	强(倔强)匠
	乔侨桥憔	轿
	芹琴勤秦禽	尽近
	情晴	净静靖竞
	求球囚	臼舅旧就
	渠瞿	巨拒炬距具俱惧聚
	全泉权拳蜷	倦圈(猪圈)
	群裙	郡
方 言 声 母	[dʐ][ʐ]等	
普通话声母	ch[tʂʻ]	zh[tʂ]
例　　　　字	馋蝉	栈站绽
	常嫦尝肠场(场地)长(长短)	丈杖仗
	朝潮嘲巢	召兆赵肇
	陈辰晨尘臣忱沉	阵
	呈程成城诚盛(盛饭)承惩	郑
	厨橱除雏锄	住柱驻助
	床	状撞幢
	垂棰锤槌	坠
方 言 声 母	[dz][z]等	
普通话声母	c[tsʻ]	z[ts]
例　　　　字	才材财裁	在
	藏(躲藏)	藏(西藏)
	曹嘈漕槽	皂造
	曾(曾经)层	赠
	慈磁瓷词辞	自字

三、方言入声字与普通话声调对照表（常用字）

声母＼声调	阴平	阳平	上声	去声
b	八剥(bāo、bō)逼憋蹩鳖拨	拔跋白薄(báo、bó)别帛泊箔伯孛勃脖驳博搏膊柏	柏(bǎi)北笔卜	必毕壁檗碧蔽弊辟(复～)不
p	拍霹劈(动词)撇(湖～)扑噗	仆濮	迫(～击炮)匹癖撇朴	帕醅辟珀魄
m	抹(mā)摸	没(méi)殁	抹(mǒ)	麦脉觅密蜜幂灭蔑沫抹(mò)末殁陌牧默墨莫漠寞木目沐
f	发(～生)	乏伐阀佛福幅蝠辐匐服	法珐	发(头～)复腹馥缚
d	答(～应)搭褡嗒滴跌督	答(～复)达靼荻获迪笛涤瀑蝶耋(～确)敌镝喋谍碟渫堞牒毒独度(duó)踱		
t	踏(～实)塌踢剔帖(tiē)贴凸秃脱托		塔獭帖(tiě)铁	踏拓遢特惕蜴帖拓
n	捏			衲呐纳捺讷匿逆溺袅嗫镊蘖涅捏桔柾

（续表）

声调／声母	阴 平	阳 平	上 声	去 声
l　竻(lēi)	疙鸽胳搁割刮郭啯	阁搁胳(骨~)隔革国葛	唡	蜡蜡辣痢胳酪烙络各乐擳将革(lě)列/助立粒笠力历沥疬劣栗列烈洛/裂猎劣六陆碌碌鹿麓绿氯氯洛/洛络路律率(lǜ)略
g		阁搁胳(骨~)隔革国葛	葛(姓)给合胳鸽	各
k	喀磕哭瞌	壳咳	渴	刻克客嗑酷扩括阔廓
h	喝黑忽豁(~口)	合盒核阖精豁(~拳)活		吓赫褐喝(~彩)鹤豁(~达)/蓦劾劐获霍惑豁(~达)
j	击唧积激夹结(~实)接鞠阙	吉疾即急集及级汲极籍藉夹/(狭~)棘瘠楫辑夹(~衣)活/嚼洁结桔劫节杰捷竭截橘子局/菊觉抉诀掘嚼偏(~强)绝厥/蕨角(jué)爵玨爵子	脊载甲胛岬岬角(jiǎo)脚	迹绩寂阄偏(~头~脑)
q	七漆戚掐切(qiē)曲蛐屈缺阙		曲(歌~)乞	迄泣洽恰切(qiè)窃怯妾却/确榷雀阙(宫~)雀鹊
x	夕吸昔惜膝悉蟋息熄析晰锡/瞎歇削薛	习席媳袭峡狭侠挟匣辖协胁/学穴	血(xiě)雪	吓(xià)屑泄畜(~牧)蓄血/(xuè)谑续
zh	扎(~住~)摘只汁织蜘捉桌踔	扎(挣~)札闸铡宅植值侄蜇蛰/蛰闸铡谪滴职执植值倭蹠/竹竺烛逐灼酌卓琢啄濯濯	嘱瞩	这浙轶窒质掷祝筑

（续表）

声调　声母	阴　平	阳　平	上　声	去　声
ch	插拆吃出戳	察	尺	刹(一~)那彻撤斥赤炽触畜(牲~)觇休矗绰绌啜龊
sh	杀笭(~车)失湿虱刷说	舌折(~耗)十什(~物)识石食实拾蚀执孰熟塾赎	辱	设涉摄室式轼拭适饰释术述率率(shuǎi)蟀烁硕朔塑煞
r				热日肉入溽褥弱若偌
z	扎(包~)	杂砸凿泽择则责贼族卒足昨		作仄
c	擦撮			册策侧测恻廁瘥卒(仓~)
s	塞(sāi)缩		索	卅飒萨色啬塞(sè)涩瑟宿宿速
e			恶(~心)	恶遏噩谔鄂腭锷鳄
ou				抹勿物恶(厌~)
iu	压押鸭噎—约曰		乙	轧药钥页叶业疫役拽抑亦奕翼邑易逸益玉钰丰洽欲育郁狱毓乐月乐(音~)跃越悦阆岳粤

四、普通话声韵调配合总表

(1) a,ia,ua

声＼调	a 阴	a 阳	a 上	a 去	ia 阴	ia 阳	ia 上	ia 去	ua 阴	ua 阳	ua 上	ua 去
b	巴	拔	把	霸								
p	趴	爬		怕								
m	妈	麻	马	骂								
f	发[1]	乏	法	发[2]								
d	搭	达	打	大								
t	他		塔	踏								
n		拿	哪	纳								
l	拉	儿	喇	辣			俩					
g	旮	嘎	玍	尬					瓜		寡	挂
k	咖		卡[3]						夸		垮	跨
h	哈	蛤[4]	哈[5]						花	华		化
j					加	荚	假	架				
q					掐		卡[6]	恰				
x					虾	匣		下				
zh	渣	闸	眨	诈					抓		爪	
ch	插	茶	镲	诧								
sh	沙	啥	傻	煞					刷			耍
r												
z	匝	杂										
c	擦											
s	撒		洒	萨								
o	啊				鸦	牙	雅	讶	蛙	娃	瓦	袜

1. 发生　2. 头发　3. 卡车　4. 蛤蟆　5. 哈达　6. 卡子

（2）o,uo,e,ie,üe

声＼调	韵																							
	o				uo				e				ê				ie				üe			
	阴	阳	上	去	阴	阳	上	去	阴	阳	上	去	阴	阳	上	去	阴	阳	上	去	阴	阳	上	去
b	玻	博	跛	簸													鳖	别	瘪¹	憋				
p	泼	婆	笸	破													撇²		撇³					
m	摸	摩	抹	末																灭				
f		佛																						
d					多	夺	朵	惰	得								爹	叠						
t					拖	驼	妥	拓				特					贴		铁	帖				
n					挪			糯									捏			孽				虐
l					罗	罗	裸	洛	勒			乐							咧	列				略
g					锅	国	果	过	歌	革	葛	个												
k								阔	科	咳	渴	课												
h					豁	活	火	货	喝	合		贺												
j																	街	洁	姐	借	撅⁴	决		倔⁵
q																	切	茄	且	怯	缺	瘸		确
x																	歇	鞋	写	谢	靴	学	雪	穴
zh					桌	浊			遮	折	者	浙												
ch					戳			绰	车		扯	彻												
sh					说			硕	奢	蛇	舍	社												
r								弱			惹	热												
z					嘬	昨	左	坐		则		仄												
c					搓	痤		错				策												
s					梭		锁					色												
0					窝		我	卧	阿⁶	鹅	恶⁷	饿	欸⁸				噎	爷	野	叶	约			月

1. 干瘪　2. 撇开　3. 撇捺　4. 挽断　5. 倔脾气　6. 阿附(迎合)　7. 恶心　8. 又音 ei

(3) -i[ʅ],-i[ɿ],er,i,u,ü

声＼调	-i[ʅ]阴	阳	上	去	-i[ɿ]阴	阳	上	去	er阴	阳	上	去	i阴	阳	上	去	u阴	阳	上	去	ü阴	阳	上	去
b													逼	鼻	比	蔽	逋	醭¹	补	布				
p													批	皮	痞	譬	扑	仆	普	铺				
m													眯	迷	米	密		模²	母	暮				
f																	夫	扶	府	富				
d													低	敌	底	地	都	独	赌	度				
t													梯	题	体	剃	秃	徒	土	兔				
n														泥	你	腻		奴	努	怒			女	衄
l														梨	李	利		卢	鲁	路		驴	旅	虑
g																	姑	骨³	古	故				
k																	枯		苦	库				
h																	呼	湖	虎	互				
j													鸡	集	挤	寄					居	橘	举	句
q													妻	齐	起	气					区	渠	取	趣
x													西	席	洗	细					虚	徐	许	絮
zh	知	直	纸	志													猪	竹	煮	助				
ch	吃	池	齿	翅													初	除	楚	处				
sh	诗	时	史	世													书	秫	黍	树				
r				日														如	汝	入				
z					资		紫	字									租	族	祖					
c					疵	瓷	此	刺									粗	俗		醋				
s					丝		死	四									苏			素				
o										儿	耳	二	衣	移	椅	意	乌	无	五	雾	迂	鱼	雨	遇

1. 白醭　2. 模子　3. 骨头

（4）ai，uai，ei，uei

声＼调	韵 ai 阴	阳	上	去	uai 阴	阳	上	去	ei 阴	阳	上	去	uei 阴	阳	上	去
b	掰	白	百	拜					杯		北	贝				
p	拍	牌		派					胚	赔		配				
m		埋	买	卖						眉	美	妹				
f									非	肥	匪	肺				
d	呆¹		歹	代							得⁹		堆			对
t	胎	台		太									推	颓	腿	退
n			乃	耐							馁	内				
l		来		赖					勒¹⁰	雷	儡	类				
g	该		改	盖	乖		拐	怪			给		规		鬼	贵
k	开		凯	忾				快					亏	葵	傀	愧
h	咳	孩	海	害		淮		坏	黑				灰	回	毁	惠
j																
q																
x																
zh	斋	宅	窄	债	拽⁴		跩⁵	拽⁶				这¹¹	追			坠
ch	拆	柴			揣⁷		揣⁸	踹					吹	垂		
sh	筛		色²	晒	衰		甩	帅		谁¹²				谁	水	税
r														蕤	蕊	锐
z	灾		宰	再						贼					嘴	最
c	猜	才	采³	菜									崔			脆
s	鳃			赛									虽	随	髓	岁
o	哀	皑	矮	爱	歪			外	欸				威	围	委	胃

1. 呆头呆脑　2. 掉色　3. 采茶　4. 拽过去　5. 跩来跩去　6. 拽上门　7. 揣在怀里　8. 揣摩　9. 必得　10. 勒死　11. 又音　12. 又音

（5）ao，iao，ou，iou

声＼韵	ao 阴	ao 阳	ao 上	ao 去	iao 阴	iao 阳	iao 上	iao 去	ou 阴	ou 阳	ou 上	ou 去	iou 阴	iou 阳	iou 上	iou 去
b	包	雹	保	报	标		表	鳔								
p	抛	袍	跑	炮	飘	瓢	漂⁴	票	剖⁶	抔						
m	猫	毛	卯	帽	喵	苗	秒	妙	哞	谋	某					谬
f										浮	否					
d	刀	捯¹	岛	到	雕		屌	吊	兜		斗	豆	丢			
t	滔	逃	讨	套	挑	条	窕	跳	偷	头		透				
n		挠	脑	闹			鸟	尿⁵				耨	妞	牛	纽	
l	捞	劳	老	涝	撩	聊	了⁵	料	搂	楼	篓	漏	溜	流	柳	六
g	高		稿	告					钩		狗	够				
k			考	靠					抠		口	叩				
h	蒿	豪	好	号					齁	侯	吼	后				
j					焦	嚼	绞	叫					揪		酒	就
q					锹	桥	巧	俏					丘	求		
x					消	肴	小	笑					休		朽	秀
zh	招	着	找	罩					周	轴	肘	皱				
ch	抄	巢	炒						抽	绸	丑	臭				
sh	梢	韶	少	绍					收		手	瘦				
r		饶	扰	绕						柔		肉				
z	糟	凿²	早	造					邹		走	奏				
c	操	曹	草	糙³								凑				
s	骚		扫	臊					搜		叟	嗽				
0	凹	敖	袄	傲	妖	摇	咬	要	欧		藕	呕	忧	油	有	又

1. 捯线　2. 凿子　3. 粗糙　4. 漂白　5. 了解　6. 解剖

(6) an, ian, uan, üan

声＼调	an 阴	an 阳	an 上	an 去	ian 阴	ian 阳	ian 上	ian 去	uan 阴	uan 阳	uan 上	uan 去	üan 阴	üan 阳	üan 上	üan 去
b	般		板	半	边		扁	便[3]								
p	潘	盘		判	偏	便[4]		骗								
m	颠	蛮	满	慢		眠	免	面								
f	番	凡	反	饭												
d	单		胆	旦	颠		典	电	端		短	段				
t	滩	谈	坦	叹	天	田	舔	掭	湍	团	疃	彖				
n	囡	难[1]	赧	难[2]	蔫	年	碾	念			暖					
l		兰	懒	烂		连	脸	练	弯		卵	乱				
g	甘		敢	干					官		管	灌				
k	刊		砍	看					宽		款					
h	鼾	寒	喊	汗					欢	还	缓	换				
j					坚		减	见					捐		捲	卷
q					牵	前	浅	欠					圈	全	犬	劝
x					先	贤	显	现					宣	玄	选	镟
zh	毡		展	战					专		转	赚				
ch	搀	蝉	产	颤					川	船	喘	串				
sh	山		闪	扇					拴			涮				
r		然	染								软					
z	簪	咱	攒	赞					躜		纂	钻				
c	参	残	惨	灿					蹿		攒	窜				
s	三		伞	散					酸			算				
0	安		俺	岸	烟	言	演	宴	弯	完	晚	万	冤	园	远	怨

1. 难过　2. 灾难　3. 便利　4. 便宜

(7) en, in, un, ün

声＼调	en 阴	en 阳	en 上	en 去	in 阴	in 阳	in 上	in 去	un 阴	un 阳	un 上	un 去	ün 阴	ün 阳	ün 上	ün 去
b	奔		本	笨	彬			殡								
p	喷[1]	盆		喷[2]	拼	贫	品	聘								
m	闷[3]	门		闷[4]		民	敏									
f	分	坟	粉	奋												
d				扽[5]					敦		盹	钝				
t									吞	屯		褪				
n				嫩	您											
l						林	廪	吝	抡	轮		论				
g	根	哏	艮[6]	亘							滚	棍				
k			肯	裉					坤		捆	困				
h		痕	很	恨					昏	魂		混				
j					金		锦	近					均			俊
q					亲	秦	寝	沁						群		
x					心			信					熏	寻		训
zh	针		枕	镇					谆		准					
ch	嗔	陈	碜	衬					春	纯	蠢					
sh	深	神	审	慎							吮	顺				
r		人	忍	认								闰				
z				怎					尊							
c	参[7]	岑							村	存	忖	寸				
s	森								孙		损					
o	恩			摁[8]	因	银	引	印	温	文	稳	问	晕	云	允	运

1. 喷水　2. 喷香　3. 闷热　4. 烦闷　5. 扽一扽　6. 艮萝卜　7. 参差　8. 摁电铃

(8) ang,iang,uang

声＼调	ang 阴	ang 阳	ang 上	ang 去	iang 阴	iang 阳	iang 上	iang 去	uang 阴	uang 阳	uang 上	uang 去
b	邦		榜	棒								
p	乓	旁	耪	胖								
m		忙	莽									
f	方	房	仿	放								
d	当		党	荡								
t	汤	唐	倘	烫								
n		囊	曩	齉	娘			酿				
l		郎	朗	浪	良	两		亮				
g	刚		岗	杠					光		广	逛
k	康	扛		抗					筐	狂		况
h	夯	航		巷[1]					荒	黄	谎	晃
j					江		讲	匠				
q					腔	墙	抢	呛				
x					香	详	想	向				
zh	张		掌	丈					庄		奘	壮
ch	昌	长	厂	唱					窗	床	闯	创
sh	商		赏	上					双			爽
r	嚷	瓤	壤	让								
z	脏			葬								
c	仓	藏										
s	桑		嗓	丧								
o	肮	昂		盎	央	羊	仰	样	汪	王	网	望

1. 巷道

（9）eng,ing,ueng,ong,iong

声	韵 eng 阴	阳	上	去	ing 阴	阳	上	去	ueng 阴	阳	上	去	ong 阴	阳	上	去	iong 阴	阳	上	去
b	崩		绷	迸	兵		丙	病												
p	烹	朋	捧	碰	乒	平														
m	蒙	朦	猛	梦		明	酩	命												
f	风	逢	讽	奉																
d	登		等	凳	丁		顶	定					东		董	冻				
t		腾			听	亭	挺	梃					通	同	统	痛				
n		能				宁	拧	佞						农		弄³				
l		棱	冷	楞	拎	零	领	令						龙	垄	弄⁴				
g	庚		梗	更									工		巩	贡				
k	坑												空		孔	控				
h	亨	横¹		横²									烘	红	哄	讧				
j					京		景	镜											窘	
q					青	晴	请	庆										穷		
x					星	形	醒	性									凶	雄		
zh	争		整	正									中		肿	仲				
ch	称	成	逞	秤									充	崇	宠	铳				
sh	生	绳	省	胜																
r	扔	仍												荣	冗					
z	增			赠									宗		总	纵				
c		层		蹭									聪	从						
s	僧												松		耸	送				
o					英	营	影	硬	翁			瓮					雍	颙	永	用

1. 横行　2. 强横　3. 玩弄　4. 弄堂

五、普通话和方言调类、调值比较表

古调类	例字	普通话	汉口	济南	西安	滦县	南京	梅县	临川	绍兴	广州	博白
阴平	诗超丁	阴平˥55	阴平˥55	阴平213	阴平31	平声˩11	阴平31	阴平44	阴平32	阴平41	阴平53	阴平44
阳平	陈人时	阳平˧˥35	阳平313	阳平42	阳平24		阳平13	阳平11	阳平25	阳平15	阳平21	阳平23
阴上	使草古	上声˨˩˦214	上声31	上声˥55	上声42	上声215	上声22	上声31	上声45	阴上55	阴上35	阴上33
阳上	你老有								阴去123	阳上22	阴上／阳去	阳上45
阴去	是社义	去声˥˩51		去声21	去声˥55	去声˥55	去声44	去声52	阳去51	阴去44	阴去33	阴去32
阳去	试盖送								阳去	阳去31	阳去22	阳去21
阳去	事阵助											
阴入	一识足	阴,阳,上,去	阳平	阴平	阴平	平,上,去	入声5	阴入21	阴入32	阴入5	上入5	上阴入54
阴入	恶百摄	去声		去声							中入33	下阴入1
阳入	纳六叶	阳平		阳平	阳平			阳入5	阳入5	阳入32	阳入2	上阳入14
阳入	舌及别											下阳入32
数		4	4	4	4	3	5	6	7	8	9	10

六、普通话异读词审音表

（1985 年 12 月修订）

说　　明

　　一、本表所审,主要是普通话有异读的词和有异读的作为"语素"的字。不列出多音多义字的全部读音和全部义项,与字典、词典形式不同。例如:"和"字有多种义项和读音,而本表仅列出原有异读的八条词语,分列于 hè 和 huo 两种读音之下(有多种读音,较常见的在前。下同);其余无异读的音、义均不涉及。

　　二、在字后注明"统读"的,表示此字不论用于任何词语中只读一音(轻声变读不受此限),本表不再举出词例。例如:"阀"字注明"fá(统读)",原表"军阀"、"学阀"、"财阀"条和原表所无的"阀门"等词均不再举。

　　三、在字后不注"统读"的,表示此字有几种读音,本表只审订其中有异读的词语的读音。例如"艾"字本有 ài 和 yì 两音,本表只举"自怨自艾"一词,注明此处读 yì 音;至于 ài 音及其义项,并无异读,不再赘列。

　　四、有些字有文白二读,本表以"文"和"语"作注。前者一般用于书面语言,用于复音词和文言成语中;后者多用于口语中的单音词及少数日常生活事物的复音词中。这种情况在必要时各举词语为例。例如:"杉"字下注"(一)shān(文):紫～、红～、水～;(二)shā(语):～篙、～木"。

　　五、有些字除附举词例之外,酌加简单说明,以便读者分辨。说明或按具体字义,或按"动作义"、"名物义"等区分,例如:"畜"字下注"(一)chù(名物义):～力、家～、牲～、幼～;(二)xù(动作义):～产、～牧、～养"。

　　六、有些字的几种读音中某音用处较窄,另音用处甚宽,则注"除××(较少的词)念乙音外,其他都念甲音",以避免列举词条繁而未尽、挂一漏万的缺点。例如:"结"字下注"除'～了个果子'、'开花～果'、'～巴'、'～实'念 jiē 之外,其他都念 jié"。

　　七、由于轻声问题比较复杂,除《初稿》涉及的部分轻声词之外,本表一般不予审订,并删去部分原审的轻声词,例如:"麻刀(dao)"、"容易(yi)"等。

　　八、本表酌增少量有异读的字或词,作了审订。

　　九、除因第二、六、七各条说明中所举原因而删略的词条之外,本表又删汰了部分词条。主要原因是:1.现已无异读(如"队伍"、"理会");2.罕用词语(如"俵分"、"仔密");3.方言土音(如"归里包堆〔zuī〕"、"告送〔song〕");4.不常用的文言词语(如"刍荛"、"氍毹");5.音变现象(如"胡里八涂〔tū〕"、"毛毛腾腾〔tēngtēng〕");6.重复累赘(如原表"色"字的有关词语分列达 23 条之多)。删汰条目不再编入。

　　十、人名、地名的异读审订,除原表已涉及的少量词条外,留待以后再审。

A

阿 (一) ā

　　～訇　　～罗汉　　～木林　　～姨

　　(二) ē

　　～谀　　～附　　～胶

　　～弥陀佛

挨 (一) āi

　　～个　　～近

　　(二) ái

　　～打　　～说

癌 ái(统读)

霭 ǎi(统读)

蔼 ǎi(统读)

隘 ài(统读)

谙 ān(统读)

埯 ǎn(统读)

昂 áng(统读)

凹 āo(统读)

拗 (一) ào

　　～口

　　(二) niù

　　执～　　脾气很～

坳 ào(统读)

B

拔 bá(统读)

把 bà

　　印～子

白 bái(统读)

膀 bǎng

　　翅～

蚌 (一) bàng

　　蛤～

　　(二) bèng

　　～埠

傍 bàng(统读)

磅 bàng

　　过～

鲍 bāo(统读)

胞 bāo(统读)

薄 (一) báo(语)

　　常单用,如"纸很～"。

　　(二) bó(文)

　　多用于复音词。

　　～弱　　稀～　　淡～

尖嘴～舌　　单～厚～

堡 (一) bǎo

　　碉～　　～垒

　　(二) bǔ

　　～子　　吴～　　瓦窑～　　柴沟～

　　(三) pù

　　十里～

暴 (一) bào

　　～露

　　(二) pù

　　一～(曝)十寒

爆 bào(统读)

焙 bèi(统读)

惫 bèi(统读)

背 bèi

　　～脊　　～静

鄙 bǐ(统读)

俾 bǐ(统读)

笔 bǐ(统读)

比 bǐ(统读)

臂 (一) bì

　　手～　　～膀

（二）bei

胳～

庇 bì(统读)

髀 bì(统读)

避 bì(统读)

辟 bì

复～

裨 bì

～补 ～益

婢 bì(统读)

痹 bì(统读)

壁 bì(统读)

蝙 biān(统读)

遍 biàn(统读)

骠 (一) biāo

黄～马

（二）piào

～骑 ～勇

傧 bīn(统读)

缤 bīn(统读)

濒 bīn(统读)

殡 bìn(统读)

屏 (一) bǐng

～除 ～弃 ～气

～息

（二）píng

～藩 ～风

柄 bǐng(统读)

波 bō(统读)

播 bō(统读)

菠 bō(统读)

剥 (一) bō(文)

～削

（二）bāo(语)

泊 (一) bó

淡～ 飘～ 停～

（二）pō

湖～ 血～

帛 bó(统读)

勃 bó(统读)

钹 bó(统读)

伯 (一) bó

～～(bo) 老～

（二）bǎi

大～子（丈夫的哥
哥）

箔 bó(统读)

簸 (一) bǒ

颠～

（二）bò

～箕

膊 bo

胳～

卜 bo

萝～

醭 bú(统读)

哺 bǔ(统读)

捕 bǔ(统读)

鹎 bǔ(统读)

埠 bù(统读)

C

残 cán(统读)

惭 cán(统读)

灿 càn(统读)

藏 (一) cáng

矿～

（二）zàng

宝～

糙 cāo(统读)

嘈 cáo(统读)

螬 cáo(统读)

厕 cè(统读)

岑 cén(统读)

差 (一) chā(文)

不～累黍 不～什
么 偏～ 色～
～别 视～ 误～
电势～ 一念之～
～池 ～错 言～
语错 一～二错
阴错阳～ ～等
～额 ～价 ～强
人意 ～数 ～异

（二）chà(语)

～不多 ～不离
～点儿

（三）cī

参～

猹 chá(统读)

搽 chá(统读)

阐 chǎn(统读)

羼 chàn(统读)

颤 (一) chàn

～动 发～

（二）zhàn

~栗（战栗） 打~
（打战）

鹯 chàn(统读)

伥 chāng(统读)

场 (一) chǎng

　　~合 ~所 冷~
　　捧~

　　(二) cháng

　　外~ 圩~ ~院
　　一~雨

　　(三) chang

　　排~

钞 chāo(统读)

巢 cháo(统读)

嘲 cháo

　　~讽 ~骂 ~笑

秒 chào(统读)

车 (一) chē

　　安步当~ 杯水~
　　薪 闭门造~ 螳
　　臂当~

　　(二) jū

　　（象棋棋子名称）

晨 chén(统读)

称 chèn

　　~心 ~意 ~职
　　对~ 相~

撑 chēng(统读)

乘 (动作义,念 chéng)

　　包~制 ~便 ~
　　风破浪 ~客 ~
　　势 ~兴

橙 chéng(统读)

惩 chéng(统读)

澄 (一) chéng(文)

　　~清 (如 "~清混
　　乱"、"~清问题")

　　(二) dèng(语)

　　单用,如 "把水~清
　　了"。

痴 chī(统读)

吃 chī(统读)

弛 chí(统读)

褫 chí(统读)

尺 chǐ

　　~寸 ~头

豉 chǐ(统读)

侈 chǐ(统读)

炽 chì(统读)

春 chōng(统读)

冲 chòng

　　~床 ~模

臭 (一) chòu

　　遗~万年

　　(二) xiù

　　乳~ 铜~

储 chǔ(统读)

处 chǔ(动作义)

　　~罚 ~分 ~决
　　~理 ~女 ~置

畜 (一) chù(名物义)

　　~力 家~ 牲~
　　幼~

　　(二) xù(动作义)

~产 ~牧 ~养

触 chù(统读)

搐 chù(统读)

绌 chù(统读)

黜 chù(统读)

闯 chuǎng(统读)

创 (一) chuàng

　　草~ ~举 首~
　　~造 ~作

　　(二) chuāng

　　~伤 重~

绰 (一) chuò

　　~~有余

　　(二) chuo

　　宽~

疵 cī(统读)

雌 cí(统读)

赐 cì(统读)

伺 cì

　　~候

枞 (一) cōng

　　~树

　　(二) zōng

　　~阳[地名]

从 cóng(统读)

丛 cóng(统读)

攒 cuán

　　万头~动 万箭~心

脆 cuì(统读)

撮 (一) cuō

　　~儿 一~儿盐
　　一~儿匪帮

（二）zuǒ

一～儿毛

措 cuò（统读）

D

搭 dā（统读）

答（一）dá

报～　～复

（二）dā

～理　～应

打 dá

苏～　一～（十二个）

大（一）dà

～夫（古官名）　～
王（如爆破～王、钢
铁～王）

（二）dài

～夫（医生）　～黄
～王（如山～王）
～城［地名］

呆 dāi（统读）

傣 dǎi（统读）

逮（一）dài（文）如"～
捕"。

（二）dǎi（语）单用，如
"～蚊子"、"～特务"。

当（一）dāng

～地　～间儿　～
年（指过去）　～日
（指过去）　～天（指
过去）　～时（指过
去）　螳臂～车

（二）dàng

一个～俩　安步～
车　适～　～年（同
一年）　～日（同一
时候）　～天（同一
天）

档 dàng（统读）

蹈 dǎo（统读）

导 dǎo（统读）

倒（一）dǎo

颠～　颠～是非
颠～黑白　颠三～
四　倾箱～箧　排
山～海　～板　～
嚼　～仓　～嗓
～戈　潦～

（二）dào

～粪（把粪弄碎）

悼 dào（统读）

纛 dào（统读）

凳 dèng（统读）

羝 dī（统读）

氐 dī［古民族名］

堤 dī（统读）

提 dī

～防

的 dí

～当　～确

抵 dǐ（统读）

蒂 dì（统读）

缔 dì（统读）

谛 dì（统读）

点 dian

打～（收拾、贿赂）

跌 diē（统读）

蝶 dié（统读）

订 dìng（统读）

都（一）dōu

～来了

（二）dū

～市　首～　大～
（大多）

堆 duī（统读）

吨 dūn（统读）

盾 dùn（统读）

多 duō（统读）

咄 duō（统读）

掇（一）duō（"拾取、采
取"义）

（二）duo

撺～　掇～

裰 duō（统读）

踱 duó（统读）

度 duó

忖～　～德量力

E

婀 ē（统读）

F

伐 fá（统读）

阀 fá（统读）

砝 fǎ（统读）

法 fǎ（统读）

发 fà

　　理～　脱～　结～

帆 fān(统读)

藩 fān(统读)

梵 fàn(统读)

坊 (一) fāng

　　牌～　～巷

　　(二) fáng

　　粉～　磨～　碾～

　　染～　油～　谷～

妨 fáng(统读)

防 fáng(统读)

肪 fáng(统读)

沸 fèi(统读)

汾 fén(统读)

讽 fěng(统读)

肤 fū(统读)

敷 fū(统读)

俘 fú(统读)

浮 fú(统读)

服 fú

　　～毒　～药

拂 fú(统读)

辐 fú(统读)

幅 fú(统读)

甫 fǔ(统读)

复 fù(统读)

缚 fù(统读)

G

噶 gá(统读)

冈 gāng(统读)

刚 gāng(统读)

岗 gǎng

　　～楼　～哨　～子

　　门～　站～　山～子

港 gǎng(统读)

葛 (一) gé

　　～藤　～布　瓜～

　　(二) gě[姓](包括

　　单、复姓)

隔 gé(统读)

革 gé

　　～命　～新　改～

合 gě(一升的十分之

一)

给 (一) gěi(语)单用。

　　(二) jǐ(文)

　　补～　供～　供～

　　制　～予　配～

　　自～自足

亘 gèn(统读)

更 gēng

　　五～　～生

颈 gěng

　　脖～子

供 (一) gōng

　　～给　提～　～销

　　(二) gòng

　　口～　翻～　上～

佝 gōu(统读)

枸 gǒu

　　～杞

勾 gòu

～当

估 (除"～衣"读 gù 外,

　　都读 gū)

骨 (除"～碌"、"～朵"

　　读 gū 外,都读 gǔ)

谷 gǔ

　　～雨

锢 gù(统读)

冠 (一) guān(名物义)

　　～心病

　　(二) guàn(动作义)

　　沐猴而～　～军

犷 guǎng(统读)

庋 guǐ(统读)

桧 (一) guì[树名]

　　(二) huì[人名]秦～

刿 guì(统读)

聒 guō(统读)

蝈 guō(统读)

过 (除姓氏读 guō 外,

　　都读 guò)

H

虾 há

　　～蟆

哈 (一) hǎ

　　～达

　　(二) hà

　　～什蚂

汗 hán

　　可～

巷 hàng

～道	蝴 hú(统读)	～鞋口
号 háo	桦 huà(统读)	几 jī
寒～虫	徊 huái(统读)	茶～　条～
和 (一) hè	踝 huái(统读)	圾 jī(统读)
唱～　附～　曲高	浣 huàn(统读)	戢 jí(统读)
～寡	黄 huáng(统读)	疾 jí(统读)
(二) huo	荒 huāng	汲 jí(统读)
搀～　搅～　暖～	饥～(指经济困难)	棘 jí(统读)
热～　软～	诲 huì(统读)	藉 jí
貉 (一) hé(文)	贿 huì(统读)	狼～(籍)
一丘之～	会 huì	嫉 jí(统读)
(二) háo(语)	一～儿　多～儿	脊 jí(统读)
～绒　～子	～厌(生理名词)	纪 (一) jǐ[姓]
壑 hè(统读)	混 hùn	(二) jì
褐 hè(统读)	～合　～乱　～凝	～念　～律　纲～
喝 hè	土　～淆　～血儿	～元
～采　～道　～令	～杂	偈 jì
～止　呼幺～六	蠖 huò(统读)	～语
鹤 hè(统读)	霍 huò(统读)	绩 jì(统读)
黑 hēi(统读)	豁 huò	迹 jì(统读)
亨 hēng(统读)	～亮	寂 jì(统读)
横 (一) héng	获 huò(统读)	箕 ji
～肉　～行霸道		簸～
(二) hèng	**J**	辑 ji
蛮～　～财	羁 jī(统读)	逻～
訇 hōng(统读)	击 jī(统读)	茄 jiā
虹 (一) hóng(文)	奇 jī	雪～
～彩　～吸	～数	夹 jiā
(二) jiàng(语)单说。	芨 jī(统读)	～带藏掖　～道儿
讧 hòng(统读)	缉 (一) jī	～攻　～棍　～生
囫 hú(统读)	通～　侦～	～杂　～竹桃　～注
瑚 hú(统读)	(二) qī	浃 jiā(统读)

甲 jiǎ(统读)

歼 jiān(统读)

鞯 jiān(统读)

间 (一) jiān

　　～不容发　中～

　　(二) jiàn

　　中～儿　～道　～

　　谍　～断　～或

　　～接　～距　～隙

　　～续　～阻　～作

　　挑拨离～

趼 jiǎn(统读)

俭 jiǎn(统读)

缰 jiāng(统读)

膙 jiǎng(统读)

嚼 (一) jiáo(语)

　　味同～蜡　咬文～字

　　(二) jué(文)

　　咀～　过屠门而大～

　　(三) jiào

　　倒～(倒嚼)

侥 jiǎo

　　～幸

角 (一) jiǎo

　　八～(大茴香)　～

　　落　独～戏　～膜

　　～度　～儿(犄～)

　　～楼　勾心斗～

　　号　口～(嘴～)

　　鹿～菜　头～

　　(二) jué

　　～斗　～儿(脚色)

口～(吵嘴)　主～

儿　配～儿　～力

捧～儿

脚 (一) jiǎo

　　根～

　　(二) jué

　　～儿(也作"角儿",

　　脚色)

剿 (一) jiǎo

　　围～

　　(二) chāo

　　～说　～袭

校 jiào

　　～勘　～样　～正

较 jiào(统读)

酵 jiào(统读)

嗟 jiē(统读)

疖 jiē(统读)

结 (除"～了个果子"、

　　"开花～果"、"～

　　巴"、"～实"念 jiē 之

　　外,其他都念 jié)

睫 jié(统读)

芥 (一) jiè

　　～菜(一般的芥菜)

　　～末

　　(二) gài

　　～菜(也作"盖菜")

　　～蓝菜

矜 jīn

　　～持　自～　～怜

仅 jǐn

～～　绝无～有

馑 jǐn(统读)

觐 jìn(统读)

浸 jìn(统读)

斤 jin

　　千～(起重的工具)

茎 jīng(统读)

粳 jīng(统读)

鲸 jīng(统读)

境 jìng(统读)

痉 jìng(统读)

劲 jìng

　　刚～

窘 jiǒng(统读)

究 jiū(统读)

纠 jiū(统读)

鞠 jū(统读)

鞫 jū(统读)

掬 jū(统读)

苴 jū(统读)

咀 jǔ

　　～嚼

矩 (一) jǔ

　　～形

　　(二) ju

　　规～

俱 jù(统读)

龟 jūn

　　～裂(也作"皲裂")

菌 (一) jūn

　　细～　病～　杆～

　　霉～

（二）jùn

香～　～子

俊 jùn（统读）

K

卡 （一）kǎ

～宾枪　～车　～

介苗　～片　～通

（二）qiǎ

～子　关～

揩 kāi（统读）

慨 kǎi（统读）

忾 kài（统读）

勘 kān（统读）

看 kān

～管　～护　～守

慷 kāng（统读）

拷 kǎo（统读）

坷 kē

～拉（垃）

疴 kē（统读）

壳 （一）ké（语）

～儿　贝～儿　脑

～　驳～枪

（二）qiào（文）

地～　甲～　躯～

可 （一）kě

～～儿的

（二）kè

～汗

恪 kè（统读）

刻 kè（统读）

克 kè

～扣

空 （一）kōng

～心砖　～城计

（二）kòng

～心吃药

眍 kōu（统读）

矻 kū（统读）

酷 kù（统读）

框 kuàng（统读）

矿 kuàng（统读）

傀 kuǐ（统读）

溃 （一）kuì

～烂

（二）huì

～脓

篑 kuì（统读）

括 kuò（统读）

L

垃 lā（统读）

邋 lā（统读）

罱 lǎn（统读）

缆 lǎn（统读）

蓝 lan

苤～

琅 láng（统读）

捞 lāo（统读）

劳 láo（统读）

醪 láo（统读）

烙 （一）lào

～印　～铁　～饼

（二）luò

炮～（古酷刑）

勒 （一）lè（文）

～逼　～令　～派

～索　悬崖～马

（二）lēi（语）多单用。

擂 （除"～台"、"打～"

读 lèi 外，都读 léi）

礌 léi（统读）

羸 léi（统读）

蕾 lěi（统读）

累 （一）lèi

（辛劳义，如"受～"

［受劳～］）

（二）léi

（如"～赘"）

（三）lěi

（牵连义，如"带～"、

"～及"、"连～"、"赔

～"、"牵～"、"受～"

［受牵～］）

蠡 （一）lí

管窥～测

（二）lǐ

～县　范～

喱 lí（统读）

连 lián（统读）

敛 liǎn（统读）

恋 liàn（统读）

量 （一）liàng

～入为出　忖～

（二）liang

打～　掠～

踉 liàng

　～跄

潦 liáo

　～草　～倒

劣 liè(统读)

捩 liè(统读)

趔 liè(统读)

拎 līn(统读)

遴 lín(统读)

淋 (一) lín

　～浴　～漓　～巴

(二) lìn

　～硝　～盐　～病

蛉 líng(统读)

榴 liú(统读)

馏 (一) liú(文) 如"干～"、"蒸～"。

(二) liù(语) 如"～馒头"。

镏 liú

　～金

碌 liù

　～碡

笼 (一) lóng(名物义)

　～子　牢～

(二) lǒng(动作义)

　～络　～括　～统

　～罩

偻 (一) lóu

　佝～

(二) lǚ

伛～

瞜 lou

眗～

虏 lǔ(统读)

掳 lǔ(统读)

露 (一) lù(文)

　赤身～体　～天

　～骨　～头角　藏

　头～尾　抛头～面

　～头(矿)

(二) lòu(语)

　～富　～苗　～光

　～相　～马脚　～头

栌 lú(统读)

捋 (一) lǚ

　～胡子

(二) luō

　～袖子

绿 (一) lù(语)

(二) lǜ(文)

　～林　鸭～江

孪 luán(统读)

挛 luán(统读)

掠 lüè(统读)

囵 lún(统读)

络 luò

　～腮胡子

落 (一) luò(文)

　～膘　～花生　～魄

　涨～　～槽　着～

(二) lào(语)

　～架　～色　～炕

～枕　～儿　～子

(一种曲艺)

(三) là(语)遗落义。

丢三～四　～在后面

M

脉 (除"～～"念 mòmò

外,一律念 mài)

漫 màn(统读)

蔓 (一) màn(文)

　～延　不～不枝

(二) wàn(语)

　瓜～　压～

牤 māng(统读)

氓 máng

　流～

芒 máng(统读)

铆 mǎo(统读)

瑁 mào(统读)

虻 méng(统读)

盟 méng(统读)

祢 mí(统读)

眯 (一) mí

　～了眼(灰尘等入

　目,也作"迷")

(二) mī

　～了一会儿(小睡)

　～缝着眼(微微合目)

靡 (一) mí

　～费

(二) mǐ

风～　委～　披～

秘(除"～鲁"读 bì 外,
　都读 mì)

泌 (一) mì(语)
　分～
　(二) bì(文)
　～阳[地名]

娩 miǎn(统读)

缈 miǎo(统读)

皿 mǐn(统读)

闽 mǐn(统读)

茗 míng(统读)

酩 mǐng(统读)

谬 miù(统读)

摸 mō(统读)

模 (一) mó
　～范　～式　～型
　～糊　～特儿　～
　棱两可
　(二) mú
　～子　～具　～样

膜 mó(统读)

摩 mó
　按～　抚～

嬷 mó(统读)

墨 mò(统读)

糖 mò(统读)

沫 mò(统读)

缪 móu
　绸～

N

难 (一) nán

困～ (或变轻声)
～兄～弟(难得的兄
弟,现多用作贬义)
　(二) nàn
　排～　解纷　发～
　刁～　责～　～兄
　～弟(共患难或同受
　苦难的人)

蝻 nǎn(统读)

蛲 náo(统读)

讷 nè(统读)

馁 něi(统读)

嫩 nèn(统读)

恁 nèn(统读)

妮 nī(统读)

拈 niān(统读)

鲇 nián(统读)

酿 niàng(统读)

尿 (一) niào
　糖～症
　(二) suī(只用于口
　语名词)
　尿(niào)～　～脬

嗫 niè(统读)

宁 (一) níng
　安～
　(二) nìng
　～可　无～[姓]

忸 niǔ(统读)

脓 nóng(统读)

弄 (一) nòng
　玩～

　(二) lòng
　～堂

暖 nuǎn(统读)

衄 nǜ(统读)

疟 (一) nüè(文)
　～疾
　(二) yào(语)
　发～子

娜 (一) nuó
　婀～　袅～
　(二) nà
　[人名]

O

欧 ōu(统读)

呕 ǒu(统读)

P

杷 pá(统读)

琶 pá(统读)

牌 pái(统读)

排 pǎi
　～子车

迫 pǎi
　～击炮

湃 pài(统读)

爿 pán(统读)

胖 pán
　心广体～(～为安舒
　貌)

蹒 pán(统读)

畔 pàn(统读)

乓 pāng(统读)

滂 pāng(统读)

脬 pāo(统读)

胚 pēi(统读)

喷 (一) pēn

　～嚏

　(二) pèn

　～香

　(三) pen

　嚏～

澎 péng(统读)

坯 pī(统读)

披 pī(统读)

匹 pǐ(统读)

僻 pì(统读)

譬 pì(统读)

片 (一) piàn

　～子 　唱～ 　画～

　相～ 　影～ 　～儿会

　(二) piān(口语一

　部分词)

　～子 　～儿 　唱～

　儿 　画～儿 　相～

　儿 　影～儿

剽 piāo(统读)

缥 piāo

　～缈(飘渺)

撇 piē

　～弃

聘 pìn(统读)

乒 pīng(统读)

颇 pō(统读)

剖 pōu(统读)

仆 (一) pū

　前～后继

　(二) pú

　～从

扑 pū(统读)

朴 (一) pǔ

　俭～ 　～素 　～质

　(二) pō

　～刀

　(三) pò

　～硝 　厚～

蹼 pǔ(统读)

瀑 pù

　～布

曝 (一) pù

　一～十寒

　(二) bào

　～光(摄影术语)

Q

栖 qī

　两～

戚 qī(统读)

漆 qī(统读)

期 qī(统读)

蹊 qī(统读)

　～跷

跻 qí(统读)

畦 qí(统读)

其 qí(统读)

骑 qí(统读)

企 qǐ(统读)

绮 qǐ(统读)

杞 qǐ(统读)

槭 qì(统读)

洽 qià(统读)

签 qiān(统读)

潜 qián(统读)

荨 (一) qián(文)

　～麻

　(二) xún(语)

　～麻疹

嵌 qiàn(统读)

欠 qian

　打哈～

戕 qiāng(统读)

镪 qiāng

　～水

强 (一) qiáng

　～渡 　～取豪夺

　～制 　博闻～识

　(二) qiǎng

　勉～ 　牵～ 　～词

　夺理 　～迫 　～颜

　为笑

　(三) jiàng

　倔～

襁 qiǎng(统读)

跄 qiàng(统读)

悄 (一) qiāo

　～～儿的

　(二) qiǎo

　～默声儿的

橇 qiāo(统读)

翘 (一) qiào(语)

　～尾巴

（二) qiáo(文)

　～首　～楚　连～

怯 qiè(统读)

挈 qiè(统读)

趄 qie

　趔～

侵 qīn(统读)

衾 qīn(统读)

噙 qín(统读)

倾 qīng(统读)

亲 qìng

　～家

穹 qióng(统读)

駆 qū(统读)

曲 (麯) qū

　大～　红～　神～

渠 qú(统读)

瞿 qú(统读)

蠼 qú(统读)

苣 qǔ

　～荬菜

龋 qǔ(统读)

趣 qù(统读)

雀 què

　～斑　～盲症

R

髯 rán(统读)

攘 rǎng(统读)

桡 ráo(统读)

绕 rào(统读)

任 rén[姓,地名]

妊 rèn(统读)

扔 rēng(统读)

容 róng(统读)

糅 róu(统读)

茹 rú(统读)

孺 rú(统读)

蠕 rú(统读)

辱 rǔ(统读)

挼 ruó(统读)

S

靸 sǎ(统读)

噻 sāi(统读)

散 (一) sǎn

　懒～　零零～～

　～漫

（二) san

　零～

丧 sang

　哭～着脸

扫 (一) sǎo

　～兴

（二) sào

　～帚

埽 sào(统读)

色 (一) sè(文)

（二) shǎi(语)

塞 (一) sè(文)动作

义。

（二) sāi(语)名物

义,如"活～"、"瓶

～";动作义,如"把

洞～住"。

森 sēn(统读)

煞 (一) shā

　～尾　收～

（二) shà

　～白

啥 shá(统读)

厦 (一) shà(语)

（二) xià(文)

　～门　嗄～

杉 (一) shān(文)

　紫～　红～　水～

（二) shā(语)

　～篙　～木

衫 shān(统读)

姗 shān(统读)

苫 (一) shàn(动作义,

如"～布")

（二) shān(名物义,

如"草～子")

墒 shāng(统读)

猞 shē(统读)

舍 shè

　宿～

慑 shè(统读)

摄 shè(统读)

射 shè(统读)

谁 shéi,又音 shuí

娠 shēn(统读)

什（甚）shén
～么

蜃 shèn（统读）

甚（一）shèn（文）
桑～
（二）rèn（语）
桑～儿

胜 shèng（统读）

识 shí
常～　～货　～字

似 shì
～的

室 shì（统读）

螫（一）shì（文）
（二）zhē（语）

匙 shi
钥～

殊 shū（统读）

蔬 shū（统读）

疏 shū（统读）

叔 shū（统读）

淑 shū（统读）

菽 shū（统读）

熟（一）shú（文）
（二）shóu（语）

署 shǔ（统读）

曙 shǔ（统读）

漱 shù（统读）

戍 shù（统读）

蟀 shuài（统读）

孀 shuāng（统读）

说 shuì

游～

数 shuò
～见不鲜

硕 shuò（统读）

蒴 shuò（统读）

艘 sōu（统读）

嗾 sǒu（统读）

速 sù（统读）

塑 sù（统读）

虽 suī（统读）

绥 suí（统读）

髓 suǐ（统读）

遂（一）suì
不～　毛～自荐
（二）suí
半身不～

隧 suì（统读）

隼 sǔn（统读）

莎 suō
～草

缩（一）suō
收～
（二）sù
～砂密（一种植物）

嗦 suō（统读）

索 suǒ（统读）

T

趿 tā（统读）

鳎 tǎ（统读）

獭 tǎ（统读）

沓（一）tà

重～
（二）ta
疲～
（三）dá
一～纸

苔（一）tái（文）
（二）tāi（语）

探 tàn（统读）

涛 tāo（统读）

悌 tì（统读）

佻 tiāo（统读）

调 tiáo
～皮

帖（一）tiē
妥～　伏伏～～
俯首～耳
（二）tiě
请～　字～儿
（三）tiè
字～　碑～

听 tīng（统读）

庭 tíng（统读）

骰 tóu（统读）

凸 tū（统读）

突 tū（统读）

颓 tuí（统读）

蜕 tuì（统读）

臀 tún（统读）

唾 tuò（统读）

W

娲 wā（统读）

挖 wā(统读)

瓦 wà

　　～刀

呙 wāi(统读)

蜿 wān(统读)

玩 wán(统读)

惋 wǎn(统读)

脘 wǎn(统读)

往 wǎng(统读)

忘 wàng(统读)

微 wēi(统读)

巍 wēi(统读)

薇 wēi(统读)

危 wēi(统读)

韦 wéi(统读)

违 wéi(统读)

唯 wéi(统读)

圩 (一) wéi

　　～子

　　(二) xū

　　～(墟)场

纬 wěi(统读)

委 wěi

　　～靡

伪 wěi(统读)

萎 wěi(统读)

尾 (一) wěi

　　～巴

　　(二) yǐ

　　马～儿

尉 wèi

　　～官

文 wén(统读)

闻 wén(统读)

紊 wěn(统读)

喔 wō(统读)

蜗 wō(统读)

硪 wò(统读)

诬 wū(统读)

梧 wú(统读)

牾 wǔ(统读)

乌 wù

　　～拉(也作"靰鞡")

　　～拉草

杌 wù(统读)

鹜 wù(统读)

X

夕 xī(统读)

汐 xī(统读)

晰 xī(统读)

析 xī(统读)

皙 xī(统读)

昔 xī(统读)

溪 xī(统读)

悉 xī(统读)

熄 xī(统读)

蜥 xī(统读)

螅 xī(统读)

惜 xī(统读)

锡 xī(统读)

樨 xī(统读)

袭 xí(统读)

檄 xí(统读)

峡 xiá(统读)

暇 xiá(统读)

吓 xià

　　杀鸡～猴

鲜 xiān

　　屡见不～　数见不～

锨 xiān(统读)

纤 xiān

　　～维

涎 xián(统读)

弦 xián(统读)

陷 xiàn(统读)

霰 xiàn(统读)

向 xiàng(统读)

相 xiàng

　　～机行事

淆 xiáo(统读)

哮 xiào(统读)

些 xiē(统读)

颉 xié

　　～颃

携 xié(统读)

偕 xié(统读)

挟 xié(统读)

械 xiè(统读)

馨 xīn(统读)

囟 xìn(统读)

行 xíng

　　操～　德～　发～

　　品～

省 xǐng

　　内～　反～　～亲

不～人事

苄 xiōng(统读)

朽 xiǔ(统读)

宿 xiù

　　星～　二十八～

煦 xù(统读)

蓿 xu

　　苜～

癣 xuǎn(统读)

削 (一) xuē(文)

　　剥～　～减　瘦～

　　(二) xiāo(语)

　　切～　～铅笔　～球

穴 xué(统读)

学 xué(统读)

雪 xuě(统读)

血 (一) xuè(文)用于
　　复音词及成语,如
　　"贫～"、"心～"、"呕
　　心沥～"、"～泪史"、
　　"狗～喷头"等。

　　(二) xiě(语)口语
　　多单用,如"流了点
　　儿～"及几个口语常
　　用词,如"鸡～"、"～
　　晕"、"～块子"等。

谑 xuè(统读)

寻 xún(统读)

驯 xùn(统读)

逊 xùn(统读)

熏 xùn

　　煤气～着了

徇 xùn(统读)

殉 xùn(统读)

蕈 xùn(统读)

Y

押 yā(统读)

崖 yá(统读)

哑 yǎ

　　～然失笑

亚 yà(统读)

殷 yān

　　～红

芫 yán

　　～荽

筵 yán(统读)

沿 yán(统读)

焰 yàn(统读)

夭 yāo(统读)

肴 yáo(统读)

杳 yǎo(统读)

窈 yǎo(统读)

钥 (一) yào(语)

　　～匙

　　(二) yuè(文)

　　锁～

曜 yào(统读)

耀 yào(统读)

椰 yē(统读)

噎 yē(统读)

叶 yè

　　～公好龙

曳 yè

弃甲～兵　摇～
～光弹

屹 yì(统读)

轶 yì(统读)

谊 yì(统读)

懿 yì(统读)

诣 yì(统读)

艾 yì

　　自怨自～

荫 yìn(统读)

　　("树～"、"林～道"
　　应作"树阴"、"林阴
　　道")

应 (一) yīng

　　～届　～名儿　～
　　许　提出的条件他
　　都～了　是我～下
　　来的任务

　　(二) yìng

　　～承　～付　～声
　　～时　～验　～邀
　　～用　～运　～征
　　里～外合

萦 yíng(统读)

映 yìng(统读)

佣 yōng

　　～工

庸 yōng(统读)

臃 yōng(统读)

壅 yōng(统读)

拥 yōng(统读)

踊 yǒng(统读)

咏 yǒng(统读)

泳 yǒng(统读)

莠 yǒu(统读)

愚 yú(统读)

娱 yú(统读)

愉 yú(统读)

伛 yǔ(统读)

屿 yǔ(统读)

吁 yù

　呼～

跃 yuè(统读)

晕 (一) yūn

　～倒　头～

　(二) yùn

　月～　血～　～车

酝 yùn(统读)

Z

匝 zā(统读)

杂 zá(统读)

载 (一) zǎi

　登～　记～

　(二) zài

　搭～　怨声～道

　重～　装～　～歌

　～舞

簪 zān(统读)

咱 zán(统读)

暂 zàn(统读)

凿 záo(统读)

择 (一) zé

　选～

　(二) zhái

　～不开　～菜　～席

贼 zéi(统读)

憎 zēng(统读)

甑 zèng(统读)

喳 zhā

　唧唧～～～

轧 (除"～钢"、"～辊" 念 zhá 外,其他都念 yà)(gá 为方言,不审)

摘 zhāi(统读)

粘 zhān

　～贴

涨 zhǎng

　～落　高～

着 (一) zháo

　～慌　～急　～家

　～凉　～忙　～迷

　～水　～雨

　(二) zhuó

　～落　～手　～眼

　～意　～重　不～

　边际

　(三) zhāo

　失～

沼 zhǎo(统读)

召 zhào(统读)

遮 zhē(统读)

蛰 zhé(统读)

辙 zhé(统读)

贞 zhēn(统读)

侦 zhēn(统读)

帧 zhēn(统读)

胗 zhēn(统读)

枕 zhěn(统读)

诊 zhěn(统读)

振 zhèn(统读)

知 zhī(统读)

织 zhī(统读)

脂 zhī(统读)

植 zhí(统读)

殖 (一) zhí

　繁～　生～　～民

　(二) shi

　骨～

指 zhǐ(统读)

掷 zhì(统读)

质 zhì(统读)

蛭 zhì(统读)

秩 zhì(统读)

栉 zhì(统读)

炙 zhì(统读)

中 zhōng

　人～(人口上唇当中处)

种 zhòng

　点～(义同"点播"。动宾结构念 diǎn zhǒng,义为点播种子)

诌 zhōu(统读)

骤 zhòu(统读)

轴 zhòu

大～子戏　压～子

磲 zhou
　碌～

烛 zhú(统读)

逐 zhú(统读)

属 zhǔ
　～望

筑 zhù(统读)

著 zhù
　土～

转 zhuǎn
　运～

撞 zhuàng(统读)

幢 (一) zhuàng

一～楼房

(二) chuáng
　经～(佛教所设刻有
　经咒的石柱)

拙 zhuō(统读)

茁 zhuó(统读)

灼 zhuó(统读)

卓 zhuó(统读)

综 zōng
　～合

纵 zòng(统读)

粽 zòng(统读)

镞 zú(统读)

组 zǔ(统读)

钻 (一) zuān
　～探　～孔
　(二) zuàn
　～床　～杆　～具

佐 zuǒ(统读)

唑 zuò(统读)

柞 (一) zuò
　～蚕　～绸
　(二) zhà
　～水(在陕西)

做 zuò(统读)

作 (除"～坊"读 zuō
　外,其余都读 zuò)

中华人民共和国国家标准

ICS 01. 140. 10 A 14 GB/T 16159—1996

七、汉语拼音正词法基本规则

Basic rules for Hanyu Pinyin Orthography

国家技术监督局 1996-01-22 批准、发布　1996-07-01 实施

1. 主题内容与适用范围

　　本标准规定了用《汉语拼音方案》拼写现代汉语的规则。内容包括分词连写法、成语拼写法、外来词拼写法、人名地名拼写法、标调法、移行规则等。为了适应特殊的需要,同时提出一些可供技术处理的变通方式。

　　本标准适用于文教、出版、信息处理及其他部门,作为用《汉语拼音方案》拼写现代汉语的统一规范。

2.　术　　语

汉语拼音正词法。

汉语拼音的拼写规范及其书写格式的准则。《汉语拼音方案》确定了音节的拼写规则。《汉语拼音正词法基本规则》是在《汉语拼音方案》的基础上进一步规定词的拼写规范的基本要点。

3.　制　定　原　则

3.1　以词为拼写单位,并适当考虑语音、语义等因素,同时考虑词形长短适度。

3.2　基本采取按语法词类分节叙述。

3.3　规则条目尽可能详简适中,便于掌握应用。

4.　汉语拼音正词法基本规则

4.1　总原则

4.1.1　拼写普通话基本上以词为书写单位。

rén(人)　　　pǎo(跑)　　　hǎo(好)　　　hé(和)　　　hěn(很)

fúróng(芙蓉)　　　　　　　　　qiǎokèlì(巧克力)

péngyou(朋友)　　　　　　　　yuèdú(阅读)

dìzhèn(地震)　　　　　　　　　niánqīng(年轻)

zhòngshì(重视)　　　　　　　　wǎnhuì(晚会)

qiānmíng(签名)　　　　　　　　shìwēi(示威)

niǔzhuǎn(扭转)　　　　　　　　chuánzhī(船只)

dànshì(但是)　　　　　　　　　fēicháng(非常)

diànshìjī(电视机)　　　　　　　túshūguǎn(图书馆)

4.1.2　表示一个整体概念的双音节和三音节结构,连写。

gāngtiě(钢铁)　　　　　　　　wèndá(问答)

hǎifēng(海风)　　　　　　　　hóngqí(红旗)

dàhuì(大会)　　　　　　　　　quánguó(全国)

zhòngtián(种田)   kāihuì(开会)

dǎpò(打破)   zǒulái(走来)

húshuō(胡说)   dǎnxiǎo(胆小)

qiūhǎitáng(秋海棠)   àiniǎozhōu(爱鸟周)

duìbuqǐ(对不起)   chīdexiāo(吃得消)

4.1.3   四音节以上表示一个整体概念的名称,按词(或语节)分开写,不能按词(或语节)划分的,全都连写。

wúfèng gāngguǎn(无缝钢管)

huánjìng bǎohù guīhuà(环境保护规划)

jīngtǐguǎn gōnglù fàngdàqì(晶体管功率放大器)

Zhōnghuá Rénmín Gònghéguó(中华人民共和国)

Zhōngguó Shèhuì Kēxuéyuàn(中国社会科学院)

yánjiūshēngyuàn(研究生院)

hóngshízìhuì(红十字会)

yúxīngcǎosù(鱼腥草素)

gǔshēngwùxuéjiā(古生物学家)

4.1.4   单音节词重叠,连写;双音节词重叠,分写。

rénrén(人人)   niánnián(年年)

kànkan(看看)   shuōshuo(说说)

dàdà(大大)   hónghóng de(红红的)

gègè(个个)   tiáotiáo(条条)

yánjiū yánjiū(研究研究)   chángshì chángshì(尝试尝试)

xuěbái xuěbái(雪白雪白)   tōnghóng tōnghóng(通红通红)

重叠并列即 AABB 式结构,当中加短横。

láilai-wǎngwǎng(来来往往)   shuōshuo-xiàoxiào(说说笑笑)

qīngqīng-chǔchǔ(清清楚楚)   wānwān-qūqū(弯弯曲曲)

jiājiā-hùhù(家家户户)   qiānqiān-wànwàn(千千万万)

4.1.5   为了便于阅读和理解,在某些场合可以用短横。

huán-bǎo(环保——环境保护)   gōng-guān(公关——公共关系)

bā-jiǔ tiān(八九天)   shíqī-bā suì(十七八岁)

rén-jī duìhuà(人机对话)   zhōng-xiǎoxué(中小学)

lù-hǎi-kōngjūn(陆海空军)   biànzhèng-wéiwùzhǔyì(辩证唯物主义)

4.2　名词

4.2.1　名词与单音节前加成分(副、总、非、反、超、老、阿、可、无等)和单音节后加成分(子、儿、头、性、者、员、家、手、化、们等),连写。

fùbùzhǎng(副部长)　　　　zǒnggōngchéngshī(总工程师)

fēijīnshǔ(非金属)　　　　fǎndàndào dǎodàn(反弹道导弹)

chāoshēngbō(超声波)　　　fēiyèwù rényuán(非业务人员)

zhuōzi(桌子)　　　　　　mùtou(木头)

chéngwùyuán(乘务员)　　　yìshùjiā(艺术家)

kēxuéxìng(科学性)　　　　xiàndàihuà(现代化)

háizimen(孩子们)　　　　tuōlājīshǒu(拖拉机手)

4.2.2　名词和后面的方位词,分写。

shān shàng(山上)　　　　shù xià(树下)

mén wài(门外)　　　　　mén wàimian(门外面)

hé li(河里)　　　　　　hé lǐmian(河里面)

huǒchē shàngmian(火车上面)　xuéxiào pángbiān(学校旁边)

Yǒngdìng Hé shàng(永定河上)　Huáng Hé yǐnán(黄河以南)

但是,已经成词的,连写。例如:"海外"不等于"海的外面"。

tiānshang(天上)　　　　dìxia(地下)

kōngzhōng(空中)　　　　hǎiwài(海外)

4.2.3　汉语人名按姓和名分写,姓和名的开头字母大写。笔名、别名等,按姓名写法处理。

Lǐ Huá(李华)　　　　　Wáng Jiànguó(王建国)

Dōngfāng Shuò(东方朔)　Zhūgě Kǒngmíng(诸葛孔明)

Lǔ Xùn(鲁迅)　　　　　Méi Lánfāng(梅兰芳)

Zhāng Sān(张三)　　　　Wáng Mázi(王麻子)

姓名和职务、称呼等分开写;职务、称呼等开头小写。

Wáng bùzhǎng(王部长)　Tián zhǔrèn(田主任)

Lǐ xiānsheng(李先生)　　Zhào tóngzhì(赵同志)

"老"、"小"、"大"、"阿"等称呼开头大写。

Xiǎo Liú(小刘)　　　　Lǎo Qián(老钱)

Dà Lǐ(大李)　　　　　Ā Sān(阿三)

Wú Lǎo(吴老)

已经专名化的称呼,连写,开头大写。

Kǒngzǐ(孔子)   Bāogōng(包公)

Xīshī(西施)   Mèngchángjūn(孟尝君)

4.2.4   汉语地名按照中国地名委员会文件(84)中地字第 17 号《中国地名汉语拼音字母拼写规则(汉语地名部分)》的规定拼写。

汉语地名中的专名和通名分写,每一分写部分的第一个字母大写。

Běijīng Shì(北京市)   Héběi Shěng(河北省)

Yālù Jiāng(鸭绿江)   Tài Shān(泰山)

Dòngtíng Hú(洞庭湖)   Táiwān Hǎixiá(台湾海峡)

专名和通名的附加成分,单音节的与其相关部分连写。

Xīliáo Hé(西辽河)

Jǐngshān Hòujiē(景山后街)

Cháoyángménnèi Nánxiǎojiē(朝阳门内南小街)

自然村镇名称和其他不需区分专名和通名的地名,各音节连写。

Wángcūn(王村)   Jiǔxiānqiáo(酒仙桥)

Zhōukǒudiàn(周口店)   Sāntányìnyuè(三潭印月)

4.2.5   非汉语人名、地名本着"名从主人"的原则,按照罗马字母(拉丁字母)原文书写;非罗马字母文字的人名、地名,按照该文字的罗马字母转写法拼写。为了便于阅读,可以在原文后面注上汉字或汉字的拼音,在一定的场合也可以先用或仅用汉字的拼音。

Ulanhu(乌兰夫)   Akutagawa Ryunosuke(芥川龙之介)

Ngapoi NgawangJigme   Seypidin(赛福鼎)
(阿沛·阿旺晋美)

Marx(马克思)   Darwin(达尔文)

Newton(牛顿)   Einstein(爱因斯坦)

Ürümqi(乌鲁木齐)   Hohhot(呼和浩特)

Lhasa(拉萨)   London(伦敦)

Paris(巴黎)   Washington(华盛顿)

Tokyo(东京)

汉语化的音译名词,按汉字译音拼写。

Fēizhōu(非洲)   Nánměi(南美)

Déguó(德国)   Dōngnányà(东南亚)

4.3　动词

4.3.1　动词和"着"、"了"、"过"连写。

kànzhe(看着)　　　　　　　　jìnxíngzhe(进行着)

kànle(看了)　　　　　　　　　jìnxíngle(进行了)

kànguo(看过)　　　　　　　　jìnxíngguo(进行过)

句末的"了",分写。

Huǒchē dào le(火车到了。)

4.3.2　动词和宾语,分写。

kàn xìn(看信)　　　　　　　　chī yú(吃鱼)

kāi wánxiào(开玩笑)　　　　　jiāoliú jīngyàn(交流经验)

动宾式合成词中间插入其他成分的,分写。

jūle yī gè gōng(鞠了一个躬)　　lǐguò sān cì fà(理过三次发)

4.3.3　动词(或形容词)和补语,两者都是单音节的,连写;其余的情况,分写。

gǎohuài(搞坏)　　　　　　　　dǎsǐ(打死)

shútòu(熟透)　　　　　　　　jiànchéng(建成[楼房])

huàwéi(化为[蒸气])　　　　　dàngzuò(当做[笑话])

zǒu jinlai(走进来)　　　　　　zhěnglǐ hǎo(整理好)

jiànshè chéng(建设成[公园])　gǎixiě wéi(改写为[剧本])

4.4　形容词

4.4.1　单音节形容词和重叠的前加成分或后加成分,连写。

mēngmēngliàng(蒙蒙亮)　　　liàngtāngtāng(亮堂堂)

4.4.2　形容词和后面的"些"、"一些"、"点儿"、"一点儿",分写。

dà xiē(大些)　　　　　　　　　dà yīxiē(大一些)

kuài diǎnr(快点儿)　　　　　　kuài yīdiǎnr(快一点儿)

4.5　代词

4.5.1　表示复数的"们"和前面的代词,连写。

wǒmen(我们)　　　　　　　　tāmen(他们)

4.5.2　指示代词"这"、"那",疑问代词"哪"和名词或量词,分写。

zhè rén(这人)　　　　　　　　nà cì huìyì(那次会议)

zhè zhī chuán(这只船)　　　　nǎ zhāng bàozhǐ(哪张报纸)

"这"、"那"、"哪"和些"、"么"、"样"、"般"、"里"、"边"、"会儿"、"个",

连写。

zhèxiē(这些)	zhème(这么)
nàyàng(那样)	zhèbān(这般)
nàli(那里)	nǎli(哪里)
zhèbiān(这边)	zhèhuìr(这会儿)
zhège(这个)	zhèmeyàng(这么样)

4.5.3   "各"、"每"、"某"、"本"、"该"、"我"、"你"等和后面的名词或量词,分写。

gè guó(各国)	gè gè(各个)
gè rén(各人)	gè xuékē(各学科)
měi nián(每年)	měi cì(每次)
mǒu rén(某人)	mǒu gōngchǎng(某工厂)
běn shì(本市)	běn bùmén(本部门)
gāi kān(该刊)	gāi gōngsī(该公司)
wǒ xiào(我校)	nǐ dānwèi(你单位)

4.6   数词和量词

4.6.1   十一到九十九之间的整数,连写。

shíyī(十一)	shíwǔ(十五)
sānshísān(三十三)	jiǔshíjiǔ(九十九)

4.6.2   "百"、"千"、"万"、"亿"与前面的个位数,连写;"万"、"亿"与前面的十位以上的数,分写。

jiǔyì líng qīwàn èrqiān sānbǎi wǔshíliù(九亿零七万二千三百五十六)

liùshísān yì qīqiān èrbǎi liùshíbā wàn sìqiān líng jiǔshíwǔ(六十三亿七千二百六十八万四千零九十五)

4.6.3   表示序数的"第"与后面的数词中间,加短横。

dì-yī(第一)	dì-shísān(第十三)
dì-èrshíbā(第二十八)	dì-sānbǎi wǔshíliù(第三百五十六)

4.6.4   数词和量词,分写。

liǎng gè rén(两个人)	yī dà wǎn fàn(一大碗饭)
liǎng jiān bàn wūzi(两间半屋子)	
wǔshísān réncì(五十三人次)	

表示约数的"多"、"来"、"几"和数词、量词分写。

yībǎi duō gè(一百多个)　　　shí lái wàn rén(十来万人)

jǐ jiā rén(几家人)　　　jǐ tiān gōngfu(几天工夫)

"十几"、"几十"连写。

shíjǐ gè rén(十几个人)　　　jǐshí gēn gāngguǎn(几十根钢管)

4.7　虚词

虚词与其他语词分写。

4.7.1　副词

hěn hǎo(很好)　　　dōu lái(都来)

gèng měi(更美)　　　zuì dà(最大)

bù lái(不来)

yīng bù yīnggāi(应不应该)　　　gānggāng zǒu(刚刚走)

fēicháng kuài(非常快)　　　shífēn gǎndòng(十分感动)

4.7.2　介词

zài qiánmiàn(在前面)　　　xiàng dōngbiān qù(向东边去)

wèi rénmín fúwù(为人民服务)　　cóng zuótiān qǐ(从昨天起)

shēng yú 1940 nián(生于 1940 年)

guānyú zhège wèntí(关于这个问题)

4.7.3　连词

gōngrén hé nóngmín(工人和农民)

bùdàn kuài érqiě hǎo(不但快而且好)

guāngróng ér jiānjù(光荣而艰巨)

Nǐ lái háishi bù lái? (你来还是不来?)

4.7.4　结构助词"的"、"地"、"得"、"之"

dàdì de nǚ'ér(大地的女儿)

Zhè shì wǒ de shū. (这是我的书。)

Wǒmen guòzhe xìngfú de shēnghuó. (我们过着幸福的生活。)

Shāngdiàn li bǎimǎnle chī de, chuān de, yòng de. (商店里摆满了吃的、穿的、用的。)

mài qīngcài luóbo de(卖青菜萝卜的)

Tā zài dàjiē shàng mànman de zǒu. (他在大街上慢慢地走。)

Tǎnbái de gàosu nǐ ba. (坦白地告诉你吧。)

Tā yī bù yī gè jiǎoyìnr de gōngzuòzhe.（他一步一个脚印儿地工作着。）

dǎsǎo de gānjìng（打扫得干净）

xiě de bù hǎo（写得不好）

hóng de hěn（红得很）

lěng de fādǒu（冷得发抖）

shàonián zhī jiā（少年之家）

zuì fādá de guójiā zhī yī（最发达的国家之一）

注："的"、"地"、"得"在技术处理上，根据需要可以分别写作"d"、"di"、"de"。

4.7.5 语气助词

Nǐ zhīdao ma?（你知道吗?）

Zěnme hái bù lái a?（怎么还不来啊?）

Kuài qù ba!（快去吧!）

Tā shì bù huì lái de。（他是不会来的。）

4.7.6 叹词

A! Zhēn měi!（啊! 真美!）

Ng,nǐ shuō shénme?（嗯,你说什么?）

Hm,zǒuzhe qiáo ba!（哼,走着瞧吧!）

4.7.7 拟声词

pa!（啪!）   huahua（哗哗）

jiji-zhazha（叽叽喳喳）

"honglong"yī shēng（"轰隆"一声）

Dà gōngjī wo—wo—tí.（大公鸡喔喔啼。）

"Du—"qìdí xiǎng le.（"嘟——"汽笛响了。）

4.8 成语

4.8.1 四言成语可以分为两个双音节来念的,中间加短横。

céngchū-bùqióng（层出不穷）   fēngpíng-làngjìng（风平浪静）

àizēng-fēnmíng（爱憎分明）   shuǐdào-qúchéng（水到渠成）

yángyáng-dàguān（洋洋大观）   píngfēn-qiūsè（平分秋色）

guāngmíng-lěiluò（光明磊落）   diānsān-dǎosì（颠三倒四）

4.8.2 不能按两段来念的四言成语、熟语等,全部连写。

bùyìlèhū（不亦乐乎）   zǒng'éryánzhī（总而言之）

àimònéngzhù(爱莫能助)　　　　　yīyīdàishuǐ(一衣带水)

húlihútu(糊里糊涂)　　　　　hēibuliūqiū(黑不溜秋)

diào'erlángdāng(吊儿郎当)

4.9　大写

4.9.1　句子开头的字母和诗歌每行开头的字母大写。(举例略)

4.9.2　专有名词的第一个字母大写。

Běijīng(北京)　　　　Chángchéng(长城)　　　　Qīngmíng(清明)

由几个词组成的专有名词,每个词的第一个字母大写。

Guójì Shūdiàn(国际书店)

Hépíng Bīnguǎn(和平宾馆)

Guāngmíng Rìbào(光明日报)

4.9.3　专有名词和普通名词连写在一起的,第一个字母要大写。

Zhōngguórén(中国人)　　　　　Míngshǐ(明史)

Guǎngdōnghuà(广东话)

已经转化为普通名词的,第一个字母小写。

guǎnggān(广柑)　　　　　zhōngshānfú(中山服)

chuānxiōng(川芎)　　　　　zàngqīngguǒ(藏青果)

4.10　移行

4.10.1　移行要按音节分开,在没有写完的地方加上短横。

···················guāng-

míng(光明)

不能移作"gu-āngmíng"。

4.11　标调

4.11.1　声调一律标原调,不标变调。

yī jià(一架)　　　　　yī tiān(一天)　　　　　yī tóu(一头)

yī wǎn(一碗)　　　　　qī wàn(七万)　　　　　qī běn(七本)

bā gè(八个)　　　　　qīshàng-bāxià(七上八下)

bù qù(不去)　　　　　bù duì(不对)　　　　　bùzhìyú(不至于)

但是在语音教学时可以根据需要按变调标写。

注:除了《汉语拼音方案》规定的符号标调法以外,在技术处理上,也可根据需要采用数字或字母作为临时变通标调法。

八、简 化 字 总 表

关于重新发表《简化字总表》的说明

为纠正社会用字混乱,便于群众使用规范的简化字,经国务院批准重新发表原中国文字改革委员会于 1964 年编印的《简化字总表》。

原《简化字总表》中的个别字,作了调整。"叠"、"覆"、"像"、"囉"不再作"迭"、"复"、"象"、"罗"的繁体字处理。因此,在第一表中删去了"迭〔叠〕"、"象〔像〕","复"字字头下删去繁体字〔覆〕。在第二表"罗"字字头下删去繁体字〔囉〕,"囉"依简化偏旁"罗"类推简化为"啰"。"瞭"字读"liǎo"(了解)时,仍简作"了",读"liào"(瞭望)时作"瞭",不简作"了"。此外,对第一表"余〔餘〕"的脚注内容作了补充,第三表"讠"下偏旁类推字"雠"字加了脚注。

汉字的形体在一个时期内应当保持稳定,以利应用。《第二次汉字简化方案(草案)》已经国务院批准废止。我们要求社会用字以《简化字总表》为标准:凡是在《简化字总表》中已经被简化了的繁体字,应该用简化字而不用繁体字;凡是不符合《简化字总表》规定的简化字,包括《第二次汉字简化方案(草案)》的简化字和社会上流行的各种简体字,都是不规范的简化字,应当停止使用。希望各级语言文字工作部门和文化、教育、新闻等部门多作宣传,采取各种措施,引导大家逐渐用好规范的简化字。

国家语言文字工作委员会

1986 年 10 月 10 日

第 一 表

不作简化偏旁用的简化字

本表共收简化字 350 个,按读音的拼音字母顺序排列。本表的简化字都不得作简化偏旁使用。

A	C		D	F	G
		出〔齣〕		斗〔鬥〕	
		础〔礎〕		独〔獨〕	
碍〔礙〕	才〔纔〕	处〔處〕		吨〔噸〕	盖〔蓋〕
肮〔骯〕	蚕〔蠶〕[1]	触〔觸〕		夺〔奪〕	干〔乾〕[3]
袄〔襖〕	灿〔燦〕	辞〔辭〕		堕〔墮〕	〔幹〕
	层〔層〕	聪〔聰〕			赶〔趕〕
B	搀〔攙〕	丛〔叢〕		E	个〔個〕
	谗〔讒〕			儿〔兒〕	巩〔鞏〕
坝〔壩〕	馋〔饞〕	D			沟〔溝〕
板〔闆〕	缠〔纏〕[2]	担〔擔〕		F	构〔構〕
办〔辦〕	忏〔懺〕	胆〔膽〕		矾〔礬〕	购〔購〕
帮〔幫〕	偿〔償〕	导〔導〕		范〔範〕	谷〔穀〕
宝〔寶〕	厂〔廠〕	灯〔燈〕		飞〔飛〕	顾〔顧〕
报〔報〕	彻〔徹〕	邓〔鄧〕		坟〔墳〕	刮〔颳〕
币〔幣〕	尘〔塵〕	敌〔敵〕		奋〔奮〕	关〔關〕
毙〔斃〕	衬〔襯〕	籴〔糴〕		粪〔糞〕	观〔觀〕
标〔標〕	称〔稱〕	递〔遞〕		凤〔鳳〕	柜〔櫃〕
表〔錶〕	惩〔懲〕	点〔點〕		肤〔膚〕	
别〔彆〕	迟〔遲〕	淀〔澱〕		妇〔婦〕	H
卜〔蔔〕	冲〔衝〕	电〔電〕		复〔復〕	汉〔漢〕
补〔補〕	丑〔醜〕	冬〔鼕〕		〔複〕	号〔號〕

---

〔1〕蚕:上从天,不从天。
〔2〕缠:右从厘,不从厘。
〔3〕乾坤、乾隆的乾读 qián(前),不简化。

合〔閤〕	际〔際〕	竞〔競〕	烂〔爛〕	陆〔陸〕
轰〔轟〕	继〔繼〕	旧〔舊〕	累〔纍〕	驴〔驢〕
后〔後〕	家〔傢〕	剧〔劇〕	垒〔壘〕	乱〔亂〕
胡〔鬍〕	价〔價〕	据〔據〕	类〔類〕 〔5〕	
壶〔壺〕	艰〔艱〕	惧〔懼〕	里〔裏〕	**M**
沪〔滬〕	歼〔殲〕	卷〔捲〕	礼〔禮〕	么〔麼〕 〔9〕
护〔護〕	茧〔繭〕		隶〔隸〕	霉〔黴〕
划〔劃〕	拣〔揀〕	**K**	帘〔簾〕	蒙〔矇〕
怀〔懷〕	硷〔鹼〕		联〔聯〕	〔濛〕
坏〔壞〕 〔1〕	舰〔艦〕	开〔開〕	怜〔憐〕	〔懞〕
欢〔歡〕	姜〔薑〕	克〔剋〕	炼〔煉〕	梦〔夢〕
环〔環〕	浆〔漿〕 〔3〕	垦〔墾〕	练〔練〕	面〔麵〕
还〔還〕	桨〔槳〕	恳〔懇〕	粮〔糧〕	庙〔廟〕
回〔迴〕	奖〔獎〕	夸〔誇〕	疗〔療〕	灭〔滅〕
伙〔夥〕 〔2〕	讲〔講〕	块〔塊〕	辽〔遼〕	蔑〔衊〕
获〔獲〕	酱〔醬〕	亏〔虧〕	了〔瞭〕 〔6〕	亩〔畝〕
〔穫〕	胶〔膠〕	困〔睏〕	猎〔獵〕	
	阶〔階〕		临〔臨〕 〔7〕	**N**
J	疖〔癤〕	**L**	邻〔鄰〕	
	洁〔潔〕		岭〔嶺〕 〔8〕	恼〔惱〕
击〔擊〕	借〔藉〕 〔4〕	腊〔臘〕	庐〔廬〕	脑〔腦〕
鸡〔鷄〕	仅〔僅〕	蜡〔蠟〕	芦〔蘆〕	拟〔擬〕
积〔積〕	惊〔驚〕	兰〔蘭〕	炉〔爐〕	酿〔釀〕
极〔極〕		拦〔攔〕		疟〔瘧〕
		栏〔欄〕		

〔1〕 不作坏。坏是砖坯的坯,读 pī(批),坏坏二字不可互混。
〔2〕 作多解的夥不简化。
〔3〕 浆、桨、奖、酱:右上角从夕,不从夕或爫。
〔4〕 藉口、凭藉的藉简化作借,慰藉、狼藉等的藉作藉。
〔5〕 类:下从大,不从犬。
〔6〕 瞭:读 liǎo(了解)时,仍简作了,读 liào(瞭望)时作瞭,不简作了。
〔7〕 临:左从一短竖一长竖,不从丨。
〔8〕 岭:不作岺,免与岑混。
〔9〕 读 me 轻声。读 yāo(天)的么应作幺(么本字)。吆应作吆。麼读 mó(摩)时不简化,如幺麼小丑。

P

盘〔盤〕
辟〔闢〕
苹〔蘋〕
凭〔憑〕
扑〔撲〕
仆〔僕〕〔1〕
朴〔樸〕

Q

启〔啓〕
签〔籤〕
千〔韆〕
牵〔牽〕
纤〔縴〕
　〔纖〕〔2〕
窍〔竅〕
窃〔竊〕
寝〔寢〕
庆〔慶〕〔3〕
琼〔瓊〕

秋〔鞦〕
曲〔麴〕
权〔權〕
劝〔勸〕
确〔確〕

R

让〔讓〕
扰〔擾〕
热〔熱〕
认〔認〕

S

洒〔灑〕
伞〔傘〕
丧〔喪〕
扫〔掃〕
涩〔澀〕
晒〔曬〕
伤〔傷〕
舍〔捨〕
沈〔瀋〕

声〔聲〕
胜〔勝〕
湿〔濕〕
实〔實〕
适〔適〕〔4〕
势〔勢〕
兽〔獸〕
书〔書〕
术〔術〕〔5〕
树〔樹〕
帅〔帥〕
松〔鬆〕
苏〔蘇〕
　〔囌〕
虽〔雖〕
随〔隨〕

T

台〔臺〕
　〔檯〕
　〔颱〕
态〔態〕

坛〔壇〕
　〔罎〕
叹〔嘆〕
誊〔謄〕
体〔體〕
粜〔糶〕
铁〔鐵〕
听〔聽〕
厅〔廳〕〔6〕
头〔頭〕
图〔圖〕
涂〔塗〕
团〔團〕
　〔糰〕
椭〔橢〕

W

洼〔窪〕
袜〔襪〕〔7〕
网〔網〕
卫〔衛〕
稳〔穩〕

务〔務〕
雾〔霧〕

X

牺〔犧〕
习〔習〕
系〔係〕
　〔繫〕〔8〕
戏〔戲〕
虾〔蝦〕
吓〔嚇〕〔9〕
咸〔鹹〕
显〔顯〕
宪〔憲〕
县〔縣〕〔10〕
响〔響〕
向〔嚮〕
协〔協〕
胁〔脅〕
亵〔褻〕
衅〔釁〕
兴〔興〕

---

〔1〕　前仆后继的仆读 pū(扑)。
〔2〕　纤维的纤读 xiān(先)。
〔3〕　庆：从大，不从犬。
〔4〕　古人南宫适、洪适的适(古字罕用)读 kuò(括)。此适字本作适,为了避免混淆,可恢复本字适。
〔5〕　中药苍术、白术的术读 zhú(竹)。
〔6〕　厅：从厂,不从广。
〔7〕　袜：从末,不从未。
〔8〕　系带子的系读 jì(计)。
〔9〕　恐吓的吓读 hè(赫)。
〔10〕　县：七笔。上从且。

须〔鬚〕	医〔醫〕	渊〔淵〕	斋〔齋〕	种〔種〕
悬〔懸〕	亿〔億〕	园〔園〕	毡〔氈〕	众〔衆〕
选〔選〕	忆〔憶〕	远〔遠〕	战〔戰〕	昼〔晝〕
旋〔鏇〕	应〔應〕	愿〔願〕	赵〔趙〕	朱〔硃〕
Y	痈〔癰〕	跃〔躍〕	折〔摺〕〔5〕	烛〔燭〕
	拥〔擁〕	运〔運〕	这〔這〕	筑〔築〕
压〔壓〕〔1〕	佣〔傭〕	酝〔醞〕	征〔徵〕〔6〕	庄〔莊〕〔7〕
盐〔鹽〕	踊〔踴〕		症〔癥〕	桩〔樁〕
阳〔陽〕	忧〔憂〕	**Z**	证〔證〕	妆〔妝〕
养〔養〕	优〔優〕	杂〔雜〕	只〔隻〕	装〔裝〕
痒〔癢〕	邮〔郵〕	赃〔臟〕	〔祗〕	壮〔壯〕
样〔樣〕	余〔餘〕〔3〕	脏〔臟〕	致〔緻〕	状〔狀〕
钥〔鑰〕	御〔禦〕	〔髒〕	制〔製〕	准〔準〕
药〔藥〕	吁〔籲〕〔4〕	凿〔鑿〕	钟〔鐘〕	浊〔濁〕
爷〔爺〕	郁〔鬱〕	枣〔棗〕	〔鍾〕	总〔總〕
叶〔葉〕〔2〕	誉〔譽〕	灶〔竈〕	肿〔腫〕	钻〔鑽〕

第 二 表

可作简化偏旁用的简化字和简化偏旁

本表共收简化字 132 个和简化偏旁 14 个。简化字按读音的拼音字母顺序排列,简化偏旁按笔数排列。

A	B		毕〔畢〕	C
		备〔備〕	边〔邊〕	
		贝〔貝〕		
爱〔愛〕	罢〔罷〕	笔〔筆〕	宾〔賓〕	参〔參〕

---

〔1〕 压:六笔。土的右旁有一点。
〔2〕 叶韵的叶读 xié(协)。
〔3〕 在余和馀意义可能混淆时,仍用馀。如文言句"馀年无多"。
〔4〕 喘吁吁,长吁短叹的吁读 xū(虚)。
〔5〕 在折和摺意义可能混淆时,摺仍用摺。
〔6〕 宫商角徵羽的徵读 zhǐ(止),不简化。
〔7〕 庄:六笔。土的右旁无点。

			L	M
仓〔倉〕	对〔對〕	画〔畫〕		
产〔産〕	队〔隊〕	汇〔匯〕	来〔來〕	马〔馬〕〔7〕
长〔長〕〔1〕		〔彙〕	乐〔樂〕	买〔買〕
尝〔嘗〕〔2〕	**E**	会〔會〕	离〔離〕	卖〔賣〕〔8〕
车〔車〕	尔〔爾〕		历〔歷〕	麦〔麥〕
齿〔齒〕		**J**	〔曆〕	门〔門〕
虫〔蟲〕	**F**	几〔幾〕	丽〔麗〕〔6〕	黾〔黽〕〔9〕
刍〔芻〕	发〔發〕	夹〔夾〕	两〔兩〕	
从〔從〕	〔髮〕	戋〔戔〕	灵〔靈〕	**N**
窜〔竄〕	丰〔豐〕〔3〕	监〔監〕	刘〔劉〕	难〔難〕
	风〔風〕	见〔見〕	龙〔龍〕	鸟〔鳥〕〔10〕
D		荐〔薦〕	娄〔婁〕	聂〔聶〕
达〔達〕	**G**	将〔將〕〔4〕	卢〔盧〕	宁〔寧〕〔11〕
带〔帶〕	冈〔岡〕	节〔節〕	虏〔虜〕	农〔農〕
单〔單〕	广〔廣〕	尽〔盡〕	卤〔鹵〕	
当〔當〕	归〔歸〕	〔儘〕	〔滷〕	**Q**
〔噹〕	龟〔龜〕	进〔進〕	录〔録〕	齐〔齊〕
党〔黨〕	国〔國〕	举〔舉〕	虑〔慮〕	岂〔豈〕
东〔東〕	过〔過〕		仑〔侖〕	气〔氣〕
动〔動〕	**H**	**K**	罗〔羅〕	迁〔遷〕
断〔斷〕	华〔華〕	壳〔殼〕〔5〕		

〔1〕 长:四笔。笔顺是:ノ 一 匕 长。

〔2〕 尝:不是赏的简化字。赏的简化字是赏(见第三表)。

〔3〕 四川省酆都县已改丰都县。姓酆的酆不简化作邦。

〔4〕 将:右上角从夕,不从夕或爫。

〔5〕 壳:几上没有一小横。

〔6〕 丽:七笔。上边一横,不作两小横。

〔7〕 马:三笔。笔顺是:𠃌 马 马。上部向左稍斜,左上角开口,末笔作左偏旁时改作平挑。

〔8〕 卖:从十从买,上不从士或土。

〔9〕 黾:从口从电。

〔10〕 鸟:五笔。

〔11〕 作门屏之间解的宁(古字罕用)读 zhù(柱)。为避免此宁字与宁的简化字混淆,原读 zhù 的宁作㝉。

金〔僉〕	双〔雙〕	**X**	艺〔藝〕	讠〔言〕〔9〕
乔〔喬〕	肃〔肅〕〔2〕		阴〔陰〕	饣〔食〕〔10〕
亲〔親〕	岁〔歲〕	献〔獻〕	隐〔隱〕	昜〔昜〕〔11〕
穷〔窮〕	孙〔孫〕	乡〔鄉〕	犹〔猶〕	纟〔糸〕
区〔區〕〔1〕	**T**	写〔寫〕〔6〕	鱼〔魚〕	𭕄〔𤇾〕
	条〔條〕〔3〕	寻〔尋〕	与〔與〕	临〔臨〕
S		**Y**	云〔雲〕	只〔戠〕
啬〔嗇〕	**W**	亚〔亞〕	**Z**	钅〔金〕〔12〕
杀〔殺〕	万〔萬〕	严〔嚴〕	郑〔鄭〕	兴〔興〕
审〔審〕	为〔爲〕	厌〔厭〕	执〔執〕	睪〔睪〕〔13〕
圣〔聖〕	韦〔韋〕	尧〔堯〕〔7〕	质〔質〕	圣〔巠〕
师〔師〕	乌〔烏〕〔4〕	业〔業〕	专〔專〕	亦〔䜌〕
时〔時〕	无〔無〕〔5〕	页〔頁〕	**简化偏旁**	呙〔咼〕
寿〔壽〕		义〔義〕〔8〕		
属〔屬〕				

第　三　表

应用第二表所列简化字和简化偏旁得出来的简化字

　　本表共收简化字1,753个(不包含重见的字。例如"缆"分见"纟、𮥼、见"三部,只算一字),以第二表中的简化字和简化偏旁作部首,按第二表的

---

〔1〕　区:不作区。
〔2〕　肃:中间一竖下面的两边从八,下半中间不从米。
〔3〕　条:上从夂,三笔,不从夂。
〔4〕　乌:四笔。
〔5〕　无:四笔。上从二,不可误作旡。
〔6〕　写:上从一,不从宀。
〔7〕　尧:六笔。右上角无点,不可误作尧。
〔8〕　义:从乂(读yì)加点,不可误作叉(读chā)。
〔9〕　讠:二笔。不作讠.
〔10〕　饣:三笔。中一横折作一,不作丶或点。
〔11〕　昜:三笔。
〔12〕　钅:第二笔是一短横,中两横,竖折不出头。
〔13〕　睪丸的睾读gāo(高),不简化。

顺序排列。同一部首中的简化字,按笔数排列。

爱

嗳〔噯〕
嫒〔嬡〕
叆〔靉〕
瑷〔璦〕
暧〔曖〕

罢

摆〔擺〕
〔襬〕
罴〔羆〕
䎬〔䎱〕

备

惫〔憊〕

贝

贞〔貞〕
则〔則〕
负〔負〕
贡〔貢〕
呗〔唄〕
员〔員〕
财〔財〕
狈〔狽〕
责〔責〕
厕〔廁〕
贤〔賢〕
账〔賬〕
贩〔販〕
贬〔貶〕
败〔敗〕
贮〔貯〕
贪〔貪〕
贫〔貧〕
侦〔偵〕
侧〔側〕
货〔貨〕
贯〔貫〕
测〔測〕
浈〔湞〕
恻〔惻〕
贰〔貳〕
贲〔賁〕
贳〔貰〕
费〔費〕
郧〔鄖〕
勋〔勛〕
帧〔幀〕
贴〔貼〕
贶〔貺〕
贻〔貽〕
贱〔賤〕
贵〔貴〕
钡〔鋇〕
贷〔貸〕
贸〔貿〕
贺〔賀〕
陨〔隕〕
涢〔溳〕
资〔資〕
祯〔禎〕
贾〔賈〕
损〔損〕
贽〔贄〕
埙〔塤〕
桢〔楨〕
唝〔嗊〕
唢〔嗩〕
赅〔賅〕
圆〔圓〕
贼〔賊〕
贿〔賄〕
赆〔贐〕
赂〔賂〕
债〔債〕
赁〔賃〕
渍〔漬〕
惯〔慣〕
琐〔瑣〕
赉〔賚〕
匮〔匱〕
掼〔摜〕
殒〔殞〕
勚〔勩〕
赈〔賑〕
婴〔嬰〕
啧〔嘖〕
赊〔賒〕
帻〔幘〕
偾〔僨〕
铡〔鍘〕
绩〔績〕
溃〔潰〕
溅〔濺〕
赓〔賡〕
愦〔憒〕
愤〔憤〕
蒉〔蕢〕
赍〔賫〕
蒇〔蕆〕
䞍〔䝼〕
赔〔賠〕
赕〔賧〕
遗〔遺〕
赋〔賦〕
喷〔噴〕
赌〔賭〕
赎〔贖〕
赏〔賞〕[1]
赐〔賜〕
赒〔賙〕
锁〔鎖〕
馈〔饋〕
赖〔賴〕
赪〔赬〕
碛〔磧〕
㱮〔殨〕
赗〔賵〕
腻〔膩〕
赛〔賽〕
䙌〔䙡〕
赘〔贅〕
撄〔攖〕
槚〔檟〕
嘤〔嚶〕
赚〔賺〕
赙〔賻〕
罂〔罌〕
镄〔鐨〕
箦〔簀〕
鲗〔鰂〕
缨〔纓〕
璎〔瓔〕
聩〔聵〕
樱〔櫻〕
赜〔賾〕
篑〔簣〕
濑〔瀨〕
瘿〔癭〕
懒〔懶〕
赝〔贋〕
豮〔豶〕

〔1〕 赏:不可误作尝。尝是嘗的简化字(见第二表)。

赠〔贈〕	槟〔檳〕	浐〔滻〕	浑〔渾〕	堑〔塹〕
鹦〔鸚〕	膑〔臏〕	萨〔薩〕	恽〔惲〕	啭〔囀〕
獭〔獺〕	镔〔鑌〕	铲〔鏟〕	砗〔硨〕	崭〔嶄〕
赞〔贊〕	髌〔髕〕	**长**	轶〔軼〕	裤〔褲〕
赢〔贏〕	鬓〔鬢〕	伥〔倀〕	轲〔軻〕	裢〔褳〕
赡〔贍〕	**参**	怅〔悵〕	轱〔軲〕	辇〔輦〕
癫〔癲〕	渗〔滲〕	帐〔帳〕	轩〔軒〕	辋〔輞〕
攒〔攢〕	惨〔慘〕	张〔張〕	轻〔輕〕	辍〔輟〕
籁〔籟〕	掺〔摻〕	枨〔棖〕	轳〔轤〕	辊〔輥〕
缵〔纘〕	骖〔驂〕	账〔賬〕	轴〔軸〕	椠〔槧〕
瓒〔瓚〕	毿〔毵〕	胀〔脹〕	挥〔揮〕	辐〔輻〕
朦〔臢〕	瘆〔瘮〕	涨〔漲〕	荤〔葷〕	暂〔暫〕
赣〔贛〕	碜〔磣〕	**尝**	轹〔轢〕	辉〔輝〕
趱〔趲〕	穆〔穆〕	鲿〔鱨〕	轸〔軫〕	辈〔輩〕
躜〔躦〕	糁〔糝〕	**车**	轺〔軺〕	链〔鏈〕
戆〔戇〕	**仓**	轧〔軋〕	涟〔漣〕	翚〔翬〕
笔	伧〔傖〕	军〔軍〕	珲〔琿〕	辏〔輳〕
滗〔潷〕	创〔創〕	轨〔軌〕	载〔載〕	辐〔輻〕
毕	沧〔滄〕	厍〔厙〕	莲〔蓮〕	辑〔輯〕
荜〔蓽〕	怆〔愴〕	阵〔陣〕	较〔較〕	输〔輸〕
哔〔嗶〕	苍〔蒼〕	库〔庫〕	轼〔軾〕	毂〔轂〕
筚〔篳〕	抢〔搶〕	连〔連〕	轾〔輊〕	辔〔轡〕
跸〔蹕〕	呛〔嗆〕	轩〔軒〕	辂〔輅〕	辖〔轄〕
边	炝〔熗〕	诨〔諢〕	轿〔轎〕	辕〔轅〕
笾〔籩〕	玱〔瑲〕	郓〔鄆〕	晕〔暈〕	辗〔輾〕
宾	枪〔槍〕	轫〔軔〕	渐〔漸〕	舆〔輿〕
傧〔儐〕	戗〔戧〕	轭〔軛〕	惭〔慚〕	辘〔轆〕
滨〔濱〕	疮〔瘡〕	匦〔匭〕	鞍〔鞁〕	撵〔攆〕
摈〔擯〕	鸧〔鶬〕	转〔轉〕	琏〔璉〕	鲢〔鰱〕
嫔〔嬪〕	舱〔艙〕	轮〔輪〕	辅〔輔〕	辙〔轍〕
缤〔繽〕	跄〔蹌〕	斩〔斬〕	辄〔輒〕	錾〔鏨〕
殡〔殯〕	**产**	软〔軟〕	辆〔輛〕	辚〔轔〕

齿	搀〔攙〕	傥〔儻〕	滟〔灧〕	**龟**
龀〔齔〕	镵〔鑱〕	镋〔钂〕	**风**	阄〔鬮〕
啮〔嚙〕	躔〔躔〕	**东**	讽〔諷〕	**国**
龆〔齠〕	**达**	冻〔凍〕	沨〔渢〕	掴〔摑〕
龅〔齙〕	达〔達〕	陈〔陳〕	岚〔嵐〕	帼〔幗〕
龃〔齟〕	闼〔闥〕	崬〔崠〕	枫〔楓〕	腘〔膕〕
龄〔齡〕	挞〔撻〕	栋〔棟〕	疯〔瘋〕	蝈〔蟈〕
龇〔齜〕	哒〔噠〕	胨〔腖〕	飒〔颯〕	**过**
龈〔齦〕	鞑〔韃〕	鸫〔鶇〕	砜〔碸〕	挝〔撾〕
龉〔齬〕	**带**	**动**	飓〔颶〕	**华**
龊〔齪〕	滞〔滯〕	恸〔慟〕	飔〔颸〕	哗〔嘩〕
龌〔齷〕	**单**	**断**	飕〔颼〕	骅〔驊〕
龋〔齲〕	郸〔鄲〕	簖〔籪〕	飗〔飀〕	烨〔燁〕
虫	惮〔憚〕	**对**	飘〔飄〕	桦〔樺〕
蛊〔蠱〕	阐〔闡〕	怼〔懟〕	飙〔飆〕	晔〔曄〕
刍	掸〔撣〕	**队**	**冈**	铧〔鏵〕
诌〔謅〕	弹〔彈〕	坠〔墜〕	刚〔剛〕	**画**
㑇〔㑇〕	婵〔嬋〕	**尔**	㧈〔掆〕	婳〔嬅〕
邹〔鄒〕	禅〔禪〕	迩〔邇〕	岗〔崗〕	**汇**
惆〔惆〕	殚〔殫〕	弥〔彌〕	纲〔綱〕	扢〔撶〕
驺〔騶〕	瘅〔癉〕	〔瀰〕	枫〔棡〕	**会**
绉〔縐〕	蝉〔蟬〕	祢〔禰〕	钢〔鋼〕	刽〔劊〕
皱〔皺〕	箪〔簞〕	玺〔璽〕	**广**	郐〔鄶〕
趋〔趨〕	蕲〔蘄〕	猕〔獼〕	邝〔鄺〕	侩〔儈〕
雏〔雛〕	冁〔囅〕	**发**	圹〔壙〕	浍〔澮〕
从	**当**	泼〔潑〕	扩〔擴〕	荟〔薈〕
苁〔蓯〕	挡〔擋〕	废〔廢〕	犷〔獷〕	哙〔噲〕
纵〔縱〕	档〔檔〕	拨〔撥〕	纩〔纊〕	狯〔獪〕
枞〔樅〕	裆〔襠〕	钹〔鏺〕	旷〔曠〕	绘〔繪〕
怂〔慫〕	铛〔鐺〕	**丰**	矿〔礦〕	烩〔燴〕
耸〔聳〕	**党**	沣〔灃〕	**归**	桧〔檜〕
窜	谠〔讜〕	艳〔艷〕	岿〔巋〕	脍〔膾〕

鲙〔鱠〕

几

讥〔譏〕
叽〔嘰〕
饥〔饑〕
机〔機〕
玑〔璣〕
矶〔磯〕
虮〔蟣〕

夹

郏〔郟〕
侠〔俠〕
陕〔陝〕
浃〔浹〕
挟〔挾〕
荚〔莢〕
峡〔峽〕
狭〔狹〕
惬〔愜〕
硖〔硤〕
铗〔鋏〕
颊〔頰〕
蛱〔蛺〕
瘗〔瘞〕
箧〔篋〕

戋

划〔劃〕
浅〔淺〕
饯〔餞〕
线〔綫〕
残〔殘〕
栈〔棧〕

贱〔賤〕
盏〔盞〕
钱〔錢〕
笺〔箋〕
溅〔濺〕
践〔踐〕

监

滥〔濫〕
蓝〔藍〕
尴〔尷〕
槛〔檻〕
褴〔襤〕
篮〔籃〕

见

苋〔莧〕
岘〔峴〕
觃〔覎〕
视〔視〕
规〔規〕
现〔現〕
枧〔梘〕
觅〔覓〕
觉〔覺〕
砚〔硯〕
觇〔覘〕
览〔覽〕
宽〔寬〕
蚬〔蜆〕
觊〔覬〕
笕〔筧〕
觋〔覡〕
觌〔覿〕
观〔觀〕

靓〔靚〕
搅〔攪〕
揽〔攬〕
缆〔纜〕
窥〔窺〕
榄〔欖〕

监

舰〔艦〕
觍〔覥〕
觏〔覯〕
觎〔覦〕
髋〔髖〕

荐

鞯〔韉〕

将

蒋〔蔣〕
锵〔鏘〕

节

栉〔櫛〕

尽

浕〔濜〕
荩〔藎〕
烬〔燼〕
赆〔贐〕

进

琎〔璡〕

举

榉〔櫸〕

壳

悫〔愨〕

来

涞〔淶〕
莱〔萊〕

崃〔崍〕
徕〔徠〕
赉〔賚〕
睐〔睞〕
铼〔錸〕

乐

泺〔濼〕
烁〔爍〕
栎〔櫟〕
轹〔轢〕
砾〔礫〕
铄〔鑠〕

离

漓〔灕〕
篱〔籬〕

历

沥〔瀝〕
坜〔壢〕
苈〔藶〕
呖〔嚦〕
枥〔櫪〕
疬〔癧〕
雳〔靂〕

丽

俪〔儷〕
郦〔酈〕
逦〔邐〕
骊〔驪〕
鹂〔鸝〕
酾〔釃〕
鲡〔鱺〕

两

俩〔倆〕
啢〔啢〕
辆〔輛〕
满〔滿〕
瞒〔瞞〕
颟〔顢〕
螨〔蟎〕
魉〔魎〕
懑〔懣〕
蹒〔蹣〕

灵

棂〔欞〕

刘

浏〔瀏〕

龙

陇〔隴〕
泷〔瀧〕
宠〔寵〕
庞〔龐〕
垄〔壟〕
拢〔攏〕
茏〔蘢〕
咙〔嚨〕
珑〔瓏〕
栊〔櫳〕
昽〔曨〕
胧〔朧〕
砻〔礱〕
袭〔襲〕
聋〔聾〕
龚〔龔〕

		马	骁〔驍〕	买
宄〔竉〕	胪〔臚〕	冯〔馮〕	骄〔驕〕	荬〔蕒〕
笼〔籠〕	鸬〔鸕〕	驭〔馭〕	骅〔驊〕	卖
詟〔讋〕	颅〔顱〕	闯〔闖〕	骆〔駱〕	读〔讀〕
娄	舻〔艫〕	吗〔嗎〕	骊〔驪〕	渎〔瀆〕
偻〔僂〕	鲈〔鱸〕	犸〔獁〕	骋〔騁〕	续〔續〕
溇〔漊〕	虏	驮〔馱〕	验〔驗〕	椟〔櫝〕
蒌〔蔞〕	掳〔擄〕	驰〔馳〕	骏〔駿〕	觌〔覿〕
搂〔摟〕	卤	驯〔馴〕	骎〔駸〕	赎〔贖〕
嵝〔嶁〕	鹾〔鹺〕	妈〔媽〕	骑〔騎〕	犊〔犢〕
喽〔嘍〕	录	玛〔瑪〕	骐〔騏〕	牍〔牘〕
缕〔縷〕	箓〔籙〕	驱〔驅〕	骒〔騍〕	窦〔竇〕
屡〔屢〕	虑	驳〔駁〕	骓〔騅〕	黩〔黷〕
数〔數〕	滤〔濾〕	码〔碼〕	骖〔驂〕	麦
楼〔樓〕	摅〔攄〕	驻〔駐〕	骗〔騙〕	唛〔嘜〕
瘘〔瘻〕	仑	驵〔駔〕	骘〔騭〕	麸〔麩〕
褛〔褸〕	论〔論〕	驾〔駕〕	骛〔騖〕	门
窭〔窶〕	伦〔倫〕	驿〔驛〕	骚〔騷〕	闩〔閂〕
瞜〔瞜〕	沦〔淪〕	驷〔駟〕	骞〔騫〕	闪〔閃〕
镂〔鏤〕	抡〔掄〕	驶〔駛〕	骜〔驁〕	们〔們〕
屦〔屨〕	囵〔圇〕	驹〔駒〕	蓦〔驀〕	闭〔閉〕
蝼〔螻〕	纶〔綸〕	骀〔駘〕	腾〔騰〕	闯〔闖〕
篓〔簍〕	轮〔輪〕	驸〔駙〕	骝〔騮〕	问〔問〕
耧〔耬〕	瘪〔癟〕	鸯〔鴦〕	骗〔騙〕	扪〔捫〕
薮〔藪〕	罗	骂〔罵〕	骠〔驃〕	闱〔闈〕
擞〔擻〕	萝〔蘿〕	蚂〔螞〕	骢〔驄〕	闵〔閔〕
髅〔髏〕	啰〔囉〕	笃〔篤〕	骡〔騾〕	闷〔悶〕
卢	逻〔邏〕	骇〔駭〕	羁〔羈〕	闰〔閏〕
泸〔瀘〕	猡〔玀〕	骈〔駢〕	骤〔驟〕	闲〔閑〕
垆〔壚〕	椤〔欏〕		骥〔驥〕	间〔間〕
栌〔櫨〕	锣〔鑼〕		骧〔驤〕	
轳〔轤〕	箩〔籮〕			

闹〔鬧〕[1]	闸〔閘〕	鼋〔黿〕	鸶〔鷥〕
闻〔聞〕	阁〔閤〕	蝇〔蠅〕	鸯〔鴦〕
钔〔鍆〕	焖〔燜〕	鼍〔鼉〕	鸫〔鶇〕
阂〔閡〕	阑〔闌〕	**难**	鸬〔鸕〕
闺〔閨〕	裥〔襇〕	傩〔儺〕	鸪〔鴣〕
闻〔聞〕	阔〔闊〕	滩〔灘〕	鸰〔鴒〕
闼〔闥〕	痫〔癇〕	摊〔攤〕	鹏〔鵬〕
闽〔閩〕	鹇〔鷳〕	瘫〔癱〕	鸽〔鴿〕
间〔間〕	阕〔闋〕	**鸟**	鹚〔鷀〕
阊〔閶〕	阗〔闐〕	凫〔鳧〕	鹕〔鶻〕
阄〔鬮〕	搁〔擱〕	鸠〔鳩〕	鹋〔鶓〕
阁〔閣〕	锏〔鐧〕	岛〔島〕	鹀〔鵐〕
阀〔閥〕	锏〔鐧〕	茑〔蔦〕	鹗〔鶚〕
润〔潤〕	阙〔闕〕	鸢〔鳶〕	鹓〔鵷〕
涧〔澗〕	阖〔闔〕	鸣〔鳴〕	鹜〔鶩〕
悯〔憫〕	阗〔闐〕	枭〔梟〕	鹐〔鵮〕
阆〔閬〕	榈〔櫚〕	鸩〔鴆〕	鹛〔鶥〕
阅〔閱〕	简〔簡〕	鸦〔鴉〕	鹤〔鶴〕
阃〔閫〕	谰〔讕〕	鸤〔鳲〕	鹈〔鵜〕
阉〔闇〕[1]	阚〔闞〕	鸥〔鷗〕	鹆〔鵒〕
闱〔闈〕	蔺〔藺〕	鸧〔鶬〕	鹊〔鵲〕
娴〔嫻〕	澜〔瀾〕	鸨〔鴇〕	鹏〔鵬〕
阏〔閼〕	斓〔斕〕	鸷〔鷙〕	鹞〔鷂〕
阈〔閾〕	嗍〔嗍〕	鸬〔鸕〕	鹭〔鷺〕
阉〔閹〕	镧〔鑭〕	鸸〔鴯〕	鹦〔鸚〕
闿〔闓〕	躏〔躪〕	鸲〔鴝〕	鹩〔鷯〕
阁〔闍〕	**黾**	鸹〔鴰〕	鹬〔鷸〕
阅〔閲〕[1]	渑〔澠〕	鸵〔鴕〕	鹔〔鷫〕
	绳〔繩〕	鸻〔鴴〕	鹱〔鸌〕

---

〔1〕 鬥字头的字，一般也写作鬥字头，如鬧、鬮、鬩写作鬧、鬮、鬩。因此，这些鬥字头的字可简化作门字头。但鬥争的鬥应简化作斗（见第一表）。

鹐〔鷳〕	脐〔臍〕	脸〔臉〕	驱〔驅〕	俦〔儔〕
鹰〔鷹〕	蛴〔蠐〕	裣〔襝〕	枢〔樞〕	涛〔濤〕
鹮〔鸇〕	跻〔躋〕	睑〔瞼〕	瓯〔甌〕	祷〔禱〕
鸶〔鷥〕	霁〔霽〕	签〔簽〕	欧〔歐〕	焘〔燾〕
鹏〔鵬〕	鲚〔鱭〕	潋〔瀲〕	殴〔毆〕	畴〔疇〕
鹳〔鸛〕	斋〔齋〕	鼓〔藪〕	鸥〔鷗〕	铸〔鑄〕
聂	**岂**	**乔**	呕〔嘔〕	筹〔籌〕
慑〔懾〕	剀〔剴〕	侨〔僑〕	躯〔軀〕	踌〔躊〕
滠〔灄〕	凯〔凱〕	挢〔撟〕	**啬**	**属**
摄〔攝〕	恺〔愷〕	荞〔蕎〕	蔷〔薔〕	嘱〔囑〕
嗫〔囁〕	闿〔闓〕	峤〔嶠〕	墙〔墻〕	瞩〔矚〕
镊〔鑷〕	垲〔塏〕	骄〔驕〕	嫱〔嬙〕	**双**
颞〔顳〕	桤〔榿〕	娇〔嬌〕	樯〔檣〕	扨〔攢〕
蹑〔躡〕	觊〔覬〕	桥〔橋〕	穑〔穡〕	**肃**
宁	硙〔磑〕	轿〔轎〕	**杀**	萧〔蕭〕
泞〔濘〕	皑〔皚〕	硚〔礄〕	铩〔鎩〕	啸〔嘯〕
拧〔擰〕	铠〔鎧〕	矫〔矯〕	**审**	潇〔瀟〕
咛〔嚀〕	**气**	鞒〔鞽〕	谉〔讅〕	箫〔簫〕
狞〔獰〕	忾〔愾〕	**亲**	婶〔嬸〕	蟏〔蠨〕
柠〔檸〕	饩〔餼〕	榇〔櫬〕	**圣**	**岁**
聍〔聹〕	**迁**	**穷**	柽〔檉〕	刿〔劌〕
农	跹〔躚〕	劳〔藭〕	蛏〔蟶〕	哕〔噦〕
侬〔儂〕	**佥**	**区**	**师**	秽〔穢〕
浓〔濃〕	剑〔劍〕	讴〔謳〕	浉〔溮〕	**孙**
哝〔噥〕	俭〔儉〕	伛〔傴〕	狮〔獅〕	荪〔蓀〕
脓〔膿〕	险〔險〕	沤〔漚〕	蛳〔螄〕	狲〔猻〕
齐	捡〔撿〕	怄〔慪〕	筛〔篩〕	逊〔遜〕
剂〔劑〕	猃〔獫〕	抠〔摳〕	**时**	**条**
侪〔儕〕	验〔驗〕	奁〔奩〕	埘〔塒〕	涤〔滌〕
济〔濟〕	检〔檢〕	呕〔嘔〕	莳〔蒔〕	绦〔縧〕
荠〔薺〕	殓〔殮〕	岖〔嶇〕	鲥〔鰣〕	鲦〔鰷〕
挤〔擠〕	敛〔斂〕	妪〔嫗〕	**寿**	**万**

第一列

厉〔厲〕
迈〔邁〕
励〔勵〕
疬〔癧〕
虿〔蠆〕
趸〔躉〕
砺〔礪〕
粝〔糲〕
蛎〔蠣〕

为

伪〔偽〕
沩〔潙〕
妫〔媯〕

韦

讳〔諱〕
伟〔偉〕
闱〔闈〕
违〔違〕
苇〔葦〕
韧〔韌〕
帏〔幃〕
围〔圍〕
纬〔緯〕
炜〔煒〕
袆〔褘〕
玮〔瑋〕
韨〔韍〕
涠〔潿〕
韩〔韓〕
韫〔韞〕
韪〔韙〕
韬〔韜〕

第二列

乌

邬〔鄔〕
坞〔塢〕
呜〔嗚〕
钨〔鎢〕

无

怃〔憮〕
庑〔廡〕
抚〔撫〕
芜〔蕪〕
呒〔嘸〕
妩〔嫵〕

献

谳〔讞〕

乡

芗〔薌〕
飨〔饗〕

写

泻〔瀉〕

寻

浔〔潯〕
荨〔蕁〕
挦〔撏〕
鲟〔鱘〕

亚

垩〔堊〕
垭〔埡〕
挜〔掗〕
哑〔啞〕
娅〔婭〕
恶〔惡〕
　〔噁〕

第三列

氩〔氬〕
壶〔壺〕

严

俨〔儼〕
酽〔釅〕

厌

恹〔懨〕
厣〔厴〕
餍〔饜〕
魇〔魘〕
黡〔黶〕

尧

侥〔僥〕
浇〔澆〕
挠〔撓〕
荛〔蕘〕
峣〔嶢〕
哓〔嘵〕
娆〔嬈〕
骁〔驍〕
绕〔繞〕
饶〔饒〕
烧〔燒〕
桡〔橈〕
晓〔曉〕
硗〔磽〕
铙〔鐃〕
翘〔翹〕
蛲〔蟯〕
跷〔蹺〕

业

第四列

邺〔鄴〕

页

顶〔頂〕
顷〔頃〕
项〔項〕
顸〔頇〕
顺〔順〕
须〔須〕
顽〔頑〕
烦〔煩〕
顼〔頊〕
顿〔頓〕
颀〔頎〕
颁〔頒〕
颂〔頌〕
倾〔傾〕
预〔預〕
庼〔廎〕
硕〔碩〕
颅〔顱〕
领〔領〕
颈〔頸〕
颇〔頗〕
颏〔頦〕
颋〔頲〕
颖〔穎〕
颌〔頜〕
颐〔頤〕

第五列

蓣〔蕷〕
频〔頻〕
颓〔頹〕
颔〔頷〕
颗〔顆〕
额〔額〕
颜〔顏〕
撷〔擷〕
题〔題〕
颙〔顒〕
颛〔顓〕
缬〔纈〕
濒〔瀕〕
颠〔顛〕
巅〔巔〕
颢〔顥〕
颣〔纇〕
嚣〔囂〕
颥〔顬〕
颤〔顫〕
巅〔巔〕
颧〔顴〕
癫〔癲〕
灏〔灝〕
颦〔顰〕
颧〔顴〕

义

议〔議〕
仪〔儀〕
蚁〔蟻〕

艺

呓〔囈〕	鲒〔鮚〕	鳍〔鰭〕	鳜〔鱖〕	计〔計〕
阴	鲘〔鮜〕	鳛〔鰼〕	鳢〔鱧〕	订〔訂〕
荫〔蔭〕	鲟〔鱘〕	鳊〔鯿〕	鳣〔鱣〕	讣〔訃〕
隐	鲗〔鰂〕	鲽〔鰈〕	**与**	讥〔譏〕
瘾〔癮〕	鲖〔鮦〕	鳀〔鯷〕	屿〔嶼〕	议〔議〕
犹	鲙〔鱠〕	鳄〔鰐〕	欤〔歟〕	讨〔討〕
莸〔蕕〕	噜〔嚕〕	鳅〔鰍〕	**云**	讧〔訌〕
鱼	鲡〔鱺〕	鳆〔鰒〕	芸〔蕓〕	讦〔訐〕
鱽〔魛〕	鲠〔鯁〕	鳇〔鰉〕	昙〔曇〕	记〔記〕
渔〔漁〕	鲢〔鰱〕	鳌〔鰲〕	叆〔靉〕	讯〔訊〕
鲂〔魴〕	鲫〔鯽〕	鳖〔鱉〕	叇〔靆〕	讪〔訕〕
鱿〔魷〕	鲥〔鰣〕	鳒〔鰜〕	**郑**	训〔訓〕
鲁〔魯〕	鲩〔鯇〕	鳍〔鰭〕	掷〔擲〕	讫〔訖〕
鲨〔鯊〕	鲤〔鯉〕	鳎〔鰨〕	踯〔躑〕	访〔訪〕
蓟〔薊〕	鲦〔鰷〕	鳏〔鰥〕	**执**	讶〔訝〕
鲆〔鮃〕	鲧〔鯀〕	鳐〔鰩〕	垫〔墊〕	讳〔諱〕
鲏〔鮍〕	橹〔櫓〕	癣〔癬〕	挚〔摯〕	讵〔詎〕
鲅〔鮁〕	氇〔氌〕	鳔〔鰾〕	贽〔贄〕	讴〔謳〕
鲈〔鱸〕	鲸〔鯨〕	鳕〔鱈〕	鸷〔鷙〕	诀〔訣〕
鲇〔鮎〕	鲭〔鯖〕	鳗〔鰻〕	蛰〔蟄〕	讷〔訥〕
鲊〔鮓〕	鲮〔鯪〕	鳘〔鰵〕	絷〔縶〕	设〔設〕
鲋〔鮒〕	鲰〔鯫〕	鳙〔鱅〕	**质**	讽〔諷〕
稣〔穌〕	鲲〔鯤〕	鳚〔䲁〕	锧〔鑕〕	讹〔訛〕
鲔〔鮪〕	鲻〔鯔〕	鳛〔鰼〕	踬〔躓〕	䜣〔訢〕
鲍〔鮑〕	鲳〔鯧〕	鳝〔鱔〕	**专**	许〔許〕
鲐〔鮐〕	鲱〔鯡〕	鳜〔鱖〕	传〔傳〕	论〔論〕
鲞〔鯗〕	鲵〔鯢〕	鳟〔鱒〕	抟〔摶〕	讼〔訟〕
鲝〔鮺〕	鲷〔鯛〕	鳞〔鱗〕	转〔轉〕	讻〔詾〕
鲚〔鱭〕	鲶〔鯰〕		䏝〔膞〕	诂〔詁〕
鲛〔鮫〕	薜〔薜〕		砖〔磚〕	诃〔訶〕
鲜〔鮮〕			啭〔囀〕	评〔評〕
鲑〔鮭〕			**讠**	诏〔詔〕

词〔詞〕	诡〔詭〕	诹〔諏〕	谦〔謙〕	饥〔饑〕
译〔譯〕	询〔詢〕	课〔課〕	谧〔謐〕	饦〔飥〕
诎〔詘〕	诚〔誠〕	诽〔誹〕	谟〔謨〕	饧〔餳〕
诇〔詗〕	诞〔誕〕	诿〔諉〕	谠〔讜〕	饨〔飩〕
诅〔詛〕	浒〔滸〕	谁〔誰〕	谡〔謖〕	饭〔飯〕
识〔識〕	诮〔誚〕	谀〔諛〕	谢〔謝〕	饮〔飲〕
诌〔謅〕	说〔說〕	调〔調〕	谣〔謠〕	饫〔飫〕
诋〔詆〕	诚〔誠〕	谄〔諂〕	储〔儲〕	饩〔餼〕
诉〔訴〕	诬〔誣〕	谂〔諗〕	谪〔謫〕	饪〔飪〕
诈〔詐〕	语〔語〕	谛〔諦〕	谫〔譾〕	饬〔飭〕
诊〔診〕	诵〔誦〕	谙〔諳〕	谨〔謹〕	饲〔飼〕
诒〔詒〕	罚〔罰〕	谜〔謎〕	谬〔謬〕	饯〔餞〕
诨〔諢〕	误〔誤〕	谚〔諺〕	谩〔謾〕	饰〔飾〕
该〔該〕	诰〔誥〕	谝〔諞〕	谱〔譜〕	饱〔飽〕
详〔詳〕	诳〔誑〕	谘〔諮〕	谮〔譖〕	饴〔飴〕
诧〔詫〕	诱〔誘〕	谌〔諶〕	谭〔譚〕	饳〔飿〕
诓〔誆〕	诲〔誨〕	谎〔謊〕	谰〔讕〕	饷〔餉〕
诖〔詿〕	诶〔誒〕	谋〔謀〕	谲〔譎〕	饺〔餃〕
诘〔詰〕	狱〔獄〕	谍〔諜〕	谯〔譙〕	饻〔餏〕
诙〔詼〕	谊〔誼〕	谐〔諧〕	蔼〔藹〕	依〔餏〕
试〔試〕	谅〔諒〕	谏〔諫〕	槠〔櫧〕	饼〔餅〕
诗〔詩〕	谈〔談〕	谞〔諝〕	谴〔譴〕	饵〔餌〕
诩〔詡〕	谆〔諄〕	谑〔謔〕	谵〔譫〕	饶〔饒〕
诤〔諍〕	谮〔譖〕	谒〔謁〕	谶〔讖〕	蚀〔蝕〕
诠〔詮〕	译〔譯〕	谔〔諤〕	辩〔辯〕	饹〔餎〕
诛〔誅〕	请〔請〕	谓〔謂〕	谦〔讌〕	饽〔餑〕
诔〔誄〕	诺〔諾〕	谖〔諼〕	雠〔讎〕〔1〕	馁〔餒〕
诟〔詬〕	诸〔諸〕	谕〔諭〕	谶〔讖〕	饿〔餓〕
诣〔詣〕	读〔讀〕	谥〔謚〕	霭〔靄〕	馆〔館〕
话〔話〕	诼〔諑〕	谤〔謗〕	乚	馄〔餛〕

---

〔1〕 雠:用于校雠、雠定、仇雠等。表示仇恨、仇敌义时用仇。

倮〔餜〕	**纟**	线〔綫〕	络〔絡〕	绵〔綿〕
馅〔餡〕	丝〔絲〕	绀〔紺〕	绚〔絢〕	缁〔緇〕
馆〔餶〕	纠〔糾〕	绁〔紲〕	绑〔綁〕	缔〔締〕
馇〔餷〕	纩〔纊〕	绂〔紱〕	莼〔蒓〕	编〔編〕
馈〔饋〕	纡〔紆〕	绋〔紼〕	绠〔綆〕	缕〔縷〕
馊〔餿〕	纣〔紂〕	绎〔繹〕	绨〔綈〕	缃〔緗〕
馌〔饁〕	红〔紅〕	经〔經〕	绡〔綃〕	缂〔緙〕
馍〔饃〕	纪〔紀〕	绍〔紹〕	绢〔絹〕	缅〔緬〕
馎〔餺〕	纫〔紉〕	组〔組〕	绣〔綉〕	缘〔緣〕
馏〔餾〕	纥〔紇〕	细〔細〕	绥〔綏〕	缉〔緝〕
馑〔饉〕	约〔約〕	绅〔紳〕	绦〔絛〕	缇〔緹〕
馒〔饅〕	纨〔紈〕	织〔織〕	鸶〔鷥〕	缈〔緲〕
馓〔饊〕	级〔級〕	绌〔絀〕	综〔綜〕	缙〔縉〕
馔〔饌〕	纺〔紡〕	终〔終〕	绽〔綻〕	缊〔縕〕
馕〔饢〕	纹〔紋〕	绉〔縐〕	绾〔綰〕	缌〔緦〕
汤	纬〔緯〕	绐〔紿〕	绻〔綣〕	缆〔纜〕
汤〔湯〕	纭〔紜〕	哟〔喲〕	绩〔績〕	缓〔緩〕
扬〔揚〕	纯〔純〕	绖〔絰〕	绫〔綾〕	缄〔緘〕
场〔場〕	纰〔紕〕	荮〔葤〕	绪〔緒〕	猴〔緱〕
旸〔暘〕	纽〔紐〕	荭〔葒〕	续〔續〕	缒〔縋〕
饧〔餳〕	纳〔納〕	绞〔絞〕	绮〔綺〕	缎〔緞〕
炀〔煬〕	纲〔綱〕	统〔統〕	缀〔綴〕	缙〔繐〕
杨〔楊〕	纱〔紗〕	绒〔絨〕	绿〔綠〕	缧〔縲〕
肠〔腸〕	纴〔紝〕	绕〔繞〕	绰〔綽〕	缤〔繽〕
疡〔瘍〕	纷〔紛〕	绔〔絝〕	绲〔緄〕	缟〔縞〕
砀〔碭〕	纶〔綸〕	结〔結〕	绳〔繩〕	缣〔縑〕
畅〔暢〕	纸〔紙〕	绗〔絎〕	绯〔緋〕	缢〔縊〕
钖〔錫〕	纵〔縱〕	给〔給〕	绶〔綬〕	缚〔縛〕
殇〔殤〕	纾〔紓〕	绘〔繪〕	绸〔綢〕	缙〔縉〕
荡〔蕩〕	纠〔糾〕	绝〔絕〕	绷〔綳〕	缛〔縟〕
烫〔燙〕	唑〔嗺〕	绛〔絳〕	绺〔綹〕	缜〔縝〕
觞〔觴〕	绊〔絆〕	维〔維〕	缝〔縫〕

缡〔縭〕	劳〔勞〕	职〔職〕	钢〔鋼〕	铌〔鈮〕
潍〔濰〕	茕〔煢〕	钅	钠〔鈉〕	钜〔鉅〕
缩〔縮〕	茎〔莖〕	钆〔釓〕	钡〔鋇〕	铈〔鈰〕
缥〔縹〕	荧〔熒〕	钇〔釔〕	铃〔鈴〕	铉〔鉉〕
缪〔繆〕	荣〔榮〕	钉〔釘〕	钧〔鈞〕	铒〔鉺〕
缦〔縵〕	荦〔犖〕	钋〔釙〕	钩〔鉤〕	铑〔銠〕
缨〔纓〕	荤〔葷〕	钌〔釕〕	钦〔欽〕	铕〔銪〕
缫〔繅〕	涝〔澇〕	针〔針〕	钨〔鎢〕	铟〔銦〕
缬〔纈〕	崂〔嶗〕	钊〔釗〕	铋〔鉍〕	铷〔銣〕
蕴〔蘊〕	莹〔瑩〕	钋〔釙〕	钰〔鈺〕	铯〔銫〕
缮〔繕〕	捞〔撈〕	钎〔釬〕	钱〔錢〕	铥〔銩〕
缯〔繒〕	唠〔嘮〕	钓〔釣〕	钲〔鉦〕	铪〔鉿〕
缰〔繮〕	莺〔鶯〕	钏〔釧〕	钳〔鉗〕	铞〔銱〕
缭〔繚〕	萤〔螢〕	钍〔釷〕	钴〔鈷〕	铫〔銚〕
橼〔櫞〕	营〔營〕	钐〔釤〕	铖〔鋮〕	铵〔銨〕
缰〔繮〕	萦〔縈〕	钒〔釩〕	钵〔缽〕	衔〔銜〕
缳〔繯〕	痨〔癆〕	钖〔鍚〕	钹〔鈸〕	铲〔鏟〕
缲〔繰〕	嵘〔嶸〕	钕〔釹〕	钼〔鉬〕	铰〔鉸〕
缱〔繾〕	铹〔鐒〕	钔〔鍆〕	钾〔鉀〕	铳〔銃〕
缴〔繳〕	耢〔耮〕	钦〔欽〕	铀〔鈾〕	铱〔銥〕
辫〔辮〕	蟆〔蟆〕	钫〔鈁〕	钿〔鈿〕	铓〔鋩〕
缵〔纘〕	収	钚〔鈈〕	铎〔鐸〕	铗〔鋏〕
収	览〔覽〕	钘〔鈃〕	钹〔鏺〕	铐〔銬〕
坚〔堅〕	揽〔攬〕	钪〔鈧〕	铃〔鈴〕	铏〔鉶〕
贤〔賢〕	缆〔纜〕	钯〔鈀〕	铅〔鉛〕	铙〔鐃〕
肾〔腎〕	榄〔欖〕	斜〔鈄〕	铂〔鉑〕	银〔銀〕
竖〔豎〕	鉴〔鑒〕	钙〔鈣〕	铄〔鑠〕	铛〔鐺〕
悭〔慳〕	只	钝〔鈍〕	铆〔鉚〕	铜〔銅〕
紧〔緊〕	识〔識〕	钛〔鈦〕	铍〔鈹〕	铝〔鋁〕
铿〔鏗〕	帜〔幟〕	钘〔鈃〕	钶〔鈳〕	铡〔鍘〕
鲣〔鰹〕	织〔織〕	钮〔鈕〕	铊〔鉈〕	铠〔鎧〕
茕	炽〔熾〕	钞〔鈔〕	钽〔鉭〕	铨〔銓〕

铢〔銖〕 铜〔鋼〕 锵〔鏘〕 镗〔鏜〕 黉〔黌〕

铣〔銑〕 铽〔鋱〕 锷〔鍔〕 锗〔鐯〕

铤〔鋌〕 铼〔錸〕 锶〔鍶〕 镘〔鏝〕 **ㄗ**

铭〔銘〕 锇〔鋨〕 锴〔鍇〕 镚〔鏰〕 译〔譯〕

铬〔鉻〕 锂〔鋰〕 锾〔鍰〕 镦〔鐓〕 泽〔澤〕

铮〔錚〕 锁〔鎖〕 锹〔鍬〕 镨〔鐠〕 怿〔懌〕

铧〔鏵〕 锘〔鍩〕 锿〔鎄〕 错〔錯〕 择〔擇〕

铩〔鎩〕 锞〔錁〕 锢〔錮〕 镧〔鑭〕 峄〔嶧〕

揿〔撳〕 锭〔錠〕 锁〔鑽〕 镥〔鑥〕 绎〔繹〕

锌〔鋅〕 锗〔鍺〕 锻〔鍛〕 镁〔鎂〕 驿〔驛〕

锐〔銳〕 锝〔鍀〕 锤〔錘〕 锇〔鐝〕 铎〔鐸〕

锑〔銻〕 锫〔錇〕 锼〔鎪〕 镣〔鐐〕 荸〔蕶〕

锒〔銀〕 错〔錯〕 锌〔錞〕 镫〔鐙〕 释〔釋〕

铺〔鋪〕 锚〔錨〕 镓〔鎵〕 镪〔鏹〕 箨〔籜〕

铸〔鑄〕 锛〔錛〕 锐〔鑥〕 镰〔鐮〕 **ㄗ**

嵌〔嵚〕 锯〔鋸〕 镔〔鑌〕 镱〔鐿〕 劲〔勁〕

锓〔鋟〕 锰〔錳〕 镒〔鎰〕 镭〔鐳〕 刭〔剄〕

铿〔鏗〕 锢〔錮〕 镉〔鎘〕 镀〔鍍〕 陉〔陘〕

链〔鏈〕 锟〔錕〕 镑〔鎊〕 镮〔鐶〕 泾〔涇〕

铿〔鏗〕 锡〔錫〕 镐〔鎬〕 镯〔鐲〕 茎〔莖〕

铜〔鐧〕 锣〔鑼〕 镉〔鎘〕 镲〔鑔〕 径〔徑〕

销〔銷〕 锤〔錘〕 镊〔鑷〕 镳〔鑣〕 经〔經〕

锁〔鎖〕 锥〔錐〕 镇〔鎮〕 镵〔鑱〕 烃〔烴〕

锄〔鋤〕 锦〔錦〕 镍〔鎳〕 镶〔鑲〕 轻〔輕〕

锅〔鍋〕 锨〔鍁〕 镌〔鐫〕 镢〔钁〕 氢〔氫〕

锉〔銼〕 锱〔錙〕 镏〔鎦〕 **ㄘ** 胫〔脛〕

锈〔銹〕 键〔鍵〕 镜〔鏡〕 凿〔鑿〕 痉〔痙〕

锋〔鋒〕 镀〔鍍〕 镝〔鏑〕 学〔學〕 羟〔羥〕

锆〔鋯〕 镃〔鎡〕 镛〔鏞〕 觉〔覺〕 颈〔頸〕

锊〔鋝〕 镁〔鎂〕 镞〔鏃〕 搅〔攪〕 巯〔巰〕

锏〔鐧〕 镂〔鏤〕 镖〔鏢〕 喾〔嚳〕 **ㄇ**

锎〔錒〕 锲〔鍥〕 镐〔鎬〕 鲎〔鱟〕 变〔變〕

弯〔彎〕

挛〔攣〕	挛〔攣〕	滦〔灤〕	埚〔堝〕	朏〔腡〕
峦〔巒〕	鸾〔鸞〕	銮〔鑾〕	呙〔喎〕	窝〔窩〕
变〔變〕	湾〔灣〕	**呙**	莴〔萵〕	锅〔鍋〕
恋〔戀〕	蛮〔蠻〕	剐〔剮〕	娲〔媧〕	蜗〔蝸〕
栾〔欒〕	脔〔臠〕	涡〔渦〕	祸〔禍〕	

附　　录

　　以下 39 个字是从《第一批异体字整理表》摘录出来的。这些字习惯被看作简化字,附此以便检查。括弧里的字是停止使用的异体字。

呆〔獃騃〕	迹〔跡蹟〕	麻〔蔴〕	席〔蓆〕	韵〔韻〕
布〔佈〕	秸〔稭〕	脉〔脈〕	凶〔兇〕	灾〔災〕
痴〔癡〕	杰〔傑〕〔1〕	猫〔貓〕	绣〔繡〕	札〔劄剳〕
床〔牀〕	巨〔鉅〕	栖〔棲〕	锈〔鏽〕	扎〔紥紮〕
唇〔脣〕	昆〔崑崐〕	弃〔棄〕	岩〔巖〕	占〔佔〕
雇〔僱〕	捆〔綑〕	升〔陞昇〕	异〔異〕	周〔週〕
挂〔掛〕	泪〔淚〕	笋〔筍〕	涌〔湧〕	注〔註〕
哄〔閧鬨〕	厘〔釐〕	它〔牠〕	岳〔嶽〕	

　　下列地名用字,因为生僻难认,已经国务院批准更改,录后以备检查。

黑龙江　铁骊县改铁力县　　　　　　　大庾县改大余县
　　　　　瑷珲县改爱辉县　　　　　　　虔南县改全南县
青　海　亹源回族自治县改门源回　　　新淦县改新干县
　　　　　族自治县　　　　　　　　　　新喻县改新余县
新　疆　和阗专区改和田专区　　　　　鄱阳县改波阳县
　　　　　和阗县改和田县　　　　　　　寻邬县改寻乌县
　　　　　于阗县改于田县　　　**广　西**　鬱林县改玉林县
　　　　　婼羌县改若羌县　　　**四　川**　酆都县改丰都县
江　西　雩都县改于都县　　　　　　　石砫县改石柱县

---

〔1〕　杰:从木,不从术。

	越巂县改越西县	鄂县改户县
	呷洛县改甘洛县	雒南县改洛南县
贵　州	婺川县改务川县	邠县改彬县
	鳛水县改习水县	鄜县改富县
陕　西	商雒专区改商洛专区	葭县改佳县
	盩厔县改周至县	沔县改勉县
	郿县改眉县	栒邑县改旬邑县
	醴泉县改礼泉县	洵阳县改旬阳县
	郃阳县改合阳县	汧阳县改千阳县

此外,还有以下两种更改地名用字的情况:(1)由于汉字简化,例如辽宁省瀋阳市改为沈阳市;(2)由于异体字整理,例如河南省濬县改为浚县。

九、第一批异体字整理表

说明:

1. 本表于 1955 年 12 月 22 日由中华人民共和国文化部、中国文字改革委员会联合发布。

2. 下表是经过调整的《第一批异体字整理表》,共 793 组、1 815 字,其中被选用的规范字形 793 字、被淘汰的异体字形 1 022 字。调整时,删掉了不构成异体关系的字组,改正了某些错误的字形。

3. 为了方便读者使用,编者对《第一批异体字整理表》重新作了编排。字表按选用字的汉语拼音字母顺序排列。同音节的字再按笔画数排列,笔画少的在前,多的在后。笔画数相同的按起笔笔形横(一)、竖(丨)、撇(丿)、点(丶)、折(乛)的顺序排列。

A an	暗[闇晻] 鞍[鞌]	拗[抝] 翱[翺] 鳌[鼇]	B ba	bai
		ao		柏[栢]
岸[㟁] 庵[菴]		坳[垇]	霸[覇]	稗[粺]

ban

坂[岅]

bang

榜[牓]
膀[髈]
帮[幫幇]

bao

刨[鉋鑤]
褓[緥]
褒[襃]
宝[寶]

bei

杯[盃柸]
背[揹]
悖[誖]
备[俻]

ben

奔[犇奔逩]

beng

绷[繃]

bi

秕[粃]
秘[祕]
逼[偪]
痹[痺]

弊[獘]
斃[獘]

bian

遍[徧]

biao

膘[臕]

bie

瘪[癟]
鳖[鼈]

bing

冰[氷]
并[併並竝]
禀[稟]

bo

脖[頚]
博[愽]
钵[缽盋]
驳[駁]

bu

布[佈]

C

cai

采[寀採]
彩[綵]
睬[倸]

踩[跴]

can

参[条]
惭[慙]

cao

草[艸]
操[捜捜]

ce

册[冊]
厕[廁]
策[筞筴]

cha

查[査]
插[挿]
碴[皻]
察[詧]

chan

鑱[劖]

chang

场[塲]
肠[膓]
尝[嚐甞]

che

扯[撦]

chen

趁[趂]
嗔[瞋]

cheng

乘[乗乗]
塍[塖]
撑[撐]
澄[澂]

chi

吃[喫]
耻[恥]
翅[翄]
敕[勅勑]
痴[癡]

chou

仇[讎]
酬[酧詶醻]
瞅[瞝盯]

chu

厨[廚厨]
锄[鉏耡]
橱[櫥]
躇[蹰]

chuan

船[舩]

chuang

床[牀]
创[剏刱]
窗[窓窻牕
牎]

chui

捶[搥]
棰[箠]
锤[鎚]

chun

春[旾]
唇[脣]
淳[湻]
萅[蕁]
醇[醕]
蠢[惷]

ci

词[䛐]
糍[餈]
辞[辝]
鹚[鶿]

cong

匆[悤怱]
葱[蔥]

cou

凑[湊]

cu	擋[攩]	**dou**	鰐[鱷]	**feng**
粗[觕麤]	**dao**	豆[荳]	**en**	峰[峯]
蹴[蹵]	島[嶋]	鬥[鬦鬪鬭]	恩[㤙]	蜂[蠭蚌]
cuan	搗[擣搯]	兜[兠]	**er**	**fu**
篡[簒]	**de**	**du**	爾[尒]	佛[彿髴]
cui	德[悳]	妒[妬]	**F**	附[坿]
脆[胞]	**deng**	睹[覩]	**fa**	俯[俛頫]
悴[顇]	凳[櫈]	**dun**	法[灋佱]	婦[媍]
cun	**di**	惇[憞]	珐[琺]	麩[粰麱]
村[邨]	抵[牴觝]	敦[敄]	筏[栰]	**G**
cuo	堤[隄]	遁[遯]	罰[罸]	**ga**
銼[剉]	蒂[蔕]	墩[墪]	**fan**	嘎[嘠]
D	**diao**	**duo**	凡[凣]	**gai**
da	吊[弔]	朵[朶]	帆[帆颿]	丐[匄匃]
瘩[瘩]	雕[彫鵰琱]	垛[垜]	泛[汎氾]	概[槩]
dai	**die**	跺[跥]	繁[緐]	**gan**
呆[獃騃]	喋[啑]	**E**	翻[飜繙]	杆[桿]
玳[瑇]	叠[疊曡疉]	**e**	**fang**	秆[稈]
dan	蝶[蜨]	厄[阨戹]	仿[髣倣]	乾[乹乾]
耽[躭]	**ding**	扼[搤]	**fei**	幹[榦]
啖[噉嚪]	碇[椗矴]	峨[峩]	痱[疿]	贛[灨灨]
dang	**dong**	婀[娿媕]	廢[癈]	**gang**
蕩[盪]	動[働]	訛[譌]	**fen**	扛[摃]
		萼[蕚]	氛[雰]	杠[槓]
		腭[齶]		肛[疘]
		鵝[鵞䳘]		
		額[頟]		

gao	gua	he	晃[提]	jian
皋[皋皋]	挂[掛罣]	和[龢咊]	hui	奸[姦]
槁[槀]	guai	盍[盇]	迴[廻逥]	減[减]
稿[稾]	拐[柺]	核[覈]	蛔[蛕蚘痐蜖]	碱[城]
糕[餻]	怪[恠]	heng	匯[滙]	箋[牋椾]
ge	guan	恒[恆]	毀[燬譭]	劍[劎]
個[箇]	管[筦]	hong	輝[煇]	緘[械]
胳[肐]	館[舘]	哄[閧鬨]	徽[微]	繭[蠒]
閣[閤]	罐[鑵]	hou	hun	鑒[鑑鑒]
歌[謌]	gui	餱[餱]	昏[昬]	鹼[鹻]
gen	規[槼]	hu	魂[蒐]	jiang
亙[亘]	瑰[瓌]	呼[虖嘑謼]	huo	獎[奬]
geng	guo	胡[衚]	禍[旤]	僵[殭]
耕[畊]	果[菓]	糊[粘餬]	**J**	繮[韁]
鯁[骾]	椁[槨]	hua	ji	jiao
gong	**H**	花[苍蘤]	迹[跡蹟]	叫[呌]
躬[躳]	han	嘩[譁]	期[朞]	脚[腳]
gou	函[圅]	話[話]	楫[檝]	剿[勦劋]
够[夠]	捍[扞]	huan	賷[賫齎]	僥[傲]
鈎[鉤]	悍[猂]	浣[澣]	績[勣]	jie
構[搆]	焊[釬銲]	獾[貛貛]	鷄[雞]	劫[刦刧刼]
gu	hao	歡[懽讙驩]	羈[羇]	杰[傑]
雇[僱]	蚝[蠔]	huang	jia	届[屆]
鼓[皷]	皓[皜暠]	恍[怳]	夾[袷祫]	捷[㨗]
	嗥[嗁獋]		戞[戛]	秸[稭]
			假[叚]	階[堦]
				潔[絜]

jin	juan	ke	kun	li
斤[觔]	倦[勌]	剋[尅]	坤[堃]	荔[茘]
晋[晉]	狷[獧]	咳[欬]	昆[崑崐]	厘[釐]
紧[緊繄]	眷[睊]	疴[痾]	捆[綑]	苈[蒞涖]
				栗[慄㦸]
jing	**jue**	**ken**	**kuo**	狸[貍]
阱[穽]	决[決]	肯[肎]	括[挵]	梨[棃]
净[淨]	撅[噘]		阔[濶]	犁[犂]
徑[逕]	橛[橜]	**keng**		裏[裡]
脛[踁]		坑[阬]	**L**	璃[琍瓈]
梗[骾鯁]	**jun**		**la**	歷[歴]
	俊[儁傛]	**kou**	辣[辢]	曆[厤]
jiong	隽[雋]	叩[敂]	臘[臈]	隸[隷隸]
迥[逈]	浚[濬]	扣[釦]		藜[棃]
炯[烱]		寇[寇冦]	**lai**	
	K		賴[賴]	**lian**
jiu	**kai**	**ku**		廉[亷廉]
糾[紏]	慨[嘅]	褲[袴]	**lan**	煉[鍊]
韭[韮]			婪[惏]	奩[匳匲籢]
厩[廐廄]	**kan**	**kuan**	懶[嬾]	斂[歛]
救[捄]	刊[栞]	款[欵]		鐮[鎌鎌]
揪[揫]	坎[埳]		**lang**	
	侃[偘]	**kuang**	琅[瑯]	**liang**
ju	瞰[矙]	况[況]	螂[蜋]	凉[涼]
巨[鉅]		礦[鑛]		梁[樑]
局[侷跼]	**kang**		**lei**	
矩[榘]	炕[匟]	**kui**	泪[淚]	**lin**
據[據]	糠[穅粇]	愧[媿]		吝[恡]
舉[擧]		窺[闚]	**leng**	淋[痳]
颶[颶]	**kao**	饋[餽]	棱[稜]	鄰[隣]
	考[攷]			磷[燐粦]

M

ma

麻[蔴]
蟆[蟇]
骂[駡傌]

mai

脉[脈衇衇]

mao

卯[夘戼]
牦[犛氂]
冒[冐]
猫[貓]
帽[帽]

mei

梅[楳槑]

meng

虻[蝱]

mi

眯[瞇]
觅[覔]
幂[冪]

mian

绵[緜]
麵[麪]

miao

妙[玅]
眇[䏚]
渺[淼淼]

mie

咩[哶哶]

min

泯[冺]

ming

命[奆]
冥[冥冥]

mo

谟[暮]
馍[饃]

mu

畞[畒畮畒畝畞]
幕[幙]

N

na

拿[拏拏拏]

nai

乃[迺廼]
奶[嬭妳]

nan

楠[柟枏]

nao

闹[鬧]

nen

嫩[嫰]

ni

你[妳]
昵[暱]
霓[蜺]
拟[儗]

nian

年[秊]
拈[撚]
念[唸]

niang

娘[孃]

niao

袅[嫋嬝裊]

nie

捏[揑]
涅[湼]
嚙[齧嚙]
孽[孼]

ning

宁[寍寗]

nong

农[辳]

nü

衄[衂䶊]

nuan

暖[煖暖煗]

nuo

挪[捼挼]
糯[稬稄]

P

pao

炮[砲礮]
疱[皰]

pei

胚[肧]

peng

碰[掽踫]

pi

匹[疋]
毗[毘]

麟[麐]

ling

菱[淩]

liu

柳[栁桺]
留[畱畱畄]
琉[瑠璢]
磟[磟]
瘤[癅]

long

弄[衖挵]

lu

虏[虜]
戮[剹勠]
橹[艪樐艣樐楢]
炉[鑪]

lü

绿[菉]

lüe

略[畧]

lun

仑[崙崘]

luo

裸[躶臝]
骡[驘]

piao	强[彊強]	que	姗[姍]
	槍[鎗]		珊[瑚]
飘[飃飄]	墙[牆]	却[卻刦]	栅[柵]
	橋[艢]	権[攉権]	膳[饍]
ping	襁[繦]	qun	膻[羶羴]
			鳝[鱓]
瓶[缾]	qiao	裙[帬裠]	
凭[憑]		群[羣]	shao
	峭[陗]		
po	荞[荍]	R	筲[籍]
	憔[顦癄]		
迫[廹]	锹[鍫]	ran	she
	蹺[蹻]		
pu		冉[冄]	射[躰]
	qie	髯[髥]	蛇[虵]
铺[舖]			慑[慴]
	惬[愜]	rao	
Q			shen
qi	qin	绕[遶]	
			深[湺]
弃[棄]	琴[琹]	ren	参[葠蓡]
栖[棲]	勤[懃]		慎[昚]
凄[淒悽]	寝[寢]	妊[姙]	
戚[慽慼]	撳[搇]	衽[袵]	sheng
启[啟唘]		韧[靭]	
棋[碁棊]	qiu	饪[餁]	升[陞昇]
旗[旂]		韧[靱韌靱]	剩[賸]
憩[憇]	丘[坵]		
	虬[虯]	rong	shi
qian	秋[秌穐]		
	球[毬]	冗[宂]	尸[屍]
悭[慳]		绒[羢毧]	虱[蝨]
铅[鈆]	qu	融[螎]	柿[柹]
潜[潛]			是[昰]
	麴[麹]	ru	时[旹]
qiang	驱[駈敺]		视[眎眡]
		蠕[蝡]	实[宲]
羌[羗羌]			

謚[諡]
濕[溼]

shu

條[絛儵]
庶[庻]
疏[疎]
竪[豎]
漱[潄]
薯[藷]

si

似[佀]
祀[禩]
俟[竢]
飼[飤]
厮[廝]

sou

搜[蒐]
嗽[嗽]

su

宿[宿]
訴[愬]
溯[泝遡]
蘇[蘓甦]

sui

歲[歳]

sun

笋[筍]
飧[飱]

suo

挲[挱]
蓑[簑]
瑣[瑣]
鎖[鎻]

T

ta

它[牠]
拓[搨]
塔[墖]

tan

袒[襢]
嘆[歎]
罎[罈壜]

tang

趟[逿蹚踼]
糖[餹]

tao

掏[搯]
縧[絛綯]

teng

藤[籐]

ti

剃[薙鬀]
啼[嗁]

蹄[蹏]

tiao

眺[覜]

tong

同[仝衕]
峒[峝]
筒[筩]

tou

偷[媮]

tu

兔[兎兔]

tui

腿[骽]
頽[穨]

tun

臀[臋]

tuo

托[託]
拖[扡]
駄[馱]
駝[駞]

W

wa

蛙[䵷]

襪[韈韤]

wan

玩[翫]
挽[輓]
碗[盌椀䍃]

wang

亡[兦]
罔[㒺]
往[徃]
望[朢]

wei

喂[餵餧]
猬[蝟]

wen

吻[脗]
蚊[蟁蝱]

weng

瓮[甕罋]

wu

污[汙汚]
忤[啎]
塢[隖]

X

xi

席[蓆]

晰[晳皙]
溪[谿]
熙[熈煕]
嘻[譆]
膝[厀]
戲[戯]

xia

狹[陿]

xian

仙[僊]
弦[絃]
籼[秈]
涎[次]
閑[閒]
銜[啣唧]
嫻[嫺]
綫[線]
鮮[尠鱻尟]

xiang

享[亯]
廂[厢]
餉[饟]
嚮[曏]

xiao

笑[咲]
效[効傚]
淆[殽]

xie
邪[衺]
泄[洩]
脅[脇]
紲[緤]
携［攜攜擕攜]
鞋[鞵]
蝎[蠍]
燮[爕]
蟹[蠏]

xing
幸[倖]

xiong
凶[兇]
洶[汹]
胸[胷]

xiu
修[脩]
绣[繡]
锈[鏽]

xu
叙[敘敍]
恤[郵賉卹]
勖[勗]
婿[壻]

xuan
萱［蕿薣蘐蕙]
喧[誼]
楦[楥]
璇[璿]

xue
靴[鞾]

xun
巡[廵]
徇[狥]
勛[勳]
寻[尋]
塤[壎]
熏[燻]

Y

ya
丫[枒椏]
鸦[鵶]

yan
岩[巖巗嵒]
咽[嚥]
烟[煙菸]
宴[醼]
胭[臙]
雁[鴈]
腌[醃]

焰[燄]
燕[鷰]
檐[簷]
赝[贗]
验[驗]
颥[顬]
艳[豔豔]

yang
扬[颺敭]

yao
夭[殀]
肴[餚]
咬[齩]
窑[窰窯]
耀[燿]

ye
夜[亱]
野[埜壄]
烨[爗]

yi
以[㕽㠯]
异[異]
咿[吚]
移[迻]
翳[瞖]

yin
因[囙]

吟[唫]
姻[婣]
殷[慇]
阴[陰]
淫[婬滛]
埋[㙉]
喑[瘖]
饮[歃]
荫[廕]

ying
映[暎]
颖[穎]
嚣[嚻]
鹦[鸚]

yong
咏[詠]
涌[湧]
恿[慂惥]
雍[雝]

you
游[遊]

yu
欲[慾]
逾[踰]
寓[庽]
愈[癒瘉]
郁[鬱欝]

yuan
冤[寃寃]
猿[猨猨]

yue
岳[嶽]　丶

yun
韵[韻]

Z

za
匝[帀]
杂[襍]

zai
再[𠕅再]
灾[災烖菑]

zan
咱［喒喒偺偺]
暂[蹔]
簪[篸]
赞[賛讚]

zang
葬[塟㙽]

zao
皂[皁]

唪[啍]
噪[譟]
糟[蹧]

zha

扎[紮紥]
札[剳劄]
咤[吒]
闸[牐]
榨[搾]

zhai

寨[砦]
斋[亝]

zhan

占[佔]
沾[霑]
盏[琖醆]
崭[嶄]
毡[氊]

zhang

獐[麞]

zhao

棹[櫂]
照[炤]

zhe

哲[喆]
浙[淛]
辄[輙]
谪[讁]

zhen

珍[珎]
砧[碪]
针[鍼]
侦[遉]
鸩[酖]

zhi

厄[厇]
址[阯]
志[誌]

帙[袟袠]
侄[姪妷]
祇[祗祇]
栀[梔]
纸[帋]
跖[蹠]
置[寘]
稚[穉稺]

zhong

冢[塚]
众[眾]

zhou

咒[呪]
周[週]
帚[箒]

zhu

伫[竚佇]
注[註]

猪[豬]
煮[煑]
箸[筯]

zhuan

专[耑]
撰[譔]
砖[甎塼]
馔[籑]

zhuang

妆[粧]

zhuo

斫[斲斵斱]
桌[槕]

zi

姊[姉]
眦[眥]
资[貲]

zong

偬[傯]
棕[椶]
粽[糉]
踪[蹤]
鬃[騌騣鬉]

zu

卒[卆]

zuan

纂[篹]
钻[鑽]

zui

最[冣冣]
罪[辠]

zun

樽[罇]

十、新旧字形对照表

（字形后圆圈内的数字表示字形的笔数）

旧字形	新字形	新字举例	旧字形	新字形	新字举例
八②	㇀②	兑益遂	耳⑧	耳⑦	敢严
艹④	艹③	花草	者⑨	者⑧	都著
辶④	辶③	连速	直⑧	直⑧	值植
开⑥	开④	型形	黾⑧	黾⑧	绳鼋
丰④	丰④	艳沣	咼⑨	咼⑧	過蜗
巨⑤	巨④	苣渠	垂⑨	垂⑧	睡郵
屯④	屯④	纯顿	食⑨	食⑧	飲飽
牙⑤	牙④	芽邪	郎⑨	郎⑧	廊螂
瓦⑤	瓦④	瓶瓷	彔⑧	录⑧	渌箓
反④	反④	板饭	盈⑩	盈⑨	温瘟
示⑤	礻④	祝视	骨⑩	骨⑨	滑骼
丑④	丑④	纽杻	鬼⑩	鬼⑨	槐嵬
犮⑤	犮⑤	拔茇	俞⑨	俞⑨	输愈
印⑥	印⑥	茚	既⑪	既⑨	溉厩
耒⑥	耒⑥	耕耘	蚤⑩	蚤⑨	搔骚
吕⑦	吕⑥	侣营	敖⑪	敖⑩	傲遨
攸⑦	攸⑥	修條	莽⑫	莽⑩	漭蟒
争⑧	争⑥	净静	眞⑩	真⑩	慎填
产⑥	产⑥	彦产	名⑩	名⑩	摇遥
严⑦	羊⑥	差养	殺⑪	殺⑩	掇錣
并⑧	并⑥	屏拼	黄⑫	黄⑪	廣横
羽⑥	羽⑥	翎翔	虛⑫	虚⑪	墟歔
吴⑦	吴⑦	蜈虞	異⑫	異⑪	冀戴
角⑦	角⑦	解确	象⑫	象⑪	像橡
奂⑨	奂⑦	换痪	奧⑬	奧⑫	澳懊
甫⑧	尚⑦	敝弊	普⑬	普⑫	谱礕

十一、部分计量单位名称统一用字表

类　别	外文名称	译名[淘汰的译名]	备　　注
长　度	nautical mile	海里[浬、海浬]	
	mile	英里[哩]	
	fathom	英寻[㖊、浔]	
	foot	英尺[呎]	
	inch	英寸[吋]	
面　积	acre	英亩[嚥、喵]	
容　量	litre	升[公升、竔]	
	bushel	蒲式耳[嘝]	
	gallon	加仑[呏、嗧]	
重　量	hundredweight	英担[啂]	1 英担 ＝ 112 磅
	stone	英石[唡]	1 英石 ＝ 14 磅
	ounce	盎司[唡、英两、温司]	
	grain	格令[喱、英厘、克冷]	
各　科	kilowatt	千瓦[瓩]	功率单位
	torr	托[乇]	压力单位
	phon	方[昉]	响度级单位
	sone	宋[唟]	响度单位
	mel	美[嘆]	音调单位
	denier	旦[紧]	纤度单位
	tex	特[纮]	纤度单位

十二、第一批异形词整理表

A

按捺——按纳

按语——案语

B

百废俱兴——百废具兴

百叶窗——百页窗

斑白——班白、颁白

斑驳——班驳

孢子——胞子

保镖——保镳

保姆——保母、褓姆

辈分——辈份

本分——本份

笔画——笔划

毕恭毕敬——必恭必敬

编者按——编者案

扁豆——篇豆、稨豆、藊豆

标志——标识

鬓角——鬓脚

秉承——禀承

补丁——补靪、补钉

C

参与——参预

惨淡——惨澹

差池——差迟

掺和——搀和①

掺假——搀假

掺杂——搀杂

铲除——划除

徜徉——倘佯

车厢——车箱

彻底——澈底

沉思——沈思②

称心——趁心

成分——成份

澄澈——澄彻

侈靡——侈糜

筹划——筹画

筹码——筹马

踌躇——踌蹰

出谋划策——出谋画策

喘吁吁——喘嘘嘘

瓷器——磁器

赐予——赐与

粗鲁——粗卤

D

搭档——搭当、搭挡

搭讪——搭赸、答讪

答复——答覆

戴孝——带孝

担心——耽心

担忧——耽忧

耽搁——担搁

淡泊——澹泊

淡然——澹然

倒霉——倒楣

低回——低徊③

凋敝——雕敝、雕弊④

凋零——雕零

凋落——雕落

凋谢——雕谢

跌宕——跌荡

跌跤——跌交

喋血——蹀血

叮咛——丁宁

订单——定单⑤

订户——定户

订婚——定婚

订货——定货

订阅——定阅

斗拱——枓拱、枓栱

逗留——逗遛

逗趣儿——斗趣儿

独角戏——独脚戏

端午——端五

E

二黄——二簧

二心——贰心

F

发酵——酸酵

发人深省——发人深醒

繁衍——蕃衍

吩咐——分付

分量——份量

分内——份内

分外——份外

分子——份子⑥

愤愤——忿忿

丰富多彩——丰富多采

风瘫——疯瘫

疯癫——疯颠

锋芒——锋铓

服侍——伏侍、服事

服输——伏输

服罪——伏罪

负隅顽抗——负嵎顽抗

附会——傅会

复信——覆信

覆辙——复辙

G

干预——干与

告诫——告戒

耿直——梗直、鲠直

恭维——恭惟

勾画——勾划

勾连——勾联

孤苦伶仃——孤苦零丁

辜负——孤负

古董——骨董

股份——股分

骨瘦如柴——骨瘦如豺

关联——关连

光彩——光采

归根结底——归根结柢

规诫——规戒

鬼哭狼嚎——鬼哭狼嗥

过分——过份

H

蛤蟆——虾蟆

含糊——含胡

含蓄——涵蓄

寒碜——寒伧

喝彩——喝采

喝倒彩——喝倒采

轰动——哄动

弘扬——宏扬

红彤彤——红通通

宏论——弘论

宏图——弘图、鸿图

宏愿——弘愿

宏旨——弘旨

洪福——鸿福

狐臭——胡臭

蝴蝶——胡蝶

糊涂——胡涂

琥珀——虎魄

花招——花着

划拳——豁拳、搳拳

恍惚——恍忽

辉映——晖映

溃脓——殨脓

浑水摸鱼——混水摸鱼

伙伴——火伴

J

机灵——机伶

激愤——激忿

计划——计画

纪念——记念

寄予——寄与

夹克——茄克

嘉宾——佳宾

驾驭——驾御

架势——架式

嫁妆——嫁装

简练——简炼

骄奢淫逸——骄奢淫佚

角门——脚门

狡猾——狡滑

脚跟——脚根

叫花子——叫化子

精彩——精采

纠合——鸠合

纠集——鸠集

就座——就坐

角色——脚色

K

克期——刻期

克日——刻日

刻画——刻划

阔佬——阔老

L

褴褛——蓝缕

烂漫——烂缦、烂熳

狼藉——狼籍

榔头——狼头、锒头

累赘——累坠

黧黑——黎黑

连贯——联贯

连接——联接

连绵——联绵⑦

连缀——联缀

联结——连结

联袂——连袂

联翩——连翩

踉跄——踉蹡

嘹亮——嘹喨

缭乱——撩乱

伶仃——零丁

囹圄——囹圉

溜达——蹓跶

流连——留连

喽啰——喽罗、偻㑩

鲁莽——卤莽

录像——录象、录相

络腮胡子——落腮胡子

落寞——落漠、落莫

M

麻痹——麻痹

麻风——麻风

麻疹——麻疹

马蜂——蚂蜂

马虎——马糊

门槛——门坎

靡费——糜费

绵连——绵联

腼腆——靦觍

模仿——摹仿

模糊——模胡

模拟——摹拟

摹写——模写

摩擦——磨擦

摩拳擦掌——磨拳擦掌

磨难——魔难

脉脉——眽眿

谋划——谋画

N

那么——那末

内讧——内哄

凝练——凝炼

牛仔裤——牛崽裤

纽扣——钮扣

P

扒手——掱手

盘根错节——蟠根错节

盘踞——盘据、蟠踞、蟠据

盘曲——蟠曲

盘陀——盘驼

磐石——盘石、蟠石

蹒跚——盘跚

彷徨——旁皇

披星戴月——披星带月

疲沓——疲塌

漂泊——飘泊

漂流——飘流

飘零——漂零

飘摇——飘飖

凭空——平空

Q

牵连——牵联

憔悴——蕉萃

清澈——清彻

情愫——情素

拳拳——惓惓

劝诫——劝戒

R

热乎乎——热呼呼

热乎——热呼

热衷——热中

人才——人材

日食——日蚀

入座——入坐

S

色彩——色采

杀一儆百——杀一警百

鲨鱼——沙鱼

山楂——山查

舢板——舢舨

艄公——梢公

奢靡——奢糜

申雪——伸雪

神采——神彩

湿漉漉——湿渌渌

什锦——十锦

收服——收伏

首座——首坐

书简——书柬

双簧——双锁

思维——思惟

死心塌地——死心踏地

T

踏实——塌实

甜菜——菾菜

铤而走险——挺而走险

透彻——透澈

图像——图象

推诿——推委

W

玩意儿——玩艺儿

魍魉——蝄蜽

诿过——委过

乌七八糟——污七八糟

无动于衷——无动于中

毋宁——无宁

毋庸——无庸

五彩缤纷——五采缤纷

五劳七伤——五痨七伤

X

息肉——瘜肉

稀罕——希罕

稀奇——希奇

稀少——希少

稀世——希世

稀有——希有

翕动——噏动

洗练——洗炼

贤惠——贤慧

香醇——香纯

香菇——香菰

相貌——像貌

潇洒——萧洒

小题大做——小题大作

卸载——卸傤

惺忪——惺松

秀外慧中——秀外惠中

序文——叙文

序言——叙言

训诫——训戒

Y

压服——压伏

押韵——压韵

鸦片——雅片

扬琴——洋琴

要么——要末

夜宵——夜消

一锤定音——一槌定音

一股脑儿——一古脑儿

衣襟——衣衿

衣着——衣著

义无反顾——义无返顾

淫雨——霪雨

盈余——赢余

影像——影象

余晖——余辉

渔具——鱼具

渔网——鱼网

与会——预会

与闻——预闻

驭手——御手

预备——豫备⑧

原来——元来

原煤——元煤

原原本本——源源本本、元元本本

缘故——原故

缘由——原由

月食——月蚀

月牙——月芽

芸豆——云豆

Z

杂沓——杂遝

再接再厉——再接再砺

崭新——斩新

辗转——展转

战栗——颤栗⑨

账本——帐本⑩

折中——折衷

这么——这末

正经八百——正经八摆	指手画脚——指手划脚	姿势——姿式
芝麻——脂麻	周济——赒济	仔细——子细
肢解——支解、枝解	转悠——转游	自个儿——自各儿
直截了当——直捷了当、直接了当	装潢——装璜	佐证——左证
	孜孜——孳孳	

[注释]

① "掺"、"搀"实行分工："掺"表混合义，"搀"表搀扶义。

② "沉"本为"沈"的俗体，后来"沉"字成了通用字，与"沈"并存并用，并形成了许多异形词，如"沉没——沈没｜沉思——沈思｜深沉——深沈"等。现在"沈"只读 shěn，用于姓氏。地名沈阳的"沈"是"瀋"的简化字。表示"沉没"及其引申义，现在一般写作"沉"，读 chén。

③ 《普通话异读词审音表》审定"徊"统读 huái。"低回"一词只读 dīhuí，不读 dīhuái

④ "凋"、"雕"古代通用，1955 年《第一批异体字整理表》曾将"凋"作为"雕"的异形字予以淘汰。1988 年《现代汉语通用字表》确认"凋"为规范字，表示"凋谢"及其引申义。

⑤ "订"、"定"二字中古本不同音，演变为同音字后，才在"预先、约定"的义项上通用，形成了一批异形词。不过近几十年二字在此共同义项上又发生了细微的分化："订"多指事先经过双方商讨的，只是约定，并非确定不变的；"定"侧重在确定，不轻易变动。故有些异形词现已分化为近义词，但本表所列的"订单——定单"等仍为全等异形词，应依据通用性原则予以规范。

⑥ 此词是指属于一定阶级、阶层、集团或具有某种特征的人，如"地主～｜知识～｜先进～"。与分母相对的"分子"、由原子构成的"分子"(读 fēnzǐ)、凑份子送礼的"份子"(读 fènzi)，音、义均不同，不可混淆。

⑦ "联绵字"、"联绵词"中的"联"不能改写为"连"。

⑧ "预"、"豫"二字，古代在"预先、约定"的意义上通用，故形成了"预备——豫备｜预防——豫防｜预感——豫感｜预期——豫期"等 20 多组异形词。现在此义项已完全由"预"承担。但考虑到鲁迅等名家习惯用"豫"，他们的作品影响深远，故列出一组特作说明。

⑨ "颤"有两读，读 zhàn 时，表示人发抖，与"战"相通；读 chàn 时，主要表物体轻微振动，也可表示人发抖，如"颤动"既可用于物，也可用于人。什么时候读 zhàn，什么时候读 chàn，很难从意义上把握，统一写作"颤"必然会给读者带来一定困难，故宜根据目前大多数人的习惯读音来规范词形，以利于稳定读音，避免混读。如"颤动、颤抖、颤巍巍、颤音、颤悠、发颤"多读 chàn，写作"颤"；"战栗、打冷战、打战、胆战心惊、冷战、寒战"等词习惯多读 zhàn，写作"战"。

⑩ "账"是"帐"的分化字。古人常把账目记于布帛上悬挂起来以利保存，故称日用的账目为"帐"。后来为了与帷帐分开，另造形声字"账"，表示与钱财有关。"账"、"帐"并存并用后，形成了几十组异形词。《简化字总表》《现代汉语通用字表》中"账"、"帐"均收，可见主张分化。二字分工如下："账"用于货币和货物出入的记载、债务等，如"账本、报账、借账、还账"等；"帐"专表用布、纱、绸子等制成的遮蔽物，如"蚊帐、帐篷、青纱帐(比喻用法)"等。

说明：每组异形词破折号前为选取推荐词形。

中华人民共和国国家标准
ICS 01. 140. 20 A 19 GB/T 15835—1995

十三、出版物上数字用法的规定

General rules for writing numerals in publications

国家技术监督局 1995-12-13 批准、发布 1996-06-01 实施

1 范　　围

　　本标准规定了出版物在涉及数字(表示时间、长度、质量、面积、容积等量值和数字代码)时使用汉字和阿拉伯数字的体例。

　　本标准适用于各级新闻报刊、普及性读物和专业性社会人文科学出版物。

　　自然科学和工程技术出版物亦应使用本标准,并可制定专业性细则。

　　本标准不适用于文学书刊和重排古籍。

2 引 用 标 准

　　下列标准所包含的条文,通过在本标准中引用而构成为本标准的条文。本标准出版时,所示版本均为有效。所有标准都会被修订,使用本标准的各方应探讨使用下列标准最新版本的可能性。

　　GB/T 7408—94　数据元和交换格式　信息交换日期和时间表示法

　　GB 3100—93　国际单位制及其应用

　　GB 3101—93　有关量、单位和符号的一般原则

　　GB 7713—87　科学技术报告、学位论文和学术论文的编写格式

　　GB 8170—87　数值修约规则

3 定　　义

　　本标准采用下列定义。

物理量　physical quantity

用于定量地描述物理现象的量,即科学技术领域里使用的表示长度、质量、时间、电流、热力学温度、物质的量和发光强度的量。使用的单位应是法定计量单位。

非物理量　non-physical quantity

日常生活中使用的量,使用的是一般量词。如 30 元、45 天、67 根等。

4　一 般 原 则

4.1　使用阿拉伯数字或是汉字数字,有的情形选择是唯一而确定的。

4.1.1　统计表中的数值,如正负整数、小数、百分比、分数、比例等,必须使用阿拉伯数字。

示例:48　302　－125.03　34.05％　63％～68％　1/4　2/5
1：500

4.1.2　定型的词、词组、成语、惯用语、缩略语或具有修辞色彩的词语中作为语素的数字,必须使用汉字。

示例:一律　一方面　十滴水　二倍体　三叶虫　星期五　四氧化三铁　一〇五九(农药内吸磷)　八国联军　二〇九师　二万五千里长征　四书五经　五四运动　九三学社　十月十七日同盟　路易十六　十月革命"八五"计划　五省一市　五局三胜制　二八年华　二十挂零　零点方案零岁教育　白发三千丈　七上八下　不管三七二十一　相差十万八千里第一书记　第二轻工业局　一机部三所　第三季度　第四方面军　十三届四中全会

4.2　使用阿拉伯数字或是汉字数字,有的情形,如年月日、物理量、非物理量、代码、代号中的数字,目前体例尚不统一。对这种情形,要求凡是可以使用阿拉伯数字而且又很得体的地方,特别是当所表示的数目比较精确时,均应使用阿拉伯数字。遇特殊情形,或者为避免歧解,可以灵活变通,但全篇体例应相对统一。

5　时间(世纪、年代、年、月、日、时刻)

5.1　要求使用阿拉伯数字的情况

5.1.1 公历世纪、年代、年、月、日

示例:公元前 8 世纪 20 世纪 80 年代 公元前 440 年 公元 7 年 1994 年 10 月 1 日

5.1.1.1 年份一般不用简写。如:1990 年不应简作"九〇年"或"90 年"。

5.1.1.2 引文著录、行文注释、表格、索引、年表等,年月日的标记可按 GB/T 7408—94 的 5.2.1.1 中的扩展格式。如:1994 年 9 月 30 日和 1994 年 10 月 1 日可分别写作 1994-09-30 和 1994-10-01,仍读作 1994 年 9 月 30 日、1994 年 10 月 1 日。年月日之间使用半字线"-"。当月和日是个位数时,在十位上加"0"。

5.1.2 时、分、秒

示例:14 时 15 时 40 分(下午 3 点 40 分) 14 时 12 分 36 秒

注:必要时,可按 GB/T 7408—94 的 5.3.1.1 中的扩展格式。

该格式采用每日 24 小时计时制,时、分、秒的分隔符为冒号":"。

示例:04:00(4 时) 15:40(15 时 40 分) 14:12:36(14 时 12 分 36 秒)

5.2 要求使用汉字的情况

5.2.1 中国干支纪年和夏历月日

示例:丙寅年十月十五日 腊月二十三日 正月初五 八月十五中秋节

5.2.2 中国清代和清代以前的历史纪年、各民族的非公历纪年

这类纪年不应与公历月日混用,并应采用阿拉伯数字括注公历。

示例:秦文公四十四年(公元前 722 年) 太平天国庚申十年九月二十四日(清咸丰十年九月二十日,公元 1860 年 11 月 2 日) 藏历阳木龙年八月二十六日(1964 年 10 月 1 日) 日本庆应三年(1867 年)

5.2.3 含有月日简称表示事件、节日和其他意义的词组

如果涉及一月、十一月、十二月,应用间隔号"·"将表示月和日的数字隔开,并外加引号,避免歧义。涉及其他月份时,不用间隔号,是否使用引号,视事件的知名度而定。

示例 1:"一·二八"事变(1 月 28 日) "一二·九"运动(12 月 9 日) "一·一七"批示(1 月 17 日) "一一·一〇"案件(11 月 10 日)

示例 2:五四运动 五卅运动 七七事变 五一国际劳动节 "五二

〇"声明 "九一三"事件

6 物 理 量

物理量量值必须用阿拉伯数字,并正确使用法定计量单位。小学和初中教科书、非专业科技书刊的计量单位可使用中文符号。

示例:8 736.80 km(8 736.80 千米) 600 g(600 克) 100 kg～150 kg(100 千克～150 千克) 12.5 m^2(12.5 平方米) 外形尺寸是 400 mm×200 mm×300 mm(400 毫米×200 毫米×300 毫米) 34 ℃～39 ℃(34 摄氏度～39 摄氏度) 0.59 A(0.59 安〔培〕)

7 非 物 理 量

7.1 一般情况下应使用阿拉伯数字。

示例:21.35 元 45.6 万元 270 美元 290 亿英镑 48 岁 11 个月 1 480 人 4.6 万册 600 幅 550 名

7.2 整数一至十,如果不是出现在具有统计意义的一组数字中,可以用汉字,但要照顾到上下文,求得局部体例上的一致。

示例1:一个人 三本书 四种产品 六条意见 读了十遍 五个百分点

示例2:截至 1984 年 9 月,我国高等学校有新闻系 6 个,新闻专业 7 个,新闻班 1 个,新闻教育专职教员 274 人,在校学生 1 561 人。

8 多位整数与小数

8.1 阿拉伯数字书写的多位整数和小数的分节

8.1.1 专业性科技出版物的分节法:从小数点起,向左和向右每三位数字一组,组间空四分之一个汉字(二分之一个阿拉伯数字)的位置。

示例:2 748 456 3.141 592 65

8.1.2 非专业性科技出版物如排版留四分空有困难,可仍采用传统的以千分撇",",分节的办法。小数部分不分节。四位以内的整数也可以不分节。

示例:2,748,456　3.141 592 65　8 703

8.2　阿拉伯数字书写的纯小数必须写出小数点前定位的"0"。小数点是齐底线的黑圆点"."。

示例:0.46 不得写成 .46 和 0·46

8.3　尾数有多个"0"的整数数值的写法。

8.3.1　专业性科技出版物根据 GB 8170—87 关于数值修约的规则处理。

8.3.2　非科技出版物中的数值一般可以"万"、"亿"作单位。

示例:三亿四千五百万可写成 345,000,000,也可写成 34,500 万或 3.45亿,但一般不得写作 3 亿 4 千 5 百万。

8.4　数值巨大的精确数字,为了便于定位读数或移行,作为特例可以同时使用"亿、万"作单位。

示例:我国 1982 年人口普查人数为 10 亿 817 万 5 288 人;1990 年人口普查人数为 11 亿 3 368 万 2 501 人。

8.5　一个用阿拉伯数字书写的数值应避免断开移行。

8.6　阿拉伯数字书写的数值在表示数值的范围时,使用浪纹式连接号"～"。

示例:150 千米～200 千米　−36℃～−8℃　2 500 元～3 000 元

9　概 数 和 约 数

9.1　相邻的两个数字并列连用表示概数,必须使用汉字,连用的两个数字之间不得用顿号"、"隔开。

示例:二三米　一两个小时　三五天　三四个月　十三四吨　一二十个　四十五六岁　七八十种　二三百架次　一千七八百元　五六万套

9.2　带有"几"字的数字表示约数,必须使用汉字。

示例:几千年　十几天　一百几十次　几十万分之一

9.3　用"多"、"余"、"左右"、"上下"、"约"等表示的约数一般用汉字。如果文中出现一组具有统计和比较意义的数字,其中既有精确数字,也有用"多"、"余"等表示的约数时,为保持局部体例上的一致,其约数也可以使用阿拉伯数字。

示例 1:这个协会举行全国性评奖十余次,获奖作品有一千多件。协会吸收了约三千名会员,其中三分之二是有成就的中青年。另外,在三十个省、自治区、直辖市还设有分会。

示例2:该省从机动财力中拿出1 900万元,调拨钢材3 000多吨、水泥2万多吨、柴油1 400吨,用于农田水利建设。

10　代号、代码和序号

部队番号、文件编号、证件号码和其他序号,用阿拉伯数字。序数词即使是多位数也不能分节。

示例:84062部队　国家标准GB 2312—80　国办发[1987]9号文件总3147号　国内统一刊号CN11—1399 21/22次特别快车　HP—3000型电子计算机　85号汽油　维生素B_{12}

11　引 文 标 注

引文标注中版次、卷次、页码,除古籍应与所据版本一致外,一般均使用阿拉伯数字。

示例1:列宁:《新生的中国》,见《列宁全集》,中文2版,第22卷,208页,北京,人民出版社,1990。

示例2:刘少奇:《论共产党员的修养》,修订2版,76页,北京,人民出版社,1962。

示例3:李四光:《地壳构造与地壳运动》,载《中国科学》,1973(4),400～429页。

示例4:许慎:《说文解字》,影印陈昌治本,126页,北京,中华书局,1963。

示例5:许慎:《说文解字》,四部丛刊本,卷六上,九页。

12　横排标题中的数字

横排标题涉及数字时,可以根据版面的实际需要和可能作恰当的处理。

13　竖排文章中的数字

提倡横排。如文中多处涉及物理量,更应横排。竖排文字中涉及的数字除必须保留的阿拉伯数字外,应一律用汉字。必须保留的阿拉伯数字、外文字母和符号均按顺时针方向转 90 度。

示例一:

雪花牌 BCD 188 型家用电冰箱容量是一百八十八升,功率为一百二十五瓦,市场售价两千零五十元,返修率仅为百分之零点一五。

示例二:

海军 J12 号打捞救生船在太平洋上航行了十三天,于一九九〇年八月六日零时三十分返回基地。

14　字　　体

出版物中的阿拉伯数字,一般应使用正体二分字身,即占半个汉字位置。

中华人民共和国国家标准

ICS 01.140.20 A 22 GB/T 15834—1995

十四、标点符号用法

Use of punctuation marks

国家技术监督局 1995-12-13 批准、发布 1996-06-01 实施

1　范　　围

本标准规定了标点符号的名称、形式和用法。本标准对汉语书写规范有重要的辅助作用。

本标准适用于汉语书面语。外语界和科技界也可参考使用。

2　定　　义

本标准采用下列定义。

句子 sentence
前后都有停顿，并带有一定的句调，表示相对完整意义的语言单位。

陈述句 declarative sentence
用来说明事实的句子。

祈使句 imperative sentence
用来要求听话人做某件事情的句子。

疑问句 interrogative sentence
用来提出问题的句子。

感叹句 exclamatory sentence
用来抒发某种强烈感情的句子。

复句、分句 complex sentence, clause
意思上有密切联系的小句子组织在一起构成一个大句子。这样的大句子叫复句，复句中的每个小句子叫分句。

词语 expression

词和短语(词组)。词,即最小的能独立运用的语言单位。短语,即由两个或两个以上的词按一定的语法规则组成的表达一定意义的语言单位,也叫词组。

3　基　本　规　则

3.1　标点符号是辅助文字记录语言的符号,是书面语的有机组成部分,用来表示停顿、语气以及词语的性质和作用。

3.2　常用的标点符号有 16 种,分点号和标号两大类。

点号的作用在于点断,主要表示说话时的停顿和语气。点号又分为句末点号和句内点号。句末点号用在句末,有句号、问号、叹号 3 种,表示句末的停顿,同时表示句子的语气。句内点号用在句内,有逗号、顿号、分号、冒号 4 种,表示句内的各种不同性质的停顿。

标号的作用在于标明,主要标明语句的性质和作用。常用的标号有 9 种,即:引号、括号、破折号、省略号、着重号、连接号、间隔号、书名号和专名号。

4　用　法　说　明

4.1　句号

4.1.1　句号的形式为"。"。句号还有一种形式,即一个小圆点".",一般在科技文献中使用。

4.1.2　陈述句末尾的停顿,用句号。例如:

a)北京是中华人民共和国的首都。

b)虚心使人进步,骄傲使人落后。

c)亚洲地域广阔,跨寒、温、热三带,又因各地地形和距离海洋远近不同,气候复杂多样。

4.1.3　语气舒缓的祈使句末尾,也用句号。例如:

请您稍等一下。

4.2　问号

4.2.1　问号的形式为"?"。

4.2.2　疑问句末尾的停顿，用问号。例如：

a) 你见过金丝猴吗？

b) 他叫什么名字？

c) 去好呢，还是不去好？

4.2.3　反问句的末尾，也用问号。例如：

a) 难道你还不了解我吗？

b) 你怎么能这么说呢？

4.3　叹号

4.3.1　叹号的形式为"！"。

4.3.2　感叹句末尾的停顿，用叹号。例如：

a) 为祖国的繁荣昌盛而奋斗！

b) 我多么想看看他老人家呀！

4.3.3　语气强烈的祈使句末尾，也用叹号。例如：

a) 你给我出去！

b) 停止射击！

4.3.4　语气强烈的反问句末尾，也用叹号。例如：

我哪里比得上他呀！

4.4　逗号

4.4.1　逗号的形式为"，"。

4.4.2　句子内部主语与谓语之间如需停顿，用逗号。例如：

我们看得见的星星，绝大多数是恒星。

4.4.3　句子内部动词与宾语之间如需停顿，用逗号。例如：

应该看到，科学需要一个人贡献出毕生的精力。

4.4.4　句子内部状语后边如需停顿，用逗号。例如：

对于这个城市，他并不陌生。

4.4.5　复句内各分句之间的停顿，除了有时要用分号外，都要用逗号。例如：

据说苏州园林有一百多处，我到过的不过十多处。

4.5　顿号

4.5.1　顿号的形式为"、"。

4.5.2　句子内部并列词语之间的停顿，用顿号。例如：

a) 亚马孙河、尼罗河、密西西比河和长江是世界四大河流。

b) 正方形是四边相等、四角均为直角的四边形。

4.6   分号

4.6.1   分号的形式为";"。

4.6.2   复句内部并列分句之间的停顿,用分号。例如:

a) 语言,人们用来抒情达意;文字,人们用来记言记事。

b) 在长江上游,瞿塘峡像一道闸门,峡口险阻;巫峡像一条迂回曲折的画廊,每一曲,每一折,都像一幅绝好的风景画,神奇而秀美;西陵峡水势险恶,处处是急流,处处是险滩。

4.6.3   非并列关系(如转折关系、因果关系等)的多重复句,第一层的前后两部分之间,也用分号。例如:

我国年满十八周岁的公民,不分民族、种族、性别、职业、家庭出身、宗教信仰、教育程度、财产状况、居住期限,都有选举权和被选举权;但是依照法律被剥夺政治权利的人除外。

4.6.4   分行列举的各项之间,也可以用分号。例如:

中华人民共和国的行政区域划分如下:

(一)全国分为省、自治区、直辖市;

(二)省、自治区分为自治州、县、自治县、市;

(三)县、自治县分为乡、民族乡、镇。

4.7   冒号

4.7.1   冒号的形式为":"。

4.7.2   用在称呼语后边,表示提起下文。例如:

同志们,朋友们:

现在开会了。……

4.7.3   用在"说、想、是、证明、宣布、指出、透露、例如、如下"等词语后边,表示提起下文。例如:

他十分惊讶地说:"啊,原来是你!"

4.7.4   用在总说性话语的后边,表示引起下文的分说。例如:

北京紫禁城有四座城门:午门、神武门、东华门和西华门。

4.7.5   用在需要解释的词语后边,表示引出解释或说明。例如:

外文图书展销会

日期:10 月 20 日至 11 月 10 日

时间:上午 8 时至下午 4 时

地点：北京朝阳区工体东路 16 号

主办单位：中国图书进出口总公司

4.7.6 总括性话语的前边，也可以用冒号，以总结上文。例如：

张华考上了北京大学，在化学系学习；李萍进了中等技术学校，读机械制造专业；我在百货公司当售货员：我们都有光明的前途。

4.8 引号

4.8.1 引号的形式为双引号""""和单引号"''"。

4.8.2 行文中直接引用的话，用引号标示。例如：

a）爱因斯坦说："想像力比知识更重要，因为知识是有限的，而想像力概括着世界上的一切，推动着进步，并且是知识进化的源泉。"

b）"满招损，谦受益"这句格言，流传到今天至少有两千年了。

c）现代画家徐悲鸿笔下的马，正如有的评论家所说的那样，"神形兼备，充满生机"。

4.8.3 需要着重论述的对象，用引号标示。例如：

古人对于写文章有个基本要求，叫做"有物有序"。"有物"就是要有内容，"有序"就是要有条理。

4.8.4 具有特殊含义的词语，也用引号标示。例如：

a）从山脚向上望，只见火把排成许多"之"字形，一直连到天上，跟星光接起来，分不出是火把还是星星。

b）这样的"聪明人"还是少一点好。

4.8.5 引号里面还要用引号时，外面一层用双引号，里面一层用单引号。例如：

他站起来问："老师，'有条不紊'的'紊'是什么意思？"

4.9 括号

4.9.1 括号常用的形式是圆括号"（ ）"。此外还有方括号"［ ］"、六角括号"〔 〕"和方头括号"【 】"。

4.9.2 行文中注释性的文字，用括号标明。注释句子里某些词语的，括注紧贴在被注释词语之后；注释整个句子的，括注放在句末标点之后。例如：

a）中国猿人（全名为"中国猿人北京种"，或简称"北京人"）在我国的发现，是对古人类学的一个重大贡献。

b）写研究性文章跟文学创作不同，不能摊开稿纸搞"即兴"。（其实文学创作也要有素养才能有"即兴"。）

4.10　破折号

4.10.1　破折号的形式为"——"。

4.10.2　行文中解释说明的语句,用破折号标明。例如:

a) 迈进金黄色的大门,穿过宽阔的风门厅和衣帽厅,就到了大会堂建筑的枢纽部分——中央大厅。

b) 为了全国人民——当然也包括自己在内——的幸福,我们每一个人都要兢兢业业,努力工作。

4.10.3　话题突然转变,用破折号标明。例如:

"今天好热啊!——你什么时候去上海?"张强对刚刚进门的小王说。

4.10.4　声音延长,象声词后用破折号。例如:

"呜——"火车开动了。

4.10.5　事项列举分承,各项之前用破折号。例如:

根据研究对象的不同,环境物理学分为以下五个分支学科:

——环境声学;

——环境光学;

——环境热学;

——环境电磁学;

——环境空气动力学。

4.11　省略号

4.11.1　省略号的形式为"……",六个小圆点,占两个字的位置。如果是整段文章或诗行的省略,可以使用十二个小圆点来表示。

4.11.2　引文的省略,用省略号标明。例如:

她轻轻地哼起了《摇篮曲》:"月儿明,风儿静,树叶儿遮窗棂啊……"

4.11.3　列举的省略,用省略号标明。例如:

在广州的花市上,牡丹、吊钟、水仙、梅花、菊花、山茶、墨兰……春秋冬三季的鲜花都挤在一起啦!

4.11.4　说话断断续续,可以用省略号标示。例如:

"我……对不起……大家,我……没有……完成……任务。"

4.12　着重号

4.12.1　着重号的形式为"·"。

4.12.2　要求读者特别注意的字、词、句,用着重号标明。例如:

事业是干出来的,不是吹出来的。

4.13 连接号

4.13.1 连接号的形式为"—",占一个字的位置。连接号还有另外三种形式,即长横"——"(占两个字的位置)、半字线"-"(占半个字的位置)和浪纹"～"(占一个字的位置)。

4.13.2 两个相关的名词构成一个意义单位,中间用连接号。例如:

a) 我国秦岭—淮河以北地区属于温带季风气候区,夏季高温多雨,冬季寒冷干燥。

b) 复方氯化钠注射液,也称任-洛二氏溶液(Ringer-Locke solution),用于医疗和哺乳动物生理学实验。

4.13.3 相关的时间、地点或数目之间用连接号,表示起止。例如:

a) 鲁迅(1881—1936)中国现代伟大的文学家、思想家和革命家。原名周树人,字豫才,浙江绍兴人。

b) "北京——广州"直达快车

c) 梨园乡种植的巨峰葡萄今年已经进入了丰产期,亩产 1 000 公斤～1 500 公斤。

4.13.4 相关的字母、阿拉伯数字等之间,用连接号,表示产品型号。例如:

在太平洋地区,除了已建成投入使用的 HAW—4 和 TPC—3 海底光缆之外,又有 TPC—4 海底光缆投入运营。

4.13.5 几个相关的项目表示递进式发展,中间用连接号。例如:

人类的发展可以分为古猿—猿人—古人—新人这四个阶段。

4.14 间隔号

4.14.1 间隔号的形式为"·"。

4.14.2 外国人和某些少数民族人名内各部分的分界,用间隔号标示。例如:

列奥纳多·达·芬奇

爱新觉罗·努尔哈赤

4.14.3 书名与篇(章、卷)名之间的分界,用间隔号标示。例如:

《中国大百科全书·物理学》

《三国志·蜀志·诸葛亮传》

4.15 书名号

4.15.1 书名号的形式为双书名号"《》"和单书名号"〈〉"。

4.15.2　书名、篇名、报纸名、刊物名等,用书名号标示。例如:

a)《红楼梦》的作者是曹雪芹。

b) 你读过鲁迅的《孔乙己》吗?

c) 他的文章在《人民日报》上发表了。

d) 桌上放着一本《中国语文》。

4.15.3　书名号里边还要用书名号时,外面一层用双书名号,里边一层用单书名号。例如:

《〈中国工人〉发刊词》发表于 1940 年 2 月 7 日。

4.16　专名号

4.16.1　专名号的形式为"＿"。

4.16.2　人名、地名、朝代名等专名下面,用专名号标示。例如:

司马相如者,汉 蜀郡 成都人也,字长卿。

4.16.3　专名号只用在古籍或某些文史著作里面。为了跟专名号配合,这类著作里的书名号可以用浪线"﹏"。例如:

屈原放逐,乃赋离骚;左丘失明,厥有国语。

5　标点符号的位置

5.1　句号、问号、叹号、逗号、顿号、分号和冒号一般占一个字的位置,居左偏下,不出现在一行之首。

5.2　引号、括号、书名号的前一半不出现在一行之末,后一半不出现在一行之首。

5.3　破折号和省略号都占两个字的位置,中间不能断开。连接号和间隔号一般占一个字的位置。这四种符号上下居中。

5.4　着重号、专名号和浪浅式书名号标在字的下边,可以随字移行。

6　直行文稿与横行文稿使用标点符号的不同

6.1　句号、问号、叹号、逗号、顿号、分号和冒号放在字下偏右。

6.2　破折号、省略号、连接号和间隔号放在字下居中。

6.3　引号改用双引号"﹁﹂"和单引号"﹃﹄"。

6.4　着重号标在字的右侧,专名号和浪线式书名号标在字的左侧。

十五、中华人民共和国国家通用语言文字法

（2000 年 10 月 31 日第九届全国人民代表大会
常务委员会第十八次会议通过）

目　　录

第一章　总　　则

第一条　为推动国家通用语言文字的规范化、标准化及其健康发展,使国家通用语言文字在社会生活中更好地发挥作用,促进各民族、各地区经济文化交流,根据宪法,制定本法。

第二条　本法所称的国家通用语言文字是普通话和规范汉字。

第三条　国家推广普通话,推行规范汉字。

第四条　公民有学习和使用国家通用语言文字的权利。

国家为公民学习和使用国家通用语言文字提供条件。

地方各级人民政府及其有关部门应当采取措施,推广普通话和推行规范汉字。

第五条　国家通用语言文字的使用应当有利于维护国家主权和民族尊严,有利于国家统一和民族团结,有利于社会主义物质文明建设和精神文明建设。

第六条　国家颁布国家通用语言文字的规范和标准,管理国家通用语言文字的社会应用,支持国家通用语言文字的教学和科学研究,促进国家通用语言文字的规范、丰富和发展。

第七条　国家奖励为国家通用语言文字事业做出突出贡献的组织和个人。

第八条　各民族都有使用和发展自己的语言文字的自由。

少数民族语言文字的使用依据宪法、民族区域自治法及其他法律的有关规定。

第二章　国家通用语言文字的使用

第九条　国家机关以普通话和规范汉字为公务用语用字。法律另有规定的除外。

第十条　学校及其他教育机构以普通话和规范汉字为基本的教育教学用语用字。法律另有规定的除外。

学校及其他教育机构通过汉语文课程教授普通话和规范汉字。使用的汉语文教材,应当符合国家通用语言文字的规范和标准。

第十一条　汉语文出版物应当符合国家通用语言文字的规范和标准。

汉语文出版物中需要使用外国语言文字的,应当用国家通用语言文字作必要的注释。

第十二条　广播电台、电视台以普通话为基本的播音用语。

需要使用外国语言为播音用语的,须经国务院广播电视部门批准。

第十三条　公共服务行业以规范汉字为基本的服务用字。因公共服务需要,招牌、广告、告示、标志牌等使用外国文字并同时使用中文的,应当使用规范汉字。

提倡公共服务行业以普通话为服务用语。

第十四条　下列情形,应当以国家通用语言文字为基本的用语用字:

(一)广播、电影、电视用语用字;

(二)公共场所的设施用字;

(三)招牌、广告用字;

(四)企业事业组织名称;

(五)在境内销售的商品的包装、说明。

第十五条　信息处理和信息技术产品中使用的国家通用语言文字应当符合国家的规范和标准。

第十六条　本章有关规定中,有下列情形的,可以使用方言:

(一)国家机关的工作人员执行公务时确需使用的;

(二)经国务院广播电视部门或省级广播电视部门批准的播音用语;

（三）戏曲、影视等艺术形式中需要使用的；

（四）出版、教学、研究中确需使用的。

第十七条　本章有关规定中，有下列情形的，可以保留或使用繁体字、异体字：

（一）文物古迹；

（二）姓氏中的异体字；

（三）书法、篆刻等艺术作品；

（四）题词和招牌的手书字；

（五）出版、教学、研究中需要使用的；

（六）经国务院有关部门批准的特殊情况。

第十八条　国家通用语言文字以《汉语拼音方案》作为拼写和注音工具。

《汉语拼音方案》是中国人名、地名和中文文献罗马字母拼写法的统一规范，并用于汉字不便或不能使用的领域。

初等教育应当进行汉语拼音教学。

第十九条　凡以普通话作为工作语言的岗位，其工作人员应当具备说普通话的能力。

以普通话作为工作语言的播音员、节目主持人和影视话剧演员、教师、国家机关工作人员的普通话水平，应当分别达到国家规定的等级标准；对尚未达到国家规定的普通话等级标准的，分别情况进行培训。

第二十条　对外汉语教学应当教授普通话和规范汉字。

第三章　管理和监督

第二十一条　国家通用语言文字工作由国务院语言文字工作部门负责规划指导、管理监督。

国务院有关部门管理本系统的国家通用语言文字的使用。

第二十二条　地方语言文字工作部门和其他有关部门，管理和监督本行政区域内的国家通用语言文字的使用。

第二十三条　县级以上各级人民政府工商行政管理部门依法对企业名称、商品名称以及广告的用语用字进行管理和监督。

第二十四条　国务院语言文字工作部门颁布普通话水平测试等级

标准。

第二十五条　外国人名、地名等专有名词和科学技术术语译成国家通用语言文字,由国务院语言文字工作部门或者其他有关部门组织审定。

第二十六条　违反本法第二章有关规定,不按照国家通用语言文字的规范和标准使用语言文字的,公民可以提出批评和建议。

本法第十九条第二款规定的人员用语违反本法第二章有关规定的,有关单位应当对直接责任人员进行批评教育;拒不改正的,由有关单位作出处理。

城市公共场所的设施和招牌、广告用字违反本法第二章有关规定的,由有关行政管理部门责令改正;拒不改正的,予以警告,并督促其限期改正。

第二十七条　违反本法规定,干涉他人学习和使用国家通用语言文字的,由有关行政管理部门责令限期改正,并予以警告。

第四章　附　　则

第二十八条　本法自 2001 年 1 月 1 日起施行。

图书在版编目（CIP）数据

现代汉语教学参考与训练/张斌主编. —上海：复旦大学出版社，2002.10（2022.8 重印）
ISBN 978-7-309-03397-7

Ⅰ. 现… Ⅱ. 张… Ⅲ. 汉语-现代-高等学校-教学参考资料 Ⅳ. H109.4

中国版本图书馆 CIP 数据核字（2002）第 078863 号

现代汉语教学参考与训练
张　斌　主编
责任编辑/宋文涛　韩结根

复旦大学出版社有限公司出版发行
上海市国权路 579 号　邮编：200433
网址：fupnet@ fudanpress. com　http://www. fudanpress. com
门市零售：86-21-65102580　　团体订购：86-21-65104505
出版部电话：86-21-65642845
盐城市大丰区科星印刷有限责任公司

开本 787×960　1/16　印张 29.5　插页 2　字数 498 千
2002 年 10 月第 1 版
2022 年 8 月第 1 版第 13 次印刷
印数 28 101—29 700

ISBN 978-7-309-03397-7/H·654
定价：66.00 元